करो और मरो

चिटगांव विद्रोह 1930–1934

करो और मरो

चिटगांव विद्रोह 1930–1934

मानिनी चटर्जी

हिन्दी अनुवादः राजेन्द्र प्रसाद

सहमत

करो और मरो

चिटगांव विद्रोह 1930–34

प्रथम अंग्रेजी संस्करण 1999
DO AND DIE The Chittagong Uprising 1930-34

हिन्दी अनुवाद, सहमत द्वारा प्रकाशित 2010

ISBN 978-93-80536-18-7

कवर डिजाईनः राम रहमान

सहयोग राशि 250 रुपये

मुद्रकः फैज बुक्स. कॉम
email: faizbooks@gmail.com

सहमत
29, फिरोजशाह रोड
नई दिल्ली 110 001
फोनः 011 23070787, 23381276
email: sahmat8@yahoo.com

चांद और आकाश
के लिए

अनुक्रम

इस संस्करण की भूमिका

ग्रीक दार्शनिक हिरक्लिटस की मशहूर कहावत है कि आप एक ही नदी में दो बार नहीं जा सकते। एक किताब को दुबारा लिखना भी उतना ही मुश्किल है। मेरे लिये यह अच्छी बात है कि इतिहास पुराना नहीं पड़ता। इसीलिये, हालांकि *डू एण्ड डाई* को लिखे दस साल गुजर चुके है, मैंने इस कहानी या इसके नतीजों को बदलने की बिल्कुल कोशिश नहीं की है।

किताब भी, नदी की तरह, स्थिर नहीं रहती है। किताब को हर नये पाठक को या उसको दुबारा पढ़ने वाले को किताब में नयी चीजें मिलती है और मौजूदा हालात के मद्देनजर किताब से नया रिश्ता बनता है।

अगर मुझे पहले संस्करण की भूमिका में कोई बदलाव करना है तो वो उन लोगों के बारे में है जो या तो इस दुनिया में नहीं है या मेरी दुनिया से बाहर चले गये हैं।

सुबोध (झूनकू) राय, चिटगांव विद्रोह में भाग लेने वालों में सबसे कम उम्र के भागीदार थे। वो 2006 में नहीं रहे। *डू एण्ड डाई* के पहले संस्करण से उन्हें गर्व से भरी खुशी मिली थी। यह मेरे लिये सबसे बड़ी उपलब्धि थी। उस समय के मुकाबले आज मैं उनके सहयोग और हौसला आफजाई की और कहानी को जीवन्त बनाने में उनकी भूमिका को ज्यादा अच्छी तरह समझ सकती हूं। अपने व्यक्तिगत संस्मरण उन्होंने सिर्फ मुझे दिये हैं। उनसे मुझे कहानी को मानवीय बनाने में बहुत सहायता मिली।

मेरे पति चांद जोशी *डू एण्ड डाई* के प्रकाशन के कुछ ही हफ्तों बाद इस दुनिया में नहीं रहे। ये आखिरी किताब थी जो उन्होंने पढ़ी। उनकी भविष्यवाणी थी कि किताब सफल होगी। पिछले सालों में मुझे बहुत बार उनकी भविष्यवाणी की याद आई है। उनका मानना था कि इस प्रकाशन के साथ इन भूले बिसरे शहीदों की तरफ लोगों का ध्यान जायेगा।

किताब को आलोचनात्मक प्रशंसा मिली। इसमें ब्रिटिश इतिहासकार ऐरिक

हाब्सॅबामॅ और स्वर्गीय विक्टर कैर्नन के संदेश बहुत गर्मजोशी से भरे थे।

कुछ फिल्म निर्माताओं का ध्यान भी इसकी ओर गया। इसमें दूरदृष्टि और विश्वसनीयता के धनी आशुतोष गोवारिकर भी हैं।

मुझे उम्मीद है कि राजेन्द्र प्रसाद द्वारा किया गया यह अनुवाद, और आशुतोष गोवारिकर द्वारा निर्मित फिल्म *खेलें हम जी जान से*, चिटगांव के इस शानदार विद्रोह की कहानी को ज्यादा से ज्यादा पाठकों और दर्शकों तक पहुंचाने में कामयाब होंगे और इस तरह चांद की भविष्यवाणी पूरी होगी।

नई दिल्ली
नवम्बर 2010

मानिनी चटर्जी

पहले संस्करण की भूमिका

मिडनाईट्स चिल्ड्रन में सलीम सिनाई बड़े अफसोस के साथ कहता है 'हम तो भूलने वालों की कौम हैं।' वह आजाद हिन्दुस्तान के इतिहास के कुछ क्षणों को एक छलनी हुयी चादर से देख रहा है। 1947 के बाद पैदा हुये हम लोग अपने आप को भूलने का दोषी भी नहीं मान सकते क्योंकि हमारी चेतना में हमारा इतिहास बसा ही नहीं है। इतिहास की पाठ्य पुस्तकें हमें कुछ खास–खास तारीखों, व्यक्तियों, आन्दोलनों और समझौते के बारे में तो बताती हैं लेकिन इतिहास के गर्भ में छिपा मानवीय ड्रामा पर्दे के पीछे ही रह जाता है। हिन्दुस्तान में बहुत से पेशेवर इतिहासकार हैं जिन्होंने बहुत विद्वत्तापूर्ण किताबें लिखी हैं। लेकिन उनकी पहुंच अपने साथी इतिहासकारों या इस विषय के छात्रों तक सीमित है। इतिहास भौतिक या रसायन विज्ञान की तरह सिर्फ जटिल विद्वत्ता का ही विषय नहीं है, क्योंकि यह तो हम सब से ताल्लुक रखता है। यह आपके और मेरे जैसे इन्सानों के बारे में है, जो घटनाओं और विचारों से प्रेरित होकर कोई बड़ा काम करते हैं। इसे आमतौर पर भुला दिया जाता है लेकिन कभी–कभी सिर माथे पर बैठाया जाता है। ये ही लोग दुनिया को बदलते हैं। जिस दुनिया में हम रहते हैं उसके अतीत की समझ से ही हमें अन्दाजा होता हैं कि हम कौन हैं, हम कैसे हैं और किधर जा रहे हैं।

मैं एक पत्रकार हूं और मुझे कोई अकादमिक शिक्षा नहीं मिली है। लेकिन मेरे जैसे साधारण इन्सान में भी छिपी अतीत के प्रति इस जिज्ञासा ने मुझे हिन्दुस्तान की आजादी की लड़ाई के इस भूले हुये अध्याय के बारे में लिखने का हौसला दिया। हिन्दुस्तान के राष्ट्रीय आन्दोलन के बारे में आम धारणा है कि यह महात्मा गांधी और जवाहर लाल नेहरु की कहानी है। इसमें बीच–बीच में सुभाष चन्द्र बोस या भगत सिंह के बारे में भी कुछ बातें कह दी जातीं हैं। बेशक महात्मा गांधी हिन्दुस्तान की लड़ाई के सबसे महत्वपूर्ण नेता हैं। और अहिंसा और सत्याग्रह का विचार दुनिया को उनकी बहुत बड़ी देन है। लेकिन अंग्रेजी साम्राज्य के खिलाफ

लड़ाई सिर्फ एक ही तरह से नहीं लड़ी गयी – उसमें तरह–तरह के तरीके इस्तेमाल किये गये थे। गांधीवादी आंदोलन के साथ–साथ और अक्सर उसके भीतर भी, बहुत से ऐसे लोग थे जो विदेशी शासन को खत्म करने के लिये हथियारबंद लड़ाई के पक्षधर थे। इस विचारधारा के लोगों का मानना था कि आजादी हासिल करने के लिये उन्हें 'करना और मरना' पड़ेगा, सिर्फ 'करो या मरो' से काम नहीं चलेगा। उन्होंने बेहिचक इस काम के लिये अपनी जवानी और जिन्दगियां कुर्बान कर दीं। उनकी शहादत ने हजारों और लोगों को प्रेरणा दी और वे भी आजादी के सपने देखने लगे।

इस विचारधारा के लोगों का सबसे दर्शनीय और कामयाब कारनामा 1930 में चिटगांव शस्त्र भण्डार पर हमले करना था। यह बात अंग्रेजी राज के दस्तावेजों से भी पुख्ता होती है। क्रान्तिकारियों ने हमलों के दौरान कुछ दुःखद गलतियां की और अपना ध्येय पूरा नहीं कर सके। लेकिन अगले तीन साल उन्होंने इस नाकामयाब क्रान्ति को एक सफल विद्रोह के तौर पर जिंदा रखा। पाठ्य पुस्तकों में चिटगांव शस्त्र भण्डार पर हमलों के बारे में एक–दो पैराग्राफ में बात खत्म कर दी जाती है। लेकिन जो विद्रोह इसने शुरू किया उसकी बात नहीं होती है– ये एक ऐसा विद्रोह था जिसमें हिन्दू–मुसलमान, किसान–छात्र, पुरुष–महिलाएं, सबने हिस्सा लिया था। ये वो देशभक्त हैं जिन्हें आजाद हिन्दुस्तान के इतिहास ने भुला दिया है। 'शहादत', 'त्याग', 'हिम्मत' ये सब ऐसे अमूर्त शब्द हैं जिनसे इस सारे संघर्ष का इंसानी पहलू सामने नहीं आता है। हरेक कहानी की तरह चिटगांव के विद्रोह की कहानी के पात्र भी हाड़–मांस के साधारण इंसान हैं। ये कहानी भी प्यार, मौत, सपनों, दुर्घटनाओं, साहस और भावनाओं की कहानी है। इस विद्रोह के किस्से में कुछ मसाला डालने की जरूरत नहीं थी – सच्चाई ही आपको बांधने के लिये काफी थी।

इस किताब को लिखने के लिये मेरे पास सिर्फ एक संवाददाता का कौशल था। मैंने इसका पूरी तरह इस्तेमाल किया। यह कैसे हुआ? इसके मुख्य पात्र कौन थे? उनका ध्येय क्या था? अंग्रेजों की क्या प्रतिक्रिया थी? यह असफल क्यों हुआ? या यह वाकई असफल हुआ? मेरे लिये यह फौरन हो रही घटना की तरह था–लेकिन यह घटना सिर्फ 70 साल पहले हुयी थी और हजारों मील दूर के इलाके में हुयी थी जो अब हिन्दुस्तान का हिस्सा भी नहीं है और वहां अतीत की चीजें बचाकर नहीं रखी गयी हैं। उस समय और जगह का अन्दाजा लगाने के लिये मुझे मौलिक दस्तावेजों पर निर्भर रहना पड़ा – उनकी तरफ की कहानी जानने के लिये अंग्रेजों के दस्तावेज और वो सब जानने के लिये जो अंग्रेजों को कभी पता नहीं लगा, क्रान्तिकारियों के संस्मरण और लेख। लिखने में मैंने

परम्परागत रूप रखा है : पहले भाग में विद्रोह की भूमिका, भाग दो (पांच हिस्सों में) में वास्तविक विद्रोह की कहानी–शस्त्र भण्डार पर हमलों से लेकर इसके मुख्य पात्र मास्टर दा को फांसी होने तक–और भाग तीन में, राष्ट्रीय आन्दोलन में चिटगांव के महत्व का कुछ विश्लेषण। मुझे उम्मीद है कि गम्भीर आम पाठक भी इसे उतना ही प्रेरणादायक और रुचिकर पायेगा, जितना कि मेरे जैसे साधारण लेखक ने इसे लिखने के दौरान पाया।

मेरा काम बहुत लोगों की और बहुत सारे दस्तावेजों की मदद से आसान हो गया। राष्ट्रीय अभिलेखागार में अली बाबा की गुफाओं की तरह पूरा खजाना था। अंग्रेजों का अपने राज के दस्तावेज रखने और हर बात को दर्ज करने का जोश हिन्दुस्तान के लिये बड़े काम की चीज़ है। उन्होंने चिटगांव, कलकत्ता, दिल्ली और शिमला के गुप्त तारों, चिट्ठियों और अंग्रेज अधिकारियों के ब्यौरों को काफी संजोकर रखा था।

मुकद्दमों, कार्रवाई की तफसील और फैसलों के अध्ययन से विद्रोह जीवित हो उठा। 1998–99 की सर्दियों में राष्ट्रीय अभिलेखागार में एक से ज्यादा मानों में आरामदायक माहौल मिला। मैं अभिलेखागार के कर्मचारियों की मदद की बेहद शुक्रगुजार हूं। बसंत के मौसम में मैंने नेहरू मैमोरियल म्यूजियम और लायब्रेरी की शानदान इमारत में काम शुरू किया। यहां मैंने दस्तावेजों और मौखिक इतिहास की पांडुलिपियों को खंगाला। विद्वत्ता में यह दाखिला मेरे लिये काफी खुशगवार था।

मैं सुबोध राय की सबसे ज्यादा शुक्रगुजार हूं। वह शस्त्र भण्डार पर हमलों और जलालाबाद की लड़ाई में भाग लेने वालों में सिर्फ अकेले जीवित व्यक्ति बचे थे। दूसरे बचे हुये व्यक्ति बिनोद चौधरी अभी भी चिटगांव में रहते हैं। जब मैं बांग्लादेश गयी तो दुर्भाग्य से वह वहां नहीं थे। स्वभाव से बहुत ही विनम्र सुबोध राय अपनी भूमिका को बहुत कम करके आंकते थे। लेकिन उन्होंने मुझे अपने संस्मरण पढ़ने को दिये। उनसे मुझे जो समझ चिटगांव के विद्रोह के बारे में मिली वो दस्तावेजों से नहीं मिल सकती थी। उन्होंने विद्रोह में भाग लेने वाले दो और महत्वपूर्ण व्यक्तियों, अर्द्धेन्दु गुहा और दिनेश दासगुप्ता से सम्पर्क करने में मेरी मदद की। इन क्रान्तिकारियों ने जो अपने जीवन के आठवें दशक में थे, बिना थके अपने संस्मरणों से मुझे अवगत कराया। अर्द्धेन्दु गुहा ने बहुत तकलीफ उठाकर सूर्य सेन और दूसरे शहीदों की याद को जिन्दा रखा है। उनके द्वारा बनाये गये सूर्य सेन भवन में मुझे बेशकीमती दस्तावेज मिले।

यह मेरा सौभाग्य था कि कल्पना (दत्त) जोशी के जीवन के आखिरी दशक में मुझे उनको बहुत नजदीक से जानने का मौका मिला। मैंने उनसे चिटगांव के

विद्रोह के बारे में अनगिनत किस्से सुने थे। उस समय मुझे बिल्कुल अन्दाजा नहीं था कि मैं उन घटनाओं के बारे में किताब लिखूंगी। उनके मरने के कुछ साल बाद जब मैंने इस कहानी को लिखना शुरु किया तो वो संस्मरण बेशकीमती साबित हुये।

विद्रोह में हिस्सा लेने वालों और उनमें से बचे रह गए लोगों के संस्मरणों में इस विषय पर सबसे जीवन्त और वस्तुगत ब्यौरा अनन्त सिंह की किताब में मिलता है। शस्त्र भण्डार पर हमलों की योजना बनाने वालों नेताओं में अनन्त सिंह महत्वपूर्ण थे। उनकी किताब इस आन्दोलन को समझने के लिए एक समग्र दृष्टि देती है। ये किताबें मुझे पढ़ने के लिये देने और किताब का खाका बनाने में मदद देने के लिये, मैं प्रो. अमित गुप्ता की शुक्रगुजार हूं। मेरी मां शिक्षा चैटर्जी ने हफ्तों तक मेरे लिये अनन्त सिंह की किताब और बांग्ला के दूसरे लेख मुझे पढ़कर सुनाए। मैंने उनका साथ–साथ अंग्रेजी में तर्जुमा किया। चूंकि लिखी हुई बांग्ला की मेरी जानकारी काफी कम है, इसलिये इससे मुझे अन्दाजे से ज्यादा मदद मिली।

आइरिश संघर्ष की चिटगांव के क्रांतिकारियों के लिये बहुत ही प्रेरणादायक भूमिका रही थी। इसलिये मुझे आइरिश इतिहास पढ़ना पड़ा। नई दिल्ली में स्थित आयरलैण्ड के दूतावास के उपमुख्याधिकारी एनगिल ओ' डौनोग्यू की मैं बेहद शुक्रगुजार हूं क्योंकि उन्होंने मुझे आइरिश दूतावास की लाइब्रेरी से बहुत सी किताबें दीं। न सिर्फ इतना ही बल्कि डैन ब्रीन की अनुपलब्ध किताब की अपने पिता की निजी प्रति भी मुझे पढ़ने को दी। इस किताब को सूर्य सेन की बाईबिल माना जाता है।

इस किताब के सिलसिले में मेरे कलकत्ते के चक्करों से मुझे बहुत खुशी मिली। इसके लिये मुझे साजिदा मोमिन और गौरी चटर्जी का शुक्रिया अदा करना होगा जो मेरे लिये न सिर्फ अच्छे मेजबान थे बल्कि देर रातों तक अड्डा जमाने में भी माहिर थे।

बांग्लादेश में देब और पूरबी मुखर्जी भी बहुत ही खूब मेजबान थे। मेरे पुरखों की जमीन पर उन्होंने मेरे इस सफर को काफी यादगार बनाया। ढ़ाका में शिरीन हक ने मुझे बहुत से लोगों से मिलाया। उनकी मां को अपने बुर्जुगों से सुने किस्से अभी भी याद थे। ये किस्से चिटगांव के गावों में और पड़ोस के कोमिला के लोगों के क्रान्तिकारियों को पनाह देने और मदद करने के थे। चिटगांव में रणधीर (राना) दस्तीदार और कमाल सेनगुप्ता ने मुझे विद्रोह से जुड़ी सभी जगहों पर ले जाने के लिये समय निकाला। वो मुझे पटिया इलाके के उन गांवों में भी ले गये जहां अपने भूमिगत दिनों में क्रान्तिकारी लोग छिपे थे। फोटोग्राफर और

कलाकार मैनुल (मोइनु) आलम ने मेरे लिये बहुत से फोटो खींचे और उस काम को मुफ्त किया। इसमें अपने शहर के अतीत में गौरव का अहसास भी था। महमूदुल इस्लाम और उनकी बीबी जहांनारा भी बहुत ही गजब के मेजबान थे। किताब के बारे में चिटगांव विश्वविद्यालय के प्रो. अनुपम सेन और प्रो. शम्शुल हुसैन का जोश बहुत ही उत्साहवर्द्धक था।

पैंग्विन में मेरे सह–सम्पादकों की टीम बहुत खुशगवार थी। किताब की परिकल्पना कामिनी महादेवन की थी। उन्होंने बहुत ही कामयाबी से मुझे इस चुनौती को मंजूर करने के लिये तैयार किया और सारे समय मेरा हौसला बढ़ाया। मेरी पांडुलिपि सम्पादक कल्पना जोशी (नाम का इत्तफाक भी देखने काबिल है) ने बहुत ध्यान से पढ़कर बहुत सी ऐसी गलतियां निकालीं जो मेरी नज़र में नहीं आई थीं। खासतौर पर जब लेखक किसी विश्वविद्यालय आदि से ना जुड़ा हो, लिखने और शोध करने के काम में बहुत अकेलापन महसूस हो सकता है, चूंकि आप अपने विचारों का आदान–प्रदान नहीं कर सकते हैं। लेकिन मेरे मामले में इसकी भरपाई मेरे नजदीक के तरह–तरह के दोस्तों से हुयी। चिदानन्द (चीटू) राजघट्टा और संजय रे चौधरी (रेसी) को शायद इसका अन्दाजा भी नहीं है कि उनसे हुयी बातचीत से मुझे किताब की रूपरेखा बनाने में कितनी मदद मिली। सुमन्तो बनर्जी ने अभिलेखागार में हर नई बात की खोज का जोश बांटा। राष्ट्रीय आंदोलन के बारे में अलग विचार रखने के बावजूद रवि व्यास ने किताबों, स्टेशनरी, सन्दर्भों और सलाह से हर समय मदद की। मैं सुमित चौधरी, युवराज घिमिरे और मेघा जोशी की भी शुक्रगुजार हूं जिन्होंने ने अलग–अलग दृष्टिकोण से किताब के हिस्सों को पढ़कर सलाह दी।

मेरी अच्छी दोस्त त्रिप्ता बत्रा का मेरा उत्साह बनाये रखने में अथाह योगदान है। ईसाबल काले, शंकरर्षन ठाकुर, टीना चैटर्जी और किट्टी मेनन से मदद का मैं लफ्जों में बयान नहीं कर सकती। प्रकाश करात की स्कूल मास्टर की तरह की गयी निगरानी ने, अपने ही तरीके से मदद की।

मैं सौभाग्यशाली हूं कि मुझे एक पत्नी और मां के रूप में निस्वार्थ प्यार और अपने लिये काम करने की पूरी आजादी मिली है। मेरे पति चांद जोशी और पुत्र आकाश मेरे जैसे भटकते व्यक्तित्व के लिये स्थिरता के स्रोत हैं। आकाश कम्प्यूटर की मुझसे ज्यादा जानकारी रखने की वजह से मेरा अकेला सहयोगी रहा है। आजादी की लड़ाई के क्रान्तिकारियों की गोद में पले चांद का इसके हीरो–हीरोइनों के प्रति काफी ठोस और कई बार चिढ़ाने वाला दृष्टिकोण था।

इस दृष्टिकोण का फायदा इसलिये हुआ कि यह मेरे इतिहास से बहुत ज्यादा प्रभावित होने वाले दृष्टिकोण को संतुलित करने में मददगार था। आकाश अब

लड़कपन से नौजवानी की तरफ बढ़ रहा है – मुझे उम्मीद है कि वो इस कथा से कुछ सबक लेगा कि कैसे नौजवान अपने सपनों को पूरा करने के लिये जीते और मरते हैं – आज के कामयाबी के मेयार से ऊपर उठकर। मुझे उम्मीद है कि चांद भी अपनी विरासत के लिए इतना नकारात्मक रुख छोड़कर उसको ज्यादा अच्छी तरह देखेगा, यह किताब उन दोनों के लिये है।

मानिनी चटर्जी

पूर्व कथा

गुड फ्राइडे, 1930

तार पी न० – तारीख (और पावती) 19 अप्रैल 1930
बंगाल, कलकत्ता से
गृह विभाग शिमला को

लाईन खाली रखो

डिस्ट्रिक्ट मजिस्ट्रेट चिटगांव द्वारा स्टीम शीप हेली जोन से वायरलैस द्वारा भेजा गया निम्न तार फोर्ट विलियम के जरिए प्राप्त हुआः चिटगांव में गम्भीर सशस्त्र विद्रोह! शस्त्र भंडार लूटे गये और टेलीग्राफ की लाईनें काट दी गयीं! फौरन सिपाहियों की दो कंपनियां और मशीनगनें भेजें! हालात चिन्ताजनक! चिटगांव को अलग करें![1]

18 अप्रैल 1930 की रात को चिटगांव के डिस्ट्रिक्ट मजिस्ट्रेट एच आर विल्किन्सन और ब्रिटिश राज के मुख्य नागरिक अधिकारी जरा जल्दी ही सोने चले गए थे। आमतौर पर शाम के वक्त वो शहर के अन्य बड़े साहबों के साथ यूरोपीयन क्लब में होते थे – कुछ गप्प–शप, ताश खेलने और शराब पीने के लिए। लेकिन 18 अप्रैल, गुड फ्राइडे का दिन था – ये दिन पावन है और प्रार्थना के लिए है–इसलिए जिन लोगों का धार्मिक झुकाव ना भी हो, उनका भी इस दिन शराब पीना और ताश खेलना कुछ शोभनीय नहीं है। यह अचानक उत्पन्न हुई परिस्थिति विल्किन्सन और उसके यूरोपियन दोस्तों के लिए भगवान का शुक्रिया अदा करने का मौका थी। उस रात जब वे क्रान्तिकारियों से शहर को बचाने के लिए एक कोने से दूसरे कोने तक भाग रहे थे, उन्हें यह अहसास नहीं था कि उस फ्राइडे को क्लब ना जाने की वजह से ही वो बाल–बाल बचे थे।

लगभग साढ़े दस बजे रात को बाहर कुछ उत्तेजित आवाजें सुन कर विल्किन्सन जागा था। ढलवां पहाड़ी के ऊपर बिल्कुल अकेले में बने डिस्ट्रिक्ट

मजिस्ट्रेट के बंगले पर पहले से समय निश्चित किए बिना कोई नहीं जाता था। इस लम्बे डील–डौल वाले एकान्तप्रिय अफसर के घर नींद में खलल डालने रात के इस समय कौन आ सकता था? उसने बाहर आने पर दो लोगों को बहुत घबरायी हुयी हालत में देखा। उनमें पहला कांस्टेबल जोरासिन्धु बरुआ था जिसे पुलिस सुपरिंटेंडेंट जे आर जॉन्सन ने यह बताने के लिए भेजा था कि दूसरी पहाड़ी पर वाटर वर्क्स और गोल्फ कोर्स के नजदीक स्थित पुलिस लाईन्स का शस्त्र भंडार सशस्त्र क्रान्तिकारियों द्वारा लूटा जा रहा था। विल्किन्सन, जो आम तौर पर घबराता नहीं था, इस बात पर यकीन नही कर पाया। सशस्त्र क्रान्तिकारी? इस उनीन्दे और दूरदराज स्थित शहर चिटगांव में? और पुलिस लाइन्स के बीचों–बीच स्थित शस्त्र भंडार पर जिसके चारों ओर दर्जनों पुलिस कांस्टेबल रहते हैं, वे किस प्रकार हमला कर पाए? इससे पहले कि वह टेलिफोन पर जॉनसन से बात कर पाता, दूसरा कांस्टेबल इससे भी खराब खबर लेकर आया। ये टेलीग्राफ ऑफिस का चपरासी महेन्द्र डे था। टेलीग्राफ ऑफिस में टेलिफोन एक्सचेंज भी था। उसने टेलीग्राफ डिप्टी सुपरिंटेंडेंट स्कॉट का हाथ से लिखा हुआ सन्देश दिया कि कुछ अज्ञात बलवाईयों ने टेलिफोन एक्सचेंज पर हमला किया है और उसे जला दिया है।[2]

विल्किन्सन जानता था कि ये समय गंवाने का मौका नहीं था। उसे जॉनसन से संपर्क करना था और उसके साथ मिलकर उन सभी साधनों को जुटाना था जिन्हें वो जुटा सकते थे। उन्हें पास ही स्थित पहारतली के ए एफ आई के शस्त्र भंडार पर जो कि आसाम–बंगाल रेल्वे के नियन्त्रण में था, शस्त्र इकट्ठे कर बलवाईयों को जल्द से जल्द काबू करना था। उसने जल्दी से जल्दी कपड़े पहने, अपने ड्राइवर बिरभान थापा को जगाया और जोरा सिन्धु बरुआ को लेकर मुआयना करने को निकल पड़ा। उनके जाने से पहले उसके बैरा ने उसकी शॉटगन और कारतूसों का एक पैकेट बरुआ को दिया। कार उसके बंगले से घुमावदार सड़क पर निकली जो दोनों और बरसाती पेड़ों से घिरी हुयी थी। वे तेजी से अन्धेरी और सुनसान टाइगर पास रोड से गुजरे जो शहर के ब्रिटिश इलाके में थी। इस रोड का यह नाम इसलिए पड़ा था क्योंकि इस इलाके में पहले टाईगर देखे गये थे। ना तो टाइगर होने का डर और ना ही अप्रैल की रात में सनसनाती आवाज विल्किन्सन को विचलित कर पायी। वह सोच रहा था कि ईस्टर का सप्ताहांत शांत होगा लेकिन अब उसे एहसास हो रहा था कि शान्ति तो उस तरह की होगी जैसे गरम इलाके में बर्फबारी। टाइगर पास रोड एक बड़े नाम और याद रहने वाली सड़क पिकेडली सरकस से मिलती थी। यह पहारतली में आसाम–बंगाल रेलवे की इमारत के जरा नीचे ए एफ आई के शस्त्र भंडार के

नजदीक थी। जैसे ही उसकी कार पिकेडली सरकस के नजदीक पहुंची, उसे अहसास हुआ कि गुडफ्राइडे को जागने वाला वह अकेला आदमी नहीं था। जंक्शन पर अंग्रेज आदमियों और औरतों का एक झुंड था। इसमें डिस्ट्रिक्ट जज लॉज और उसकी पत्नी, ए बी, रेलवे की सशस्त्र सेना का सिपहसलार कैप्टन टेट और उसकी पत्नी भी शामिल थे। जल्दी से विचार करके यह तय किया गया कि महिलाओं को नजदीक रह रहे एक अंग्रेज अफसर के घर भेज दिया जाए और पुरुष लोग लड़ाई के लिए आगे जाएं। विल्किन्सन ने सबसे पहले गाड़ी जॉनसन के घर की ओर ली। लेकिन पुलिस सुपरिटैन्डैन्ट जिसकी सारे सूबे में कानून व्यवस्था बनाने की जिम्मेवारी थी, पहले ही बाहर निकल चुका था।

जॉनसन डील–डौल और तौर–तरीके में विल्किन्सन से बिल्कुल अलग था। हालांकि विल्किन्सन प्रतिष्ठित आई सी एस से था, वो बिल्कुल अलग किस्म का था और उपनिवेशों में फैले राज के अनेक बदमिजाज अफसरों से अलग था। जॉनसन छोटे कद और गठीले शरीर का काफी झगड़ालू इन्सान था।[3] पुलिस लाईन के शस्त्र भंडार पर हमला, जो कि सीधे उसके मातहत थी, उसके लिए व्यक्तिगत हतक का मामला था, जिससे वो घबराहट और गुस्से में आ गया। विल्किन्सन के बरक्स, जो प्रार्थना कर सोने चला गया था, जॉनसन अपने वरिष्ठ सहयोगी जे सी फारमर, डिप्टी इंस्पैक्टर जनरल बकरगंज रेन्ज के साथ बातचीत में मुब्तला था। तभी एक कांस्टेबल ने उन्हें पुलिस लाईन के शस्त्र भंडार और तोप खाने पर हमले की खबर दी। कांस्टेबल के फौरन बाद ही शस्त्र भंडार के निकट की बैठक में रहने वाला रिजर्व सब–इंस्पैक्टर संजीव चन्द्र नाग पहुंचा। संजीव नाग बिल्कुल डरा हुआ था। उसके गड्डमड्ड बयान से जॉनसन और फारमर को अन्दाजा हुआ कि कोई भयानक घटना घटी है। देसी लोगों के एक झुंड ने, जिन्हें जॉनसन ने बाद में सशस्त्र कान्तिकारी कहा, शस्त्रागार में घुसकर उस पर सफलतापूर्वक कब्जा कर लिया था, जिसमें ब्रिटिश राज के सिपाहियों ने कोई बाधा नहीं डाली थी।

जैसी कि अफसरों ने बाद में तस्दीक की, हमले के वक्त पुलिस लाईन में हवलदार समेत 71 कांस्टेबल मौजूद थे। हवलदार और चार कांस्टेबलों को छोड़ कर जो कि तोपखाने की रक्षा की ड्यूटी पर थे, सभी अपनी बैरकों में गहरी नींद में सो रहे थे। वो उस रात उठे जरूर होंगे लेकिन अगली सुबह तक अपने बिस्तरों में ही दुबके रहे। अकेला अंग्रेज इंस्पैक्टर विलीस जो इन सबका इन्चार्ज था और जिसका घर बैरकों के नजदीक था, शहर के बाहर था। वो कोई दो दिन पहले रेन्ज कप टूर्नामैन्ट में कांस्टेबलों की एक टीम के साथ हॉकी खेलने गया था। शस्त्रागार की रक्षा कर रहे चार सिपाहियों में से शशिराम क्षेत्री ने अपनी रात 8

बजे से 10 बजे की शिफ्ट खत्म करने के बाद, हवलदार भवानीलाल जोशी की मौजूदगी में सिपाही रमोनी मोहन चक्रवर्ती को जिम्मेवारी सौंपी। हस्बे मामूल इस बदली को देखने के बाद, हवलदार गार्डरूम के बाहर के बरामदे में सोने चला गया। लगभग 25 मिनट के बाद बन्दूक और पिस्टल की आवाज से उसकी नींद खुली तो उसने अपनी बन्दूक पकड़ने के लिये हाथ बढ़ाया। बंदूक वहां मौजूद नहीं थी। उसने कुछ अजनबी लोगों के एक झुंड को गार्डरूम में देखा लेकिन सन्तरी वहां मौजूद नहीं था। वह तेजी से वहां से भागा और उसने खुद को बरामदे के बराबर वाले नाले में छिपा लिया। तब उसने देखा कि शस्त्रागार पर कब्जा करने वाले लोग बड़ी टार्चलाईट चमका कर घूम रहे थे और अपनी बन्दूकें और पिस्तौलें चमका रहे थे। उनमें से ज्यादातर, ये बात बाद में उसने अपनी गवाही में कही, फौज के सिपाहियों की तरह खाकी नेकर, कमीज और खाकी टोपी पहने हुए थे। कुछ सफेद कपड़ों में थे।[4] उस नाले में छुपे हुए, उसने उनके गोली चलाने की आवाज सुनी। और वे वंदे मातरम् और महात्मा गांधी की जय के नारे लगा रहे थे। उसे पूरी तरह अन्दाजा नहीं था कि कब्जा करने वाले स्वदेशी कुल कितने थे, लेकिन उसके अन्दाज से वो 50 के करीब रहे होंगे। गार्ड रूम के बाहर एक मोटर कार के आगे की बत्तियां तेजी से चमक रही थीं। बिना इसका इन्तजार किए कि ना जाने वो लोग वहां क्या कर रहे थे, हवलदार वहां से अन्धेरे में पुलिस बैरक की तरफ खिसक लिया। वहां उसे हवलदार धनेश्वर सिंह मिला जिसने उसे बताया कि जॉनसन साहब को हमले की सूचना मिल चुकी है। शायद यह सोचकर कि अब अपने राज को बचाने की जिम्मेवारी अंग्रेज अफसरों की है, हवलदार बस्ती में उतर गया जो पुलिस हस्पताल के दक्षिण में थी और अपने आप को वहां छिपा लिया।[5] गार्ड ड्यूटी पर मौजूद जो सिपाही इस हमले में बच गए, उन्होंने भी वही किस्सा सुनाया। उन्होंने बड़ी तादाद में खाकी कपड़े पहने लोगों को बन्दूक, पिस्टल वगैरा चलाते और कान्तिकारी नारे लगाते सुना था। किसी को पता नहीं था कि वे कौन थे और वहां कैसे आये थे और न ही किसी की इच्छा थी कि ये जानने के लिए अपनी जिन्दगी दांव पर लगाये। सब इंस्पैक्टर संजीव नाग ने अपनी अफसरी के ख्याल से थोड़ी ज्यादा रुचि दिखायी। वह भी 10:30 बजे के करीब बन्दूकों और नारों की आवाज सुनकर जागा और बाहर आया, जहां उसने दर्जनों लोगों को गोली चलाते और नारे लगाते देखा। उसका दावा है कि वह फिर ऊपर भागा, सिपाहियों की बैरक के पास जाकर वह चिल्लाया कि सिपाहियों को बाहर आकर कुछ करना चाहिये 'क्योंकि लाईन्स पर स्वदेशी लोगों ने हमला कर दिया है और ए एफ आई के बड़े दफ्तर से मदद मंगानी चाहिये।[6] उसकी मदद की गुहार का कोई जवाब नहीं मिला। तब सिपाही

जोरा सिन्धु बरुआ को साथ लेकर पुलिस लाईन्स के नीचे परेड ग्राउंड पार कर घाटी के दक्षिणी सिरे पर पहुंचा जो यूरोपियन क्लब के पीछे खत्म होता था और मुख्य सड़क पर पहुंच कर हांफता हुआ वह पुलिस सुपरिटैन्डैन्ट के बंगले की तरफ भागा।

इससे पहले कि संजीव नाग हमले का पूरा ड्रामाई ब्यौरा दे पाता, जॉनसन और फारमर ने उसे हुक्म दिया कि वह कोतवाली पुलिस को जगाए। तब तक उन्हें टेलीफोन एक्सचेंज पर हमले का अन्दाजा नहीं था। नाग ने टेलीफोन करने की कोशिश की पर वो बिल्कुल नहीं चला। फिर उसने जॉनसन के पड़ोसी के घर जाकर टेलीफोन करने की कोशिश की लेकिन ये भी नहीं चला। आखिर में वह ये अप्रत्याशित खबर कोतवाली में देने के लिये पैदल चल पड़ा। इतने में जॉनसन और फारमर ने जल्दी से यूनीफॉर्म पहनी और जोरा सिन्धु बरुआ को डिस्ट्रिक्ट मैजिस्ट्रेट को खबर देने के लिये भेजा। और अपने मातहत सिपाहियों को ऑक्जिलरी सेना के कैप्टन टेट और असिस्टैन्ट सुपरिंटेंडेंट पुलिस लुईस को खबर करने के लिये कहा। अपनी रिवाल्वर लेकर वह तेजी से ए एफ आई के शस्त्र भंडार की तरफ चले लेकिन जब तक वो पहुंचे, उन्हें भंडार बचाने का मौका ही न मिला।

हालांकि जॉनसन और विल्किन्सन में आपस में कोई बातचीत नही हुयी थी लेकिन वे दोनों पहारतली स्थित शस्त्र भंडार की ओर बढ़े क्योंकि वे जानते थे कि शस्त्र भंडार पुलिस लाईन्स के शस्त्र भंडार से अधिक महत्त्वपूर्ण है। यह उनका दुर्भाग्य था कि कान्तिकारियों को भी इसका अहसास था। 1857 की आजादी की पहली लड़ाई के बाद साम्राज्य ने फैसला किया था कि अपना राज मजबूत करने के लिये मिलिट्री की ताकत का इस्तेमाल किया जाए। 18 साल से ज्यादा की उम्र के अंग्रेजों को शस्त्र देकर उनकी रेजीमेन्ट और बटालियनें बनायी गयी थीं। सिर्फ अंग्रेजों वाली रेजीमेन्टों को एक साथ लेकर उन्हें ए एफ आई का नाम दिया गया। उनका काम राज की नियमित ब्रिटिश यूनियन रोगा को सहयोग देना था।

ए एफ आई के शस्त्र भंडारों में उम्दा किस्म के हथियार होते थे जो पुलिस लाईन्स के हथियारों से कहीं बेहतर थे। चिटगांव में भी ए एफ आई शस्त्र भंडार में लगभग चार सौ 303 राईफलें थीं जो एक साथ 10 कारतूस चला सकती थीं और जिनकी मार का दायरा एक हजार गज से भी ज्यादा था। पांच लुईस गन्स (मशीनगनें) भी वहां थीं, जबकि पुलिस शस्त्र भंडार में 200 मस्कट (मार का दायरा 200 गज) थीं जो एक बार में एक गोली चला सकती थीं और सिर्फ दो लुईस गन्स थीं।[7]

चिटगांव में ए एफ आई शस्त्र भंडार आसाम–बंगाल रेल्वे बटालियन के

मातहत था और यह पहारतली की तरफ जाने वाली सड़क पर एक मंजिला इमारत में था। जॉनसन और फारमर पिकेडली सर्कस से विल्किन्सन से कुछ ही मिनट पहले गुजरे और ए एफ आई शस्त्र भंडार के पास आराम से गाड़ी में चले गये। संजीव नाग की खबर से वो विचलित तो थे लेकिन जो उन्होंने आगे देखा वो उसके लिए बिल्कुल तैयार नहीं थे। दूर से उन्हें नारों और बन्दूक चलने की आवाज सुनाई दे रही थी। ये उनके लिए किसी भी दुस्वप्न से ज्यादा भयानक था। ये तो बुरा था ही कि पुलिस लाईन्स का शस्त्र भंडार कुछ अनजान देसी लोगों के कब्जे में था, उनके टेलीफोन काम नहीं कर रहे थे, लेकिन सबसे बुरा तो ये था कि सबसे महत्वपूर्ण शस्त्र भंडार पर भी अब हमला हो रहा था। हालांकि कुछ मिनट पहले तक वो संजीव नाग के अनगर्ल ब्यौरे के बारे में निश्चिंत नहीं थे, लेकिन जो वे अपनी आंखों के सामने देख रहे थे उस पर कैसे अविश्वास कर सकते थे। जैसे ही देसी सिपाहियों ने स्वदेशी लोगों के खिलाफ लड़ना नामंजूर किया, दो पुलिस अफसरों ने वहां से गाड़ी ले कर निकल जाने में ही अपनी भलाई समझी। बाद में अपने खुश्क से ब्यौरे में जॉनसन ने कहा कि ए एफ आई शस्त्र भंडार पहुंच कर उन्होंने पाया कि 'वो कान्तिकारियों के कब्जे में थी' और 'ये उनका सौभाग्य था कि वो वहां से बिना कोई गोली खाये गाड़ी में निकल गये'।[8]

लेकिन और जगह लोगों का भाग्य इतना अच्छा नहीं था जितना कि पुलिस शस्त्र भंडार में था। ए एफ आई शस्त्र भंडार पर भी बन्दूकों (मसकट) से लैस तीन सिपाही और एक नायक रक्षा ड्यूटी पर मौजूद थे। अकबर अली को, जो 10 बजे तक ड्यूटी पर था, गुलाम जिलानी ने बदला। उसके फौरन बाद वो शस्त्र भंडार के दरवाजे के पास वाले बरामदे के नजदीक एक चारपाई पर सो गया। वो बन्दूक की आवाज और लाठी के एक वार से जागा और उसने देखा कि तीसरा सिपाही मीरान बख्श जो छः बजे से आठ बजे तक की ड्यूटी पर था–भागा जा रहा था। उसने कुछ लोगों को बरामदे में देखा जिनमें कुछ यूनीफॉर्म में थे।[9] वो जितनी तेज हो सकता था भागा और डबल मूरिंग की बन्दरगाह पर पहुंचा 'जहां उसने दो दिन एक जहाज पर बिताये।'[10]

ए एफ आई शस्त्र भंडार की इमारत के दक्षिण पश्चिम की तरफ सार्जेन्ट मेजर फैरल के क्वार्टर्स थे। वह अभी अपनी पत्नी के साथ खाने की मेज पर बैठा ही था और उनका खानसामा अब्दुल सोमान खाना परोस रहा था कि उसने बाहर गोली चलने की आवाज सुनी। वो बाहर बरामदे की तरफ गया और उसके पीछे–पीछे अब्दुल सोमान भी था, जहां उसने शस्त्र भंडार के दरवाजे के सामने खाकी कमीज और नेकर पहने चार–पांच लोगों को देखा। अब्दुल सोमान ने चार लोगों को तो नहीं देखा लेकिन उसे पांचवे आदमी की याद थी जो गठीले शरीर

और साफ रंग का था और उसने खाकी वर्दी और टोपी और सैम ब्राऊन की बैल्ट पहन रखी थी। वो बिल्कुल ए एफ आई अफसर की तरह था।[11] सार्जेन्ट मेजर फैरल अपने बंगले के बरामदे से नीचे उतरा। सामने वाले लोगों की चेतावनी की परवाह न करते हुये, वो उन लोगों की तरफ बढ़ा और उसे गोली मारकर खत्म कर दिया गया। अब्दुल सोमान चेतावनी के मद्देनजर बंगले में वापिस चला गया। कुछ देर बाद पिछले दरवाजे से निकल कर वो चिटगांव रेलवे स्टेशन की ओर भागा और वहां पहुंचकर ड्यूटी पर मौजूद सहायक स्टेशन मास्टर को सारी बात बतायी। उसने इस पर यकीन करने से इन्कार कर दिया। लेकिन जब उसको पता चला कि उसका फोन काम नहीं कर रहा है तो उसे लगा कि कुछ गड़बड़ है। उसने रेल्वे पुलिस के इन्चार्ज सब इन्सपैक्टर को बुला भेजा। एक लिखित संदेश लेकर अब्दुल सोमान ट्रैफिक मैनेजर मेजर बाकर के पास भेजा गया। लेकिन जब तक बाकर मौक–ए–वारदात पर पहुंचा, ए एफ आई शस्त्र भंडार से आग की लपटें उठ रही थीं और एक भी आदमी वहां मौजूद नहीं था। मेजर बाकर के शस्त्र भंडार पर पहुंचने से पहले कई अंग्रेज अफसर वहां आकर चले गये थे। इनमें विल्किन्सन और कैप्टन टेट भी शामिल थे।

विल्किन्सन और दूसरे लोगों का झुंड कैप्टन टेट के नेतृत्व में जो पिकेडली सर्कस पर मिले थे, जॉनसन और फारमर की तरह ए एफ आई शस्त्र भंडार की तरफ रवाना हुआ। विल्किन्सन, जोरा सिन्धु बरुआ के साथ अपनी कार के पीछे की सीट पर बैठा था। पुलिस अफसरों के बरक्स, डिस्ट्रिक्ट मैजिस्ट्रेट अपनी कार सीधे ए एफ आई इलाके में ले गया। वो जैसे ही ए एफ आई के मुख्य कार्यालय के नजदीक ड्रिल हाल के दरवाजे पर पहुंचा, ख़ाकी यूनीफार्म पहने कुछ लोगों ने चेतावनी दी। ये चेतावनी सभी हिन्दुस्तानियों को दी जाती थी जब वे अंग्रेज अधिकारियों के नजदीक होते थे। इस बार, पहली बार चेतावनी का यह ढंग उलट गया। यूनीफार्म पहने विद्रोहियों में से एक ने पूछा 'रुको, कौन है'। विल्किन्सन ने जवाब दिया 'दोस्त।' कैप्टन टेट के शब्दों में यह सुनते ही उन्होंने गोलियां दागीं जिसमें विल्किन्सन का ड्राइवर बुरी तरह घायल हुआ और 5–6 गोलियां गाड़ी का शीशा तोड़कर अन्दर आयीं।[12] काफी आश्चर्य की बात है कि विल्किन्सन और टेट गोलियों से बच गये और गाड़ी तथा घायलों को छोड़कर चिटगांव रेलवे स्टेशन की तरफ भागे। उन्होंने वहां एक इंजिन मंगाया और उसमें बैठकर चिटगांव बन्दरगाह पहुंचे। चिटगांव का बन्दरगाह देश के सबसे अच्छे बन्दरगाहों में से एक था। जैटी पर हैलीजोन्स नाम का एक जहाज खड़ा था जिस पर से डिस्ट्रिक्ट मैजिस्ट्रेट ने तार द्वारा कलकत्ता को गम्भीर सशस्त्र क्रान्ति की सूचना दी और फौज के दस्ते भेजने की गुजारिश की। उस समय उसे यह पता

नहीं था कि फौज उस रात या अगली सुबह तक चिटगांव नहीं पहुंच पायेगी क्योंकि विद्रोहियों ने यह सुनिश्चित कर लिया था कि कोई भी रेलगाड़ी शहर नहीं पहुंच पाए।

अगली सुबह अपनी संक्षिप्त रिपोर्ट में विल्किन्सन ने बंगाल सरकार के मुख्य सचिव को सूचित करते हुये इस ओर ध्यान दिलाया कि 'यह मात्र संयोग है कि चिटगांव से 30–40 मील की दूरी पर एक रेलगाड़ी गंभीर रूप से पटरी से उतरी।'[13] इसी दौरान कैप्टन टेट ने जैटी पर एक और शस्त्र भंडार की जांच की और पाया कि बन्दूकें और असला बिल्कुल ठीक–ठाक है। उसने 'हर उस आदमी को जो उसे मिला–जहाज के अलावा भी–हथियार दिये' और आदेश दिया कि हर आदमी रेलगाड़ी लेकर पहारतली में ए एफ आई के मुख्य कार्यालय पर पहुंचे। उसने दो टैक्सियों को ढूंढा और उनसे एक रक्षक के साथ सारी यूरोपीय औरतों को जैटी पर लाने के लिये कहा। औरतों और बच्चों को चकदारा नामक जहाज पर रखा गया, जहां उन्होंने विद्रोहियों के वापस आने के डर से कई रातें गुजारीं।

जब मैजिस्ट्रेट हैलीजोन्स नामक जहाज पर तार भेजने में मुब्तला था, पुलिस सुपरिंटेंडेंट और डी आई जी सारी ताकत इकट्ठी करने में लगे थे। पुलिस लाईन्स के शस्त्र भंडार पर अभी भी हमला जारी था। ए एफ आई शस्त्र भंडार कान्तिकारियों के कब्जे में था। लेकिन राज के पास बचाव के और भी साधन थे। जब वे ए एफ आई के शस्त्र भंडार के नजदीक से गुजर रहे थे तो इन दो पुलिस के अफसरों को, ए एफ आई का सार्जेन्ट इन्सट्रक्टर ब्लैकबर्न दो अन्य यूरोपीयों के साथ जाता मिला। उन्होंने इनको अपने साथ लिया और ले० बैरकला को भी साथ लिया। बैरकला के पास पहारतली के छोटे शस्त्र भंडार की चाबी थी और उसे लुईस गन चलाना भी आता था। इस भंडार से उन्होंने एक लुईस गन और दो बन्दूकें निकालीं। कुछ और लोगों को साथ लेकर वो मुख्य शस्त्र भंडार पर कब्जा करने के लिये चले। लेकिन उन्हें पता चला कि उसको आग लगा कर छोड़ दिया गया है। विद्रोहियों के चले जाने के बाद अंग्रेज एक बार फिर बहादुर कौम की तरह व्यवहार करने लगे और अनेक ए एफ आई शस्त्र भंडार पर इकट्ठे होकर स्थिति को संभालने का दम भरने लगे।

अब ए एफ आई शस्त्र भंडार पर करने को कुछ नहीं बचा था इसलिये ये लोग पुलिस लाईन्स की तरफ बढ़े,' अपनी कार क्लब के पास छोड़कर क्योंकि लाईन्स में काफी गोलीबारी जारी थी।' वे काफी तरतीब से लाईन्स की तरफ वाटर वर्क्स तक पहुंचे, जहां उन्हें संजीव नाग मिला। उसने इन्हें खबर दी कि 'सौ के करीब विद्रोही अभी भी शस्त्र भंडार पर हमला कर रहे थे।' वे वाटर वर्क्स के एक कोने में ऐसी जगह खड़े हुए 'जहां से कान्तिकारियों को शस्त्र भंडार पर

हमला करते हुए देखा जा सकता था और उन्होंने लुईस गन से उन पर वार किया'।[14] इसके जवाब में 50–60 गोलियां बन्दूकों, राईफलों और रिवाल्वरों से दागी गयीं। चूंकि बिना और इमदाद के और हमला करने के लिये स्थिति निराशाजनक थी, जॉनसन को ऑक्जिलरी फोर्स के मुख्य कार्यालय की तरफ भेजा गया जबकि बैरकला और फारमर वाटर वर्क्स की छत की तरफ गये जहां से उन्होंने देखा कि 'कम से कम दो कारें क्रान्तिकारियों को वहां से ले जाने के लिये खड़ी थीं।' उन्होंने उन कारों को अपनी लुईस गन की पहुंच में रखा और इमदाद की इन्तजार में रहे। इसमें काफी लम्बा समय लगा। जब जॉनसन कुछ फौज के साथ आया, तो दूसरी तरफ से कैप्टन टेट के साथ 20 यूरोपीय भी आये। तब तक रात के 3.30 बजे से 4.00 बजे का समय रहा होगा।

वो दो दल बनाकर लाईन्स की तरफ चले तब उन्हें पता लगा कि 'हमलावर तो गायब हो गये हैं'।[15] शस्त्र भंडार को छोड़ दिया गया है और उसमें अभी भी आग सुलग रही है। इसके बावजूद कि उन्होंने उस इलाके पर लुईस गन से हमला किया था, वहां उन्हें न कोई आदमी मिला और न ही कोई लाश मिली। कौन थे ये लोग? कहां से आये थे? क्यों वे अचानक गायब हो गये थें? उनका क्या हुआ? उन्हें इन सब सवालों के जवाब के लिये काफी समय तक इन्तजार करना पड़ा। लेकिन उस रात को ही जो अब सुबह में बदल गयी थी, उन्हें ये अन्दाजा तो हो गया कि ये 'अजनबी लोग' किसी दूसरी दुनिया से अचानक टपक पड़े लोग नहीं थे। और उनका मक़सद सिर्फ दहशत फैलाना नहीं था बल्कि आजादी था।

पुलिस लाईन्स पर उन्हें पता चला कि 'क्रान्तिकारी तीन कारें पीछे छोड़ गये थे जिनमें से एक क्रान्तिकारी नेता अनन्त सिंह की थी।[16] उन्हें वहां एक बर्तानवी झंडा यूनियन जैक और लहराता हुआ तिरंगा झंडा भी मिला, लेकिन इसके बारे में उन्होंने कोई बात नहीं की। इसके बारे में भी कि उन्हें वहां बन्दूकें और बिल्ले और एक पर्चा 'इन्डियन रिपब्लिकन आर्मी' भी मिला था। इसमें इस मन्तव्य की घोषणा की गयी थी कि वे ''ब्रिटिश लोगों और उनकी सरकार की, हिन्दुस्तान की 30 करोड़ जनता को दमन के सहारे अनिश्चित काल तक दबाये रखने की नीति के खिलाफ खड़े होंगे।'' यह घोषणा करते हुये कि हिन्दुस्तान पर मिल्कियत हिन्दुस्तान में रहने वाले लोगों की है, इसमें कहा गया था, ''इन्डियन रिपब्लिक आर्मी डंके की चोट पर यह एलान करती है कि वह अपना यह हक, इन्डियन नेशनल कांग्रेस द्वारा घोषित आजादी का ध्येय, हथियारों की मदद से हासिल करेगी, और यह कसम लेती है कि उसके सारे सदस्य आजादी और मातृभूमि की भलाई और उन्नति के लिये अपना जीवन दांव पर लगायेंगे''।[17]

ब्रिटिश अधिकारियों ने भरसक कोशिश की कि इस पर्चे को दबायें और

चिटगांव की बगावत का असली उद्देश्य लोगों को पता न चले। इसके लिये उन्होंने दमनकारी कानून और सैंसरशिप का सहारा लिया। बंगाल और शिमला (जहां सरकारी दफ्तर गर्मियों में चले जाते थे) के बीच तारों का आदान–प्रदान हुआ और वाइसराय और लंदन स्थित भारत सरकार के सचिव के बीच में भी कि किस प्रकार इस 'बेमिसाल उपद्रवी घटना' के नतीजों और असरात पर काबू पाया जाये। बंगाल ने 19 अप्रैल को शिमला को आश्वासन दिया कि ''आशा है कि ईस्टर्न फंटियर राइफल्स के आने के बाद स्थिति सामान्य हो जायेगी''।[18] इस पर अगले दिन, अगले हफ्ते या अगले साल तक भी काबू नहीं पाया जा सका। तीन साल के अघोषित मार्शल ला के बाद ही विद्रोहियों के नेता को गिरफ्तार किया जा सका और विद्रोह के नतीजों पर तो कभी भी काबू न पाया जा सका।

विद्रोह के नेताओं के नजरिये से देखें तो यह जाहिर होगा कि चिटगांव का विद्रोह एक त्रासद असफलता थी। अपने दुश्मनों से परिचित राज के लिये यह घटना एक बेमिसाल सफलता थी। यूरोपियन एसोसिऐशन की चिटगांव शाखा के अध्यक्ष ने दावा किया कि चिटगांव में 'कान्तिकारी विस्फोट' का बंगाल में 1857 की बगावत के बाद कोई सानी नहीं है।[19] 18–19 अप्रैल की घटनाएं ''मात्र डाकाजनी और राजनीतिक गुण्डागर्दी की घटनाएं नहीं हैं।' बल्कि ये तो राज के खिलाफ युद्ध की घोषणा है। जो वर्दी में हथियारबन्द और अनुशासित लोगों ने किया और जिनको कान्तिकारी पर्चे में ''इन्डियन रिपब्लिकन आर्मी की चिटगांव शाखा'' का नाम दिया गया।[20]

लेकिन अपनी जान के खतरे से भी ज्यादा, अंग्रेजों को हथियारबन्द कान्तिकारियों से अपनी बेइज्जती का डर था। उन्हें बहुत जल्दी पता लग गया कि कान्तिकारियों के दस्ते में 64 से ज्यादा आदमी नहीं थे–आदमी और लड़के जो 18 अप्रैल की शाम तक चिटगांव में खुले आम घूम रहे थे। ये वो ही लोग थे जिन पर पुलिस एक साल से ज्यादा से निगरानी रखे हुये थी और इसके बावजूद उन्होंने इस घटना की योजना बनायी और इसे सूक्ष्म से सूक्ष्म तरीके से अंजाम दिया। ''यह ऐसी घटना थी जिसकी कोशिश पहले कभी नहीं की गयी थी और जो एक ना हासिल किये जाने वाले सपने की तरह थी''।[21] पूरे तौर पर न सही फिर यह सपना छः लोगों और उनकी युवा फौज ने पूरा किया था।

भाग एक

विद्रोह की तैयारी

आज का मुकद्दमा यह है कि नज़रबन्दी से छूटने के बाद अन्दाजन सितम्बर 1928 से सूर्य सेन, अम्बिका चकवर्ती, निर्मल सेन, गणेश घोष, अनन्त सिंह और लोकनाथ बाल (जिनको बाद में छः भूतपूर्व कैदियों के नाम से संदर्भित किया गया है) चिटगांव में रहने आये और उन्होंने बादशाह सलामत के खिलाफ युद्ध छेड़ने के लिए एक गहरा षड़यंत्र रचा।

— चिटगांव के दूसरे पूरक शस्त्र भण्डार पर हमले के केस न.1 (6)—1930/33 में स्पेशल ट्रिब्यूनल के फैसले की शुरू की पंक्तियां।

1

एक फौज की तलाश में छः आदमी

एक्शन जनता के लिये एक पुस्तक के समान होते हैं – विचार बहुत जल्द परिपक्व होते हैं जब उन्हें शहीदों का खून मिलता है।

– मैज़िनी

चिटगांव गुलाम और अविभाजित हिन्दुस्तान के सूदूर पूर्व के कोने में स्थित था। यह एक आश्चर्यचकित करने वाला खूबसूरत शहर है जिसके चारों तरफ जंगल से ढ़की पहाड़ियां हैं और जिसके उत्तरी कोने पर कर्णफूली नदी है जो 12 मील दूर जाकर बंगाल की खाड़ी में मिलती है। यह चिटगांव जिले का मुख्य कार्यालय था। यह एक लम्बी और संकरी पट्टी है जो समुद्र और बर्मा की पहाड़ी श्रृंखलाओं के बीच स्थित थी। समुद्र तट की और आपस में एक दूसरे के लगभग समानान्तर पांच पहाड़ी श्रृंखलाएं जिले में पूरी लम्बाई में इस तरह स्थित हैं कि उत्तर और दक्षिण में दो वादियां बनती हैं। इसमें सीताकुन्ड श्रृखंला की पहाड़ियां शहर के उत्तर में ऊंची उठती हैं जहां पुलिस लाइन्स स्थित थी। सारे शहर में छोटे–छोटे ढ़लवां पहाड़ के खण्ड हैं और आमतौर पर सरकारी इमारतें और ब्रिटिश अफसरों के बंगले इन खण्डों की खूबसूरत चोटियों पर स्थित थे।

सशस्त्र भण्डारों पर जबर्दस्त हमलों ने चिटगांव की आधुनिक इतिहास में एक स्थिर जगह बना दी है। और यह विस्मयकारी लगता है कि ये हमले उपमहाद्वीप के बिल्कुल एक सिरे पर हुये। चिटगांव एक सिरे पर जरूर था लेकिन कटा हुआ कभी नहीं था। सैकड़ों सालों से इसकी सरजमीं पर साहस की स्फूर्ति समुद्र की हवाओं की तरह चलती थी। ब्रिटिश साम्राज्य के सुदूर और बाहरी कोने पर स्थित इसका बन्दरगाह मध्यकाल से ही मशहूर था और दूर–पास के साहसी और समुद्री लोगों के आकर्षण का केन्द्र था। अंग्रेजों के आने से पहले ये चिटगांव में अनेक धर्मों और संस्कृतियों का समावेश था, जिससे यहां के लोगों का स्वभाव सार्वदेशीय था। चिटगांव एक समय में तिपरा (त्रिपुरा) की एक बड़ी हिन्दू

राजशाही का हिस्सा था। चूंकि यह "बंगाल की हिन्दू और बर्मा की बौद्ध विवादित सीमा पर स्थित था"[1] इसके शासक बहुत बार बदले। जब बंगाल पर अफ़गान आधिपत्य था तब मुसलमानों ने 13वीं और 16वीं सदी के दरम्यान चिटगांव को कब्जे में ले लिया था। लेकिन अरब व्यापारी इससे बहुत पहले से यहां आते रहे थे। वास्को डी गामा के हिन्दुस्तान के दक्षिणी पश्चिमी तट पर आने के कुछ ही वर्षों बाद पुर्तगालियों ने चिटगांव का रास्ता ढूंढ निकाला था। वे महात्मा गांधी के शब्दों में इसके 'बड़े और खूबसूरत बन्दरगाह' पर कब्जा करना चाहते थे।[2] सन् 1538 में गोवा के वाइसराय ने बंगाल के अफगान राजा के पास और एक दूत भेजा था जो चिटगांव पहुंचा था। लेकिन यह मिशन कड़वाहट और हिसांपूर्ण झड़प के साथ खत्म हुआ। फिर भी बहुत सारे पुर्तगाली नाविक और व्यापारी वहां बने रहे क्योंकि बड़े जहाजों के लिये यह एक उपयुक्त बन्दरगाह था। जहाज यहां की बड़ी और नौगम्य नदी कर्णफूली में रुक सकते थे और यहां से नदियों से भरे बंगाल में आसानी से सामान भेज सकते थे। पुर्तगालियों ने इसकी महत्ता को समझ कर चिटगांव का नाम 'पोर्टो ग्रान्डो' रखा। 16वीं सदी में जब बंगाल को लेकर अफगानों और मुगलों का युद्ध हुआ तो चिटगांव एक बार फिर अरकान राजा के आधिपत्य में आ गया। राजा ने पुर्तगालियों की बहादुरी और समुद्री कौशल से प्रभावित होकर 'अपनी मुलाजमत में बहुत से पुर्तगाली साहसिक और भगोड़े लोगों' को रखा हुआ था'।[3] ये लोग गोवा, कोचीन, मलाया और दूसरे पुर्तगाली ठिकानों से आये थे।

बहुत कोशिशों के बाद 1666 में मुगलों ने चिटगांव पर नियन्त्रण किया जब बंगाल के गर्वनर नवाब शाईस्ता खान ने एक बड़ा समुद्री बेड़ा और जमीनी फौज अरकान राजा को हराने के लिये भेजी। विजेता फौज के कमांडर और नवाब के बेटे उमेद खान ने चिटगांव का नाम इस्लामाबाद रख दिया और इसे बंगाल सूबे का हिस्सा बना दिया।[4] शासक बदलते रहे लेकिन लोगों में मेल–जोल जारी रहा – अरब नाविक, अफगान सिपाही, अरकान बौद्ध (माघ), जनजाति और हिन्दू – और इस सबका सबसे अच्छा प्रदर्शन वहां बोली जाने वाली जुबान में होता है। इस सदी के शुरू के सालों में यह देखा गया था कि यहां के '98 फीसदी लोगों की बोली, बंगाली का भ्रष्ट रूप है जिसका नाम जिले के नाम पर चटगईयां है'।[5] भ्रष्ट होना तो दूर ये बोली इतनी विभिन्न भाषाओं और बोलियों के मिश्रण से बनी है कि पड़ोस के जिलों के लोगों के लिए भी इसे समझना मुश्किल है और वे शायद बंगाली, उड़िया, हिन्दी या असमिया को चटगईयां से ज्यादा आसानी से समझ सकते हैं।

इसमें कोई अचरज की बात नहीं है कि एक बार पुर्तगाली चिटगांव पहुंच गये

तो अंग्रेज भी पीछे नहीं रहे। इस बात की जानकारी कम ही लोगों को है कि जिस तरह कोलम्बस ने अमरीका की 'खोज' हिन्दुस्तान की तलाश में की थी उसी तरह अंग्रेजों ने चिटगांव के रास्ते से भटककर कलकत्ता को साम्राज्य की राजधानी बनाया था। सन् 1685 में बादशाह औरंगजेब के काल में जब बंगाल का गर्वनर अंग्रेजों की ईस्ट इण्डिया कम्पनी के व्यापार में 'खलल डाल रहा था' तो अंग्रेजों का युद्ध अभियान वाईस–एडमिरल निकलसन के नेतृत्व में इंग्लैंड से चला था। एडमिरल निकलसन को आदेश था कि वह पहले बालासोर से कम्पनी के मुलाजिमों को अपने साथ लेकर बंगाल की खाड़ी पार कर चिटगांव पहुंचे और 'उस पर कब्जा करके उसे अंग्रेजों के लिये किलाबन्द करे। मुगलों से शान्ति बनाने के लिये वो शर्त रखेगा कि 'चिटगांव शहर और इलाके को कम्पनी का हिस्सा बना दिया जाए'।[6]

लेकिन एडमिरल का दस्ता समुद्र में बिखर गया और चिटगांव पहुंचने की जगह हुगली नदी के रास्ते जाकर उसने हुगली शहर पर लंगर डाला। मुगलों से बातचीत हुई लेकिन इससे पहले कि संधि पर दस्तखत होते कम्पनी के सिपाहियों की नवाब के सिपाहियों से लड़ाई छिड़ गयी और उन्होंने हुगली शहर के 500 घर बर्बाद कर दिये। इसके बाद अंग्रेजों ने 'इसी में भलाई समझी कि वो हुगली नदी के रास्ते वापिस होते हुये सुतानती पहुंचें, जिस जगह पर बाद में कलकत्ता शहर बसा''[7]

लेकिन चिटगांव को वे नहीं भूले। यह बंगाल के सबसे पहले जिलों में एक था जिस पर प्लासी की लड़ाई के बाद के पहले तीन साल में ईस्ट इण्डिया कम्पनी ने कब्जा किया था। 1760 में मीर कासिम के साथ हुये समझौते के तहत बर्द्धमान, मिदनापुर और चिटगांव के जिले कम्पनी को दे दिये गये, जिसके एवज में मीर कासिम को नवाब के पद पर बैठाया गया। कम्पनी ने इन तीन जिलों पर इसलिये इसरार किया कि यहां से सारे बंगाल का एक–तिहाई राजस्व हासिल होता था। 1763 में मीर जाफर ने जिसे गर्वनरी वापिस दे दी गयी थी, चिटगांव की ग्रान्ट को फिर शुरू किया। और इसे 12 अगस्त 1765 के फरमान के अनुसार बादशाह शाह आलम ने मंजूरी दे दी।

19वीं सदी में अंग्रेजों के कलकत्ता और इसके आस–पास बसने से व्यापार बंगाल की खाड़ी के पश्चिम की ओर फैला। लेकिन सदी के अन्त तक चिटगांव ने एक बार फिर जिले के मुख्य बन्दरगाह की हैसियत प्राप्त कर ली थी। आसाम–बंगाल रेल्वे के बनने से, जो चिटगांव में खत्म होती थी, वाणिज्य और व्यापार को बहुत बढ़ावा मिला। इसके जरिये आसाम और पूर्वी बंगाल के अन्दरूनी इलाकों की उम्दा पैदावार–जूट, कपास और चावल–अंग्रेजों को विदेश में निर्यात

करने के लिये मिलने लगा। 1840 में कलैक्टर श्री स्कोन्स ने जिले में चाय उगाने की शुरूआत की। निर्यात का केन्द्र होने के साथ–साथ चिटगांव ने चाय की अपनी खास किस्म पैदा करनी शुरू की। बाद में आने वाले दशकों में यूरोपियनों ने बड़े पैमाने पर इस चाय की पैदावार शुरू की।[8]

अच्छे वक्त में पढ़े–लिखे लोग जिनमें जोखिम उठाने और संगठन करने की काबिलियत हो, व्यापार के जरिए या समुद्र के जरिए चिटगांव में अपनी किस्मत चमका सकते थे। लेकिन 1928 का साल व्यापार या चाय का नहीं था, हिन्दुस्तानियों के लिये तो नहीं, और उन लोगों के लिये तो बिल्कुल नहीं जिन्होंने अपनी जिन्दगी का एक दशक निर्ममता से एक मोहक सपना संजोने में लगाया था। छः कैदियों में जिन्होंने विद्रोह की योजना बनायी, पांच बहुत गहरे दोस्त और एक उनका सहयोगी था। यह बिल्कुल माकूल टीम थी। इसमें सोचने वाले और करने वाले, योजना बनाने वाले और उनको अमल में लाने वाले, कुछ हथियार चलाने में मुस्तैद और दूसरे खुली राजनीतिक कारगुजारी में माहिर शामिल थे। छटा आदमी उनमें सबसे छोटा, लम्बा, चिट्टे रंग का लोकनाथ बाल था। उसे हमले के दौरान बहुत से लोगों ने अंग्रेज समझा था। वह क्रान्तिकारियों के दस्ते में 1922 के कुछ देर बाद शामिल हुआ और उस पर पुलिस की नजर, बंगाल के 1924 के आर्डिनैंस के तहत सारे नेताओं के गिरफ्तार होने के बाद पड़ी। वह 1926 के आखिर में गिरफ्तार हुआ था और छूटने के बाद फिर से पुराने नेताओं के मातहत काम करने लगा। हालांकि लोकनाथ बाल को योजना की पूरी जानकारी नहीं थी, लेकिन वह उस केंन्द्र का हिस्सा था जिसने विद्रोह की पृष्ठभूमि तैयार की थी।

चिटगांव के इस समूह का सबसे चमकीला सदस्य अनन्त सिंह था जिसके पुरखे पंजाब से आकर समय के साथ–साथ चिटगांव निवासी ही बन गये थे। व्यायामशालाओं और कसरत क्लबों में जाने वाले नौजवान, भविष्य में क्रान्तिकारियों को फौज में शामिल करने की जगह थे। और इनमें से अनेक 'अनन्त दा' से प्रभावित थे क्योंकि उनकी बहादुरी और शारीरिक ताकत के किस्से, सारे जिले में 1930 से पहले से ही मशहूर थे। अपने बचपन में वह कोडी राममूर्ति के सरकस के कारनामों से बहुत प्रभावित था।[9] एक बार 1920 के आस–पास जब शहर में सर्कस आया था तो एक अंग्रेज 'स्टन्ट मैन' ने दर्शकों को अपनी तरह भारी जंजीर तोड़ने की चुनौती दी। एक गठीले नौजवान ने इसे आसानी से कर दिखाया। यह नौजवान अनन्त सिंह था। और दर्शकों में एक छोटी लड़की जिसका नाम कल्पना था, सांस रोके इस कारनामे को देख रही थी[10] और एक दिन वह भी क्रान्तिकारियों में शामिल हुई। बाद के सालों में अनन्त सिंह एक

कुशल निशानेबाज और व्यायाम प्रशिक्षक बन गए। उन्होंने चिटगांव में दर्जनों नौजवानों को 'निशानेबाजी, मुक्केबाजी, चाकू का खेल और जिजत्सु' का परीक्षण दिया था।[11] अनन्त सिंह और लोकनाथ बाल के खिलाफ सशस्त्र भण्डार के हमले के पहले केस में, अंग्रेज अधिकारियों ने बहुत ही खुश्क तरीके से उनकी पारंगतता का जिक्र किया था। उनके मुताबिक चिटगांव के छात्र लोकनाथ बाल और अनन्त सिंह के 'शारीरिक कारनामों से बहुत आकर्षित होते थे। इनमें से पहला चलती गाड़ी को रोक देता था और दूसरा लोहे की छड़ों को मरोड़ देता था।'[12]

अनन्त सिंह 1918–19 में चिटगांव म्यूनिसिपल स्कूल में आठवीं कक्षा में पढ़ रहा था। तभी वह गुप्त क्रान्तिकारी समूह में शामिल हो गया और उसने कुछ सालों में कई साहसिक घटनाओं को अंजाम दिया। लगभग सभी गुप्त समूहों का यह कायदा था कि उनके नेता लड़कों को सीधे दाखिला नहीं देते थे। संगठन के लिहाज से यह समूह समान केन्द्र वाले वृत्तों की तरह थे। जिनके केन्द्र बिन्दु में नेतृत्व होता था। हरेक नेता के नीचे एक छोटा समूह होता था, जिसके सदस्य केवल उसको जानकारी देते थे। और इन छोटे समूहों को एक दूसरे के बारे में जानकारी नहीं होती थी। अनन्त सिंह को उसके सहपाठी अफसरादीन ने एक गुप्त समूह में भर्ती किया। अफसरादीन भी क्रान्तिकारी विचारों से प्रभावित था। इस समूह का नेतृत्व निर्मल सेन के हाथों में था। हर सदस्य से कहा जाता था कि वह नये सदस्य भर्ती करे। अनन्त सिंह ने सबसे पहले अपने सहपाठी गणेश घोष को समूह में शामिल किया।[13] अनन्त और गणेश अगले दशक में बहुत पक्के दोस्त बने गये और इन्हीं दोनों ने विद्रोह के फौजी विभाग के रूप में काम किया। गणेश घोष से छोटे लड़के, उनकी फौजी कवायद की कुशलता से बहुत प्रभावित थे। उनका शान्ति प्रिय व्यक्तित्व अनन्त सिंह के अति उत्तेजना और स्फूर्ति वाले व्यक्तित्व का पूरक था। हमले के समय उन्होंने इसरार किया कि वे एक ही समूह में रहेंगे क्योंकि अगर मौत का सामना करना पड़े तो वो दोनों साथ मरना चाहते थे।[14]

निर्मलचन्द्र सेन इनका पहला नेता था और 1918 से समूह का मुख्य सदस्य और हथियारों में माहिर था। वह लम्बे–चौड़े डील–डौल वाला आदमी था। लम्बे कद और चौड़े कन्धों वाले सेन से अक्सर मास्टर दा होने भ्रम होता था, जब ये दोनों एक साथ भूमिगत थे। सेन के सम्पर्क बर्मा और सूदूर–पूर्व में काफी बड़ी तादाद में थे और सीमा पार से हथियार और असला हासिल करने में उसे महारत हासिल थी। 1925 के आखिर में जब बंगाल के दो मुख्य क्रान्तिकारी समूहों–अनुशीलन और जुगान्तर–के ज्यादातर नेता जेल में थे, तब भी चिटगांव समूह सक्रिय था। गुप्तचर विभाग को हथियारों की तस्करी का पता चला और उस समय की एक

रिपोर्ट में दर्ज किया गया था कि रंगून में रह रहे चिटगांव के निर्मल सेन ने किस प्रकार सुदूर–पूर्व से हथियार हासिल किये थे।[15] लेकिन जुलाई 1926 में जब वो चिटगांव में था, उसे गिरफ्तार कर लिया गया। वे लड़के जो 1928 के बाद आन्दोलन में शामिल हुये; निर्मल सेन से बहुत प्रभावित थे। वे जब हमले के बाद के मुश्किल दिनों में सेन को अच्छी तरह से जान पाए, तो उन्हें पता चला कि वो एक बहुत ही हंसमुख और रहमदिल नेता था।

अगर निर्मल सेन समूह के 'रक्षा मंत्री' थे तो अम्बिका चक्रवर्ती इसके 'विदेश मंत्री' थे और वित्त मंत्रालय का अतिरिक्त भार सम्भाले थे। समूह के एक सदस्य के अनुसार 'वो हमारे कांग्रेस के दोस्त थे और धन और लोगों को जोड़ने में हमारी मदद करते थे।[16] भरी–पूरी दाढ़ी वाले अम्बिका चिटगांव समूह के शुरुआती संस्थापकों में से थे और दोस्त और दुश्मन सभी उन्हें 'दाढ़ी वाले' के नाम से जानते थे। वह विदेश मन्त्री इसलिये नहीं थे कि उनके विदेशों से सम्पर्क थे बल्कि इसलिये थे कि वह जिले और अन्य स्थानों में क्रान्तिकारी समूहों और गांधीवादियों से सम्पर्क रखते थे। छोटी से छोटी बातों का ख्याल रखने के लिये वह मशहूर थे। उनके दोस्त ने उनके बारे में कहा था कि वह एक मजबूत क्रान्तिकारी हैं जो भावनाओं, गम और खुशी में नहीं बहते हैं और उनका स्वभाव बिल्कुल भी उत्तेजित होने वाला नहीं है।[17]

और उन सबमें अविवादित नेता थे – सूर्य सेन या मास्टर दा। उनकी सूरत और सीरत बिल्कुल नेताओं जैसी नहीं थी और किसी बड़े क्रान्तिकारी की तो बिल्कुल नहीं। बाद में विद्रोह में बचे हुये लोगों ने उन्हें बिल्कुल साधारण और 'सड़क पर चलते–फिरते आम आदमी'[18] की तरह बताया है – शर्मीला, विनम्र , संकोची और 'अपने बारे में किसी तरह का भी दिखावा करने से कोसों दूर'। छोटा कद, दुबला शरीर और कोई खास बात उनके व्यक्तिव में नहीं थी। लेकिन उनकी तेज और तीखी आंखें उनकी खास पहचान थीं। उनका अन्दाज बिल्कुल ड्रामाई नहीं था। उन्हें छोटे–छोटे नेताओं द्वारा अपने को बढ़ा–चढ़ा कर दिखाने की बनावटी बातों से सख्त नफरत थी। ऐसे नेता अपने काम के लिये इसको जरूरी मानते थे।[19] अपने इसी साधारण व्यक्तित्व के कारण वह कई बार पुलिस के जाल में फंसने से बचे थे। यह विडम्बना ही है कि खुद अपने को आगे न बढ़ाने की इसी आदत के कारण, वह बहुत जल्द ही नेता बन गए।

सूर्य सेन का जन्म चिटगांव जिले के नोआपारा गांव में 1894 में हुआ था। उनकी प्राथमिक शिक्षा गांव में ही हुई जिसके बाद वह शहर के नेशनल हाईस्कूल में आ गये। इन्टरमीडिएट की परीक्षा चिटगांव कालिज से पास कर उन्होंने 1917 में कृष्णनाथ कालिज, बरहामपुर से, जो मुर्शिदाबाद जिले में है, स्नातक की डिग्री

हासिल की थी। उनके राष्ट्रीय आन्दोलन में शामिल होने के बारे में तरह–तरह की कहानियां प्रचलित हैं। गणेश घोष के मुताबिक बरहामपुर कालेज में पढ़ते वक्त ही उनके भविष्य की दिशा निर्धारित हो गयी थी[20]। कालेज के एक अध्यापक, सतीश चन्द्र चक्रवर्ती एक कान्तिकारी समूह के सक्रिय सदस्य थे और उन्होंने नौजवान छात्रों को 'देशप्रेम और क्रान्तिकारी ध्येयों' की प्रेरणा दी थी। सूर्य ने शपथ ली कि वह अपनी सारी जिन्दगी चिटगांव में क्रान्तिकारी पार्टी बनाने और आजादी की लड़ाई में लगा देंगे। कुछ और लोगों के मुताबिक बहुत पहले ही हेमेन्द्रलाल मुखौटी ने सूर्य सेन, अम्बिका चक्रवर्ती और कुछ और नौजवानों को क्रांतिकारी रास्ते की ओर जाने की प्रेरणा दी थी। मुखौटी बरिसाल षड़यंत्र केस से फरार थे और बाद में वो नोआपारा के नेशनल स्कूल के हैड मास्टर हो गये थे।[21]

सूर्य सेन बरहामपुर से बी ए करने के बाद घर वापिस लौटकर उमात्रा हायर इंग्लिश स्कूल में मास्टर हो गये। इसके मालिक चिटगांव के जाने–माने हरीशचन्द्र दत्ता ने इस स्कूल को बाद में नेशनल स्कूल में बदल दिया। इसी रूप की वजह से सूर्य सेन का नाम 'मास्टर दा' पड़ गया और अपने सारे जीवन और उसके बाद भी उन्हें इसी नाम से जाना गया। शायद उन्होंने मास्टरी रोजी–रोटी कमाने के लिये की थी, लेकिन यह नौजवानों में देशभक्ति की भावना भरने का सबसे अच्छा जरिया भी था। वह एक अच्छे अध्यापक रहे होंगे जिसकी वजह से उन्हें प्यार भरा और आदरपूर्ण नाम 'मास्टर दा' मिला। जाहिर है कि उन्हें पढ़ाने में खुशी मिलती थी। अपने गांव का स्कूल छोड़कर शहर में शिक्षा के लिये जाने के बाद भी जब–जब छुट्टी के लिये सूर्य सेन घर आते थे, नोआपारा के स्कूल में जाकर 'अध्यापक का काम करते थे'। स्कूल के एक भूतपूर्व विद्यार्थी ने बाद में बताया कि किस तरह सूर्य सेन 1914 और 1916 के दरम्यान जब भी कालेज की छुट्टियों में घर आते थे, बिना किसी वेतन के और बिना किसी नौकरी के, गांव के स्कूल में क्लास लिया करते थे।[22] समय के साथ उनकी नौजवानों को प्रेरित करने की क्षमता किंवदंतियों का विषय बन गयी।

1918 तक सूर्य सेन, अम्बिका चक्रवर्ती, चारु विकास दत्ता (जो बाद में प्रतिद्वंदी और दुश्मन बन गया) और अन्य लोगों ने चिटगांव का अपना क्रान्तिकारी समूह बना लिया था। पूरी एक पीढ़ी के दिमाग में (खासतौर पर हिन्दू भद्रलोक के नौजवानों में) यह बात घर कर चुकी थी कि आजादी के लिये हिंसक रास्ते अपना कर अंग्रेजी राज को खत्म करना चाहिये। एक अंग्रेज अधिकारी की राजनीतिक हत्या 1897 में हुयी थी। पूना में एक गुप्त संस्था के चापेकर भाइयों (दामोदर और बालकृष्ण) ने पूना प्लेग कमीशन के अप्रिय अध्यक्ष डब्लू सी रैन्ड

और एक राहगीर सी ई एर्येस्ट की गोली मारकर हत्या कर दी थी। लेकिन जिन गतिविधियों को हम आमतौर पर 'लड़ाकू राष्ट्रवाद', 'आजादी के लिये हथियारबन्द क्रांति' और 'क्रांतिकारी आतंकवाद' के नाम से जानते हैं, उनकी विचारधारा बंगाल की धरती में ही जन्मी और फली–फूली थी।

ब्रिटिश साम्राज्यवादी शक्ति की 1757 की प्लासी की लड़ाई में जीत के बाद से बंगाल उनकी सेना का केन्द्र था जिससे जिले के लोगों के जीवन पर गहरा असर पड़ा, खासतौर राज के साथ काम करने वाले उच्चजातीय बुद्धिजीवी वर्ग पर।

इस मिलने–जुलने का नतीजा 19वीं सदी के बिचले दशकों में 'बंगाल के नवजागरण' के रूप में सामने आया। राम मोहन राय से शुरू करके ऐसे अनेक गणमान्य लोग हुये जिन्होंने इस सांस्कृतिक जागरण का नेतृत्व किया। यह एक विडम्बना है कि वह व्यक्ति जिसने बंगाल की राष्ट्रवादी विचारधारा और इसकी लड़ाकू धारा को बढ़ाने में सबसे ज्यादा मदद की, एक अंग्रेज ही था जिसे बंगालियों से नफरत थी। लार्ड थामस बैबिंगटन मैकॉले और उसके दूसरे देशवासी भी बंगालियों के प्रति नफरत का नजरिया रखते थे। वह 1834 में हिन्दुस्तान आया और एक साल बाद उसने जनरल कमेटी आफ पब्लिक इंस्ट्रक्शन के अध्यक्ष की हैसियत से मशहूर 'मिनट ऑन इण्डियन ऐजूकेशन' नामक दस्तावेज लिखा।

यूरोपियन साहित्य और विज्ञान को हिन्दुस्तानियों में बढ़ावा देने की वकालत करते हुये उसने लिखा 'हमें एक ऐसे लोगों का वर्ग बनाना चाहिये जो कि हमारे, जो हिन्दुस्तान पर राज कर रहे हैं , और लाखों हिन्दुस्तानियों के बीच आदान–प्रदान का जरिया बने, जो नस्ल और रंग से तो हिन्दुस्तानी हो लेकिन नजरिए, विचारों, नैतिक मापदण्डों और बुद्धि से अंग्रेज हों।'[23] गर्वनर जनरल विलियम बैन्टिक के प्रस्ताव से यह दस्तावेज अमल में आया। इससे अंग्रेजी पढ़े–लिखे बंगालियों की कई पीढियां, गरीब बाबू से लेकर ब्राऊन साहिब तक, पैदा हुई। अंग्रेजी की जानकारी और इसमें महारत हासिल करने से दो चीजें हुई – एनलाईटनमैन्ट के उद्देश्यों, तार्किकता, मानवतावाद, बराबरी और आजादी के प्रति जागरूकता और दूसरी एक ऐसी प्रक्रिया की शुरुआत, जिसके तहत अपनी देसी विरासत का विश्लेषण हुआ और कुछ समय के लिये 'हिन्दू' विरासत को महिमा–मण्डित किया गया। ये दोनों ही लहरें 19वीं सदी के आखिर के समाज सुधारकों और सांस्कृतिक राष्ट्रवादियों के बीच एक साथ मौजूद थीं। उदाहरण के तौर पर बंकिम चन्द्र चैटर्जी (1838–94) जिन का मशहूर उपन्यास *आनन्द मठ* गुप्त क्रांतिकारियों के लिये बाईबिल के समान था'[24], खुद अंग्रेजीदां प्रेसीडेंसी कॉलिज से स्नातक हुये थे और राज के नौकर थे। 1882 में प्रकाशित *आनन्द मठ* त्यागी

सन्यासियों के एक समूह की कहानी है, जो अपने को मातृभूमि की सन्तान कहते हैं और मातृभूमि को मां दुर्गा का ही रूप मानते हैं। उपन्यास में धार्मिक–देशभक्ति से भरा गाना 'वंन्दे मातरम' भी शामिल है। हालांकि बाद के क्रांतिकारियों, खासतौर पर चिटगांव के क्रांतिकारियों ने धार्मिक विचारधारा को छोड़ दिया था लेकिन वंन्दे मातरम राष्ट्रवादियों का तब तक मुख्य गान रहा जब तक 'इंकलाब जिंदाबाद' और 'जय हिन्द' के नारे ने इसकी जगह नहीं ले ली।

बंकिम चन्द चैटर्जी ने जिस तरह मातृभूमि और देवी दुर्गा और धर्म और देशभक्ति में एकरूपता स्थापित की, उसकी गूंज हमें अरबिन्दो घोष में भी मिलती है, जो बाद में पोंडिचेरी के ऋषि अरबिन्दो के रूप में ज्यादा जाने गए। उन्होंने ज्यादा प्रत्यक्ष रूप से 20वीं सदी के पहले दशक में क्रांतिकारियों का उत्साह बढ़ाया था। वह खुद एक अग्रेजीदां परिवार से थे, उनकी शिक्षा अंग्रेजी स्कूलों और किंग्स कालेज कैम्ब्रिज में हुई थी और वह इन्डियन सिविल सर्विस में सिर्फ इसलिये नही जा सके थे कि वह घुड़सवारी का इम्तहान पास नहीं कर सके थे।[25]

लेकिन अरबिन्दो के आने के पहले से ही बंगाल की हवा में विदेशी शासन से मुक्ति और इस आजादी को हासिल करने के लिये लड़ाकू तरीकों का इस्तेमाल करने का जज्बा मौजूद था। शुरू में बंगाली भद्रलोक सामाजिक सुधार और सांस्कृतिक नवजारण के बारे में चिन्तित थे। लेकिन 1870 के दशक से राजनीतिक चेतना का उदय भी शुरू हो गया था। शुरूआत में राष्ट्रवादी इटैलियन देशभक्त जोसेफ मैज़िनी से बहुत प्रभावित थे। सुरेन्द्रनाथ बैनर्जी ने जो बाद में जिले के मुख्य 'नरम' नेता के रूप में उभरे, मैज़िनी के लेखन का बंगाली में अनुवाद किया था और उसे बुद्धिजीवी वर्ग के बीच फैलाया था। हालांकि 'नरम' नेता इससे आगे बढ़ गये, लेकिन क्रान्तिकारी समूहों के लिये इस अध्याय के शुरू में उद्धृत मैजिनी की पक्तियां निरन्तर प्रेरणा का स्रोत बनी रहीं और वे अपने प्रचार में उनका इस्तेमाल करते रहे।

मैकॉले के मिनट के अलावा बंगालियों के चरित्र और डील–डौल के बारे में उसके कथन की, बंगाल में बाद में हिंसक धारा के पैदा होने में शायद और भी बड़ी भूमिका है। वारेन हेस्टिंग्स के बारे में अपने लेख में मैकॉले ने लिखा था 'बंगालियों का शारीरिक डील–डौल कमजोर है और औरतों जैसा है। वे हमेशा पसीने में तर रहते हैं। वो शान्तिप्रिय ढ़ंग से चीज़ें पाना चाहता है। उसके अंग नाजुक हैं और उसका चलना–फिरना काफी आलस भरा है। अनेक युगों में उसे उससे बहादुर और मजबूत नस्ल ने कुचला है। बहादुरी, आजादी, सत्यप्रियता ऐसे गुण हैं जिनके लिये उसकी बनावट और स्थिति, एकदम माकूल नहीं है।[27] उसके मिनट की बदौलत सारे प्रदेश में माध्यमिक और उच्चतर अंग्रेजी स्कूल शुरू हुये

और दूसरी बंगालियों की कमजोर और औरतनुमा छवि बदलने के लिए बड़े पैमाने पर शारीरिक व्यायाम के लिये क्लब बनाये गये। इनमें नौजवानों को शरीर मजबूत बनाने, लाठी चलाने और युद्ध कलाओं की शिक्षा दी जाती थी। 1878 के आर्म्स एक्ट के तहत 'देसी लोगों' के लिए हथियार रखने की मनाही थी, जिससे सारे लोग बिना हथियार के हो गये थे। अंग्रेजों ने अपने राज को, उदारता के अपने सारे दिखावे के बावजूद, उस समय के सारी दुनिया के सबसे अच्छे हथियारों की बदौलत कायम रखा था। इस एक्ट से औपनिवेशिक शासन से छुटकारा पाने के लिये शारीरिक और फौजी ताकत को बढ़ाने की इच्छा को और बढ़ावा मिला। व्यायामशालाओं और अखाड़ों के अलावा कलकत्ता में 1870 के दशक में बहुत सी गुप्त समितियां उभरीं। ये जाहिरा तौर पर इटली की कारबोनरियों के तौर–तरीकों पर आधारित थीं और ये सिर्फ बातें बनाने या कहें कि फुसफुसाने के अलावा कुछ नहीं कर पायीं और जल्द ही खत्म हो गईं।

1885 में इन्डियन नेशनल कांग्रेस की स्थापना हुई। लेकिन इसके विदेशी शासन के प्रति रवैये और प्रस्तावों और दरख्वास्तों की राजनीति में, लड़ाकू नजरिये के लोगों के विचारों और क्रियाकलापों के मुकाबले कहीं कम प्रेरणादायी शक्ति थी। 20वीं सदी के शुरू के सालों में यह विचार पुख्ता हुआ कि ब्रिटिश राज की ताकत को हथियारों से चुनौती दी जाए। इस विचार को, शायद काफी बचकाने ढंग से ही सही, अमली जामा पहनाया जाने लगा। सदी के शुरू होते ही कलकत्ता और अन्य जगहों पर बहुत से क्लब शारीरिक शिक्षा देने और राष्ट्रवादी विचार फैलाने के उद्देश्य से शुरू किये गये। हालांकि इनमें कोई भी 'जाहिरा तौर पर क्रांतिकारी नहीं था' लेकिन 'इन्होंने क्रांतिकारी बीज बोने के लिये जमीन तैयार की'।[28] 1902 में अरबिन्दो घोष और अन्य लोगों की देख–रेख में अनुशीलन समिति का गठन हुआ। यह एक प्रमुख संस्था बनी और यह पहली संस्था थी जिसने सीधे हथियारों का इस्तेमाल शुरू किया। अनुशीलन समिति (या सांस्कृतिक समिति) शुरू में गैर–नुकसानदेह कार्यवाहियों तक सीमित थी और इसने ऐसा कुछ नहीं किया जिसे षडयंत्रकारी या क्रांतिकारी कहा जा सके।[29] 1905 में बंगाल का विभाजन हुआ। इससे उत्पन्न हुये जन–असंतोष ने पिछले कई सालों में बिखेरे गए विद्रोह के बीजों को सींचने में मदद की। जब विभाजन के खिलाफ जनांदोलन, जन–प्रतिरोध, ब्रिटिश चीजों के बहिष्कार और राष्ट्रवादी स्कूलों की स्थापना और अन्य जरियों से हो रहा था, तभी अनुशीलन समिति के कुछ सदस्य (तब तक इसकी सरंचना काफी ढ़ीली–ढ़ाली थी) कुछ कर गुजरने के लिये बेकरार थे'। इसमें मुख्य थे अरबिन्दो घोष के भाई और मुख्य सहयोगी बरिन्द्र घोष और उनके साथी। उन्होंने मार्च 1906 में बंगाली साप्ताहिक पत्रिका

जुगान्तर निकालनी शुरू की थी 'जिसकी हर लाईन में क्रांतिकारी जज़्बा था और किस तरह क्रांति को लाया जा सकता है, इसका प्रारूप था।'[30] इस पत्रिका के सम्पादक स्वामी विवेकानन्द के भाई भूपेन्द्र नाथ दत्त थे। बहुत से नौजवान क्रांतिकारी समूहों से जुड़ने की इच्छा से पत्रिका के दफ्तर आने लगे। इसके अलावा उनके लोग 1906 से 1908 के दौरान बम बनाने, (हेमचन्द्र कानूनगो ने पेरिस जाकर एक रूसी समाजवादी से बम बनाने की शिक्षा ली थी), हथियार हासिल करने और काफी भोंडे ढंग से डकैतियों और हत्याओं की कोशिश करने लगे। इसी दौरान पी मित्रा ने जिन्हें अनुशीलन समिति का संस्थापक माना जाता है, नयी भर्ती के लिये पूर्वी–बंगाल का दौरा किया और ढ़ाका में एक मजबूत केन्द्र स्थापित किया। समय गुजरने के साथ यह, बहुत ही केन्द्रित व अनुशासित और अनेक शाखाओं से जुड़ा, ढ़ाका अनुशीलन समिति का मुख्य कार्यालय बन गया।

बरिन्द्र का ग्रुप हालांकि अनुशीलन समिति का जाहिरा तौर पर सदस्य रहा लेकिन वे अपनी ही योजनाओं पर काम करते रहे। जिसके नतीजतन दो नौजवानों–खुदीराम बोस और प्रफ्फुल चाकी – ने 30 अप्रैल 1908 को मुज्जफरपुर में एक घोड़ागाड़ी पर बम फेंका। उनका उद्देश्य कलकत्ता के मुख्य प्रेजीडेंसी मजिस्ट्रेट डगलस किंग फोर्ड की हत्या करना था। लेकिन इसमें दो अंग्रेज औरतें मारी गयीं। प्रफ्फुल चाकी ने पुलिस से भागते समय आत्महत्या कर ली और खुदीराम बोस को फांसी पर लटकाया गया। अरबिन्दो, बरिन्द्र और कुछ और नौजवानों को अलीपुर बम केस में गिरफ्तार कर लिया गया। एक आरोपी नरेन गोसेन केस के दौरान पुलिस गवाह बन गया। इस विश्वासघात के लिये दो दूसरे साथी कैदियों – कनाई लाल दत्त और सत्येन बोस ने जेल के भीतर ही उसकी हत्या कर दी। इस जुल्म के लिये उन दोनों को फांसी की सजा हुई। खुदीराम बोस और कनाई लाल पीढ़ी दर पीढ़ी के लिये बंगाली नौजवानों के हीरो बन गये। सरकार और उनके भक्त अखबारों की उनको क्रिमिनल और आतंकवादी के रूप में चित्रित करने की सारी कोशिशों के बावजूद, वे जनता की नजर में बहादुर शहीद ही रहे। उनके 'कामों को, जिनको प्रैस ने शोहरत दी, गानों और बातचीत द्वारा जनता ने अमर कर दिया। इसका असर यह हुआ कि क्रांतिकारी काम एक आकर्षक विकल्प के रूप में उभरा, खास तौर पर उन नौजवानों और युवतियों के लिये, जो सांवैधानिक सुधार की गति से संतुष्ट नहीं थे'।[31] बीस साल बाद खुदीराम बोस और कनाई के नामों से प्रेरणा लेकर ही चिटगांव के नौजवान मास्टर दा की फौज में भर्ती हुये।

लेकिन डैकती और व्यक्ति विशेष की हत्या करना, क्रांतिकारियों का अन्तिम उद्देश्य नही था। बहुत से दमनकारी कानूनों के तहत गिरफ्तारी के बावजूद (जैसे

1915 का डिफैंस आफ इन्डिया कानून) इन समूहों में भर्ती होने वालों की कमी न थी और न ही कमी थी हथियारबन्द विद्रोह की हिम्मती योजनाओं की। इनमें सबसे साहसी योजना, ब्रिटेन की पहले विश्व युद्ध में व्यस्तता का फायदा उठाते हुये, सारे देश के स्तर पर विद्रोह करने की थी। इस योजना के मुताबिक बंगाल की सीमाओं से बाहर 19 फरवरी 1915 को लाहौर में विद्रोह शुरू होना था 'जो देश के विभिन्न भागों में इसी तरह के विद्रोह करने के लिये संकेत होता'। इसके लिये ब्रिटिश इन्डियन आर्मी में असंतोष फैलाने से लेकर, बर्लिन स्थित हिन्दुस्तानियों की मदद से हथियार हासिल करने और क्रांतिकारी गदर पार्टी के सिख विस्थापितों के, जो अमरीका के पश्चिमी किनारे पर बसे थे, के स्वदेश वापिस आने तक की योजना शामिल थी। यह योजना सफल न हो सकी क्योंकि 'पुलिस ने क्रांतिकारीयों के केन्द्रीय नेतृत्व में एक गुप्तचर कृपाल सिंह को दाखिल कर दिया था'।[32] जो जानकारी उसने हासिल की उसके आधार पर पुलिस ने षडंयत्रकारी विष्णु गनेश पिंगले को फांसी पर लटकाया, गदर पार्टी के तीन दस्ते गिरफ्तार हुये, जिनको या तो मौत की सजा मिली या लम्बे समय की गिरफ्तारी। और रास बिहारी बोस को जापान भागना पड़ा, जहां से वह कभी वापिस नहीं आये। जिन हथियारों के जर्मनी से आने का इन्तजार था वे भी नहीं आये। और जतीन मुखर्जी (बाघा जतीन, 1915 से जुगान्तर के नाम से जाने वाली क्रांतिकारी समितियों की फैडरेशन के मुख्य नेता) को उड़ीसा में बालासोर में हथियारों की एक खेप को हासिल करना था। 'उनको पुलिस ने पीछा करके चावल के खेत में जाकर एक टापू पर मार गिराया। उन्होंने पुलिस का हथियारों से मुकाबला किया था'।[33] यह टापू मयूरभंज राज के दूर–दराज के कप्तीपाडा गांव में स्थित था। यह घटना 9 सितम्बर 1915 की है।

1918 में विश्व युद्ध के खत्म होने के साथ ही हथियारबन्द क्रांति का पहला चरण खत्म हुआ। जो लोग मारे गये या फांसी चढ़ा दिए गये या जिनको देश निकाला देकर अंडमान पहुंचा दिया गया, उनके अलावा 1,262 लोगों को डिफैंस आफ इण्डिया एक्ट के तहत और 130 को 1818 के नियम III के तहत नजरबन्द किया गया था। कुछेक को छोड़ कर प्रदेश भर में जुगान्तर पार्टी और अनुशीलन समिति के सभी नेताओं को गिरफ्तार किया गया।[34] युद्ध के समाप्त होने पर डिफैंस आफ इन्डिया एक्ट खत्म हो गया और सरकार इसकी जगह और कानून लाना चाहती थी। 'क्रांतिकारी आन्दोलन से जुड़े अपराधी' षड़यंत्रों को कुचलने के लिये सिफारिशें करने के लिये रॉलेट कमेटी की नियुक्ति की गई और उसकी सिफारिशों पर मार्च 1919 में सैन्ट्रल एसेम्बली में एक नया बिल पास किया गया। इसका नाम था–रेवोल्यूशनरी एण्ड अनॉर्किकल क्राईम्स बिल। इसके एक महीने

बाद ही सारा हिन्दुस्तान अमृतसर में जलियांवाला बाग में सैकड़ों निहत्थे आदमी, औरतों और बच्चों की निर्मम हत्या से थर्रा गया। इसके एक दशक के बाद चिटगांव के क्रांतिकारियों ने जलियांवाला बाग का बदला लेने के लिये, ब्रिटिश राज के खिलाफ युद्ध छेड़ा।

लेकिन 1919 में आये मोड़ का एक और कारण भी था। चार साल पहले विदेश से लौटकर महात्मा गांधी ने, बिहार और गुजरात के किसानों के मसले को उठाया था। उन्होंने रॉलेट बिल, जिसके तहत युद्ध के जमाने में लागू राजनीतिक गतिविधियों पर सारी बन्दिशें जारी रखीं जानी थी, के विरोध का सारे देश के स्तर पर नेतृत्व किया। गांधी ने रॉलेट बिल के खिलाफ अपने विशिष्ट तरीके, सत्याग्रह का इस्तेमाल किया। इससे पहली बार सारे देश के मूक जन की भी आजादी की लड़ाई में शिरकत हुई। 1920 में उन्होंने असहयोग आन्दोलन शुरू किया। इसमें गांधी ने लोगों से कहा कि वे सरकार के पदों–पदवियों का, स्कूलों का, कालिजों का, अदालतों का, काउंसिल का, विदेशी सामान का बहिष्कार करें। और इसके साथ ही 'रचनात्मक काम' शुरू करें। इसके लिये राष्ट्रीय स्कूल व कॉलेज स्थापित करें, आपसी फैसलों के लिये अदालतें बनाएं, हिन्दू–मुस्लिम एकता कायम करें और छुआ–छूत को दूर करने के लिय काम करें। उसी साल अपने नागपुर अधिवेशन में कांग्रेस ने सभी के लिये चार आने की फीस के साथ सदस्यता खोल दी। इससे कांग्रेस एक जन–मंच बन गयी। इन सब फैसलों का चिटगांव में सूर्य सेन के ग्रुप पर गहरा असर पड़ा। हांलाकि 1918 में क्रांतिकारी गतिविधियां लगभग रूक सी गयीं थीं, लेकिन बंगाल के नौजवानों का हथियारबन्द क्रान्ति के प्रति मोह कम नहीं हुआ था। उनका यकीन था कि अंग्रेजों से लड़ने का यही तरीका था क्योंकि वे देश पर हथियारों के दम पर ही राज कर रहे थे। आतंकवादी–क्रांतिकारी आन्दोलन के पहले चरण में चिटगांव कोई बड़ा केन्द्र नहीं था। सूर्य सेन और उनके दोस्तों ने अपना काम खुद ही शुरू किया और 'उनके क्रान्तिकारी विचार स्वतन्त्र रूप से पनपे'। उनका इरादा 'उनके काम के चुनाव को देख कर'[35] अनुशीलन या जुगान्तर के साथ जुड़ने का था। बहुमत के फैसले के खिलाफ चारु बिकास दत्त अनुशीलन ग्रुप में शामिल हुआ और मास्टर तथा बाकी लोग जुगान्तर में शामिल हुए। जुगान्तर को चुनने का कारण यह था कि इसका संगठन बहुत ज्यादा केन्द्रित नहीं था और इसके ढीले ढांचे में छोटे–छोटे समूहों को अपने फैसले लेने की काफी आजादी थी। इसके अलावा जुगान्तर ज्यादा धर्मनिरपेक्ष था (शुरू के दिनों में अनुशीलन मुसलमानों को अपना सदस्य नहीं बनाता था और इसका नजरिया मुसलमानों के काफी खिलाफ था)

और इसके नेता जतीन मुखर्जी पहले से ही विद्रोह में विश्वास रखते थे, जो चिटगांव के नेताओं को पसन्द था।

1919 की रायल प्रोक्लेमेशन के बाद डिफेंस आफ इन्डिया एक्ट के तहत गिरफ्तार सभी कैदियों को छोड़ दिया गया, जिनमें क्रान्तिकारी आन्दोलनों के नेता भी शामिल थे। हालांकि अंहिसा में विश्वास को वे काफी शक की नजर से देखते थे, फिर भी जुगान्तर के लोगों ने कांग्रेस के नेता चित्तरंजनदास की इस अपील को माना कि अंहिसा और असहयोग को एक मौका दिया जाए।[36] सारे बंगाल में जुगान्तर के सदस्य कांग्रेस की जिला कमेटियों में शामिल हुये और इसमें वालियंटर के तौर पर काम करने लगे।

चिटगांव ग्रुप इसका अपवाद नहीं था। इसी दौरान सूर्य सेन, अम्बिका चक्रवर्ती और अन्य लोग जिले के प्रमुख वकील और गांधीजी के मुख्य अनुयायी जे एम सेन गुप्ता की अगुवाई में काम करने लगे। चिटगांव का असहयोग आन्दोलन काफी सफल रहा और आसाम–बंगाल रेल्वे और आई जी एस एन स्टीम कम्पनी की लम्बी हड़ताल के कारण सारे हिन्दुस्तान में विख्यात हुआ। यह हड़ताल आसाम के चाय बगानों के कुलियों के समर्थन में थी, जिन पर चिटगांव के नजदीक चन्द्रपुर रेलवे स्टेशन पर गुरखा सिपाहियों ने 20–21 मई, 1921 को निमर्मता से हमला किया था। रेल्वे और स्टीम के मजदूर, कूलियों के समर्थन में हड़ताल पर गये थे। महात्मा गांधी ने भी, जो आमतौर हड़ताल के पक्ष में नहीं थे, आसाम–बंगाल रेल्वे के मजदूरों की हड़ताल पर जाने के लिये तारीफ की थी 'क्योंकि ये अपने स्वार्थ के लिये नहीं बल्कि चाय बगानों के मजदूरों को न्याय दिलाने के लिये हड़ताल पर थे, जिन्होंने चांदपुर में ज्यादतियों के खिलाफ बागान छोड़े थे'।[37] अपनी अगस्त 1921 की चिटगांव यात्रा के दौरान उन्होंने रेल्वे मजदूरों को सम्बोधित किया और अनुशासन बनाये रखने के लिये, कांग्रेस के वालंटियरों की कड़ी मेहनत की तारीफ की। इन वालंटियरों में अनन्त सिंह और गणेश घोष भी शामिल थे 'जो सूर्य सेन के कहने पर कांग्रेस में शामिल हुये थे और हड़तालियों का उत्साह बनाये रखने की कोशिश में थे'।[38] सूर्य सेन के एक और साथी, जिनका जिक्र पुलिस दस्तावेजों में और कांग्रेस सचिव की गांधीजी को दी गयी रिपोर्ट में भी मिलता हैं, प्रेमानन्द दत्ता थे। वह उन पहले पांच लोगों में थे जिन्हें निषेधाज्ञा भंग करने के आरोप में अक्टूबर 1921 में गिरफ्तार किया था और दूसरे वालंटियरों की पिटाई हुयी थी। गांधीजी ने कहा था : 'आन्दोलन को दबाने की यह कोशिश कभी सफल नहीं होगी'। सूर्य सेन की शिनाख्त भी पुलिस ने चिटगांव साम्य आश्रम से जुड़े लोगों से की थी। आश्रम कांग्रेस की

गतिविधियों का केन्द्र था। हालांकि उनका गांधी के 'एक साल में स्वराज' के नारे में ज्यादा यकीन नहीं था, फिर भी वह अंहिसक सघंर्ष के सिपाही बनने को तैयार थे, यदि यह आजादी का सबसे जल्दी का रास्ता हो।

यह कोई ताज्जुब की बात नहीं कि चिटगांव ग्रुप जिसने अपने आप को पूरी तरह गांधी जी के असहयोग आन्दोलन में डुबो दिया था, गांधीजी के इस आन्दोलन को अचानक वापिस लेने से बेहद निराश हुआ। गांधीजी ने यह आन्दोलन 11 फरवरी 1922 को चौरी–चौरा में हुयी हिंसा के बाद वापिस ले लिया था। गांधीजी के इस फैसले के चलते प्रतिबद्ध वालंटियरों ने, अन्य विचारधाराओं और संघर्ष के दूसरे तरीकों की तलाश शुरू की। वे हिन्दुस्तानी जनता में बढ़ते लड़ाकू जज़्बे को एक सही रास्ते पर ले जाना चाहते थे। हजारों वालंटियर जो 1921–22 में भर्ती हुये थे, फरवरी के फैसले के बाद सब कुछ छोड़कर निष्क्रिय हो गये। कांग्रेस के आन्दोलन में ये ढ़ीलापन 1928 तक चला, लेकिन इस दौरान दूसरे आन्दोलन शुरू हुये। एक तरफ तो देश के विभिन्न हिस्सों में कम्युनिस्ट ग्रुपों का उदय हुआ, दूसरी तरफ 'क्रान्तिकारी आंतकवाद' का पुर्नजन्म हुआ, न सिर्फ बंगाल में बल्कि सारे उत्तरी हिन्दुस्तान में भी।

सूर्य सेन को अपना फैसला करने में ज्यादा समय नहीं लगा। चौरी–चौरा के दो महीने बाद ही बंगाल प्रोविन्शियल कांग्रेस का अधिवेशन चिटगांव में हुआ। गुप्तचर विभाग की बाद की एक रिपोर्ट के मुताबिक 'यह यकीन करने की काफी वजह है कि अप्रैल 1922 में चिटगांव अधिवेशन में ही दुबारा हिंसक तरीके अपनाने का फैसला किया गया'।[39] पहले चरण के लड़ाकू आन्दोलन के कई वरिष्ठ सदस्य जिन्होंने जेल में कई–कई साल गुजारे थे, हिंसा के पक्ष में नहीं थे। लेकिन युवा चिटगांव ग्रुप का विचार भिन्न था और वे दूसरे चरण की अगुवाई कर रहे थे। यह चरण 1923 से 1926 तक चला। पहले की ही तरह उद्देश्य था कि डकैतियों से धन इकट्ठा किया जाए, हथियार खरीदे जाएं, बम बनाये जाएं और बंगाल तथा उसके बाहर भी सम्पर्क स्थापित किये जाएं, जिससे एक साथ विद्रोह किया जा सके।

चिटगांव वालों ने जल्द ही इस विचार को अमली जामा पहनाना शुरू किया –1923 कें मध्य में प्रेमानन्द दत्ता, गणेश घोष और अनन्त सिंह ने चिटगांव में शारीरिक व्यायाम क्लब खोला जिसका उद्देश्य 'बिल्कुल क्रांतिकारी था'।[40] दिसम्बर 1923 में अनन्त सिंह और उनके दो एक दोस्तों ने आसाम–बंगाल रेल्वे के एक क्लर्क से दिन दहाड़े 17,000 रुपये छीने और अम्बिका चक्रवर्ती ने यह रकम दूसरे ग्रुपों बीच हथियार हासिल करने के लिये बांटी। इसके कुछ ही दिन बाद जब ये लोग अपने छिपने के अड्डे और हथियार छिपाने की जगह से भाग रहे थे

चिटगांव ग्रुप और पुलिस के बीच मुठभेड़ हुयी। इसमें अम्बिका और सूर्य सेन गिरफ्तार हो गये। अनन्त सिंह कुछ महीने बाद हावड़ा में गिरफ्तार हुए। सरकार की नाराजगी के बावजूद जूरी ने तीनों को शक की बिना पर छोड़ दिया और जज ने 'हमें निराश करते हुये मामले को हाई कोर्ट नहीं भेजा और आरोपियों को रिहा कर दिया'[41]। जे एम सेनगुप्त ने इस केस में उनकी पैरवी की। मार्च 1924 में पुलिस ने कलकत्ता में एक बम फैक्टरी को खोज निकाला। गिरफ्तार किये गये लोगों में एक जसोदा पाल था। यह 49 वीं बंगाल रैजिमेन्ट का सदस्य था और ब्रिटिश सेना के तहत मैसोपोटेमिया में तैनात था, जहां इसने मशीनगन चलाने की शिक्षा ली थी। उसने बाद में पुलिस को बताया कि जब उसने 'हिंदुस्तानियों और यूरोपियों सिपाहियों के बीच तनख्वाह और खाने आदि के बारे में गैर–बराबरी का व्यवहार देखा', उसका 'ब्रिटिश न्याय से विश्वास उठ गया'।[42] कलकत्ता वापिस आने पर वह गणेश घोष और अनन्त सिंह का दोस्त बन गया, जो तब तक बंगाल टेक्नीकल इंस्टीटयूट के छात्र थे। उसी समय चिटगांव में एक और महत्वपूर्ण नेता नगेन्द्र (झूलू) सेन थे। वह भी एक फौजी रह चुके थे और मैसोपोटेमिया में जसोदा के साथी थे। इन दोनों ने हालांकि 1930 के शस्त्र भण्डार के अद्भुत हमलों में कोई भूमिका नहीं निबाही थी, लेकिन अपने दोस्तों को शिक्षा जरूर दी होगी।

25 अक्टूबर 1924 को अचानक ही बंगाल सरकार ने एक आर्डिनेन्स जारी कर दर्जनों लोगों को, जिनके बारे में क्रांतिकारियों से सम्बन्ध होने का शक था, गिरफ्तार कर लिया। सुभाष चन्द्र बोस को भी, जो उस समय एक उदीयमान नौजवान नेता थे, गिरफ्तार करके बर्मा की मांडले जेल भेज दिया गया। इसके बाद बंगाल क्रिमिनल लॉ एमेंडमेंट एक्ट लाया गया जिसके तहत सरकार को बिना मुकद्दमा चलाये पांच साल तक नजरबन्द करने का अधिकार दिया गया। चिटगांव के कई लोगों को इस आर्डिनेन्स के तहत पकड़ा गया। लेकिन सूर्य सेन दो साल से ज्यादा पुलिस को झांसा देने में सफल रहे। अनुशीलन और जुगान्तर के नेताओं ने कुछ समय के लिये हिंसा छोड़ने का फैसला किया। जिन ग्रुपों की इससे सहमति नहीं थी उन्होंने अलग होकर, गुप्तचर विभाग की रिपोर्ट के अनुसार, न्यू वाईलेंस पार्टी या आल रिवोल्यूशनरी बंगाल पार्टी का गठन किया। 1925 में मिले दस्तावेजों के अनुसार उनका उद्देश्य हिन्दुस्तान की आजादी हासिल करने के लिये हर प्रकार के तरीके इस्तेमाल करना था, जिनमें हथियारबन्द क्रांति भी शामिल थी। इसके लिये एक गुप्त संस्था, धन, हथियार और असला जरूरी था'।[43] सूर्य सेन की इस पार्टी में महत्वपूर्ण भूमिका थी और उनका नाम गुप्तचर विभाग की उस समय की रिर्पोटों में अक्सर मिलता है। हालांकि उनकी

गतिविधियों के बारे में ज्यादा जानकारी नही है, जब उन्हें पुलिस ने दो साल तक भगोड़ा घोषित किया हुआ था, तब उन्होंने युक्त प्रांत यानी यू पी की यात्रा की थी और हिन्दुस्तान रिपब्लिकन आर्मी (एच आर ए) के गठन में मदद की थी।[44] वरिष्ठ क्रांतिकारी शचीन्द्रनाथ सान्याल ने अनुशीलन छोड़ने के बाद, दोनों पार्टियों के उग्र तत्वों और चिटगांव ग्रुप के साथ एक नई पार्टी बनायी थी। पुलिस के अनुसार, यह न्यू वायलेंस पार्टी थी, लेकिन बाद में पता चला कि यह 'एच आर ए का अभिन्न अंग थी'।[45]

अक्टूबर 1926 में सूर्य सेन को गिरफ्तार कर लिया गया। दो साल बाद उनको और उनके चिटगांव ग्रुप के अन्य सदस्यों को छोड़ दिया गया और वे चिटगांव शहर में एक साथ हो गये। वे एक दूसरे को एक दशक से भी अधिक से जानते थे और उन्होंने बहुत सारी कार्रवाइयों को एक साथ अंजाम दिया था। उन्होंने रिवाल्वर चलाना, बम बनाना, छिपना और खुले आम पुलिस से लड़ना सीखा था। वे सत्याग्रही भी रहे थे और गुप्त क्रांतिकारी भी। लेकिन सूर्य सेन ने अपनी पिछली जिन्दगी से बहुत से सबक सीखे थे। देश और जिले के स्तर पर बनाई गई विद्रोह की सभी योजनाएं असफल रही थीं। उनकी सारी गुप्त योजनाओं की खबर पुलिस को मिल जाती थी, और डकैती की योजनाएं बनाने और हथियार हासिल करने में बहुत समय बेकार गया था। दिखावे का समय समाप्त हो गया था। चिटगांव का ग्रुप अब अपने बलबूते पर काम करेगा, और अपने बलबूते पर ही विद्रोह करेगा। अब से कोई डैकती नहीं होगी, हथियारों की तस्करी नहीं होगी और कलकत्ता के नेताओं पर निर्भरता नहीं होगी। वे अपना धन आप इकट्ठा करेंगे और अपनी ही सेना बनायेंगे।उन्होंने तय किया कि सारे हिन्दुस्तान में विद्रोह की कल्पना में फिर से एक दशक खराब करने के मुकाबले एक छोटी सफल क्रान्ति करना बेहतर है।

2
खादी और खाकी

हमने सैंकड़ों नौजवानों को कांग्रेस वालन्टियर कोर की ट्रेनिंग दी। जबकि कांग्रेस वालन्टियर कोर ने खादी की यूनीफॉर्म को अपनाया, हमने खाकी को तरजीह दी। हम शस्त्र भंडारों पर हमले के दौरान खाकी यूनीफॉर्म पहन कर ही गये थे।

— कालीकिंकर डे[1]

हर गुप्तचर यह बात जानता है कि किसी भी गुप्त आपरेशन की सफलता इस बात पर निर्भर है कि उसका कवर पूरे तौर पर ईमानदार और किसी भी संशय से ऊपर हो। और सबसे अच्छा झूठ वो होता है जो सच के सबसे करीब हो। चिटगांव के नेताओं ने सदस्यों की भर्ती और शिक्षा, हर छोटी से छोटी बात की योजना और अन्त में विद्रोह–सब कुछ जिले की कांग्रेस कमेटी और उसके जन संगठनों की आड़ लेकर किया। सूर्य सेन और उनके दोस्तों ने जेल से बाहर आकर आजादी की लड़ाई में अपनी हिस्सेदारी जारी रखने का फैसला किया (इसके बाद उन्हें कुछ समय के लिये घर में नजरबन्दी में रखा गया) तो उनकी भविष्य की योजना बहुत निश्चित नहीं थी। उसकी रूपरेखा दिसम्बर 1928 में कलकत्ता में हुये कांटे के अधिवेशन के बाद साफ होने लगी।

1922 में जब महात्मा गांधी ने असहयोग आंदोलन वापिस लिया तो कांग्रेस लगभग निष्क्रिय रही और कोई बड़ी राजनीतिक गतिविधि नहीं की। कांग्रेस दो गुटों में विभाजित थी–एक ओर गांधी के नेतृत्व में ''नो चेन्जर'' थे तो दूसरी तरफ मोतीलाल नेहरू, विट्ठल भाई पटेल और सी. आर. दास के नेतृत्व में 'काउंसिल ऐन्ट्री' वाला गुट था। 'नो चेन्जर' चाहते थे कि कांग्रेस के लोग रचनात्मक काम –जैसे ग्रामीण भलाई, दलित उत्थान और सबसे महत्वपूर्ण खादी को बढ़ावा, आदि– में लगें। दूसरे लोग काउंसिल में जाना चाहते थे और सी आर दास के शब्दों में 'उन्हें अन्दर से ध्वस्त' करना चाहते थे। सी आर दास और मोतीलाल नेहरू ने दूसरे काउंसिल वालों के साथ मिलकर 1923 में स्वराज पार्टी

बनायी ताकि वे काउंसिल के चुनाव लड़ सकें।[2] हालांकि बाद में दोनों गुटों के बीच समझौता हो गया लेकिन कांग्रेस के भीतर विरोधी भावनाएं मौजूद रहीं जिसके चलते वह अपने को 1919–1922 में जागृत राष्ट्रीय आशाओं के अनुरूप न ढाल सकी।

पांच साल की यह चुप्पी आखिर 1927 में टूटी (हथियारबन्द क्रान्ति की दूसरे दौर की गतिविधियां बंगाल में बहुत जल्दी ही कुचल दी गयी थीं और पहले और तीसरे दौर की गतिविधियों के बराबर न पहुंच सकी थीं।) नवम्बर 1927 में वायसराय लार्ड इरविन ने गांधीजी को सूचित किया कि लंदन, सर जॉन साईमन की सदारत में एक कमीशन हिन्दुस्तान भेज रहा है। इस कमीशन का काम मोन्टग्यू–चेम्सफोर्ड सुधार योजना के शुरू होने के दस साल बाद के वक्फे में यह दरियाफ्त करना था कि अब किस किस्म के सुधारों को मंजूरी दी जा सकती है। इस कमीशन का गठन काफी अफसोसनाक था क्योंकि इसमें एक भी हिन्दुस्तानी को शामिल नहीं किया गया था। दिसम्बर 1927 के मद्रास अधिवेशन में कांग्रेस ने घोषणा की थी कि देश के लिये स्वाभिमान बचाने का एक ही रास्ता है कि इस कमीशन का हर सूरत और स्तर पर बहिष्कार किया जाये। यह एक नये जन आंदोलन के उभार का संकेत था। जहां भी कमीशन गया काले झंडों से उसका स्वागत हुआ। 'साईमन वापिस जाओ' का नारा सारे देश में गूंजा। छात्रों ने इस आंदोलन में अगुआ दस्ते की भूमिका निभायी। इस बढ़ते असंतोष के बावजूद महात्मा गांधी ने इस आंदोलन को दिशा देने के लिये कोई साफ निर्देश नहीं दिया। 1927 के मद्रास अधिवेशन में, गांधी जी की गैर हाजिरी में, उदीयमान 'रैडिकल' नेता जवाहरलाल नेहरू ने पूर्ण आजादी का प्रस्ताव पेश कर दिया। यह वो समय था जब पार्टी अपने आप को सिर्फ 'डोमिनियन स्टेटस' की मांग तक सीमित रखे हुए थी। इससे अगले ही साल आजादी का आंदोलन दो भागों में बंट गया। क्रान्तिकारी, वामपंथी और 'रैडिकल' नौजवान जवाहरलाल नेहरू के नेतृत्व में पूर्ण आजादी की मांग का समर्थन कर रहे थे। दिसम्बर 1928 के अधिवेशन में इन दो विचारों में संघर्ष देखने को मिला। "इससे पहले, साईमन कमीशन की मांग को ठुकराते हुये, हिन्दुस्तान के लिये राष्ट्रवादियों ने, मोतीलाल नेहरू की सदारत में, एक सर्वदलीय कमेटी का गठन किया था। इस कमेटी को आजाद हिन्दुस्तान के लिये संवैधानिक ढांचा सुझाना था। इस कमेटी की रिपोर्ट, जिसे नेहरू कमेटी की रिपोर्ट के नाम से जाना जाता है, केवल डोमीनियन स्टेटस की मांग तक ही सीमित रही। इस कमेटी में सुभाष चन्द्र बोस के नेतृत्व में एक अल्पमत गुट ने पूर्ण आजादी की मांग उठायी। उन्होंने और जवाहरलाल नेहरू ने तय किया कि वे लोग केवल अपना विरोध प्रकट करेंगे और एक इंडिपैंडैन्ट

लीग के गठन का काम शुरू करेंगे जिससे कि सारे देश में पूर्ण आजादी के पक्ष में प्रचार किया जा सके।[3]

सुभाष चन्द्र बोस, जो 'नेता जी' के नाम से सारे बंगाल सूबे के सबसे आकर्षक, चमत्कारिक और सदाबहार नेता बने, अभी से छात्रों और नौजवानों के हीरो थे। 1927 में जेल से छूटने के बाद उनका ध्यान नौजवान आंदोलन बनाने में केन्द्रित रहा। कांग्रेस की रैडीकल लहर के साथ एकरूपता और संघर्षशील राष्ट्रवाद के अपने समर्थन के कारण 'वो कान्तिकारी आतंकवादियों के नये गुटों में बहुत प्रिय हो गये थे।' इसमें चिटगांव का गुट भी शामिल था।

1928 के कांग्रेस अधिवेशन में सुभाष चन्द्र बोस के महत्वपूर्ण कियाकलापों का चिटगांव की बाद की घटनाओं पर काफी असर पड़ा। जुगान्तर और अनुशीलन दोनों कान्तिकारी दलों के बहुत से सदस्यों ने अधिवेशन में हिस्सा लिया। ये कोई असाधारण बात नहीं थी। कांग्रेस में महात्मा गांधी के वर्चस्व से पहले बंगाल में कान्तिकारी और कांग्रेस के लोग अक्सर साथ काम करते थे। बंगाल में कांग्रेस के सबसे मशहूर नेता सी आर दास अनुशीलन समिति के संस्थापक सदस्यों में से एक थे और उन्होंने 1908 में अलीपुर बम केस में अरबिन्दो घोष की ओर से पैरवी भी की थी। 1924 में दास साहब के नेतृत्व में स्वराज पार्टी ने जुगान्तर के नेतृत्व के साथ एक समझ बनायी और दास की जून 1925 में अचानक मौत के बाद यह समझ उनके उत्तराधिकारी जे एम सेनगुप्ता के नेतृत्व में जारी रही। गुप्तचर विभाग का मानना था कि दोनों को एक दूसरे की जरूरत थी– जुगान्तर को उनकी आर्थिक मदद की जरूरत थी, जबकि सेनगुप्ता की समझ थी कि 'बंगाल के सबसे ज्यादा निस्वार्थ राजनीतिक कार्यकर्ताओं यानि कान्तिकारियों की मदद के बिना स्वराज पार्टी की काउंसिल या म्युनिसिपल चुनाव आंदोलन चलाने की क्षमता बिल्कुल खत्म हो जायेगी।'[5]

सुभाष चन्द्र बोस ने इस परम्परा को जारी रखा और वो कान्तिकारियों के बीच बहुत प्रिय थे। अनुशीलन और जुगान्तर के बुजुर्ग नेताओं ने जो कि बी सी एल ए एक्ट के तहत जेल में थे, साथ काम करने का फैसला किया और यह घोषणा भी की कि बोस 'बिना खुद किसी कान्तिकारी कार्य में सीधा हिस्सा लिये ही उनके अध्यक्ष होंगे।'[6] जब ये लोग जेल से बाहर आये तो यह एकता टूट गयी और दोनों गुट उसी प्रकार एक दूसरे से दूर होते गये,जिस प्रकार बंगाल प्रोविन्शियल कांग्रेस में कटु विभाजन हो रहा था। ये बात दिसम्बर के बाद की है।

चिटगांव विद्रोह के सारे बड़े नेताओं ने कलकत्ता में कांग्रेस के दिसम्बर अधिवेशन में हिस्सा लिया था। छः कैदियों के अलावा लोकनाथ का छोटा भाई

हरिगोपाल बाल (जिसका घर का नाम टेगरा था) और तारकेश्वर दस्तीदार भी अधिवेशन के लिये कलकत्ता गये थे। कलकत्ता की घटनाओं ने उन पर गहरी छाप छोड़ी थी। वैचारिक स्तर पर कंजरवेटिव्स की, रैडिकल्स पर जीत हुयी। कलकत्ता कांग्रेस के सामने मुख्य मुद्दा नेहरू रिपोर्ट के प्रति नजरिया तय करना था। बंगाल के कान्तिकारी रिपोर्ट के बिल्कुल खिलाफ थे और चाहते थे कि राष्ट्रीय आंदोलन का मुख्य ध्येय पूर्ण आजादी हो। गांधीजी के नेतृत्व में कांग्रेस ने रिपोर्ट को इस शर्त के साथ समर्थन दिया था कि यदि 31 दिसम्बर 1929 तक रिपोर्ट को पूरे तौर पर मंजूरी नहीं दी गयी तो कांग्रेस दूसरा असहयोग आंदोलन शुरू करेगी। रैडीकल इससे बहुत निराश थे। उन्होंने इसे जनांदोलन को स्थगित करने और पूर्ण आजादी की मांग को ठुकराने की नीति का हिस्सा माना। सुभाष चन्द्र बोस ने संशोधन का प्रस्ताव रखा कि पूर्ण आजादी कांग्रेस का ध्येय बना रहेगा और देश की जनता इससे कम पर राजी नहीं होगी। मुख्य प्रस्ताव पर मत डाले गये और 1350 प्रतिनिधियों ने मूल प्रस्ताव के पक्ष में मत डाला और 973 ने विरोध में। बाद में बोस ने काफी कटुता के साथ लिखा कि 'मत विभाजन निष्पक्ष नहीं था क्योंकि महात्मा गांधी के समर्थकों ने इसे उन पर विश्वास का सवाल बना लिया था, जैसे महात्मा गांधी अगर हार गये तो वो कांग्रेस से रिटायर हो जायेंगे।'[7]

चिटगांव के नेता, जिनका महात्मा गांधी से पहले ही मोह भंग हो चुका था, एक बार फिर अपने आप को हारा हुआ मानने लगे। वे इस बात पर पूरी तरह यकीन करते थे कि कांग्रेस इस संकट की घड़ी में कोई नेतृत्व नहीं प्रदान कर सकती है। इसलिये उन्होंने निश्चय किया कि वे कोई ऐसा चमत्कारी काम करेंगे जिससे सारे देश के सामने एक उत्प्रेरक उदाहरण पेश हो–खास तौर पर नौजवानों के लिये।

संगठन के स्तर पर कलकत्ता अधिवेशन और भी ज्यादा महत्वपूर्ण था। सुभाष चन्द्र बोस स्वागत समिति के अध्यक्ष थे और उन्होंने अधिवेशन चलाने के लिये स्वयंसेवकों का नेतृत्व किया था। इस बार स्वयंसेवकों का दस्ता भिन्न था। आम तौर पर कांग्रेस के स्वयंसेवक सफेद खादी और गांधी टोपी पहनते थे। इस बार उनका संगठन राष्ट्रीय फौज के तौर पर किया गया था। हालांकि ये बिल्कुल शांतिपूर्ण और बिना किसी हथियार के थे, लेकिन इनको 'फौजी अनुशासन, प्रशिक्षण और फौजी कवायद में पारंगत किया गया था।'[8] और वे फौजियों से मिलते–जुलते खाकी कपड़े पहने हुये थे। सुभाष चन्द्र बोस उनके जी सी ओ थे और उन्होंने घोड़े पर सवार हो कर उनका निरीक्षण किया। भगत सिंह के साथ लाहौर जेल में रहे जतिन दास ने बढ़–चढ़ कर हिस्सा लिया और उन्हें मेजर का

दर्जा दिया गया था। वो क्रांतिकारियों के समूह के उन सदस्यों में से थे जिन्होंने बंगाल की स्वयंसेवक सेना की सदस्यता हासिल की। यह काफी प्रभावशाली प्रदर्शन था। चिटगांव का गुट चमकीले खाकी कपड़ों में अनुशासित कवायद करते और फौजी प्रदर्शन करते, स्वयंसेवकों के दस्ते से बहुत प्रभावित हुआ।[9] घर लौटकर उन्होंने जिले में स्वयंसेवकों के एक दस्ते का गठन किया जो कांग्रेस के साथ जुड़ा हुआ था। इससे उन्हें इन्डियन रिपब्लिकन आर्मी की चिटगांव शाखा में लोगों को भर्ती करने और उन्हें प्रशिक्षित करने के लिए आवरण मिल गया।

कांग्रेस अधिवेशन के फौरन बाद सुभाष चन्द्र बोस और जे एम सेनगुप्ता के बीच धीरे–धीरे बढ़ता विरोध, बंगाल कांग्रेस के नेतृत्व को लेकर खुले युद्ध की शक्ल अख्तियार करने लगा और तमाम राष्ट्रवादी दो खण्डों में विभाजित हो गये। हालांकि यह प्रतिष्ठा की लड़ाई थी, लेकिन इसके पीछे वैचारिक मतभेद भी थे। सेनगुप्ता केन्द्र के गांधीवादी नेतृत्व के नजदीक हो गये और बोस इसके रैडिकल विरोधी रहे। उन्हें आजादी के लिये हिंसक तरीके अपनाने से परहेज नहीं था। लेकिन सेनगुप्ता के भी कान्तिकारियों के साथ संबंध थे और इस लड़ाई में अनुशीलन ने आमतौर पर सेनगुप्ता का साथ दिया जबकि जुगान्तर गुट का रुख बोस की तरफ रहा। हालांकिसेन गुप्ता चिटगांव के ही थे और उन्होंने बहुत ही काबलियत के साथ 1924 के मुकदमे में सूर्य सेन, अम्बिका चक्रवर्ती और अनन्त सिंह की पैरवी की थी, फिर भी चिटगांव समूह ने पूरे तौर पर बोस का साथ दिया। जब सेनगुप्ता ने कांग्रेस की इकाई पर कब्जा करने का फैसला किया तो यह कलह, जिससे सारी कमेटियां बंट गयी थीं, सूर्य सेन के लिये वरदान साबित हुआ।

दो महीने के भीतर ही उन्होंने अपनी योजना को अमली जामा पहनाना शुरू कर दिया। फरवरी 1929 में चिटगांव जिले की कांग्रेस कमेटी की कार्यकारिणी और उसके पदाधिकारियों का चयन हुआ। यह उनके संविधान के मुताबिक हुआ जिसमें 25 सदस्य और चार गांव समितियों के नुमाइंदे शामिल थे। सूर्य सेन को इसका सचिव और मोहिम चन्द्र दास को इसका अध्यक्ष मनोनीत किया गया। कार्यकारिणी समिति में पांचों भूतपूर्व कैदी शामिल थे। नयी कार्यकारिणी एक समझौते का नतीजा थी जिसमें अध्यक्षता सेनगुप्ता के आदमी को दी गयी थी और सचिव का पद एक नौजवान कान्तिकारी को दिया गया था, जिसको बोस के साथ माना जाता था। कार्यकारिणी में दोनों ओर के लोग शामिल थे।[10] सूर्य सेन का विनयशील व्यक्तित्व उनके सचिव पद में मददगार रहा होगा। वो पूरे तौर पर जिले में कांग्रेस संगठन बनाने में जुट गये। फरवरी में ही एक नौजवान समिति का गठन हुआ, जिसके सचिव गणेश घोष थे और एक छात्र समिति का गठन

हुआ, जिसके सचिव लोकनाथ बाल थे।[11] उनके सारे काम खुले रूप में किये जाते थे। इन नौजवान और छात्र समितियों ने काफी मुस्तैदी से सदस्य भर्ती करने शुरू किर दिए, जो वालन्टियर सेना के सदस्य बन गये। खाकी कपड़े और जूते पहन कर ये लोग चिटगांव के मैदानों और गलियों में हर रोज कवायद करते थे।

ये समितियां स्थानीय व्यायामशालाओं से भी जुड़ी थीं जहां बहुत सारे छात्र आते थे। चिटगांव में बहुत सारे शारीरिक व्यायाम के क्लब थे। 1928 में ही इन क्लबों के संगठन को सुधारने के लिये एक समिति, सैन्ट्रल फिजीकल कल्चर एसोसिएशन का गठन किया गया। चिटगांव की म्युनिसपैलिटी ने शहर के नौजवानों के बीच शारीरिक शिक्षा को बढ़ावा 'देने के लिये 300 रुपए की राशि देना तय किया। 'इस राशि का इस्तेमाल अनन्त सिंह को 50रुपए माहवार की तनख्वाह पर विभिन्न क्लबों में शिक्षक के तौर पर रखने में किया गया। मई 1929 तक वो इस पद पर रहा।'[12] लगभग इसी समय गणेश घोष सदारघाट के व्यायाम क्लब के सचिव बने।

जिला अधिकारी इस घटना के बाद से सतर्क हुये। बाद में शस्त्र भंडार पर हमले के लिये चलाये मुकद्दमे में कहा गया कि मार्च के आखिर तक इन छः कैदियों ने इस प्रकार 'अपने आप को शहर के सारे किया–कलापों से इस तरह जोड़ लिया था कि वे नौजवानों, खासतौर पर छात्रों पर असर डाल सकें और अपने गुप्त क्रान्तिकारी संगठन में उन्हें भर्ती कर सकें। इसके लिये उन्होंने अपने को जाहिरा तौर पर वैध दिखने वाली गतिविधियों से ढ़ांपे रखा।'[13]

अपने असली उद्देश्यों को पूरी शान से ढ़ांपे रखने में चिटगांव के क्रान्तिकारियों को जो सफलता मिली उसका एक कारण उनका वैध गतिविधियों को पूरी लगन से अंजाम देना था। सूर्य सेन दिन–रात कांग्रेस के जिले के दफ्तर में रहते थे। और यही अम्बिका चक्रवर्ती ने किया। वो कांग्रेस के पूर्णकालिक कार्यकर्ता थे जो पूरी लगन से कांग्रेस संगठन बनाने में जुट गये और पूरे उत्साह के साथ दफ्तर में बैठने वालों के आपस के झगड़ों को निपटाया। मई 1929 में उन्होंने चार सम्मेलनों का आयोजन किया–कांग्रेस का जिला सम्मेलन, नौजवान सम्मेलन, छात्र सम्मेलन, महिला सम्मेलन। इन सम्मेलनों में क्रान्तिकारियों के उद्देश्य किसी से छुपे नहीं थे। सारे शहर में पोस्टर लगाये गये जिन पर नारा था–*पराधीनतेर वेदना* (गुलामी की वेदना) और पर्चे बांटे गये। पर्चों में 'अतिरंजित भाषा' में नौजवानों से अपील की गयी थी कि वो रूस और चीन के भाईयों की तरह अपनी 'दुःखी मातृभूमि' की सेवा करें। यह देशभक्त नौजवानों के लिए चिटगांव यूथ एसोसिएशन में शामिल होने का न्यौता था। यह एसोसिएशन सभी 'देशसेवकों के मिलने का स्थान थी'।[14] कलकत्ता कांग्रेस की पूरी नकल पर 'खाकी खद्दर'[15]

के नेकर, कमीज पहन वालन्टियरों ने अधिवेशन स्थल की रक्षा की जिम्मेवारी संभाली। यह गणेश घोष की निगरानी में हुआ जो इसके जी ओ सी थे और उन्होंने उसी तरह यूनीफॉर्म पहनी जिस तरह पांच महीने पहले सुभाष बोस ने फौजी यूनीफॉर्म पहनी थी। उनके गिर्द 'मेजर' नरेश रे, कैप्टन अनन्त लाल सिंह और 'लेफ्टिनैन्ट' त्रिपुरा सेन थे।

सितम्बर में जिला कांग्रेस में एक और घटना घटी जिस पर पार्टी में ऊंचे से ऊंचे स्तर पर चर्चा हुयी। मसला चिटगांव से उन प्रतिनिधियों को चुनने का था जो बंगाल प्रोविन्शियल कमेटी के सदस्यों के चुनाव में वोट डालते। हर जिले में हरेक गुट द्वारा इसकी कोशिश की गयी कि उसके लोग चुने जाएं। चिटगांव में कांग्रेस की जिला कमेटी के चुनाव के लिये अनेक पर्चे दाखिल किये गये। कुछ को चुनाव अधिकारी अम्बिका चक्रवर्ती ने रद्द कर दिया। इसके चलते दोनों गुटों के लोगों ने कलकत्ता को चिट्ठियां लिखीं। जिले के वरिष्ठ कांग्रेसी नेता जो व्यापारी या जमींदार घरानों से थे, सेनगुप्ता के साथ थे जबकि नौजवान तबका बोस के पीछे था।

21 सितम्बर को नये पदाधिकारियों का चुनाव करने के लिये बैठक हुयी। सभागार नौजवानों से भरा था जिन्हें सूर्य सेन के ग्रुप ने पिछले आठ महीनों में भर्ती किया था। पुराने कांग्रेसी नेताओं के पास किराये के गुण्डे थे। बैठक एक भद्दे झगड़े में खत्म हुयी जिसमें सूर्य सेन को चोट आयी और उनके ग्रुप के एक खास सदस्य सुखेन्दु बिकास दत्ता की चाकू मार कर हत्या कर दी गयी। इस झगड़े के बाद सूर्य सेन के ग्रुप ने मोहिन चन्द्र दासगुप्ता को अध्यक्ष चुन लिया। अनन्त सिंह के अलावा बाकी पांच 'पुराने कैदी' बंगाल कमेटी के कलकत्ता में होने वाले नवम्बर के चुनाव के लिये प्रतिनिधि चुन लिये गये। इस चुनाव में बोस ने कांग्रेस अध्यक्ष के पद के लिये सेनगुप्ता को बहुत कम फर्क के साथ हरा दिया। इसमें चिटगांव ग्रुप ने बहुमत हासिल करने में बोस की मदद की। लेकिन हारे हुए गुट ने इसे मंजूर नहीं किया। मोती लाल नेहरू जैसे बड़े नेता ने इसकी जांच की और फैसला दिया कि 21 सितम्बर की बैठक 'नियमित और ठीक' नहीं थी।[16] उन्होंने चिटगांव के आठ सदस्यों का चुनाव रद्द कर दिया और नये चुनाव करने का आदेश दिया। तार द्वारा खबर की गयी कि चिटगांव का चुनाव जल्द ही पूरा कर लिया जाये जिससे कि 21 मार्च 1930 को होने वाले आल इंडिया कांग्रेस कमेटी के चुनाव के लिये, बंगाल कांग्रेस कमेटी के चुनाव समय रहते पूरे किये जा सकें। जे एम सेनगुप्ता को 7 मार्च 1930 को जवाहर लाल नेहरू ने झुंझला कर लिखा 'अगर चिटगांव अपने प्रतिनिधियों का चुनाव दिये गये समय में पूरे नहीं करता है तो आल इंडिया कांग्रेस कमेटी के चुनाव उनके बिना किये जायेंगे।'[17]

लेकिन तब तक हटाये गये जिला कांग्रेस सेक्रेटरी का ध्यान चुनाव की तरफ बिल्कुल नहीं था। विद्रोह में कुछ ही हफ्ते बाकी थे और कांग्रेस का दफ्तर उनकी गुप्त सेना का दफ्तर था। 18 अप्रैल को मास्टर दा ने सफेद बेदाग खादी के कपड़े और बाकी सबने खाकी कपड़े पहने थे। तीन साल बाद जब उन्हें पकड़ कर मुकदमा चलाया गया तो उन्होंने अपना व्यवसाय लिखा 'कांग्रेस कार्यकर्ता।' यह सच्चाई के बहुत करीब था।

3
लड़कों की भर्तियां

एक फौजी की जिन्दगी है मेरे लिये जिन्दगी
मेरे लिये फौजी की मौत, ताकि हिन्दुस्तान आजाद हो

— चिटगांव के कांग्रेस के दफ्तर में मिले शहीद
जतिनदास के फोटो के पीछे लिखी लाइनें

अपने परिवार और दोस्तों के बीच झून्कू के नाम से जाने वाले, सुबोध राय उन सबसे कम उम्र के लड़कों में थे जिन्होंने शस्त्र भण्डार पर हमलों में हिस्सा लिया। कुल 13 साल की उम्र में ही वो मई 1929 में जिले में कांग्रेस अधिवेशन में वालंटियर हो गये थे। वो एक सम्पन्न जमींदार परिवार से थे। चिटगांव से 10 मील दूर नौआपारा उनका गांव था और सूर्य सेन भी उसी गांव के थे। लेकिन मास्टर दा उनको कांग्रेस वालंटियर सेना या उसके केन्द्र में, गुप्त संस्था में नहीं लाये थे। छोटे लड़कों को उनके साथ पढ़ने या खेलने वाले छात्र, जो उनकी उम्र या उनसे कुछ बड़े होते थे, भर्ती करते थे। ये मुख्य नेताओं को नहीं जानते थे जो शुरू में थोड़ी दूरी बना कर रखते थे। झून्कू के पिता एक वकील थे और चिटगांव शहर में जिला जज की अदालत में वकालत करते थे। उनका परिवार शहर के अपने घर में रहता था और कभी–कभार गांव के अपने विशाल घर में जाता था। झून्कू पढ़ाई में तेज था और तेरह साल की उम्र में स्कूल में दाखिल होने के समय उसकी राजनीति में कोई रुचि नहीं थी। उनके अनुसार, उनके पिता ने, 'वायदा किया था कि वो मुझे आगे पढ़ने के लिये इंग्लैंड भेजेंगे जो उस समय सारे मेधावी छात्रों के लिये मक्का की तरह था।[1] लेकिन ये होना नहीं था। जब वह चिटगांव म्यूनिसिपल स्कूल में आठवीं क्लास में थे तो अक्सर एक सहपाठी के घर जाया करते थे, जिसके बड़े भाई ने अपने अलावा दूसरी चीजों में उनकी रुचि जगायी। एक दिन उसने उनसे पूछा कि वो अपनी जिन्दगी में आगे क्या करना चाहते हैं। झून्कू ने उन्हें अपने पिताजी के इंग्लैन्ड भेजने के वादे के बारे में बताया और कहा

कि विदेश से लौटकर वो एक अच्छे शिक्षाविद के तौर पर देश की सेवा करेंगे। 'लेकिन मेरे दोस्त के भाई ने कहा कि मेरी यह इच्छा तब तक पूरी नहीं होगी जब तक देश अंग्रेजों का गुलाम रहेगा।' लेकिन झून्कू को यह तर्क समझ नहीं आया। वो अपनी बात पर अड़े रहे कि एक दिन अच्छी नौकरी हासिल करने के बाद भविष्य में वो देश की आजादी के लिये काम कर पाएंगे। लेकिन भर्ती करने वाले ने इतनी आसानी से पीछा नहीं छोड़ा और सुबोध राय को याद है कि 'किस तरह धीरे–धीरे मैं उनके तर्कों से सन्तुष्ट हुआ' और आखिर में मई 1929 में चिटगांव कांग्रेस के अधिवेशन में वालंटियर बना। उनके माता–पिता इससे बहुत खुश तो नहीं थे लेकिन चूंकि वो अपनी पढ़ाई को नजरअन्दाज नहीं कर रहे थे, उन्होंने इन बातों को बर्दाश्त किया।

कांग्रेस वालंटियर सेना के जरिये सुबोध राय से कोई एक साल बड़े फकीर सेन भी गुप्त संस्था में शामिल हुये। वो चार आने फीस देकर यूथ एसोसियेशन के सदस्य बने थे, जिसकी वजह से वो जिला अधिवेशन में वालंटियर बन सके। नरेश रे ने छोटे लड़कों को 20 दिन तक कवायद करना सिखाया। एक दिन जब वो कवायद के बाद घर की तरफ जा रहे थे तो बिधु भूषण भट्टाचार्य ने उनसे देश की आजादी के बारे में बातचीत शुरू कर दी। उसने पूछा कि देश को आजादी कैसे मिल सकती है? फकीर ने कहा, 'दूसरों की सेवा करके, गांव में संगठन बना कर और सत्याग्रह आन्दोलन' के द्वारा। लेकिन बिधु ने उन्हें सही रास्ता बताया, 'बिधु दा ने कहा कि कोई भी देश हथियारबन्द विद्रोह के बिना आजाद नहीं हुआ है और हमारा देश भी नहीं होगा'।[2] फकीर बहुत प्रभावित हुआ और आश्चर्य करने लगा कि हथियारबन्द विद्रोह कैसे संभव है। बिधु ने उससे कहा कि इसकी बारीकियों में जाने की परेशानी उठाने की जरूरत नहीं है लेकिन अगर उसकी इसमें रुचि है तो एक गुप्त संस्था में भर्ती हो जाना चाहिये। जब फकीर मान गया तो उसे कुछ सीख दी गयी – गुप्त संस्था का उद्देश्य हिन्दुस्तान को आजाद करना है, इसको हासिल करने के लिये अपनी जिन्दगी की बाजी लगाने के लिये तैयार रहना चाहिये। इसके बारे में किसी और से जिसे बिधु ने न मिलाया हो, बात न की जाये और संस्था के अन्य सदस्यों, तरीकों और योजनाओं के बारे में 'उसके मन में किसी किस्म की जिज्ञासा नहीं होनी चाहिए'।

सुबोध चौधरी को भी, जिसने 10वीं की परीक्षा 1929 में दी थी, उससे कुछ बड़े लड़के त्रिपुरा सेन ने कांग्रेस का सदस्य बनाया था। सितम्बर तक, जब जिला कांग्रेस के दो गुटों में झगड़ा हुआ था, उसे चिटगांव में गुप्त क्रान्तिकारी संस्था की जानकारी नहीं थी। 21 सितम्बर को कांग्रेस की सभा में हुये झगड़े में उसे चोट आयी और उसे अस्पताल ले जाया गया। नेताओं में अनन्त सिंह, गणेश घोष

और लोकनाथ बाल उसे देखने उसके घर गये और वो जल्द ही उनके नजदीक आ गया।[3] और नौजवानों की तरह उसे भी विद्रोह की योजना की रूप–रेखा की जानकारी नहीं थी लेकिन इतना जरूर पता था कि कोई बड़ी घटना होने वाली है जिसके लिये उसे हथियार चलाने की शिक्षा दी गयी थी।

लालमोहन सेन चिटगांव नेशनल स्कूल के हॉस्टल में रहते थे और देश की राजनीतिक स्थिति में गहरी दिलचस्पी रखते थे। वो 'अपने पैसों से राष्ट्रवादी अखबार खरीदा करते थे और अक्सर दूसरे लड़के उनसे मांग कर ये अखबार पढ़ते थे। इनमें से एक आनन्द गुप्त थे जो अक्सर वहां आते थे और राजनीतिक तौर पर जागरूक बच्चों की जोरदार बहस में हिस्सा लेते थे। बहस इस बात पर होती थी कि गांधीजी के तरीकों से हिन्दुस्तान को आजादी मिलेगी या नहीं। कुछ समय बाद आनन्द गुप्त ने लाल मोहन सेन को कांग्रेस का सदस्य बनने को कहा। और जिला चुनावों में सूर्य सेन और अम्बिका चक्रवर्ती को वोट देने को कहा क्योंकि वे मोहिम दासगुप्ता को हटाना चाहते थे जिन्होंने 'बहुत पैसा बर्बाद किया था'। लाल मोहन मान गये। 21 सितम्बर की सभा के फौरन बाद पूजा की छुट्टियां शुरू हो गयीं और वो गांव में अपने घर चले गये। आनन्द गुप्त ने उनसे सम्पर्क रखा और उन्हें बराबर खत लिखकर कहते रहे कि अपने गांव में शारीरिक व्यायाम के लिये क्लब खोलें। और दूसरे तरीकों से भी उनके सलाहकार बन गये। उन्होंने सलाह दी कि 'सिगरेट और अन्य ऐयाशियां छोड़ दी जाएं' और इस तरह पैसे बचाये जाएं जो 'भविष्य में देश की भलाई के काम में आ सकें'। इसके बाद आनन्द और उसके बड़े भाई देबा ने उसे अपनी छत्रछाया में ले लिया और सदारघाट फिजिकल कल्चर क्लब का सदस्य बना लिया।[4]

काली किंकर डे के पिताजी आसाम–बंगाल रेल्वे में काम करते थे और उनकी राजनीति में कोई रुचि नहीं थी। काली डे को क्रांतिकारी विचारों से परिचित कराकर उन्हें संस्था में लाने का काम उसके सहपाठी पुलिन विकास घोष और विनोद दत्ता ने किया। उन तीनों की स्कूल में और बाहर एक तिकड़ी थी। उन तीनों का नेता काली चक्रवर्ती था जिसे ज्यादा अंग्रेजी तो नहीं आती थी लेकिन वो संस्कृत में माहिर था। इसीलिये उसका नाम 'पंडित दा' पड़ा।[5]

झून्कू, फकीर, सुबोध, लालमोहन और काली किंकर और दर्जनों और लड़कों की जिन्दगियां एक ही तरह की थीं। 1929 के शुरू में वे सब कांग्रेस वालंटियरों की हैसियत से भर्ती किये गये थे। जब उनमें कुछ उम्मीद दिखी तो उन्हें शारीरिक व्यायाम क्लब में भर्ती के लिये उकसाया गया। सबसे मुख्य क्लब सदारघाट क्लब था। यहां उन्हें शरीर मजबूत बनाने, लाठी चलाने, लड़ाई की कला और कवायद की शिक्षा दी जाती थी। यहां नेता उनके व्यवहार, समय की पाबन्दी, सीखने की

इच्छा और हिम्मत पर कड़ी नजर रखते थे और उसके बाद ही उन्हें गुप्त भूमिगत काम के लिये चुना जाता था। धीरे–धीरे उन्हें ऐसे काम सौंपे जाते थे जैसे 'हथियार एक जगह से दूसरी जगह ले जाना, कई बार ऐसी गुप्त जगह ढूंढना जहां हथियारों को सुरक्षित रखा जा सके और आखिर में चीजों को गुप्त रखना (अपने काम के बारे में किसी से बात न करना और नजदीकी दोस्तों से भी गप्प न लड़ाना)'।[6] इसके साथ उन्हें राष्ट्रवादी और क्रांतिकारी साहित्य पढ़ने को दिया जाता था। आमतौर पर किताबें खुदीराम और कनाई लाल के जीवन पर होती थीं – *द्विपांतरेर कथा* या अंडमान जेल में क्रांतिकारियों के जीवन पर, *बंगलार बिप्लबबाद।* उनसे ऊंचे स्तर के लड़कों के लिये आयरलैण्ड की आजादी की लड़ाई की किताबें – खास तौर पर डन ब्रीन की '*माई फाईट फॉर आईरिश फ्रीडम।*

सदी के शुरू के दशकों में गुप्त संस्थाएं धार्मिक रीतियों द्वारा नये सदस्यों को भर्ती करती थीं। इसके बरक्स बाद की संस्थाएं ऐसी किन्ही रीतियों को नहीं अपनाती थीं। उदाहरण के लिये बरिन घोष को, जो पहले ग्रुप के नेता थे, उनके भाई अरबिन्दो ने 'एक हाथ में गीता और दूसरे हाथ में तलवार लेकर भर्ती किया था'।[7] उन्होंने संस्कृत का एक श्लोक पढ़ कर शपथ ली थी कि जब तक उनमें जान बाकी रहेगी वो हिन्दुस्तान की आजादी के लिये लड़ेंगे। ढ़ाका अनुशीलन समिति भी इसी प्रकार की कई रीतियां अपनाती थी – सदस्यों के लिए आद्य प्रतिज्ञा (पहली प्रतिज्ञा) और कुछ समय निगरानी में रहने के बाद अंत्य प्रतिज्ञा (आखिरी प्रतिज्ञा)। एक विशेष प्रतिज्ञा भी थी जिसमें 'प्रतिज्ञा को एक बोर्ड पर लिखकर काली की मूर्ति (अपने सबसे भयानक रूप में) के पास मुख्यालय में लटकाया जाता था। यह प्रतिज्ञा, बंकिम चन्द्र चटर्जी के उपन्यास *आनन्द मठ* में सन्तानों द्वारा ली गयी प्रतिज्ञा का ही एक रूप थी।[8] बीस के दशक के आखिर तक बंगाल की क्रान्तिकारी परम्परा और गांधी के जन आन्दोलन की वजह से यह विचार कि सामराजी शासन को भगाया जा सकता है, हिन्दुस्तान के ज्यादातर लोगों के दिमाग में घर कर गया था। इसके चलते नौजवानों को आजादी लड़ाई के लिये उत्साहित करने में काफी आसानी हो गयी थी। खास तौर पर 1927–28 के साईमन कमीशन के बाद के उभरे जन आन्दोलन में नौजवान युवक, युवतियों में 'सारे हिन्दुस्तान में राष्ट्रवादी भावनाएं बढ़ीं और एक बेचैनी पैदा हुयी। लोग विदेशी शासन से खुश नहीं थे और अंग्रेजों के लिये इज्जत और उनसे डर खत्म हो गया था। अब तो शासकों के प्रति नफरत और हिकारत का भाव था'।[9]

इसमें छात्र सबसे आगे आये। गुप्तचर विभाग की एक रिपोर्ट में कांग्रेस के छात्र संघ चला कर 1930 तक छात्रों को राजनीतिक संघर्ष में खींचने की घोर

निन्दा करते हुये कहा गया था कि इससे, क्रान्तिकारी काम में छात्रों को भर्ती करना पहले के मुकाबले बहुत आसान हो गया था। आतंकवाद के शुरू के दिनों में, इस रिपोर्ट के मुताबिक भर्ती किये गये लोगों को धार्मिक शपथ लेनी पड़ती थी। जबकि अब भर्ती करने वाला मुतमईन था कि यह काम प्रचार से पूरा हो गया होगा'।[10]

चिटगांव में तो सूर्य सेन का सोचा–समझा फैसला था कि केवल छात्रों को ही भर्ती किया जायेगा। अनन्त सिंह ने बाद में लिखा था कि इस विद्रोह की कामयाबी का एक खास कारण यह था कि मास्टर दा ने सिर्फ छात्रों को भर्ती किया था 'जो बड़ी उम्र के आरामों और आत्मकेंन्द्रितता से दूर थे'।[11] वे युवा थे, आदर्शवादी थे, आसानी से उत्साहित और प्रेरित हो सकते थे और मरने के लिए तैयार थे – जोकि उनमें से बहुतों ने देश की आजादी के लिये किया भी। चीजों को गुप्त रखना बहुत जरूरी था। बहुत सी क्रान्तिकारी योजनाएं इसलिये ठप्प हो गयीं थीं कि उनमें भेदिये घुस आये थे। सूर्य सेन का मत था कि बजाय इसके कि एक भी विश्वासघात करने वाले आदमी को अपने साथ लिया जाये सौ ठीक आदमियों को नकारना बेहतर था।[12] भर्ती का तरीका इसीलिये बहुत सख्त था और लड़कों को अलग–अलग गुटों में रखा जाता था। उनमें से बहुत तो हमलों के दौरान पहली बार मिले थे। वो एक दूसरे को नहीं जानते थे, जबकि वो एक ही सेना के हिस्से थे। उन्हें तो यह भी पता नहीं था कि वो एक सेना के सदस्य हैं।

किसी भी सेना की तरह यह सेना भी बड़े–छोटे के कायदों से बंधी थी। विद्रोह से पहले सूर्य सेन ने इसका गुप्त नाम रखा था – इन्डियन रिपब्लिकन आर्मी (आई आर ए) चिटगांव शाखा। इस सेना के तौर–तरीके कभी लिखित में नहीं रखे गये। लेकिन जो भी जानकारी मिलती है उससे पता चलता है कि झून्कू और फकीर जैसे लड़कों और छः मुख्य नेताओं के बीच दूसरी पंक्ति के नेता थे जो 1929 में भर्ती हुये थे। इनमें से ज्यादात्तर 16 और 18 साल की उम्र के बीच के थे। ये या तो हाई स्कूल में थे या इन्होंने अभी कालिज में दाखिला लिया था। ये चिटगांव के सबसे तेज और अच्छे बच्चों में थे, जो पढाई और खेल, दोनों में अव्वल थे। इनमें से कुछ के नाम हैं: त्रिपुरा सेन, हरिगोपाल बाल (टेगरा) नरेश रे, बिधु भूषण भटाचार्य, देबा प्रसाद (देबा) और आनन्द गुप्त, रजत सेन, जीबन (मक्खन) घोषाल, रामकृष्ण बिश्वास, तारकेश्वर दस्तीदार, मनोरजंन सेन, मधूसूदन दत्ता, काली चकवर्ती और अर्द्धेन्दु दस्तीदार। नरेश और बिधु की जोड़ी थी और वो नेशनल मैडिकल कालिज में पढ़ रहे थे। बिधु अपने कालिज में पहले नम्बर पर आया था और उसे स्वर्ण पदक मिला था। त्रिपुरा सेन ने वालंटियर के

रूप में अच्छा काम किया था और उसकी गिनती 'फील्ड मार्शल' गणेश घोष और 'कैप्टन' अनन्त सिंह के फौरन बाद होती थी। टेगरा भी वरिष्ठ था क्योंकि वो 1928 के कांग्रेस के कलकत्ता अधिवेशन में प्रतिनिधि था। रजत सेन एक गणमान्य परिवार से था। उसके पिता रंजन लाल सेन चिटगांव के मशहूर वकीलों में से थे और सरकारी अधिकारी अक्सर उनसे मिलने आया करते थे। रजत फुटबाल का अच्छा खिलाड़ी था और अक्सर स्थानीय पुलिस अफसरों के साथ भी खेला करता था। रजत न सिर्फ खेलों में अच्छा था, उसमें चित्रकला की प्रतिभा भी थी। जब वो दसवीं कक्षा में था तो बंगाल के गर्वनर स्टैनले जैक्सन ने उसके स्कूल का दौरा किया था। कुछ ही मिनटों में रजत ने उसका चित्र बना दिया था जिससे गर्वनर इतना प्रभावित हुआ कि उसे कलकत्ता में चित्रकला सीखने के लिये छात्रवृत्ति देने की पेशकश की थी।[13] लेकिन एक सफल भविष्य को नकार कर, रजत अपने समय के खाते–पीते घरों के और नौजवानों की तरह देश की आजादी के सपनों में डूबा था और जल्द ही वो रोमान्टिक लेकिन खूनी क्रान्तिकारी दुनिया में दाखिल हो गया।

सदारघाट क्लब में शुरूआती शिक्षा के बाद चुने हुये लोगों को हथियारों के इस्तेमाल करने और अन्य कलाओं की शिक्षा दी गयी। लड़के नियमित तौर पर चिटगांव की सड़कों पर कवायद करते थे और शारीरिक व्यायाम क्लबों में बिना हथियारों के लड़ने आदि के अभ्यास करते थे। हथियारों की शिक्षा बिल्कुल गुप्त रूप से दी जाती थी। उन्हें गोली चलाने की शिक्षा देने के लिये कलारदंगा पहाड़ियों या समुद्र के किनारे ले जाया जाता था। अनन्त सिंह गोली चलाने की कला में माहिर था और दोनों हाथों से रिवाल्वर चला सकता था। वो 'अपने लड़कों' को अक्सर हथियार इस्तेमाल करने की कला सिखाने गांव की तरफ ले जाता था।[14] नरेश और बिधु को भी शिक्षक बनाया गया और वो छोटे लड़कों को अक्सर सिखाया करते थे। निशाना लगाने का अभ्यास करने के साथ–साथ लड़कों को घुड़सवारी और गाड़ी चलाने की भी शिक्षा दी जाती थी। अनन्त सिंह के पास एक छोटी आस्टिन गाड़ी थी जो अक्सर शहर में देखी जा सकती थी। मक्खन घोषाल के पिताजी के पास भी एक गाड़ी थी और बड़े बच्चों को इन दोनों गाड़ियों पर ड्राइवरी की शिक्षा दी जाती थी। एक व्यावसायिक प्रशिक्षक बुरूज मेहर को घुड़सवारी की शिक्षा देने के लिये रखा गया था। पुलिस ने अक्सर उन्हें शहर के पोलो मैदान में घुड़सवारी करते देखा था।[15]

मास्टर दा की नीति का एक पहलू लड़कों को भर्ती करना था और दूसरा धन इकट्ठा करने के लिये डकैती की जरूरत ना आने देना। जब उन्होंने सारी बारीकियों के साथ विद्रोह की योजना तैयार कर ली तो नेताओं ने अन्दाजा

लगाया कि उन्हें इसके लिये लगभग 18,000 रुपये की जरूरत होगी। धन, सदस्य अपने परिवार वालों से इकट्ठा करेंगे, और जरूरत हो तो चोरी करके। लड़कों ने 'मां के लाढ़–प्यार से या पिता की गैर–जानकारी में धन चुरा कर काफी धन इकट्ठा किया।'[16] पिताओं को जब इसका पता चलता तो वे अलग–अलग तरह से व्यवहार करते। मक्खन घोषाल के पिता एक अमीर व्यापारी थे। उनके बैंक ने उन्हें एक बार सूचित किया कि उनका बेटा उनके जाली दस्तखतों से एक चैक भुनाना चाहता है। लेकिन बाप ने बैंक को कहा कि दस्तखत उन्हीं के हैं और चैक का भुगतान कर दिया जाये। उन्होंने पुलिस को सूचना नहीं दी।[17] फकीर सेन के पिता इतने दयालु न थे। उन्होंने हमलों के दस दिन पहले ही पुलिस के डिप्टी सुपरिन्डैन्ट को बताया कि उनके लड़के ने अपनी मां के डिब्बे से कई बार पैसे चुराये हैं जो कुल 300 रु के लगभग हैं। उन्होंने यह भी कहा कि 'मुझे लगता है कि मेरे लड़के ने यह पैसे अनन्त सिंह, गणेश और लोकनाथ को दिये हैं।'[18] पुलिस ने उसके खिलाफ वारन्ट जारी किया लेकिन वो गिरफ्तारी से बचकर हमलों तक और उसके बाद भी, दोस्तों के साथ रहता रहा। वो छः मई से पहले नहीं पकड़ा गया।

मास्टर दा के ग्रुप के बहुत से लड़के शहर के खाते–पीते घरों से थे – वकील, जमींदार, व्यापारी। लेकिन सभी अमीर नहीं थे। छः महीने के भीतर जरूरी धन इकट्ठा करने के लिये नेताओं ने लड़कों को कुछ लालच दिये। और 'एक्शन' में हिस्सा लेने का मौका मिलने से बड़ा प्रलोभन क्या हो सकता था? अमीर लड़के फट से पारिवारिक जेवरात और धन ले आये। जब धन इकट्ठा करने की मुहिम जोरों पर थी तो एक लड़का मास्टर दा के सामने आकर रोने लगा। उसकी मां गरीब थी इसलिये वो सिर्फ चांदी की दो चूड़ियां ही ला पाया था जिनकी कीमत केवल चन्द रुपये ही थी। मास्टर दा ने यह कहानी बहुत बाद में एक सहयोगी को बताई। मास्टर दा 'इससे बहुत द्रवित हुये और उन्होंने उस लड़के को 'एक्शन' में जाने वालों की फेहरिस्त में सबसे ऊपर रखा'।[19]

मास्टर दा किसी काम में अड़चन नहीं डालते थे और जाहिरा तौर पर कांग्रेस पार्टी के काम में व्यस्त रहते थे। वो क्रान्तिकारियों के ग्रुप में गांवों के अनेक नौजवानों को भी लाये। अनन्त सिंह, लोकनाथ बाल और गणेश घोष दुनियादारी में चालू लोग थे, गाड़ियां चलाते थे और अक्सर अंग्रेजी में बात करते थे। वे अंग्रेज अधिकारीयों से जरा भी नहीं डरते थे। उनके द्वारा भर्ती किये गये 'लड़के' भी शहरी थे और आत्मविश्वास में अपने नेताओं की नकल करते थे। यदि किसी लड़के को पुलिस द्वारा तंग किया जाता तो वो गाड़ी लेकर पुलिस स्टेशन पहुंचते और पुलिस अधिकारियों को खरी–खोटी सुनाने में नहीं चूकते। मिसाल के तौर

पर, जब जिला गुप्तचर विभाग के इन्सपैक्टर ने कई छात्रों के अभिभावकों और माता–पिता से शिकायत की कि 'उनके बच्चों का पढ़ाई छोड़कर 'पुराने कैदियों से मिलना जुलना ठीक नहीं है' तो गणेश और अनन्त सिंह इंसपैक्टर से मिले और उसे 'उनके खिलाफ अभिभावकों को चेतावनी देने के लिये खरी–खोटी सुनाई'।[20]

लेकिन मास्टर दा बिना किसी दिखावे के आसपास के गांवों से लड़कों को भर्ती करते रहे। सत्तर साल बाद भी इनमें से एक लड़के को ध्यान था कि वो कैसे चुपचाप कांग्रेस के दफ्तर में एक कोने में बैठे रहते थे। एक दिन अनन्त सिंह दफ्तर आये और उन्हें मास्टर दा से कहते सुना गया कि 'इन गांव के लड़कों के साथ समय बर्बाद न करें क्योंकि ये कुछ नहीं कर पाएंगे।'[21] मास्टर दा सिर्फ मुस्करा दिये। यह सही है कि ये लोग गाड़ियां चलाना या घुड़सवारी नहीं जानते थे। लेकिन आखिर ये ही वो लोग थे जिन्होंने चिटगांव के ग्रामीण इलाके में भूमिगत संगठन बनाया, जिसकी बदौलत चार साल तक विद्रोह जीवित रहा। इन लोगों को 21 सितम्बर 1929 को कांग्रेस के दो गुटों की झड़प में देखा गया था। उस मौके पर 300 नौजवानों को लाठी लिये कांग्रेस दफ्तर के बाहर देखा गया था। और 'उनमें से काफी लोग शहर के बाहर के गांवों से आये थे।'[22]

जबकि हथियार चलाने की शिक्षा गुप्त रूप से दी जाती थी, उनके राजनीतिकरण का काम खुले आम होता था। मई में जिला कांग्रेस और उसके जन–संगठनों द्वारा आयोजित अधिवेशनों में हजारों नौजवानों को पहली बार राष्ट्रवाद से रूबरू होने का मौका मिला। 15 सितम्बर 1929 को यह प्रक्रिया अपनी चरमसीमा पर पहुंची। इस दिन शहीद जतिन दास के सम्मान में एक विशाल जूलूस निकाला गया। जतिन दास दो दिन पहले ही अपने उपवास के 63वें दिन लाहौर जेल में शहीद हुये थे। जतिन दास, जैसा कि हमने पहले भी देखा, कांग्रेस के दिसम्बर 1928 के अधिवेशन में सुभाष चन्द्र बोस के बाद कांग्रेस की वालंटियर सेना के सबसे बड़े नेता थे। अगस्त 1928 में उन्हें चिटगांव जिले के काक्स बांजार शहर में नजरबन्द रखा गया था और यह मुमकिन है कि वो चिटगांव ग्रुप के नेताओं के मित्र रहे हों। उनकी शहादत से सारे बंगाल में चिंगारी फैल गयी। और जब अंतिम संस्कार के लिये उनका शरीर कलकत्ता लाया गया तो हजारों लोग सड़क के दोनों ओर खड़े थे। चिटगांव में भी छः नेताओं की अगुआई में 1500 लोगों ने जूलूस में हिस्सा लिया। जुलूस में जतिन दास की शहादत को महान बताने वाले अनेक बैनर थे। उनके नारे थे : 'वंदे मातरम, इन्कलाब जिन्दाबाद, साम्राज्यवाद मुर्दाबाद'। इस जुलूस के बाद जे एम सेन सभागार के अहाते में एक सभा हुयी जिसे अन्य नेताओं के अलावा अनन्त सिंह और गणेश घोष ने सम्बोधित किया और 'नौजवान सुनने वालों के दिमागों में आग भर दी'। अनन्त

सिंह ने कहा 'हमारा खून खौल रहा है – इस क्रूर सरकार ने जतिन दास को मार दिया' जबकि गणेश घोष ने गर्जना की 'हमारी नसों में जो जतिन दास का खून बह रहा है वो हमें सैकड़ों, हजारों, जतिन दास बन कर बर्बर सरकार के दिल में आतंक पैदा करने के लिये उकसायेगा'।[23] हमलों के बाद पुलिस के छापे में कांग्रेस के दफ्तर में जतिन दास की यूनीफार्म में दो तस्वीरें मिलीं। उनमें एक के पीछे लिखा था ––

एक फौजी की जिन्दगी है मेरे लिये जिन्दगी
मेरे लिये फौजी की मौत, ताकि हिन्दुस्तान आजाद हो

जतिन दास की शहादत ने चिटगांव के क्रान्तिकारियों को एक नया मोड़ दिया। तब तक वे तसल्ली के साथ शारीरिक व्यायाम क्लबों और वालंटियर सेना के माध्यम से एक संगठन बना रहे थे। जतिन दास की शहादत के बाद नेताओं ने 'सशस्त्र विद्रोह की योजना को अमली रूप देना शुरू किया'।[24] 15 अक्टूबर 1929 को चिटगांव के क्रान्तिकारियों ने 'मौत का प्रोग्राम' स्वीकार किया – इसके अनुसार उनका उद्देश्य था 'करो और मरो' ना कि 'करो या मरो'।[25] हालांकि तभी से सामान, हथियार और लोगों को इकट्ठा करने की गतिविधियां तेज हो गयीं, लेकिन छः महीने बाद होने वाले विद्रोह के बारे में और लोगों को नहीं बताया गया। केवल पांच नेताओं को योजना की रूपरेखा की जानकारी थी। 18 अप्रैल की सुबह तक ज्यादातर लड़कों को पता नहीं था कि वो नारों और जुलूसों की दुनिया छोड़ कर असली लड़ाई के मैदान में जा रहे हैं।

4
आयरलैंड से प्रेरणा

ब्रिटेन यदि कभी आंशिक तौर पर भी आयरलैंड के दावों के बारे में सोचता है तो वह डर के प्रभाव और ताकत के दबाव में ही सोचता है। जब तक हमने इंग्लैंड को मजबूर नहीं कर दिया कि अगर हम पर राज करना है तो नंगी तलवार का इस्तेमाल करना पड़ेगा, हमें कुछ हासिल नहीं हुआ । यह सच है कि वो हमेशा तलवार के जोर पर ही आयरलैंड में रह सके हैं, जैसा कि हिन्दुस्तान में, लेकिन वो चाहते हैं कि यदि इनकी तलवार म्यान में रह सके तो अच्छा है। अगर हिंसा के इस्तेमाल की कोई वैधता है तो हमारे जैसी स्थिति में ही है। यह सोचने का सवाल है कि कब, कैसे और किस तरह हमें इसका इस्तेमाल करना चाहिये ...हम आयरलैंडवासियों और आप हिन्दुस्तानियों को अलग–अलग और साथ मिल कर यह कोशिश करनी चाहिये कि इस दानव से जो हमारा खून पी कर फल–फूल रहा है, छुट्टी पायें। और हमें यह कभी नहीं भूलना चाहिये कि वाशिंगटन ने अपने देश को इस तरह के दानव से छुटकारा दिलाने के लिये किस हथियार का इस्तेमाल किया था।

– ईमन डी वलेरा[1]

1917 की रूसी क्रान्ति 20वीं सदी का प्रारूप बनाने में सबसे महत्वपूर्ण घटनाओं में से एक है। लेकिन चिटगांव के क्रान्तिकारियों पर जिस घटना ने सबसे ज्यादा असर डाला वो इससे एक साल पहले हुआ, इससे छोटा डबलिन का विद्रोह था। अप्रैल 1916 को सात लोगों ने अपने कलेजे में शायरी और हाथ में बन्दूक लेकर हजारों गरीब वालन्टियरों के साथ, जो कि बहुत ही कम हथियारों से लैस थे और एक नागरिक सेना के साथ, डबलिन शहर के केन्द्र में स्थित पोस्ट आफिस और कुछ और इमारतों पर कब्जा कर लिया। और उन्होंने आयरिश रिपब्लिक की सरकार बनायी जो सात दिन से कम चली। यह विद्रोह जो शायरी और गानों में ईस्टर विद्रोह के नाम से अमर हो गया है, ज्यादा उम्दा ब्रिटिश बलों द्वारा कुचल

दिया गया। विद्रोह के नेता, शायर पैट्रिक पीयर्स और समाजवादी जेम्स कोनोली, आत्मसमर्पण करने के बाद, फांसी पर चढ़ा दिये गये और सैकड़ों लोगों को जेल में डाल दिया गया। आयरिश जनता पर बहुत भारी दमन शुरू किया गया। हालांकि विद्रोह अपने आप में पूरी तरह असफल रहा, लेकिन 'बहादुर और हिम्मती लोगों की याद' जिन्होंने देश के लिये जीवन कुर्बान किया, बनी रही। इसके चलते अंग्रेजी शासन के खिलाफ जन–आंदोलन का उभार हुआ और विदेशी शासन के खिलाफ एक लम्बा गुरिल्ला युद्ध चला। इसी के चलते लन्दन को आयरलैंड को आजादी देनी पड़ी।[2] इसी ईस्टर विद्रोह की तर्ज पर, हालांकि छोटे पैमाने पर, सूर्य सेन दूर–दराज में चिटगांव में विद्रोह करना चाहते थे।

न सिर्फ ईस्टर विद्रोह बल्कि आयरलैंड के लोगों की सम्पूर्ण लड़ाई ही चिटगांव के लोगों के लिये प्रेरणा का स्त्रोत थी। शायद उन्हें इंग्लैंड द्वारा आयरलैंड को 800 साल तक गुलाम रखने के दुःखद इतिहास और आयरिश प्रतिरोध का पता न हो, लेकिन इस इतिहास के विभिन्न चरणों और नेताओं के बारे में उन्हें काफी जानकारी थी। सूर्य सेन की सबसे प्रिय किताब डन ब्रीन की *माई फाईट फॉर आइरिश फ्रीडम* थी और ब्रीन उनका आदर्श था।[3]

हालांकि डन ब्रीन ने आयरिश रिपब्लिकन आर्मी में अपने 1919 से 1922 तक के गुरिल्ला अनुभवों का बहुत तफसील से और सजीव वर्णन किया है, लेकिन वो उन नेताओं में नहीं था जिन्होंने सदियों चली इस लड़ाई के विचारों को दिशा दी हो। एक दूसरा आइरिश आदमी जिसने चिटगांव ग्रुप को प्रेरणा दी, वो था जेम्स फिन्टन लेलर। यूनियन ब्रदरहुड और 1840 की जमीन की लड़ाई में उसकी मुख्य भूमिका थी। लेलर के बारे में इतिहास के विशेषज्ञों के अलावा ज्यादा जानकारी नहीं है। लेकिन चिटगांव के नौजवानों ने उसकी उक्ति को ब्रिटिश बन्दूकों और गोलियों का सामना करते हुए ताबीज की तरह इस्तेमाल किया। और फिर ईमन डी वलेरा था जो ईस्टर विद्रोह के दौरान कमान्डैन्ट था और इसलिये फांसी की सजा से बच गया क्योंकि वो अमरीका में पैदा हुआ था। वो सबसे मशहूर नेता और बाद में आयरलैंड का राष्ट्रपति भी बना। शस्त्र भंडार के हमलों के अगले दिन गणेश घोष के घर की तलाशी में उसकी आत्मकथा मिली थी। ब्रीन, पीयर्स, लेलर, डी वलेरा हजारों मील दूर हुयी आजादी की लड़ाई के छिटके हुए टुकड़े थे, लेकिन एक साथ मिलकर इन्होंने मास्टर दा और उनके साथियों को विचारधारा और गतिविधि का नक्शा प्रदान किया।

फ्रांस की क्रान्ति और इटली के राष्ट्रीय आंदोलन के आदर्शों से हिन्दुस्तान की पहली पीढ़ी के राष्ट्रवादियों ने प्रेरणा ली। लेकिन 1920 के आते–आते बंगाल के ज्यादातर ग्रुप आइरिश संघर्ष की ओर मुड़े। इस लड़ाई से उनकी घनिष्ठता

इस लिये बनी क्योंकि दोनों का दुश्मन एक ही था।

अंग्रेज हमेशा यह दिखाना चाहते थे कि स्कॉट और वैल्श की तरह आइरिश भी संयुक्त ब्रिटिश राज का ही हिस्सा थे। लेकिन आयरलैंड की अलग जुबान, संस्कृति और हैसियत को, हमलावर अंग्रेज कभी नहीं मिटा पाये। अंग्रेजों ने आयरलैंड पर विजय चार चरणों में पायी–1169 की हेनरी द्वितीय के तहत् एंग्लो–नॉर्मन विजय, 1570 में हेनरी–छठे के तहत् टयूडर विजय, 1649 में कामवैलीय विजय और 1690–92 में विलियम आरेन्ज के तहत् विजय। हालांकि आइरिश लोग हम जैसे लोगों को अंग्रेजों से अलग दिखायी नहीं देते हैं, लेकिन अंग्रेज उन्हें बहुत हिकारत की नजर से देखते थे।

हेनरी–आठवें के कैथोलिक चर्च के खिलाफ हो जाने के बाद इस गुलामी ने धार्मिक रूप भी अख्तियार कर लिया। 1692 के कानून के अनुसार कैथोलिकों को वोट डालने के अधिकार, सरकारी नौकरियों और फौज में भर्ती के अधिकार से वंचित कर दिया गया। वे पढ़ा नहीं सकते थे और न ही स्कूल खोल सकते थे। कैथोलिक और प्रोटस्टेंटों के बीच शादियों की मनाही थी।[4]

17वीं और 18वीं सदी के दौरान आयरलैंड पूरे तौर पर ब्रिटिश उपनिवेश बन गया। जब इंग्लैंड व्यापार के जरिये औद्योगिक कान्ति की नींव डाल रहा था, आयरलैंड को मुख्य तौर पर कृषि प्रधान देश की तरह रहने पर मजबूर किया गया। इसका काम सस्ती खाने की चीजें, कच्चा सामान और सस्ते मजदूर और आइरिश लोगों से किराये लगान आदि के जरिए पूंजी मुहैया कराना था।[5] आइरिश किसानों की दुर्दशा और गरीबी भयानक थी। समय–समय पर अकाल और भुखमरी का सामना करना पड़ता था। सबसे भयानक अकाल 1846–47 में पड़ा जिसमें आयरलैंड की आबादी, मौतों और देश छोड़कर जाने वाले लोगों की वजह से एक दशक में एक–तिहाई रह गयी। ग्रामीण आबादी तो लगभग आधी हो गयी।

दमन और प्रतिरोध, साथ–साथ चले। आयरलैंड का इतिहास छोटे–बड़े विद्रोहों से भरा पड़ा है क्योंकि यहां के लोग अंग्रेजों के राज को विदेशी राज मानते थे। प्रतिरोध अनेक तरीकों से होता था। संसदीय तरीके, जनप्रतिरोध और हथियारबन्द गतिविधियां, सभी का मिला–जुला इस्तेमाल आयरलैंड की आजादी की लड़ाई में होता था। इसी वजह से वह हिन्दुस्तान के लिये आदर्श थी। यह सही है कि आयरलैंड में कोई महात्मा गांधी पैदा नहीं हुआ। लेकिन भूख हड़ताल को हथियार के तौर पर इस्तेमाल करने वाले आइरिश कैदी ही सबसे पहले थे। इसमें अनेकों की जान भी गयी। जब जतिन दास की लाहौर जेल में भूख हड़ताल से मौत हुयी तो एक शोक संदेश टैरन्स मैक्सवानी के परिवार से मिला। ये कार्क

के मेयर रह चुके थे और इनकी मौत इसी प्रकार के हालात में हुयी थी। संदेश में कहा गया था' टैरन्स मैक्सवानी के परिवार ने बहुत दुख और गर्व के साथ जतिन दास की मौत का समाचार सुना। आजादी जरूर मिलेगी।'[6] अगर हिन्दुस्तान की आजादी की लड़ाई में हड़ताल और धरने का विचार पैदा हुआ,तो बहिष्कार का विचार आयरलैंड से आया। मशहूर आइरिश राष्ट्रवादी और सासंद चार्ल्स स्टूअर्ट पारनल ने 1880 में दबे हुए किसानों को सुझाव दिया था कि वे जमीन दखल कराने वालों और हड़पने वालों का बहिष्कार करें। नतीजन लार्ड एर्न के एक कारकून कैप्टन बॉयकाट ने जब किसानों को बेदखल करने की कोशिश की तो उसका पूरे तौर पर बहिष्कार हुआ। दूकानदारों ने उसे सामान देना बन्द कर दिया, उसके नौकरों ने उसे छोड़ दिया और डाकिये ने उसे चिट्ठी देनी बन्द कर दी। वो तंग आकर वहां से चला गया। लेकिन इस प्रतिरोध की शांतिपूर्ण नीति के लिये उसका नाम प्रचलित हो गया।

आयरलैंड का हथियारों का आह्वान हिन्दुस्तानी कान्तिकारियों के लिये सबसे ज्यादा प्रेरणादायक था। जब एक तरफ इंग्लैंड की संसद में 'होम रूल के लिये' आयरलैंडवासी लड़ाई लड़ रहे थे, दूसरी तरफ वो लड़ाई लड़ रहे थे जिसमें हथियारों के इस्तेमाल की वकालत की गयी थी, (1801 के एक्ट के तहत् ग्रेट ब्रिटेन और आयरलैंड की संसदों का एकीकरण हुआ था, जिससे डबलिन स्थित बिना अधिकारों वाली संसद खत्म हो गयी।) 1790 के दशक में वूल्फ टोन ने आयरलैंड की आजादी के लिये फांसीसी हथियारबन्द सेना की मदद पाने की कोशिश की थी। बहुत से नेताओं ने अलग–अलग समय पर फेनियन मत में विश्वास जताया था। इसके मुताबिक 'आयरलैंड को उसके सही मालिकों यानि आयरलैंड के लोगों से हथियारों की ताकत से छीना गया था। उसको और किसी तरह वापिस हासिल नहीं किया जा सकता था।' यही भावना ईमन डी वलेरा के 1920 के भाषण में जाहिर हुयी थी। इस भाषण का विषय था 'इण्डिया और आयरलैंड' और यह फ्रैन्डस ऑफ फ्रीडम फॉर इण्डिया के लिये दिया गया था।

हथियारबन्द प्रतिरोध के लम्बे इतिहास में ईस्टर विद्रोह सबसे ड्रामाई है। और यह समझना मुश्किल नहीं है कि क्यों चिटगांव के नेताओं को यह इतना अपील करता था। ईस्टर विद्रोह की पृष्ठभूमि में पहला विश्व युद्ध था। आइरिश रिपब्लिकन नेताओं का मत था कि 'इंग्लैंड का खतरा आयरलैंड के लिये अवसर है।' हिन्दुस्तान की तरह आयरलैंड में राष्ट्रीय आंदोलन की दो धाराएं थी। एक थी संसदीय धारा, जिसके नेता होम रूल के नेता, जॉन रैडमोन्ड थे। और दूसरी थी गुप्त हथियारबन्द धारा, जिसकी मुखिया आइरिश रिपब्लिकन ब्रदरहुड थी। इसमें आईरिश वालंटियरों के नेता पैट्रिक पीयर्स भी थे। इसमें बाद के आयरलैंड

में मजदूरों के नेता जेम्स कोनोली भी शामिल हो गये थे। विश्व युद्ध के शुरू में खुले और गुप्त आंदोलनों के मतभेदों में फासला बढ़ गया था। रैडमोन्ड ने युद्ध का समर्थन किया और आइरिश सैनिकों की भर्ती का आह्वान किया। उसको इस वादे से उम्मीद थी कि युद्ध के बाद होम रूल स्वीकार कर लिया जायेगा। दूसरी तरफ वे लोग थे जो ब्रिटेन के युद्ध–प्रयासों में मदद करने के बिल्कुल खिलाफ थे। उन्होंने 1915 में फैसला किया कि ये जर्मन हथियारों और वालन्टियर सेना की मदद से हथियारबन्द क्रान्ति करेंगे। 1915 के आखिर में उन्होंने फैसला किया कि वो 1916 के ईस्टर रविवार को विद्रोह शुरू करेंगे। उनको उम्मीद थी कि तस्करी के जर्मन हथियार उन्हें गुड फ्राइडे और ईस्टर रविवार के बीच मिल जाएंगे। जिन सात नेताओं ने विद्रोह की कल्पना की थी, उनकी योजना थी कि डबलिन शहर के मध्य में 'किलाबंद ठिकानों एक का घेरा बनाया जाये' और उसकी ब्रिटिश हमलों से रक्षा की जाये। इससे सारे देश में विद्रोह शुरू हो जायेगा। लेकिन इस विद्रोह को सफल नहीं होना थाः 20,000 जर्मन बन्दूकें नहीं पहुंचीं, क्योंकि अंग्रेजों ने इन्हें लाने वाले जहाज को पकड़ लिया। आइरिश वालन्टियर्स के मुखिया इओइन मकॅनील ने वालन्टियरों के कूच करने का आदेश रद्द कर दिया क्योंकि उसे इस योजना की जानकारी नहीं दी गयी थी और उसका मानना था फौजी जीत की कोई संभावना नहीं थी।

लेकिन विद्रोह के नेता ईस्टर सोमवार को अपनी योजना अमल में लाये। यह एक 'बहादुरी भरा लेकिन आशाहीन कारनामा' था। एक हफ्ते की लड़ाई में 400 लोग मरे और लगभग 3000 घायल हुये। नेताओं को मौत के घाट उतार दिया गया। लेकिन उस मौत में उन्होंने वो हासिल कर लिया जिसके लिये वो लड़ रहे थे – जन आक्रोष और देश प्रेम की भावना का उदय, जिससे आजादी हासिल करने का रास्ता खुला। ईस्टर विद्रोह की 'भयानक खूबसूरती' खूनी त्याग और शहादत की पराकाष्ठा है। इससे बंगाल के क्रान्तिकारी हमेशा प्रभावित रहे हैं। मैज़िनी की तरह ही, पैट्रिक पीयर्स भी देश की खातिर खून बहाने के विचार को बढ़ावा देते हैं: 'एक चीज साफ दिखाई देती है कि कोई भी राष्ट्र बिना हथियारों के नहीं बन सकता–हमसे गलतियां हो सकती हैं और हम गलत आदमियों को गोली मार सकते हैं, लेकिन खून बहाना पवित्र और पावन चीज है और वो देश जो इसको भयावह समझता है, अपनी मर्दानगी खो बैठता है। खून बहाने से ज्यादा और भी भयावह चीजें हैं – और गुलामी उनमें से एक है।'

जिन लोगों का गांधी के सत्याग्रह से मोहभंग हो चुका था, उनके लिये ये शब्द बहुत सुहाने थे। लेकिन चिटगांव के नेताओं के लिये ईस्टर विद्रोह में सबसे आकर्षक केवल खून बहाना नहीं था बल्कि अंग्रेजी बलों के साथ जमकर लड़ाई

का नजारा था। डबलिन में व्यक्तिगत आतंकवादियों द्वारा मार कर भाग जाने की नीति का इस्तेमाल नहीं किया गया था बल्कि यह एक संगठित, फौजी विद्रोह था। इस विद्रोह की सफलता, इसके असफल होने में निहित थी और यही वे चिटगांव में दोहराना चाहते थे। उन्हें मालूम था कि अन्तिम सफलता की खूशबू ऊपरी तौर पर दिखने वाली असफलता के वातावरण से पैदा होती है।

इसी को ध्यान में रखते हुये चिटगांव के नेताओं ने अपना 'मौत' का पैगाम तैयार किया। आइरिश रिपब्लिकन आर्मी की तर्ज पर इन्होंने अपना नाम इन्डियन रिपब्लिकन आर्मी रखा। इनका इरादा चिटगांव में डबलिन को दोहराना था। ये लोग आइरिश उदाहरण से इतने प्रभावित थे कि इन्होंने भी अपना विद्रोह 1930 के ईस्टर में करने की ठानी। हालांकि चिटगांव में ईस्टर का कोई ऐसा मतलब नहीं था जैसा कि आइरिश लोगों के ईसाई होने में था। बजाय हथियारों की तस्करी करने के इन्होंने ब्रिटिश शस्त्र भंडारों पर हमला करके, शहर पर एक हफ्ते तक कब्जा बनाए रखने की योजना बनायी। हालांकि उनकी वालन्टियर सेना आइरिश सेना के मुकाबले बहुत छोटी थी, लेकिन वह हथियारों से लैस और प्रशिक्षित थी। वे उसी तरह लड़ते हुये शहीद होंगे जैसे डबलिन के लोग हुये थे। उन्हें यह पूरी तरह मालूम था कि इससे अपने आप आजादी नहीं मिल जायेगी।[7] यदि हिन्दुस्तान के छोटे से हिस्से को भी आजाद करके एक स्वतन्त्र सरकार बनायी जा सके, जिसकी नियति चकनाचूर हो जाना ही क्यों न हो, 'इससे सारे देश में ऐसी आग लगेगी कि आगे आने वाली पीढ़ियां मातृभूमि की आजादी के लिये संघर्ष करेंगी।'[8] चीजें उस तरह नहीं घटीं जैसा कि उन्होंने सोचा था। लेकिन 18 अप्रैल 1930 की रात को उन्होंने हिन्दुस्तान की आजादी की घोषणा करते हुये एक पर्चा बांटा। यह पर्चा हूबहू उसी तरह का था जो 14 साल पहले पैट्रिक पीयर्स ने आइरिश रिपब्लिक की सरकार की घोषणा करते हुये डबलिन के जनरल पोस्ट आफिस की सीढ़ियों पर पढ़ा था।[9]

5
अक्ल के अन्धों ने निगरानी की

निगरानी रखने के लिये किये गये इन्तजामों से जाहिर होता है कि स्थिति के खतरों के प्रति अधिकारी पूरी तरह सचेत थे। यदि इन सारी सावधानियों के बावजूद भी उपद्रवी कार्य सफलता पूर्वक अजांम दिये जा सके तो यह पुलिस की लापरवाही का नतीजा नहीं है बल्कि षड़यंत्रकारियों की असामान्य चतुराई और कलाकारी इसके लिये जिम्मेवार है।

– स्पेशल ट्रिब्यूनल का फैसला चि. आ. र. केस न.1, 1930

पुलिसवालों की मूर्खतापूर्ण कारगुजारियां और घटना के बाद पूरी अक्लमन्दी का वापिस आना हिन्दी फिल्मों या जासूसी उपन्यासों में मिलता है, लेकिन 1929–30 में चिटगांव में तो यह हद से ज्यादा हो गया। जब से वो अपनी नजरबन्दी के बाद चिटगांव लौटे थे, चिटगांव विद्रोह के नेता और उनके सहयोगी लगातार पुलिस की निगरानी में थे। उनके आने–जाने को काफी गौर से देखा जाता था और उनकी गतिविधियों का लेखा–जोखा रखा जाता था। इस विद्रोह का एक देखने लायक पहलू यह है कि किस प्रकार 'षड़यंत्रकारियों' ने अपनी दीदादिलरी और गुप्त रखने की काबलियत से, राज की कानून और शान्ति बनाये रखने की व्यवस्था की आखों में धूल झोंकी – वो राज जो अपने को अभेद्य समझता था।

सितम्बर 1928 चिटगांव जिले की गुप्तचर शाखा (डी आई बी) में एक इन्सपैक्टर (ए एस आई) पांच हैड–कान्स्टेबल और 14 कान्स्टेबल थे। अपनी आम जिम्मेवारी के अलावा डिप्टी सुपरिंटेंडैन्ट ऑफ पुलिस इस शाखा की निगरानी भी रखता था। सितम्बर 1929 में छूटने के बाद से छः भूतपूर्व कैदियों और दूसरे लोगों पर, जिनको पुलिस राजनीतिक तौर पर शक की निगाह से देखती थी, निगरानी रखी जाती थी।[1] खास इस निगरानी के लिये चार ए एस आई तैनात थे। ये लोग शक के दायरे में आने वाले लोगों के बारे में नियमित रिपोर्ट दाखिल करते थे। जाहिर है कि इसमें ये कोई बहुत जासूसी की कला का

इस्तेमाल नहीं करते थे। इस रिपोर्ट में कांग्रेस की गतिविधियों और छः भूतपूर्व कैदियों द्वारा नियमित शारीरिक व्यायाम क्लबों में दी जा रही शिक्षा का ही ब्यौरा होता था। निगरानी रखने वाले हर जगह संबंधित नेताओं के पीछे जाते थे और वे दिसम्बर 1928 के कांग्रेस के कलकत्ता अधिवेशन में और बाद में हुये जिला कांग्रेस अधिवेशनों में भी मौजूद थे।

सितम्बर 1929 में जतिन दास की शहादत के बाद ही चिटगांव के नेताओं ने फैसला किया कि अपनी कार्यवाही शुरू करें। बंगाल के दूसरे क्रान्तिकारी ग्रुप भी कुछ कर गुजरने के लिये तैयार थे। जुगान्तर और अनुशीलन दोनों का ही नेतृत्व हिंसा के खिलाफ था। वे सेनगुप्ता और बोस के आपसी झगड़े में मुब्तला थे, जिसके चलते सारी बंगाल कांग्रेस दो हिस्सों में बंट गयी थी। दोनों ग्रुपों के नौजवान नेता पुराने नेतृत्व से परेशान थे। जतिन दास के अन्तिम संस्कार के बाद ये लोग मिले और इन्होंने 'रिवोल्ट' ग्रुप बनाने का फैसला किया। इसके जरिये ये लोग पुलिस स्टेशनों और शस्त्र भण्डारों पर हमले करना चाहते थे जैसे डन ब्रीन की क्लासिक किताब में बताया गया है। गणेश घोष ने भी उस सभा में हिस्सा लिया, लेकिन चिटगांव ग्रुप की योजना का खुलासा नहीं किया।[2] 'रिवोल्ट' ग्रुप के नेता लगभग दो महीने बाद मछुआ बाजार स्ट्रीट बम केस के बाद गिरफ्तार हो गये और ग्रुप की सारी योजना ठप्प हो गयी। इससे चिटगांव के नेताओं का यह विश्वास और भी पक्का हो गया कि उन्हें अपनी योजनाओं की जानकारी बंगाल के अपने जैसे कामरेडों से भी छुपा कर रखनी चाहिये। लेकिन कलकत्ता के गुप्तचर विभाग को, जो चिटगांव के अपने साथियों से जरा ज्यादा चतुर था, आने वाले हमलों की कुछ भनक लग गयी थी। और उन्होंने जिले के अपने लोगों को शक के घेरे में आने वाले कार्यकर्ताओं की निगरानी बढ़ाने के लिए कहा था।

इसीलिये नवम्बर 1929 में गुप्तचर विभाग, कलकत्ता ने हिदायत दी कि चिटगांव के भूतपूर्व कैदियों पर खास नजर रखी जाये। इसके लिये 24 कांस्टेबलों को 24 घंटे की ड्यूटी पर लगाया गया। यह सिलसिला फरवरी 1930 तक चला। इसके बाद हर भूतपूर्व कैदी के पीछे दो कांस्टेबल लगाये गये और 12 कांस्टेबलों को उन सब जगहों की निगरानी के काम पर लगाया गया जहां ये लोग अक्सर जाते थे। निगरानी के इन इन्तजामात को पुलिस सुपरिंटेंन्डैन्ट जाती तौर पर देखता था और उसने 12 फरवरी को लिखित हिदायत दी थी कि साधारण पुलिस और डी आई बी में ताल–मेल बढ़ाया जाये ताकि 'राजनीतिक तौर पर शक किये जाने वाले लोगों और उनकी जगहों पर कड़ी निगरानी रखी जा सके'।[3] कलकत्ता के गुप्तचर विभाग के डिप्टी इंस्पैक्टर जनरल कोलसन ने अपने मार्च

1930 के दौरे में इसको भी नाकाफी पाया। इस दौरे के बाद पुलिस के सुपरिंटेंन्डैन्ट ने खुद डी आई बी की सीधी और पूरी जिम्मेवारी संभाली। निगरानी के लिये 22 और लोग बढ़ा दिये गये और 31 चुनी हुयी जगहों पर 'रात और दिन' के लिये लोग तैनात कर दिये गये।[4]

जिन जगहों पर निगरानी ज्यादा रखी गयी वे थीं: जिला कांग्रेस का दफ्तर, सदारघाट पर गणेश घोष का घर और दुकान, सदारघाट क्लब, सदारघाट जैटी, अबिनाश दास की चाय की दुकान और मकलेश्वर रहमान का रैस्टोरैन्ट। अन्य मुख्य नेताओं के घरों और अनन्त सिंह की कार (न. 24666) की आवा–जाही पर डी आई बी के गुप्तचरों ने नजर रखी।

इन निगरानी रखने वालों की गवाही को ही इस्तगासे ने शस्त्र भण्डार पर हमले के तीनों केसों में आधार बनाया और इनकी गवाही को षड़यंत्र साबित करने में इस्तेमाल किया। सूर्य सेन, अम्बिका चक्रवर्ती और अन्य लोगों को विशेष अदालतों द्वारा फांसी की सजा या देश निकाले की सजा दिए जाने का आधार भी ये गवाहियां ही थीं।' इस्तगासे के पास आखिर तक उनके हमलों और बाद की लड़ाईयों में शामिल होने का और कोई सबूत नहीं था। बाद में इन गवाहियों की उपयोगिता को छोड़ दें तो जाहिर है कि निगरानी रखने वालों को रिपोर्ट दाखिल करने के समय इसका बिल्कुल अन्दाजा नहीं था कि क्या होने जा रहा है।

यह समझा भी जा सकता है। निगरानी रखने वाले कोई चालाक जासूस नहीं थे कि छुपकर इन लोगों का पीछा करते। वे निश्चित जगहों पर मंडराते रहते थे और यह छिपाने की बिल्कुल कोशिश नहीं करते थे कि वे डूयूटी पर हैं।

वे शक के दायरे में आने वाले लोगों के पीछे गिरते–पड़ते पैदल जाते थे, जब कि लड़के मजे से साईकिल पर सवार होकर निकल जाते थे। और कुछ निगरानी करने वालों के पास साईकिल होती भी तो बेबी ऑस्टिन का मुकाबला न कर पाती। इस गाड़ी में ग्रुप के सदस्य 'गणेश घोष के घर, कांग्रेस के दफ्तर और सारे शहर में घूमते थे'। निगरानी करने वालों ने हर दिन और हर समय निगरानी रखी, लेकिन उन्हें कुछ नजर न आया। उन्होंने इस बात की रिपोर्ट की कि कौन किससे कहां मिला, लेकिन मिलने का क्या उद्देश्य था या उनमें क्या बातचीत हुयी, इसकी कोई जानकारी नहीं थी।

चिटगांव के अधिकारियों ने बाद में दावा किया कि 1930 के शुरू से ही छः भूतपूर्व कैदियों और उनके सहयोगियों की गतिविधियां और आवाजाही 'इस कदर बढ़ने लगीं थीं कि पुलिस का उनके ऊपर शक बढ़ने लगा था'।[5] यदि ऐसा था तो भी इसका कोई सबूत निगरानी करने वालों की रिपोर्टों में नहीं मिलता है। 4 जनवरी 1930 को उमेश डे ने रिपोर्ट किया कि 'उसने 7:30 बजे सूर्य सेन को

रेल्वे स्टेशन पर देखा। वहां से वो एक अखबार खरीद कर दीवान बाजार कांग्रेस के दफ्तर पर गया। 8.30 बजे नरेश रे और तारकेश्वर दस्तीदार कांग्रेस के दफ्तर आये। आधे घंटे बाद वे कांग्रेस दफ्तर से सदारघाट गणेश घोष के घर गये। गणेश घोष, नन्दलाल सिंह, त्रिपुरा सेन, बिधु भटाचार्य वहां पहले से ही मौजूद थे। वे वहां 10 बजे तक रहे।[6] हमलों से सिर्फ एक हफ्ते पहले 12 अप्रैल को ए एस आई काली भटाचार्य ने देखा कि 'कांग्रेस दफ्तर पर अनन्त सिंह, जीबन घोषाल, हरिगोपाल बाल, और हिमांशु सेन, सूर्य सेन, निर्मल सेन और अम्बिका चक्रवर्ती से बात कर रहे हैं। 9:55 पर अनन्त, जीबन, हरिगोपाल और हिमांशु कांग्रेस दफ्तर छोड़कर बेबी आस्टिन में चन्दनपुरा में हिमांशु के घर की तरफ गये। उसके बाद जीबन ने तेजी से गाड़ी चलानी शुरू कर दी और मैं उनका पीछा नहीं कर पाया। इसलिये मैं गणेश घोष की दुकान की तरफ चला गया'।[7] और इस दौरान की सारी रिपोर्टें इसी तरह की हैं– नामों, जगहों और समय की लम्बी फेहरिस्त, जिससे कुछ भी जाहिर नहीं होता है।

सरकारी जासूसों की गतिविधियों से क्रान्तिकारियों की इन जासूसों के खिलाफ गतिविधियां ज्यादा असरदार थीं।

सरकारी जासूसों के खिलाफ क्रान्तिकारियों का विभाग काफी व्यवस्थित था और इसका मुखिया अनन्त सिंह था। 'चिटगांव के सारे पुलिस स्टेशन और पुलिस अफसर निगरानी में रखे जाते थे' जिससे कि नेताओं को 'पुलिस की छोटी से छोटी असाधारण गतिविधि की खबर फौरन मिल जाए'।[8] जब मार्च 1930 में बम बनाते समय एक–दो दुर्घटनाएं हो गयीं तो उन्हें इस निगरानी का बहुत फायदा मिला।

अधिकारियों की यह समझ, घटना के बाद बनी समझ ही सही, ठीक थी कि जनवरी से क्रान्तिकारियों की गतिविधियों में तेजी आयी थी। क्रान्तिकारी तब तक शारीरिक व्यायाम और रोजमर्रा की कवायद से आगे बढ़कर विद्रोह के लिये धन, सामान और हथियार इकट्ठा करने में व्यस्त थे। बम बनाना उनकी एक गुप्त गतिविधि थी। इसकी शिक्षा पीढ़ी दर पीढ़ी क्रान्तिकारियों को 1905–6 से मिली थी। एक मेधावी छात्र रामकृष्ण बिश्वास, जो जिले के मैट्रिक इम्तहान में अव्वल आया था[9] और तारकेश्वर दस्तीदार, ग्रुप में दो मुख्य बम बनाने वाले थे।

14 मार्च को बिश्वास को घर में बम बनाते समय गम्भीर चोटें आयी। उसके बाद कामरेडों ने फौरन उसको वहां से हटा दिया। पुलिस ने उसके खिलाफ केस भी लगाया लेकिन दिसम्बर 1930 तक उसका कोई सुराग नहीं मिला। तारकेश्वर दस्तीदार को भी कांग्रेस दफ्तर में बम बनाते समय काफी चोटें आयीं लेकिन पुलिस को इसकी भनक भी नहीं लगी– क्रान्तिकारियों के जासूसी विभाग की

मुस्तैदी से। रामाकृष्ण बिश्वास के दुर्घटनाग्रस्त होने के बाद हरिगोपाल बाल, अमरेन्द्र नन्दी और फकीर सेन को 'पुलिस की निगरानी की डूयटी पर लगाया गया, यह देखने के लिये कि वे कहां और किसलिये जा रहे हैं? कोई गिरफ्तारी करने तो नहीं जा रहे'।[10] इस तरह नेतागण बिना पुलिस को पता चले दुर्घटनाग्रस्त लोगों के उपचार का इन्तजाम करते थे। पुलिस को भी पता था कि उसकी भी निगरानी की जा रही है। शस्त्र भण्डार पर हमले के बाद के केस में राज की ओर से कहा गया कि 'यह पुलिस की जानकारी में था कि नौजवानों को डी आई बी के अफसरों के घर पर निगरानी करने को कहा जाता था और उनकी गतिविधि ायों पर ध्यान रखा जाता था'।[11] लेकिन यह पता नहीं चलता उन्होंने इस संबंध ा में कोई कदम क्यों नहीं उठाया?

कैदियों और घुसपैठियों की मदद से बंगाल सी आई डी ने विद्रोह की अनेक योजनाओं को शुरू में ही खत्म कर दिया था। लेकिन चिटगांव ग्रुप पर इसका कोई असर नहीं पड़ा क्योंकि इसके 'चोटी के पांच नेताओं को पता था कि यदि योजना की जानकारी आम सदस्यों या दूसरी पंक्ति के नेताओं को भी हो जाये तो बात फैल जाने का खतरा बढ़ जाता है'।[12] हालांकि दूसरी पंक्ति के नेताओं को मालूम था कि कोई 'घटना' होने जा रही है और इसके लिये वे अपनी जिन्दगी देने को भी तैयार थे, लेकिन उन्हें इसकी कोई तफसील मालूम न थी। और चूंकि पुलिस निचले दर्जे के अपने सम्पर्कों से ही जानकारी लेती है और ऊपर के नेताओं से उसका सम्बन्ध कम होता था[13] इसीलिये इन लोगों की योजना गुप्त रह सकी और आखिर में उन्हें सफलता मिली।

इन्होंने एक और चतुर नीति अपनायी – भेदिये को ही पुलिस के खिलाफ इस्तेमाल करना। सूर्य सेन की सलाह पर अनन्त सिंह 1924 में एक प्रकार से पुलिस का भेदिया बन गया और उसने एक बयान ग्रुप की गतिविधियों के बारे में दिया।[14] उसने आई बी के एक भेदिये का रूप धारण कर, उन्हें छोटी–मोटी, बेकार की जानकारी देकर मुतमईन कर दिया और उनसे पुलिस की आवाजाही के बारे में जरूरी जानकारी हासिल कर ली'[15] पुलिस को गुमराह करने में उसका काम बेशकीमती था। 1929–30 में पुलिस ने एक कॉलेज के छात्र को भेदिये के रूप में संगठन में भेजा, लेकिन नेताओं को जल्द ही इसका पता लग गया। लेकिन उसको हटाने या खत्म करने के बजाय उन्होंने 'उसे गलत खबरें देना शुरू कर दिया, यह दिखाते हुये कि वो उनके पूरे विश्वास में है'[16], हालांकि क्रान्तिकारी तरीके के अनुसार उन्हें उसे खत्म कर देना चाहिये था। भेदिये ने बहुत ही नियमपूर्वक पुलिस को सूचना दी कि चिटगांव जिला कमेटी के सदस्य 21 अप्रैल को एक जन सभा में सिडीशन एक्ट तोड़ेंगे और 'जब्तशुदा किताबों से क्रान्तिकारियों

के कारनामे पढ़ेंगे'। पुलिस उस दिन गिरफ्तारी के लिये उनका इन्तजार करती रही।

21 अप्रैल को पुलिस को भ्रम में डालना मास्टर दा का एक बड़ा कारनामा था। इस पर लोगों को इसलिये भी जल्द ही विश्वास हो गया क्योंकि छः अप्रैल को गांधी की डांडी यात्रा शुरू होने के बाद इन्डियन नेशनल कांग्रेस ने नागरिक अवज्ञा आन्दोलन शुरू कर दिया था। जिला कांग्रेस के नेताओं के नाते मास्टर दा और उनके सहयोगियों से कानून तोड़ने की अपेक्षा थी। इस घटना की गलत जानकारी पुलिस को देने के बाद मास्टर दा ने 17 अप्रैल को एक खुला आह्वान भी किया। सूर्य सेन, अम्बिका चक्रवर्ती और गणेश घोष के नाम से छपे पर्चे *चटाल बशीदेर प्राती"* (चिटगांव के लोगों के नाम) शहर में बांटे गये। इसमें कहा गया था कि 'सारे देश में आजादी का बिगुल बज गया है, लेकिन 'यह निहायत अफसोस और शर्म की बात है चिटगांव जो 1921 में आजादी की इस लड़ाई में आगे था, अब पिछड़ गया है।' आगे कहा गया कि 'एक महीने पहले मोहिम चन्द्र दास की अध्यक्षता में नमक कानून को तोड़ने के लिये एक कमेटी बनायी गयी थी। अब एक नयी कमेटी बनाने की बजाय, दस्तखत करने वालों ने घोषणा की कि 'वे चिटगांव में सिडीशन कानून के खिलाफ फौरन नागरिक अवज्ञा आन्दोलन शुरू करेंगे।' इस उद्देश्य के लिये उन्होंने छोटे–बड़े सभी लोगों से समर्थन और सत्याग्रह कार्यकर्ताओं की मांग की।

और फिर आखिर में: 'जो भी वालंटियर बनना चाहें वो सुबह सात बजे से शाम के छः बजे तक 21 अप्रैल से पहले, दस्तखत करने वालों से मिलें। 21 अप्रैल को चिटगांव शहर फौजियों से भरा था क्योंकि दस्तखत करने वालों ने कानून तोड़ने के लिये जब्तशुदा गद्य या पद्य पढ़ने से कुछ ज्यादा ही किया था।

भाग दो

विद्रोह

हर उस आदमी जो किसी भी हथियारबन्द विद्रोह को, चाहे 10 आदमियों द्वारा ही किया गया हो; चाहे सिर्फ पत्थरों की मदद से किया गया हो; समय से पहले, बेवकूफी भरा या खतरनाक बताता है; दुतकारा जाना चाहिये; उस पर थूका जाना चाहिये। इसके बाद, सोचो कि किसी तरह, किसी जगह, किसी के द्वारा शुरूआत तो की जानी चाहिये और प्रतिरोध का हर पहला कदम, हमेशा समय से पहले, बेवकूफी भरा और खतरनाक तो होगा ही।

– आइरिश कान्तिकारी जेम्स फिन्टन लेलर की उक्ति जो सूर्य सेन की हस्तलिपि में जलालाबाद की लड़ाई के बाद और धलघाट की लड़ाई के बाद भी एक कागज पर लिखी गिली।

चिटगांव शस्त्र भंडार पर हमले

सरकार अफसोस के साथ यह बयान करती है कि 18–19 अप्रैल की रात को लगभग 100 विद्रोहियों ने चिटगांव में रेलवे और पुलिस के शस्त्र भंडारों पर हमला किया और जला दिया। तार द्वारा सम्प्रेषण में दिक्कत हुई लेकिन उसे ठीक किया जा रहा है। एक ट्रेन भी चिटगांव से 40 मील दूर 18 अप्रैल की रात को पटरी से उतर गयी थी। रेलवे लाइन में रुकावट है। लेकिन जहाज द्वारा संपर्क बनाया जा रहा है। यह अभी तक पता नहीं चला है कि ट्रेन का पटरी से उतरना सिर्फ एक संयोग था या विद्रोहियों की योजना का हिस्सा।

– बंगाल सरकार का 19 अप्रैल, 1930 का बयान,
20 अप्रैल के *स्टेटसमैन* अखबार में प्रकाशित

6
कार्रवाई के लिये तैयार

उदएर पथे शुनी कार बानी
भय नाई ओरे भय नाई
निःशेषे प्रान करिबे जादान
तार क्षय नाई, तार क्षय नाई
(जागरण के रास्ते पर किस की आवाज
सुनाई देती है
डरो नहीं, डरो नहीं
जो देता है जीवन की संपूर्ण आहुति
वो कभी मरता नहीं, मरता नहीं)
रविन्द्र नाथ टैगौर की कविता सुप्रभात से

– ये पंक्तियां गणेश घोष की डायरी में
19 अप्रैल 1930 को लिखी मिलीं।

कारनामे का दिन आखिर आ ही गया। तसल्ली और गुप्त रूप से तैयारी करने के लम्बे महीने खत्म होने को आये। सामान तैयार था और रिहर्सल खत्म हो गयी थी। अनन्त सिंह, बंगाल की खाड़ी में सूरज के उगने से पहले थोड़ी अधीरता और उत्तेजना से उठा। पर्दा उठने से पहले 12 घंटे बाकी थे और पहली रात की सफलता के लिये बहुत सारे काम करने थे। उसने अपनी भरी हुयी पिस्तौल उठायी, अपनी बेबी ऑस्टिन गाड़ी में चिटगांव के घुमावदार रास्तों से होता हुआ एक सुनसान जगह में मिट्टी और फूस की एक झोंपड़ी पर पहुंचा। झोंपड़ी में अपने 'शांत स्वभाव के अनुसार मास्टर दा चुपचाप बैठे थे।' उन्होंने हंस कर अनन्त से कहा 'तुम आज काफी परेशान लग रहे हो।' कैप्टन ने जवाब दिया 'मैं कितना भी परेशान क्यों न हूं, मेरी अंगुली पिस्तौल में हिलती नहीं है और मैं बिना मतलब गोली नहीं चलाता हूं।'[1] दोनों ने साथ किये साहसिक कामों को याद किया और

सोचा कि क्या आज की रात भी वे सफल होंगे। हमेशा की तरह साहस से भरे अनन्त सिंह ने कहा कि उसे यकीन है कि उनके साथ विश्वासघात नहीं हुआ है। सिर्फ उनमें पांच लोगों को पूरी योजना का पता था। उन्होंने अपने लड़कों की बार–बार परीक्षा ली थी और उनमें कोई भी भेदिया नहीं था। इसके अलावा प्रशासन तो इस गलतफहमी में था कि वे लोग 21 अप्रैल के बाद से सिडीशन कानून तोड़ेंगे और तब गिरफ्तारी की जायेगी। आज के दिन वे सुरक्षित थे।

पांच नेताओं की बैठक थोड़ी देर में होने वाली थी। इसी दौरान अनन्त सिंह गाड़ी लेकर गणेश घोष के घर पहुंचे। गणेश घोष के पिता जैसोर से आकर यहां बसे थे और कपड़े के व्यापारी थे। सदारघाट में उनकी कपड़े की दुकान थी और उसी में घर था और यही इन लोगों का मुख्य कार्यालय था। 14 जनवरी 1930 को गणेश घोष के पिता चिटगांव से बाहर चले गये थे और दो–एक महीने बाद ही उनकी मां भी चली गयीं। अब गणेश घोष उस घर में अकेले थे। अब यह आई आर ए के सदस्यों का खास अड्डा बन गया था।[2]

अनन्त सिंह ने अपने सबसे अच्छे दोस्त से गर्मजोशी से कहा 'हैलो मार्शल।' वे दो कुर्सियां खींच कर बैठ गये और चिटगांव के नक्शे को बहुत ध्यान से देखा और उन जगहों की निशानदेही की, जहां रात को कार्यवाही होनी थी। फिर उन्होंने उस नक्शे को जला दिया। कुछ ही मिनटों में 'जनरल' लोकनाथ बाल वहां आये। वो सभी जनरलों की प्रिय टेनीसन की लाइनें, गुनगुना रहे थे।[3] ये उनकी प्रिय लाइनें थी जो ये नेता आपस में एक दूसरे को सुनाया करते थे। ये इनके साथ–साथ योजना बनाने, साथ काम करने, साथ विद्रोह करने और अपनी निर्धारित जगहों पर साथ–साथ ही मरने के निश्चय को जाहिर करती थीं। अनन्त सिंह एक बार फिर चक्कर लगाने गया। इस बार वह निर्मल सेन को मिला जो उसका पहला नेता था। उसने मजाक में पूछाः 'क्या आज भी आप लेट–लतीफ होंगे, निर्मल दा?' यह निर्मल दा के समय की पाबन्दी न रख पाने की ओर इशारा था। 'नहीं,' उन्होंने विश्वास दिलाया क्योंकि आज के दिन एक पल की देरी भी भयानक हो सकती है, आज के दिन सब को अपनी जगहों पर बिल्कुल सही समय पर होना चाहिए। निर्मल सेन की क्रान्तिकारी सफलता के लिये अपनी ही पसंदीदा लाईन थीः 'संगठन, साहस और मौत।' इसके लिये अनन्त सिंह का जवाब थाः 'हिम्मत, और हिम्मत, हमेशा हिम्मत।'[4]

एक दूसरे की हिम्मत और उत्साह बनाये रखने के लिये वे दिन में कई बार आपस में मिलते थे। जब नारों को अमल में लाने का समय आता था तो बहुत सी साहसी योजनाएं ठप्प हो जाती थीं। चिटगांव के नेताओं को इसका काफी अनुभव था और वे साहसी लाइनों और कविताओं से, एक दूसरे का उत्साह बढ़ाते रहते थे।

सुबह सवा आठ बजे नेता लोग अपने अमली मुख्यालय जिला कांग्रेस के दफ्तर पर मिले। यह पुलिस लाइन्स के नजदीक फेयरी टैंक के पास था। ड्यूटी का पाबन्द डी आई बी का निगरानी रखने वाला वहां मौजूद था। उसने अपनी डायरी में लिखा कि अनन्त सिंह, गणेश घोष, अम्बिका चक्रवर्ती, निर्मल सेन अन्दर बातचीत कर रहे थे।[5] यह बात निगरानी रखने वाले को पता नहीं थी कि ये लोग रात के एक्शन में शामिल होने के लिये तैयार होने वाले लोगों की फेहरिस्त देख रहे थे। निगरानी रखने वाले की गवाही की तरह ही, गणेश घोष के हाथ से लिखी यह फेहरिस्त जो अगले दिन उनके गद्दे के नीचे से मिली थी, इस्तगासे के केस की सबसे महत्वपूर्ण गवाही थी। लेकिन 18 अप्रैल को पुलिस ने सिर्फ इतना सोचा था कि ये पांच लोग, कांग्रेस की कार्यनीति तय करने के लिये ही मिल रहे हैं।

इस फेहरिस्त में हमलों की जगहों की निशानदेही, अलग–अलग ग्रुपों के मिलने के स्थान, अलग–अलग नेताओं के ग्रुप के सदस्यों के नाम थे। हमले के निशाने पर चार जगहें थीः टी ओ (टेलीग्राफ आफिस), वी बी (वालन्टिर बैरक्स यानि ए एफ आई आर्मरी), पी बी (पुलिस बैरक्स यानी पुलिस लाईन्स आर्मरी) और सी एच (क्लब हाऊस या यूरोपियन क्लब बिल्डिंग)। इसमें पहले मिलने की जगहों और आखिरी मिलने की जगहों की सूची भी थी। हर ग्रुप के नेताओं के नाम के साथ उनके नीचे काम करने वाले लड़कों के नाम थे। अनन्त और गणेश, एक 22 सदस्यीय ग्रुप के संयुक्त नेता थे। निर्मल दा के नीचे छः लोगों का ग्रुप, अम्बिका दा के नीचे 15 लोगों और मास्टर दा के नीचे 35 लोगों से ज्यादा का सबसे बड़ा ग्रुप था।[6] हालांकि फेहरिस्त में इसका खुलासा नहीं था, लेकिन हरेक ग्रुप छोटे–छोटे ग्रुपों में बंटा था और उनके अलग–अलग नेता थे। ग्रुप के सदस्य अपने ऊपर वाले नेता के नीचे थे, जो सारे ग्रुप के बड़े नेता को रिपोर्ट करते थे। वो फेहरिस्त जो पुलिस को हमले के अगले दिन मिली, हो सकता है कि कोई पुरानी फेहरिस्त रही हो क्योंकि इसमें कुछ नाम पेन्सिल से काटे गये थे और कुछ नाम दो बार लिखे थे। इसमें कुल 71 नाम थे हालांकि कुल 64 सदस्यों ने हमलों में हिस्सा लिया था।

आदमियों के अलावा इस फेहरिस्त में काम को अंजाम देने के लिये इकट्ठे किये गये सामान का ब्यौरा भी था। इसमें हथौड़े, कुदालें, लोहे की छड़ें, पैट्रोल के टिन, पानी की बोतलें आदि शामिल थे। चिटगांव ग्रुप के पास असले के नाम पर कुछ ज्यादा नहीं था। नेताओं के पास अपनी रिवाल्वरें और पिस्तौलें थीं। नये सदस्यों को इस बात के लिये उकसाया जाता था कि जहां कहीं मुमकिन हो, अपने घरों से लाईसेंसशुदा बन्दूकें ले आएं। लेकिन वे गैर–कानूनी तरीके से हथियार

हासिल करने की कोशिश नहीं करते थे क्योंकि उन्हें अन्देशा था कि इससे पुलिस होशियार हो जायेगी। हथियारों की तस्करी न करने का फैसला, डकैती ना डालने के फैसले की ही तरह इसलिये लिया गया था ताकि योजना को अधिकारियों से पूरी तरह गुप्त रखा जा सके। इसके साथ ही वे बाकी जरूरी सामान को बड़ी ढिठाई के साथ इकट्ठा करते रहे थे। वे दूकानों पर जाकर अपनी जरूरत का सामान खुलेआम खरीदते थे। इसमें दूकानदारों को कुछ भी अजीब नहीं लगा–हमले होने तक! मार्च के आखिर में दो नौजवान सेराजुल हक की दुकान पर गये और 'वहां से 12 हथौड़ों के सिर, दो नापों की 11 हाथ की आरियां, दो सूए, तीन छेनी और पांच लोहे के आरे खरीदे।'[7] इसी तरह शालीमार वर्क्स के स्टोर कीपर मोहम्मद हाशिम ने 7 और 21 मार्च को दो अलग–अलग नौजवानों को दो लोहे की छड़ें बेचीं।[8] जबकि दुर्गा चरन दास ने बाद में बताया कि दो नौजवान उसके पास दो लोहे की छड़ें लाये थे और चार या छह हिस्सों में काटकर उन्हें नोकदार बनवाया था।[9] दो टिन का काम करने वालों से पानी की 34 बोतलें बनवाई थीं। लेकिन मार्च में ही ये एक चोरी के मामले में जब्त हो गयी थीं जिसका इनसे कोई ताल्लुक नहीं था। गणेश घोष और अनन्त सिंह, बोतलें वापिस लेने पुलिस स्टेशन भी गये थे। लेकिन उन्होंने इसके लिये डिस्ट्रिक्ट मजिस्ट्रेट को लिख कर अर्जी देने से इन्कार कर दिया था।[10]

नौजवानों के लिये यूनीफॉर्म हासिल करना और भी आसान था। चूंकि आइ आर ए की चिटगांव शाखा के सदस्य कांग्रेस वालन्टियर फोर्स से आये थे, उनके पास खाकी यूनीफॉर्म पहले से ही थी। लड़कों को 'फौजी यूनीफॉर्म, जूते, पेटी वगैरा कार्यवाही के लिये अपने आप खरीदने को कहा गया था'।[11] यह उनको थोड़ी आजादी और आत्मनिर्भरता का भरोसा देकर शामिल करने की अच्छी कार्यनीति थी। यूनीफॉर्म सिर्फ फैन्सी ड्रैस नहीं थी बल्कि उसमें सचमुच फौजी पुट भी था–जैसे कि कलाई में चमड़े की पेटियां। कलाई की चमड़े की पेटियों की मांग फ्रैन्ड एन्ड कम्पनी में 26 मार्च 1930 से 16 अप्रैल 1930 तक बड़े पैमाने पर की गयी और आखिरी बार यह 18 अप्रैल को वहां से ली गयीं। इंस्पैक्टर विलिस ने दूसरे शस्त्र भंडार के हमले के मुकद्दमे के दौरान बताया कि 'यह भारी रिवाल्वर चलाते समय हाथ को स्थिर करने में मदद करती है।'[12] जाहिर है कि चिटगांव ग्रुप ने अपनी तैयारी मुकम्मिल तौर पर कर ली थी।

सुबह की मीटिंग के बाद नेता लोग अपने–अपने काम के लिये चले गये। सूर्य सेन कांग्रेस के दफ्तर में बने रहे और समय–समय पर अपने कमांडरों से रिपोर्ट लेते रहे। गणेश घोष और निर्मल सेन यह देखने के लिये कि सब कुछ ठीक चल

रहा है, सभी ग्रुपों से निर्धारित स्थान और समय पर मिले। गणेश घोष को 'फील्ड मार्शल' का दर्जा दिया गया था और छोटे ग्रुपों के नेताओं को दिन भर उन्हें रिपोर्ट देनी थी।[13] अनन्त सिंह और अम्बिका चक्रवर्ती एक नयी शेवरलैट गाड़ी खरीदने के लिये गये।

गाड़ियां उनकी कार्यवाही के लिये बहुत महत्वपूर्ण थीं। यदि उन्हें चार अलग–अलग जगहों पर एक साथ हमले करने थे, तो यह पैदल चलकर नहीं हो सकता था। गाड़ियां शस्त्र भंडारों के चौकीदारों पर रौब जमाने और अचानक हमला करने के लिये भी जरूरी थी। ए एफ आई भंडार का लोहे का दरवाजा तोड़ने के लिये भी गाड़ी की जरूरत थी। और फिर एक बार फौज के आने के बाद उन्हें अपने साधन भी चाहिये थे। जब ग्रुप के एक सदस्य ने कार्यवाही के दो दिन पहले 1400 रूपए हासिल कर लिये तो उन्होंने किश्तों पर एक गाड़ी खरीदने की सोची। शैवरलेट की कीमत 2800 रुपए थी और उन्होंने इसे खरीदने का फैसला किया। अम्बिका चक्रवर्ती को इस काम के लिये चुना गया क्योंकि उनके पास अच्छी आड़ थी। उनके भाई का पटिया में गाड़ी चलाना सिखाने का कारोबार था 'जिसकी वजह से बिना साधन वाले आदमी के गाड़ी खरीदने पर नजर पड़ने का अन्देशा कम था।'[14] इसीलिये, गाड़ी खरीदते वक्त उन्होंने उसे भाड़े पर सवारी की गाड़ी की तरह चलाने का एलान किया हालांकि इसके लिये व्यक्तिगत इस्तेमाल के लिये खरीदने की बनिस्बत ज्यादा पैसे देने पड़े। सुबह 10 बजे एक निगरानी रखने वाले ने अम्बिका चक्रवर्ती को एन एन चौधरी एंड कंपनी की दुकान पर देखा, जहां उन्होंने 1000 रुपए देकर, कागजात पर दस्तखत कर बिल्कुल नयी शैवरलेट खरीद ली। इसका नम्बर था–246 ए।

जैसे ही वे बाहर निकले अनन्त सिंह ने बनावटी गम्भीरता से कहाः 'हमारे लिये यह शैवरलेट अंग्रेजों की हथियारबन्द गाड़ी के बराबर है।' और अम्बिका दा ने व्यंग्य से कहाः "अंग्रेजों की मशीनगनों और तोपों का सामना करने के लिये हमारे पास 14 रिवाल्वर और 12 बन्दूकें हैं।'[15] वे दोनों हंसे और विश्वास जताया कि उनके पास इतना कम होते हुए भी वे कुछ ही घंटों में इतिहास रचेंगे। वे कांग्रेस दफ्तर वापिस आए। नरेश रे वहां इन्तजार कर रहे थे। वो यूरोपियन क्लब पर हमला करने वाले ग्रुप के इन्चार्ज थे। उन्होंने अपने नेता अनन्त सिंह को विश्वास दिलाया कि उनके ग्रुप की मानसिक अवस्था बिल्कुल ठीक–ठाक है। अनन्त सिंह ने कहाः 'यह निश्चित करो कि आज रात तक उनकी मानसिक अवस्था ठीक रहे क्योंकि हमें जलियांवालां बाग के क्रूर नरसंहार का बदला लेना है।' नरेश ने उसी अन्दाज में कहाः 'आज अंग्रेजों को अन्दाजा होगा कि क्रूरता पर सिर्फ उनका ही

अधिकार नहीं है। हम भी उतने ही निर्दयी हो सकते हैं।'[16] उनके लिये यह बार–बार कहना जरूरी था क्योंकि भीतरी मानसिक दशा तैयार किये बिना हथियारबन्द कार्यवाही मुमकिन नहीं है।

उसके बाद ये लोग आनन्द गुप्त के घर की तरफ गये। यह घर शहर के उत्तरी किनारे पर पुलिस लाईन के पास था। उसके पार पहाड़ियां थीं। आनन्द को वो गाड़ी चलानी थी जिसमें अम्बिका के नीचे ग्रुप को टेलीग्राफ आफिस पर हमला करना था। दूसरे स्तर का एक महत्वपूर्ण ग्रुप वहां इन्तजार कर रहा था–मक्खन, रजत, तेगरा, आनन्द, हिमांशु और विधु। वे आम लड़कों की तरह नयी गाड़ी देखकर बहुत उत्तेजित थे। हरेक उसमें बैठकर उसे चलाकर देखना चाहता था। आनन्द ने इसे आधा घन्टे तक अलग–अलग स्पीड पर चलाया। बड़े लड़के तो गाड़ी की उत्तेजना के बगैर ही उत्साहित थे। आज के दिन का उन्हें इन्तजार था। उन्हें अपने–अपने काम का पता था हालांकि उन्हें पूरी योजना के बारे में जानकारी नहीं थी। उनका हौसला इतना बुलन्द था कि वे अपनी निगरानी करने वाले पुलिस वालों का खुले आम मजाक उड़ा रहे थे। साढ़े बारह बजे एक डी आई बी वाले (शशांक) ने उनमें से कुछ को गणेश घोष की दुकान में जाते देखा। कोई पांच मिनट बाद हिमांशु, बिमल सेन भी दुकान पर आकर उनमें शामिल हो गया। पांच मिनट बाद अनन्त सिंह, गणेश घोष, हरिगोपाल बाल (टेगरा) और हिमांशु सेन कार न० 246 ए में बैठकर वहां से उत्तर की तरफ निकल गये। निगरानी रखने वाले ने अफसोस के साथ आगे कहा कि ' हिमांशु के हाथ में एक छड़ी थी और उसने उसे मेरी तरफ ऐसे ताना कि वो एक बन्दूक हो और वो मुझ पर हंसा भी–यह तब हुआ जब मैं पुलिस क्लब के पास उनका पीछा कर रहा था।'[17]

बड़े लड़कों से अलग, नये लड़कों को कार्यवाही के बारे में सिर्फ उसी दिन पता चला। फकीर सेन उसी दिन से छिपा हुआ था जिस दिन से उसके पिता ने उसके खिलाफ पुलिस में शिकायत की थी। उसने देबा और आनन्द गुप्ता के घर में पनाह ली हुयी थी। नरेश रे ने उसी सुबह उसे खबर दी कि आज ही कार्रवाई होने वाली है और उसे शाम को कांग्रेस दफ्तर पहुंचना है। सयाहाराम दास ने उसे कमीज, पतलून, मोजे और चमड़े के जूते दिये और वे दोनों अनन्त सिंह की बेबी ऑस्टिन में कांग्रेस दफ्तर गये। दफ्तर के बरामदे में और भी बहुत से लड़के थे जो फकीर की ही तरह, खाकी यूनीफॉर्म के ऊपर बंगाली 'धोती' और आम कमीज पहने हुए थे। अम्बिका चकवर्ती ने उधर से गुजरते हुए फकीर को बताया कि उसे सहायाराम के नीचे काम करना है, इसलिये उसका आदेश मानना चाहिये।[18] झून्कू (सुबोध राय) को भी उसी सुबह बताया गया कि शाम को उसे

भी जिला कांग्रेस के दफ्तर पहुंचना है। उसके पिता के पास एक लाइसेंसशुदा बन्दूक थी। उसने दोहरी चाबी की मदद से उसे अलमारी से चुराया और खाने के समय गणेश घोष को सौंप दिया। शाम को कांग्रेस दफ्तर पहुंचने के बाद उसे सात लोगों के एक ग्रुप में शामिल कर दिया गया। उनमें से हर एक को पीठ पर लटकाने वाला झोला दिया गया, जिसमें कि 'वे शस्त्र भंडार पर कब्जा करने के बाद बुलेट रख सकें और गोली चलाते वक्त बन्दूकों को साफ रखने के लिये एक तेल का डिब्बा और एक चाकू।'[19] लड़के शाम को आठ बजे कार्यवाही शुरू करने के लिये इशारे का इन्तजार करते रहे। उनको पता नहीं था कि उनके नेता असमंजस में थे क्योंकि उनकी योजना में अचानक खलल पड़ गया था।

7
ऐन वक्त पर अड़चन

मंसूबेबंदी और करनी में बड़ा फर्क होता है।

– एक कहावत

सुबह के अपने चक्कर लगाने के बाद, दोपहर को नेता लोग कांग्रेस दफ्तर में मिले और सारी योजना का एक बार फिर बारीकी से जायजा लिया। अलग–अलग ग्रुपों को खबर दे दी गयी थी, गुप्त शब्दों के इस्तेमाल की रिहर्सल हो गयी थी और घड़ियां एक दूसरे से मिला ली गयी थीं। योजना के मुताबिक अम्बिका के ग्रुप द्वारा तार घर को बर्बाद करने के पांच मिनट बाद ही दो ग्रुप शहर के दो कोनों पर स्थित दो शस्त्र भंडारों पर एक साथ कब्जा करेंगे। इनमें एक ग्रुप के नेता अनन्त और गणेश थे और दूसरे के निर्मल सेन और लोकनाथ बाल। चौथा ग्रुप बमों और भोजलियों से यूरोपियन क्लब पर हमला करेगा। सूर्य सेन के नेतृत्व में छोटे लड़कों का एक और ग्रुप पुलिस लाईन के पास वाले मैदान में इन्तजार करेगा। और अगर पुलिस शस्त्र भंडार पर हमला सफल हुआ तो वह भागकर हथियारों और असले पर कब्जा करेगा। तारघर और क्लब पर हमले के बाद, दोनों ग्रुप पुलिस लाईन के पास मुख्य ताकत में शामिल हो जायेंगे।

फिर उन्होंने गाड़ियों के बारे में चर्चा की।[1] बेबी आस्टिन को क्लब पर हमले में इस्तेमाल किया जायेगा। इसको बारी–बारी से नरेश रे, त्रिपुरा सेन और मनोरंजन सेन चलायेंगे। नयी शैवरलेट तारघर वाले ग्रुप के पास रहेगी और इसे आनन्द गुप्त चलायेंगे। अम्बिका ने मास्टर दा को भरोसा दिलाया कि आनन्द गुप्त नयी गाड़ी चला पायेगा। उनके पास दो गाड़ियां थीं लेकिन उन्हें दो गाड़ियां और चाहिये थीं। एक बड़ी कार ए एफ आई शस्त्र भंडार के लिये और एक दूसरी कार जिसमें अनन्त सिंह और गणेश घोष पुलिस लाईन तक जायेंगे। उन्होंने फैसला किया हुआ था कि कुछ घंटे के लिये एक डॉज टैक्सी किराये पर लेंगे, ड्राईवर को बेहोश करके बांध देंगे और गाड़ी का इस्तेमाल ए एफ आई शस्त्र भंडार

के हमले में करेंगे। इस योजना पर काफी समय तक काम हुआ था। नरेश और बिधु मैडिकल कालेज के अव्वल छात्र थे। उन्होंने बहुत से लड़कों को इस तरह बेहोशी की दवाई देना सिखाया था कि लेने वाले को नुकसान न हो। निर्मल सेन को यकीन था कि डॉज का मिलना कोई बहुत मुश्किल नहीं है। लेकिन चौथी गाड़ी का क्या होगा? वे जसोदा घोषाल की ऐसेक्स पर निर्भर थे। लेकिन वो ठीक होने गयी थी और इस बात का कोई भरोसा नहीं था कि वो चार बजे तक ठीक हो जायेगी और रात की कार्यवाही में शामिल हो सकेगी। जैसे–जैसे समय बीतता गया इस कार का मिलना मुश्किल लगने लगा। नेताओं ने दूसरी योजना पर सोचना शुरू किया। हालांकि चीजें मुश्किल लगनी शुरू हो गयी थीं लेकिन वे कार्यवाही मुल्तवी नहीं कर सकते थे। इसे 18 अप्रैल की रात को अंजाम देने के बहुत से कारण थे। दो ग्रुपों को रेल्वे लाइन को नुकसान पहुंचाने के लिये भेज दिया गया था। छोटे–छोटे ग्रुपों को शहर के विभिन्न भागों में और उसके बाहर भी, पर्चे बांटने के लिये भेज दिया गया था। उन्हें हिदायत थी कि आठ बजे पर्चे बंटने शुरू हो जाने चाहिये। पर्चों में चिटगांव के लोगों से कहा गया था कि जब एक बार अंग्रेजों के खिलाफ लड़ाई की घोषणा हो चुकी है तो उन्हें इसमें सक्रिय रूप से हिस्सा लेना चाहिये या कम से कम उसका समर्थन तो करना ही चाहिये। और इसके अलावा बहुत सारे लड़के कार्यवाही के लिये तैयार थे और आखिरी समय में इसको टालना उनकी मानसिक तैयारी के लिये अच्छा नहीं होता। लम्बे समय तक इस मानसिक तैयारी को बनाये रखना भी मुश्किल था।

जब नेता लोग इस विचार–विमर्श में उलझे थे तो लाल मोहन सेन और उनके साथ तीन लड़के (सुकुमार, हरन और सुबोध) रेलवे लाईन पर काम करने में लगे थे। 'यह जगह' चिटगांव से 40 मील दूर धूम रेल्वे स्टेशन से भी आगे थी। कुछ दिन पहले उसे गणेश घोष को उनके घर पर मिलने का आदेश मिला था। वहां तीन–चार लड़के पहले से ही इन्तजार कर रहे थे। गणेश घोष ने आसाम–बंगाल रेलवे का टाइम–टेबल निकाला और उन्हें चिटगांव से लक्सम जंक्शन तक की रेलवे लाइन का नक्शा दिखाया। उन्होंने उन्हें बताया कि उन्हें कुमीरा और भटियारी स्टेशनों के बीच की रेल लाइन पर काम करना पड़ेगा। और उन्हें एक–एक करके समझाया कि किस तरह डाग–पाईक को ढीला करके रेल लाईन को खोलना है और वापिस लगाना है। 16 अप्रैल को सूर्य सेन ने उनको खबर दी कि दो दलों को दो अलग–अलग जगह काम करने के लिये तैनात किया गया है। बृहस्पतिवार 17 अप्रैल की शाम को एक ग्रुप ने नांगलकोट जाने का फैसला किया और लाल मोहन का ग्रुप धूम की तरफ रवाना हुआ। जाने से पहले उन्हें जरूरी सामान से भरा एक थैला और किराये और खाने के लिये 25 रुपए दिये

गये। मास्टर दा ने विदाई के समय उनसे कहाः 'हमारा काम, जिस काम के लिये तुम भेजे जा रहे हो उस पर निर्भर करता है।'[2] वे रात के डेढ़ बजे धूम स्टेशन पहुंचे और लाइन के साथ एक मील चलकर अपने औजार जंगल में छिपा दिये। इनमें दो रैन्च, एक हथौड़ा, एक छेनी, एक लोहे की क्रोबार और एक दाओ शामिल था। उनके पास दो टार्चलाईटें भी थीं। वहां से चलकर वे धूम स्टेशन वापिस आये और रात स्टेशन के खाली महिला वेटिंग रूम में गुजारी। और जब चार बजे दोपहर को चिटगांव से धूम स्टेशन से गुजरने वाली ट्रेन निकल गयी तो वे अपनी जगह वापिस पहुंच गए। उन्हें अपना काम करने में एक घन्टा लगा। उन्होंने 'डाग स्पाईक के अन्दर की तरफ वाले बाहरी हिस्से को ढ़ीला किया जिससे कि लाईन हिलकर अपनी सही जगह न आ जाये'। एक रेलवे विशेषज्ञ के शब्दों में 'पटरी से उतरने के बिन्दू के उत्तरी सिरे की आखिरी रेल पश्चिमी तरफ ठीक थी और उसके दोनों तरफ की फिश प्लेटें हटा दी गयी थीं।'[3] अपना काम करके वे नतीजे का इन्तजार करते हुए झाड़ियों में छिप कर बैठे रहे। दूसरा ग्रुप, उपेन्द्र भट्टाचार्य के नेतृत्व में, जिसमें बिजोय कृष्ण आईच भी शामिल था, देर रात तक अपने निश्चित स्थान पर पहुंचा। उन्होंने रात लक्सम स्टेशन से कुछ मील दूर नांगलकोट में एक दोस्त के घर पर गुजारी। 18 अप्रैल की सुबह उन्होंने अपने काम के लिये 'ठीक जगह' ढूंढ निकाली और शाम को वहां वापिस आये। दो लोग आने–जाने वालों की निगरानी पर लगे और बाकी दो लोग रेल्वे की पटरी उखाड़ने के काम पर। यह जरा मुश्किल काम था क्योंकि रेल लाईन साल के स्लीपरों पर मजबूत डाग–स्पाईक्स के साथ बिठायी गयी थी। उसके फौरन बाद उन्होंने तार के खम्भों पर चढ़कर तार काट दिये 'जिसके लिये हमें पहले से समझा दिया गया था'।[4] दोनों ग्रुपों को हिदायत थी कि रेल लाईन का अपना काम पूरा करने के बाद तार भेजने की लाईनों को काट दें।

उधर चिटगांव में नेता परेशान थे। अनन्त सिंह थोड़ी देर के लिये परिवार से मिलने घर गया क्योंकि उसने सोचा था कि यह आखिरी मौका होगा। उसके माता–पिता, भाई–बहन सब उसकी स्वदेशी गतिविधियों के बारे में जानते थे और उसके मकसद से पूरी सहानुभूति रखते थे। वो अक्सर उसके 'फौजी' कामों में उसकी मदद करते थे–उसकी बन्दूक की तेल डालकर सफाई, गोलियां निकालना और घर में बम रखना। उसने उन्हें कुछ नहीं बताया लेकिन उन्हें अन्दाजा हो गया था कि आज कुछ खास बात है। उसने अपने माता–पिता को गांव जाने के लिये कह दिया था और वे इसकी तैयारी कर रहे थे। वो अपनी बहन इन्दुमती सिंह के बहुत करीब था। वो जितनी बहन थी उतनी ही कामरेड भी। बाद में उसने क्रान्तिकारियों की बहुत मदद की। उसकी बहुत मिन्नत के बावजूद, उसके भाई

और मास्टर दा ने उसको पहले चरण की गतिविधियों में हिस्सा नहीं लेने दिया।[5]

आंसू भरी विदाई के बाद अनन्त सिंह एक बड़े फौजी अफसर के कपड़ों में बाहर निकला। उसने चमड़े के लम्बे जूते, चमड़े की पेटी, टोप, चमड़े का बन्दूक का केस पहना था और उसकी यूनीफॉर्म पर फीते, तमगे और बिल्ले लगे थे जिनकी वजह से फौजी लोगों का रौब होता है। एक छोटी सी बारीक बात उसको और उसके कामरेडों को अंग्रेज अफसरों से अलग करती थी। इनमें से हर एक आदमी सोने–चांदी के तारों से सजा मखमल का एक बिल्ला लगाता था जिसमें केसरिया, सफेद और हरा कांग्रेस का झंडा बना होता था।[6] अनन्त सिंह की मां ने भी गणेश घोष की गुजारिश पर ये झन्डे बनाये थे। जाहिरा तौर पर यह चिटगांव के पास होने वाले सालाना सीताकुन्ड के वालन्टियरों के लिये थे। अगले दिन की पुलिस तलाशी में काफी मात्रा में ये बिल्ले मिले। इनके साथ पीतल के बिल्ले भी मिले 'जिनमें चारों तरफ स्वराज के झन्डे से घिरा हिन्दुस्तान का नक्शा था।'[7]

वो नई गाड़ी में आसाम–बंगाल रेल्वे के दफ्तर की तरफ गया और जल्द ही बेबी ऑस्टिन में गणेश घोष उसे मिल गये। उन्होंने भी शानदार कपड़े पहने थे जो उनके 'फील्ड मार्शल' के रुतबे के मुताबिक थे। लेकिन उनके पास बुरी खबर थी। लड़के सारे दिन गाड़ी के ठीक होने का इन्तजार करते रहे लेकिन एसैक्स ठीक होकर नहीं मिली। उसकी एवज में ग्रुप के एक सदस्य की जो कार थी वह भी खराब थी। गणेश और अनन्त ने सलाह कर फैसला किया कि कार्रवाई को दो घन्टे के लिये टाला जाये। तब तक, चाहे कुछ भी हो, वे योजना को पूरा करेंगे। अब मुख्य काम सभी ग्रुपों के नेताओं को इसकी खबर देना था। सही समय ही इसका सार है। उन्होंने घंटों सिर्फ इस बात के लिये मेहनत की थी कि हर काम सही समय पर होना चाहिये। त्रिपुरा सेन ने ग्रुप के नेताओं को हाथ की धड़ियां भी दी थीं और उन सबमें टाईम मिला कर दिया गया था। हर घड़ी का मार्का उसके समय के साथ लिस्ट में दर्ज था। जैसेः ओरियन्टः एक मिनट पीछे; साईमा लन्दनः दो मिनट तेज; कैपिटल लीवरः तीन मिनट पीछे, वगैरा, वगैरा। घड़ियों को बार–बार देखा गया था कि शुक्रवार की रात का घटनाक्रम गड़बड़ा ना जाये चूंकि घड़ियों ने सही समय नहीं दिखाया।[8] और अब हर एक को खबर दी जानी थी कि आठ बजे के बजाय कार्यवाही दस बजे शुरू होगी।

सबसे पहले जिस आदमी को खबर दी गयी वो नरेश रे था। वो लपक कर पहारतली की चौकी पर पहुंचा जहां लोकनाथ बाल पूरी फौजी यूनीफॉर्म में ए एफ आई शस्त्र भंडार पर हमला करने के लिये तैयार बैठा था। वो डॉज गाड़ी के अन्दर था और मक्खन घोषाल ड्राईवर की सीट पर। गाड़ी की पिछली सीट पर

निर्मल सेन और दो लोग और थे। टैक्सी छीनने का काम आसानी से हो गया था। टैक्सी न० 21929 का ड्राईवर अहमादेर रहमान लाल दीघी के पास टैक्सी स्टैन्ड पर इन्तजार कर रहा था। तभी दो आदमियों ने उससे कहा कि वे शाम को साढ़े सात बजे उसकी टैक्सी तीन घंटे के लिये शहर की सैर करने के लिये किराये पर लेंगे। उन्होंने उसे गाड़ी एक खास घर पर लाने को कहा। जब वो वहां पहुंचा तो चार लोग उस गाड़ी में बैठे और उसे पहारतली चलने को कहा। थोड़ी देर बाद उन्होंने उसे रुकने को कहा क्योंकि उन्हें एक मिनट के लिये बाहर निकलना था। वो पिस्तौलों के साथ वापिस लौटे और उसे गाड़ी से बाहर निकलने को कहा। उसको घसीटकर एक चावल के खेत में ले गये जहां उसके मुंह और नाक को रुई के फाहे से दबाया जिससे वो बेहोश हो गया।[9] ये चार लोग थे: लोक नाथ बाल, मक्खन घोषाल, रजत सेन और सुबोध चौधरी।

जब नरेश ने इस ग्रुप को सूचना दी तो गणेश घोष अपने घर की तरफ लपके और कुछ लड़कों को साइकिल पर जाकर दूसरे ग्रुपों को मुल्तवी की सूचना देने को कहा। उसके बाद उन्होंने मास्टर दा से कहा कि या तो वो भी एक टैक्सी छीनेंगे या किसी तरह पैदल चलकर पुलिस लाइन्स पहुंचेंगे। नेता लोग गाड़ियां छीनने के लिये उत्सुक नहीं थे क्योंकि इसमें काफी खतरा था। एक बेकसूर ड्राइवर को बेवजह चोट लगेगी। शहर पर कब्जा करके वे अंग्रेजों की इज्जत और अधिकार को चुनौती देना चाहते थे। यह ठीक था कि इसके लिये इन्हें उन हिन्दुस्तानियों को मारना होगा, जो राज के लिये काम कर रहे थे। लेकिन बेकसूर हिन्दुस्तानियों को वो कोई नुकसान नहीं पहुंचाना चाहते थे। लेकिन अब कोई रास्ता नहीं था।

तीन मुख्य ग्रुपों को समय बदलने के बारे में खबर देना इतना मुश्किल नहीं था। लेकिन उन पांच–छः ग्रुपों को जिन्हें पुलिस लाइन्स को घेरना था और उन लड़कों को जिन्हें पर्चे बांटने के लिये भेजा गया था, खबर देने में समय लगा। मास्टर दा ने हालात को अपने हाथ में किया और अपने विश्वासी सहयोगियों को सब तरफ भेजा। गणेश घोष और अनन्त सिंह ने गणेश के घर पर इन्तजार किया। उधर जाते हुये उन्होंने हिमांशु सेन को भी अपने साथ ले लिया था। वो उन छः लोगों की अगली टुकड़ी में था जिसे पुलिस लाइन्स पर हमला करना था। इस आखिरी मिनट की रुकावट से हिमांशु बहुत निराश हुआ। अनेक और लड़ाईयों के अपने अनुभव से अनन्त और गणेश ने उसे धैर्य रखने को कहा और बताया कि इस तरह के काम के रास्ते में बहुत सी अनदेखी रुकावटें आती हैं। यह उन्हें भी पता नहीं था कि उसी रात को बाद में, उनके ये शब्द कितने सच साबित होंगे। लेकिन उस समय तो उनके मन में सिर्फ चौथी कार हासिल करने

का विचार घूम रहा था। हिमांशु को एक टैक्सी लाने के लिये कहा गया। बाकी लोग –गणेश, अनन्त, हरिपाद महाजन, बिधु भट्टाचार्य, सरोज गुहा–तनाव में तने इन्तजार करते रहे। अब नौ बज रहे थे और हिमांशु का कोई नामो–निशान न था। सारे चिटगांव में 50 से कम टैक्सियां थीं। कुछ घंटे पहले बुक किये बिना टैक्सी मिलना आसान नहीं था। उसी समय शहर में मुस्लिम कान्फ्रेंस भी हो रही थी और कुछ टैक्सियां उस में भी लगी थीं। नेताओं ने फैसला किया कि अगर टैक्सी 9:30 बजे तक नहीं मिली तो वे लोग फिर एक घोड़ा गाड़ी लेंगे और आखिरी रास्ता पैदल तय करेंगे। तभी उन्होंने एक गाड़ी के इन्जिन की आवाज सुनी। हिमांशु अन्दर आया तो उन्होंने उससे कहा कि ड्राइवर अब्दुल को किराया तय करने के लिये अन्दर आने को कहो। जैसे ही वह अन्दर घुसा अनन्त सिंह ने उस पर पिस्तौल तानी और उसे चुप रहने को कहा। उन्होंने उसे घर के एक छोटे कमरे में ले जाकर बांध दिया। जाने से पहले अनन्त सिंह ने उसे भरोसा दिलाया कि वो अगर कमरे में बिना शोर मचाये रहा तो उसको कोई नुकसान नहीं पहुंचाएंगे। कुछ ही सैकेंड में अब्दुल ने अपनी गाड़ी (न० 20469) शुरू होने की और जाने की आवाज सुनी।[10]

8
कामयाबी दर कामयाबी

चिटगांव के क्रान्तिकारियों ने वो किया जिसकी कभी कोशिश भी नहीं की गयी थी–जो एक दिवास्वप्न की तरह लगता होगा। बंगाल के नौजवानों ने एक जिले की पुलिस और आक्ज़िलरी फोर्स के शस्त्र भंडारों पर हमला कर, उन पर कब्जा किया और कुछ घंटे अपने काबू में रखा।

– आतंकवादियों की गतिविधियों पर रिपोर्ट
अप्रैल से दिसम्बर 1930 के दौरान, आर ई रे,
स्पेशल सुपरिटैन्डैन्ट, आई बी सी आई डी, बंगाल

अनिर्धारित पत्थर ढ़ोने वाली ट्रेन जिसमें एक इंजिन, 20 ट्रक पत्थर और एक सामानवाला डिब्बा था, 18 अप्रैल को 21:45 पर चिटगांव जाते हुये धूम रेल्वे स्टेशन से गुजरी। दस मिनट बाद 'इंजिन पटरी से उतर कर, पलट गया और सीधा खड़ा हो गया, दस ट्रक भी उसके पीछे पटरी से उतर कर तटबंध के ऊपर गिरे।'[1] इंजन ड्राइवर रहम अली को बहुत चोट तो नहीं लगी पर उसकी टांगों में दर्द था और वो चल नहीं पा रहा था। उसने अपने दो खलासियों को जिन्हें मामूली सी चोटें आई थीं, लाईन को देखने के लिये भेजा। उन्होंने देखा कि एक फिश प्लेट हटी हुई थी। पटरी से उतरी हुयी ट्रेन से यह निश्चित हो गया कि उस रात चिटगांव बाकी बंगाल से रेल सम्पर्क में नहीं था।

जैसे ही रहम अली का इंजिन हवा में उछला, तार घर में टेलीफोन के खटके और उससे जुड़ा सामान 'जल कर राख हो गया था'।[2] टेलीफोन आपरेटर अहमदुल्ला अकेला एक्सचेंज के कमरे में खटकों के सामने बैठा था। दरवाजा उसके पीछे था। अचानक 9:45 पर आधा दर्जन लोग पीछे से आये, उसे बाजुओं से पकड़ा और बाहर बरामदे में ले गये। वहां उसकी नाक पर उन्होंने 'तेज खूशबू वाली कोई चीज लगाई' जिसके बाद वो बेहोश हो गया। छः आदमी अम्बिका चक्रवर्ती के नेतृत्व में स्कॉट के घर के पीछे छुपे हुये थे। स्कॉट तार सेवा का डिप्टी

सुपरिंटेंडैन्ट था और उसका घर पश्चिमी किनारे की टेलीग्राफ हिल के ऊपर था। सूदूर पूर्वी किनारे पर तारघर था। वे पहाड़ी के नीचे शैवरलेट गाड़ी में कार्रवाई शुरू करने के लिये इशारा मिलने का इन्तजार कर रहे थे। जब उन्होंने पक्के तौर पर मालूम कर लिया कि अनन्त सिंह और गणेश घोष को चौथी कार मिल गयी है और वे पुलिस लाइन्स की तरफ जा रहे हैं, तो इन छः लोगों ने पहाड़ी पर चढ़ना शुरू किया। तयशुदा समय पर अम्बिका ने सीटी बजाई और लड़कों ने हमला शुरू कर दिया। इसके लिये वे पिछले कई महीनों में कई बार रिहर्सल कर चुके थे। आनन्द गुप्त का काम, जिसकी उमर कुल साढ़े पन्द्रह साल थी, टेलीफोन ऑपरेटर को बेकार करना था। और उसे बताया गया था कि इसके लिये खून–खराबा नहीं होना चाहिये।[3]

सारे चिटगांव में 300 से ज्यादा टेलीफोन नहीं थे। उन्हें मालूम था कि रात के ऐसे समय में एक से ज्यादा ऑपरेटर नहीं होगा। आनन्द गुप्त ने चुपचाप और फुर्ती से ऑपरेटर को पीछे से पकड़ कर उस पर बन्दूक तान दी। लेकिन अपने लड़कपन और अनुभव न होने के बावजूद, उसने गोली नहीं चलायी। वो अहमदुल्ला को बाहर बरामदे में ले गया। उसके चार कामरेडों–कालिपदा चकबर्ती, बीरेन डे, द्विजन दस्तीदार, मनीन्द्रलाल गुहा–ने हथौड़े की चोट से खटके वाले बोर्ड को तोड़ना शुरू कर दिया। तीन मिनट में जब यह काम पूरा हो गया तो उन्होंने उस पर पैट्रोल डाल कर आग लगा दी। बिना एक गोली चलाये या किसी को चोट पहुंचाये, उन्होंने अपना काम दस मिनट से भी कम में पूरा कर लिया। बिना शोर मचाये वे अन्धेरे में जिस तरह आये थे उसी तरह वापिस चले गये। जब तक स्कॉट ने लोगों को मदद के लिये बुलाया तब तक टेलीफोन एक्सचेंज का कमरा और उसका सारा सामान आग में पूरी तरह तहस–नहस हो चुका था। और खटकों के बोर्ड के पीछे लगी घड़ी की सुईयां 9:50 पर अटक गयी थीं और सारी घटना की शान्त गवाही दे रही थीं।[4]

जब अम्बिका दा का ग्रुप वहां से जा रहा था तो मास्टर दा पुलिस लाईन के नीचे वाटर वर्क्स पर अगले चरण की कार्यवाही शुरू होने का इन्तजार कर रहे थे। उन्होंने 'बेदाग सफेद खद्दर का कोट, सफेद धोती और सफेद टेनिस के जूते पहने' थे।[5] उस पर मखमल का काला बिल्ला लगा था जिससे उनका रुतबा–अध्यक्ष, आई आर ए चिटगांव शाखा–जाहिर होता था। अनन्त सिंह नई गाड़ी से, जो कि बहुत आराम से नहीं चल रही थी, वहां पहुंचा। गाड़ी चन्द देर के लिये मास्टर दा के सामने रुकी और गणेश घोष ने मास्टर दा को भरोसा दिलाया कि सब कुछ योजना के अनुसार चल रहा है। छोटे लड़कों के ग्रुप झुन्ड बना कर वाटर वर्क्स के नजदीक बैठे थे। वे शस्त्र भंडार पर कब्जा होने के बाद

इशारा मिलने पर अन्दर घुसने का इन्तजार कर रहे थे। छीनी हुयी टैक्सी धीरे–धीरे पहाड़ी पर चढ़ रही थी।

जैसे ही वे गार्ड के कमरे और शस्त्र भंडार की ईंटों वाली इमारत के पास पहुंचे गणेश घोष ने चिल्ला कर आदेश दिया 'सेफ्टी हटाओ।' सारी की सारी छः बन्दूकों के सेफ्टी कैच हटा दिये गये। शस्त्र भंडार के सामने खाकी वर्दी पहने और हाथ में एक बन्दूक लिये एक सिपाही ऊपर–नीचे चहल कदमी कर रहा था। अनन्त सिंह ने बाद में लिखा 'हमें पता नहीं था कि वो हिन्दू था या मुसलमान या किश्चियन। और हमें इसकी परवाह भी नहीं थी। हमारी लड़ाई ब्रिटिश साम्राज्य के खिलाफ थी और वो इसका एक हिस्सा था'।[6] सन्तरी ने गाड़ी को ऊपर आते देखा। वो बायीं ओर की सीधी सड़क से आने की बजाय ढलवां, घुमावदार सड़क से ऊपर आ रही थी। अनन्त सिंह और गणेश घोष गाड़ी से निकले। उनका व्यवहार अचानक मुआयना करने आये बड़े अधिकारियों जैसा था। पीछे के दरवाजे से नौजवान लोग ऐसे निकले कि जैसे वो उनके ए डी सी हों। वे सन्तरी से दस गज की दूरी पर खड़े हुए। सन्तरी ने रोजमर्रा के अंदाज मे आवाज लगायी 'रुको, कौन हो ?' अनन्त और गणेश दोनों ने निशाना लगाकर उस पर गोली चला दी। वो मरकर गिर पड़ा और उसकी पगड़ी छिटक कर दूर जा पड़ी। छः कान्तिकारी सैनिकों ने चिल्लाना शुरू किया 'हटो, भागो, जान बचाओ, गांधी जी का राज हो गया'।[7] अनन्त सिंह ने बाद में साफ किया कि ये नारा उन्होंने इसलिये लगाया था कि सिपाही और सैनिक यह समझ लें कि हमला करने वाले कोई आम डकैत नहीं थे बल्कि अंग्रेज शासन से लड़ने वाले देशभक्त थे। नागरिक अवज्ञा और नमक सत्याग्रह के चलते 'गांधी राज' जैसे शब्दों को आम लोग समझते थे। उनकी यह कार्यनीति काम कर गयी क्योंकि बैरक में सोते हुए सिपाहियों में से एक भी नहीं हिला। (उस दिन सरकारी अधिकारियों के अनुसार बैरक में 71 सिपाही थे जबकि कान्तिकारियों का अन्दाजा था कि वहां 200 के लगभग सिपाही थे)। इसी वजह से, जैसा हमने पहले देखा, ए एस आई संजीव नाग ने ब्रिटिश अधिकारियों को बताया कि स्वदेशियों ने कब्जा कर लिया है। अनन्त और गणेश के पास बर्बाद करने के लिये समय नहीं था। उन्होंने हवा में गोलियां चलाईं और जोर से नारा लगाया 'वंन्दे मातरम, इन्कलाब जिन्दाबाद, साम्राज्यवाद मुर्दाबाद' और शस्त्र भंडार में घुस गये। ये नारे ही वो इशारा थे जिसके लिये दूसरे लोग इन्तजार कर रहे थे। नारे सुनते ही, खास तौर पर 'वंन्दे मातरम', लड़के वाटर वर्क्स के पास से निकलकर भागे। वे इस तरह भाग रहे थे कि जैसे 'किसी दौड़ में हिस्सा ले रहे हों और पलक झपकते ही हथौड़ों से शस्त्र भंडार के ताले तोड़ दिये, जहां हमें तरतीब से रखी हुयी बन्दूकें और कारतूस

मिले।'[8] उन्होंने एक जगह एक साथ कभी इतने हथियार, खास तौर पर पुलिस मस्कट, नहीं देखे थे। लड़के खुशी से फूले नहीं समा रहे थे। अनन्त सिंह जैसे अनुभवी व्यक्ति ने 'ऐसी खुशी का अनुभव पहले कभी नहीं किया था।' नौजवान लड़कों के लिये यह अली बाबा के खजाने की तरह थाः ' ऐसा लगता था कि बन्दूकें अपने नये मालिकों का इन्तजार कर रही थीं।'[9] लेकिन इन नये मालिकों को इनका इस्तेमाल नहीं आता था और उनकी शिक्षा फौरन ही शुरू हो गयी।

गणेश घोष ने सख्त आवाज में कहाः 'कम्पनी फालॅ इन।' लड़के दो–दो की लाइन बना कर खड़े हो गये। छः बड़े लड़कों ने बन्दूकें बांटीं और दूसरे चार ने कारतूस बांटे। हर एक को दो रिवाल्वर, एक मस्कट और कारतूसों से भरा एक थैला दिया गया। गणेश घोष ने ऊंचाई पर खड़े होकर समझाया कि मस्कट को कैसे इस्तेमाल करते हैं, फिर उसने आदेश दियाः गोली भरो, निशाना लो और गोली चलाओ। एक साथ 50 मस्कटों ने तीन बार गोली चलाई। वातावरण जीत की खुशी से भर गया। इतनी जल्दी गोली चलाना सीखना आसान नहीं है। लेकिन इन लड़कों को पहले कई महीनों तक बन्दूक कैसे पकड़ी जाती है, गोली भरी और चलाई जाती है, सिखाया गया था। उन्हें पुलिस की मस्कटों के फोटो दिखाकर बताया गया था कि उन्हें कैसे चलाया जाता है। लेकिन यह उनकी पहली वास्तविक शिक्षा थी।

मास्टर दा ने फिर आदेश दिया कि अंग्रेजों का यूनियन जैक ढूंढ कर जला दो। यूनियन जैक एक कोने में रखा था, एक लड़के ने उसे जला दिया। मास्टर दा ने फिर हिन्दुस्तानी झंडा फहराया 'ये सिर्फ तिरंगा था जिसके बीच में न चरखा था ना चक।'[10] झंडा सलामी के बाद दुबारा बन्दूकें चलायी गयीं और लोगों ने आजादी के नारे लगाये। अपना एक भी आदमी बिना खोये उन्होंने ये शानदार कामयाबी हासिल की थी और सिर्फ एक आदमी मारा गया था। उनके पास उसको मारने के अलावा कोई चारा नहीं था क्योंकि अगर उनमें से कोई एक पहले मारा जाता तो सन्तरी को मदद मंगाने का मौका मिल जाता। लेकिन अनन्त सिंह और गणेश घोष को सन्तरी के मरने का बहुत बुरा लग रहा था। उन्होंने उसकी लाश को भी सलामी दी। गणेश घोष ने तिरंगे वाला एक मखमल का बिल्ला उसकी छाती पर रखा और फिर छः लोगों ने मरे हुए सन्तरी को सलामी दी।[11] उन्हें बाद में पता लगा कि उसका नाम रमनी मोहन चकवर्ती था।

पुलिस शस्त्र भंडार पूरी तरह उनके कब्जे में था। लड़के, एक दूसरे को गले लगाते, हथियारों को देखते, नारे लगाते, टार्च लाईट चमकाते, इधर–उधर भाग रहे थे। चन्द ही मिनटों में अम्बिका चकवर्ती अपनी कार की बत्तियां चमकाते वहां पहुंचे। यह पहले से ही तय किया हुआ इशारा था। मास्टर दा ने उसके पास

जाकर तारघर के बारे में पूछा। अम्बिका ने कहा कि वो तो अब तक जलकर खाक हो गया होगा। ये बहुत बड़ी जीत थी। इतिहास में पहली बार एक जिले के संपर्क के सारे साधन काट दिये गये थे। और ये दोनों तरफ बिना खून–खराबे के हुआ था। अब वो यूरोपियन क्लब वाले ग्रुप के वहां पहुंचने का इन्तजार कर रहे थे। नरेश रे, बिधू भट्टाचार्य, त्रिपुरा सेन, टेगरा, अमरेन्द्र नन्दी और मनोरंजन सेन वहां गये थे। उनके पास बम, खंजर और भोजली थे। क्लब हाऊस एक अकेली पहाड़ी पर एक खूबसूरत गुलमोहर के पेड़ के नीचे स्थित था। वो बेबी ऑस्टिन में गये थे और अब तक उनका काम पूरा हो जाना चाहिये था। अब दस बज चुके थे और वो अभी तक वापिस नहीं आये थे। क्लब पुलिस लाइन्स से बहुत दूर नहीं था। और उनकी गाड़ी भी खराब हो गयी हो तो भी वे अब तक पैदल चलकर वहां पहुंच सकते थे। कुछ मिनटों बाद नेताओं ने, जो कि पलटन ग्राउंड की तरफ नजर गड़ाये हुए थे, आधा दर्जन लोगों को अपनी तरफ आते देखा। लेकिन वो कोई नारे नहीं लगा रहे थे और न ही उनको कोई जवाब दे रहे थे। क्या हुआ था? वो इतने गमगीन क्यों नजर आ रहे थे? नरेश रे ने मास्टर दा के पास आकर कहा कि वो सब तो ठीक हैं लेकिन उनका मिशन फेल हो गया है। वो लोग जब क्लब पहुंचे थे तो वो बिल्कुल खाली था। उसके बड़े–बड़े कमरों में एक भी यूरोपियन मौजूद नहीं था। एक देसी बैरा ने बताया कि उस रात बहुत कम लोग आये थे और जो आये भी थे, जल्द ही वापिस चले गये थे।

नेताओं को काफी बाद में अपनी गलती का एहसास हुआ–गुड फ्राइडे क्लब पर हमला करने के लिये गलत दिन था क्योंकि ये कोई खुशी मनाने का दिन नहीं है। मास्टर दा ने उन्हें दिलासा दिया और कहा कि एक बार शहर पर कब्जा होने के बाद उन्हें अंग्रेजों से लड़ने के बहुत से मौके मिलेंगे।

पुलिस लाइन्स में आसान जीत के बाद वो थोड़ी देर को यह भूल गये कि ए एफ आई शस्त्र भंडार पर कब्जा करने वाले ग्रुप की मदद के लिये उन्हें और लोग भेजने थे। यह पहले तय हो चुका था कि अगर पुलिस शस्त्र भंडार सही समय में कब्जे में आ जाता है तो एक ग्रुप निर्मल सेन और लोकनाथ बाल के पास जाकर ए एफ आई शस्त्र भंडार से हथियार और असला लेकर आयेंगे। ये बहुत जरूरी था क्योंकि इससे सैकड़ों बन्दूकें और मशीनगनें हासिल होतीं जिनसे कान्तिकारी अपनी जान बचा सकते थे। पुलिस मस्कट और रिवाल्वर तो ठीक थे, लेकिन सिर्फ उनसे अंग्रेजों के जवाबी हमले का सामना नहीं किया जा सकता था। अब पुलिस लाइन्स पर कब्जे को एक घंटे का समय हो चुका था और कोई भी शहर के दूसरे कोने पर दूसरे शस्त्र भंडार की तरफ नहीं गया था। किसको जाना चाहिये? गणेश घोष को सुबह से बुखार था और सारा दिन उन्हें आराम

करने का मौका नहीं मिला था। वो शस्त्र भंडार की इमारत के कोने में लेटे थे। उनका बुखार चढ़ रहा था जैसा कि मिशन पूरा होने पर होने वाली थकान से होता है। अनन्त सिंह ने अपने दोस्त के बिना ही जाने का फैसला किया। उसने हिमांशु, टेगरा और मनोरंजन को अपने साथ ले लिया। उन्होंने गाड़ी ए एफ आई शस्त्र भंडार से 100 गज दूर खड़ी की। वहां खड़े होकर वो यह जानने के लिये इन्तजार करने लगे कि शस्त्र भंडार उनके दोस्तों के कब्जे में है या दुश्मनों के। उन्होंने टार्च और मोटर की बत्तियां चमका कर इशारा किया। उनको जवाब मिला वंन्दे मातरम के नारों से। लोकनाथ बाल ने सवाल किया 'कौन आ रहा है'? अनन्त सिंह ने जवाब दिया 'जनरल सिंह अपने दल बल के साथ।'[12] उनको बायें हाथ की पगडण्डी से आने को कहा गया 'क्योंकि दुश्मन के कैम्प के कुछ लोग इधर–उधर पड़े थे।' ए एफ आई शस्त्र भंडार पर हमला कामयाब रहा था लेकिन कई लोग मारे गये थे।

रात को दस बजे मक्खन घोषाल डॉज को सीधे ए एफ आई शस्त्र भंडार के बरामदे में ले गया। उसके साथ लोकनाथ बाल था। उसने वरिष्ठ ए एफ आई अफसर की यूनीफॉर्म पहन रखी थी जिस पर बाकायदा सैम ब्राऊन की पेटी, टोपी, बिल्ले और तमगे लगे थे। उसकी शक्ल ए एफ आई के एडजूटेन्ट कैप्टन टेट से बहुत मिलती थी। कार की पिछली सीट पर निर्मल सेन, रजत सेन और सुबोध चकवर्ती थे। पास ही में प्रभास बाल, क्षिरोद बनर्जी, नित्यपद घोष और शान्ति नाग इन्तजार कर रहे थे। इन्हें अगर सब चीजें ठीक–ठाक हों तो उनसे मिलना था क्योंकि शस्त्र भंडार तोड़ने के लिये काफी ताकत की जरूरत पड़नी थी। लोकनाथ ने गाड़ी से निकलकर सन्तरी को बुलाया। सन्तरी ने उसे गलती से अंग्रेज अफसर समझा और खटाक से सलामी दी। लोकनाथ बाल ने उसे फौरन गोली मार दी। रजत और सुबोध भागकर सन्तरी की लाश के पास गये और उसकी बन्दूक ले ली। उन्होंने बरामदे में पड़ी दो और बन्दूकें भी उठा लीं।[13] मिनटों में दूसरे भी इनमें शामिल हो गये। ठीक इसी मौके पर सार्जण्ट मेजर फैरल ने आकर इन्हें चुनौती दी। लोकनाथ बाल ने उसे भी गोली मार दी। उसने श्रीमती फैरल को अपने आप को चोट से बचाये रखने के लिये घर के अन्दर रहने को कहा। इसके बाद उन्होंने सारा ध्यान शस्त्र भंडार तोड़ने में लगाया। उन्हें पता था कि ए एफ आई शस्त्र भंडार का लोहे का दरवाजा सिर्फ हथौड़ों से नहीं टूटेगा। इसके लिये उनकी एक योजना थी जिसकी उन्होंने बार–बार रिहर्सल भी की थी। वो जहाज पर काम आने वाला मोटा रस्सा अपने साथ लाये थे। सुबोध चौधरी ने रस्से का एक सिरा डॉज से बांधा और दूसरा शस्त्र भंडार के दरवाजे से। मक्खन घोषाल ने गाड़ी शुरू की और उसे कुछ दूर चलाया। दरवाजा

एक झटके से खुल गया। इसके पीछे एक जालीदार दरवाजा और था। उसका ताला एक साथ लगने वाली कई हथौड़े की चोटों से आराम से टूट गया।

अगले एक घंटे में, अनन्त सिंह और उसके दल के आने से पहले, कई अंग्रेज वहां आये–कलन, ब्लैकबर्न, मोर्सहैड– और भाग गये। पुलिस सुपरिन्डैन्ट जॉनसन और डिप्टी इन्सपैक्टर जनरल फारमर यह देखकर कि शस्त्र भंडार क्रान्तिकारियों के कब्जे में है, वहां से भाग गये। डिस्ट्रिक्ट मैजिस्ट्रेट और कैप्टन टेट की गाड़ियों पर हमला अनन्त सिंह के आने के बाद किया गया। हर एक चुनौती का सामना कर लिया गया था, अंग्रेज अफसर घबराये हुये थे। ए एफ आई शस्त्र भंडार पर कब्जा हो चुका था। लेकिन ग्रुप का नेता निर्मल सेन काफी परेशानी की हालत में था और अनन्त सिंह भी उसकी खबर सुनकर बहुत निराश हुआ।

9

एक भयानक धक्का

अगर उनके पास .303 की बन्दूकें और असला होता तो उन्हें चिटगांव पर कब्जा करने से और सारे जिले पर आतंक फैलाने से कोई नहीं रोक सकता था।

– कैप्टन टेट

जब निर्मल सेन के ग्रुप ने शस्त्र भंडार का दरवाजा तोड़ा और उसके पीछे जाली के दरवाजे का ताला भी तहस–नहस किया तो उन्होंने .303 की राइफलों, बन्दूकों और रिवाल्वरों की कतारें ही कतारें देखीं। हर राइफल के नीचे एक लकड़ी का डिब्बा रखा था। वे शस्त्र भंडार के नक्शों, उनमें जमा हथियारों के बारे में समय–समय पर जानकारी इकट्ठी करते रहते थे। जिस तरह उन्होंने पुलिस के जासूसों पर निगरानी के लिये अपना एक दल बनाया था, उसी तरह उन्होंने 'दुश्मनों की कतार' से भेदिये ढूंढ निकाले थे जो उनकी इस काम में मदद करते थे। पुलिस लाइन्स के शस्त्र भंडार के एक सब–इन्सपैक्टर के बेटे को क्रान्तिकारी ग्रुप में भर्ती कर लिया गया था। और वो उन्हें शस्त्र भंडार के बारे में सारी जरूरी जानकारी, मय फोटोग्राफ्स के, मुहैया कराता रहता था।[1] पहारतली के ए एफ आई शस्त्र भंडार के बारे में जानकारी हासिल करना मुश्किल था। ये चारों तरफ से यूरोपियन अफसरों और अंग्रेज अफसरों के घरों से घिरा हुआ था और अंग्रेज अफसर इसको सीधे अपने मातहत रखते थे। लेकिन यहां भी उन्होंने रास्ता निकाल लिया था। सुबोध चौधरी और क्षीरोद बनर्जी जो पहारतली में ही रहते थे, महीनों तक वहां ताक–झांक करते रहे थे। और उन्होंने सन्तरियों की संख्या के बारे में, उनके ड्यूटी के समय और बदली के बारे में, काफी जानकारी इकट्ठी कर ली थी। उन्हें अन्दर की खबर एक जमादार से भी मिलती थी। वो शस्त्र भंडार में गार्ड का काम करता था और एक छोटे लड़के को जिससे उसकी दोस्ती थी, बहुत सी बातें बताता था। वो लड़का चुपके से बड़े लड़कों को वो बातें बता देता था।[2] यहां तक हर चीज योजना के अनुसार चल रही थी। यूरोपियन क्लब

के अलावा बाकी तीन ठिकानों पर हमले बहुत ही कामयाब रहे थे। उससे यही साबित हो रहा था कि जो जानकारी उन्हें मिली थी वो बहुत उम्दा किस्म की थी।

और इसलिये जब उन्होंने ए एफ आई शस्त्र भंडार का दरवाजा तोड़ा तो उन्हें अन्दर का सामान देख कर कोई ताज्जुब नहीं हुआ। बिल्कुल इसी की उन्हें उम्मीद थी–जिले के सबसे उम्दा हथियार और उनके इस्तेमाल के लिये असला। लोकनाथ बाल, रजत सेन और सुबोध चौधरी और बाकी लोग अन्दर की ओर लपके और सबने दो–दो रिवाल्वर उठा लीं और लुईस गन को जांचने लगे। तब वो लकड़ी के डिब्बों को खाली करने के लिये झुके और झटके से पीछे हटे जैसे उन्हें किसी चीज से मारा गया हो। डिब्बों के भीतर चमड़े की पेटियां, थैले, जूते और सारा सामान तो था, लेकिन एक भी कारतूस नहीं था। उन्होंने कमरे का कोना–कोना छान मारा, हर डिब्बे और दराज को तलाशा, लेकिन असला कहीं नहीं था। निर्मल सेन को पता था कि यह सबसे खराब बात थी क्योंकि बिना असले के सारी बन्दूकें और मशीनगनें बेकार थीं। शस्त्र भंडार में उनकी स्थिति बहुत सुरक्षित नहीं थी क्योंकि अपने बचाव के लिये उनके पास चन्द रिवाल्वर और उनको भरने का जरिया था।

उसी क्षण सार्जन्ट ब्लैकबर्न, जो शस्त्र भंडार के बगल में ही रहता था, एक टैक्सी में घर आया। उसके साथ कलन और एक जहाज के जो बन्दरगाह पर रुका था, दो अधिकारी थे। दरवाजे पर आकर उसने देखा कि शस्त्र भंडार के बरामदे में बहुत सी टार्चें चमक रहीं थीं। उसने ड्यूटी पर तैनात नायक को आवाज दी। जवाब में उसे रिवाल्वर की गोली मिली। वो घबरा कर पहारतली रोड की तरफ भागा जहां से उसे पुलिस सुपरिंटेंन्डैन्ट ने अपने साथ लिया।[3] थोड़ी देर बाद जब सार्जन्ट मोर्सहैड वहां से साईकिल पर गुजर रहा था तो उसने वहां 'पांच छः खाकी कपड़े पहने लोगों' को शस्त्र भंडार में देखा और उसने लोकनाथ बाल को गलतफहमी से कैप्टन टेट समझा। उसने अपनी साइकिल पास वाले बंगले की दीवार के पास खड़ी की और शस्त्र भंडार की तरफ चला। तब उसने देखा कि जिस 'गठीले आदमी को वो कैप्टन टेट' समझा था, उसकी तरफ रिवाल्वर ताने खड़ा था और उसे हाथ ऊपर उठाने को कह रहा था। उसने सोचा कि आक्ज़िलरी फोर्स के लोग उसके साथ 'एक भद्दा मजाक' कर रहे हैं। और वो चिल्लाया 'गधे मत बनो।' जवाब में वो ही आदेश खुश्क आवाज में दोहराया गया। उसने झिझकते हुए हाथ खड़े कर दिये। तब उसने 'कैप्टन टेट' को कहते सुनाः 'ये उनमें से एक है, इसे गोली मारो।' मोर्सहैड ने अंग्रेजी में आदेश सुना लेकिन

'इसमें बिना किसी शक के बंगाली का उच्चारण था' वो घबरा कर झुका और पिकेडली सर्कस तक भाग कर गया।[4]

इसी दौरान एक और अंग्रेज, जिसे लोकनाथ बाल ने कैप्टन टेट की तरह पहचाना, वहां आया और दूर से चिल्लाया 'टुम लोग कौन है? क्या मांगता?' उसको आदेश मिला कि रुको, एक कदम भी आगे ना बढ़ाओ वर्ना गोली मार दी जायेगी। देसी लोगों की ढिठाई देखकर अंग्रेज अफसर ने अचरज से जवाब दिया 'हाल्ट? बंगाली लोग हाल्ट?' लोकनाथ बाल ने सोचा कि अगर उसने जरा सी भी घबराहट दिखाई तो अंग्रेज अफसर उसे गोली मार देगा और ये भी पता नहीं कि उसके पीछे कितने लोग और हैं। उसने अंधेरे में तीर फेंका और चिल्लाया 'बमों के साथ तैयार रहो, तैयार। मेरे पीछे आओ और हमला करो।'[5] चाल चल गयी। साम्राज्य के वफादार सिपाही की हेकड़ी हवा में उड़ गयी और कैप्टन टेट पीछे हट कर भागा। वो डिस्ट्रिक्ट मैजिस्ट्रेट विल्किन्सन के साथ वापिस आया। लेकिन दोनों अपनी गाड़ियां और साथियों की लाशों को छोड़कर फिर भागे। लेकिन कैप्टन टेट ने क्रान्तिकारियों से अपनी पहली मुठभेड़ का कभी भी जिक्र नहीं किया। और अपनी गोरी ताकत की कमजोरी को छिपाने के लिये, जो चन्द हिन्दुस्तानी नौजवानों के सामने ना ठहर सकी, उसने अगले दिन खबर भेजी, '150 हथियारबन्द खाकी वर्दी पहने लोगों' ने शस्त्र भंडार को घेर लिया और उस पर कब्जा कर लिया।[6]

अंग्रेज थोड़ी देर को भाग गये थे लेकिन इससे निर्मल सेन और लोकनाथ बाल को कोई राहत नहीं मिली। जब अनन्त सिंह ने उन्हें ए एफ आई शस्त्र भंडार पर कब्जा करने के लिये दिली मुबारक बाद दी तो उन्होंने उसे वो खराब खबर दी। उनकी जानकारी गलत थी–डिब्बों में असला नहीं था और सारे शस्त्र भंडार में एक भी कारतूस मौजूद नहीं था। अनन्त सिंह को इस पर बिल्कुल यकीन नहीं हुआ। अनन्त सिंह बरामदे में ऊपर–नीचे चहल कदमी करने लगा। उसे इमारत के एक कोने में ताला लगा एक कमरा नजर आया जिसकी तलाशी नहीं ली गयी थी। उसने फौरन रजत और मक्खन को कमरा खोलने को कहा। लेकिन वहां उन्हें सिर्फ प्लेट, प्याले, डिनर सेट और चांदी के छुरी–कांटे मिले।

अनन्त सिंह और निर्मल सेन को अब लग रहा था कि उनकी योजना ठप्प हो गयी है। असले के बिना ये हथियार बेकार थे। और हथियारों के बिना दो दिन तक भी कब्जा नहीं रख पायेंगे, एक हफ्ते की तो बात ही और है। अगर उन्हें .303 के कारतूस और मिल जाते, सात लुईस गन्स और 400 मैगजीन राइफलें उनके पास होतीं तो 'चिटगांव के विद्रोह का इतिहास ही दूसरा होता।'[7]

जब ये दोनों नेता गमगीन थे, दो–एक गाड़ियां पहारतली रोड से गुजरीं। छोटे लड़ाके सड़क पर आने जाने वाली गाड़ियों पर गोलियां चला रहे थे। वे यह सुनिश्चित करना चाह रहे थे कि कोई जवाबी हमला शुरू न हो। डिस्ट्रिक्ट मैजिस्ट्रेट विल्किन्सन, सिपाही जोरासिंधु बरुआ के साथ एक गाड़ी में जा रहा था। पीछे–पीछे कैप्टन टेट था। दोनों की गाड़ियों को गोलियां लगी। विल्किन्सन के ड्राइवर बीरमन थापा को गहरी चोटें आयी जबकि पिछली सीट में बैठा सिपाही जोरासिंधु बरुआ मारा गया। विल्किन्सन गाड़ी से बाहर रेंग गया। टेट की भी तकदीर अच्छी थी। उसकी बायीं तरफ और पिछली सीट पर बैठे आदमियों के पास से गोलियां गुजर गयीं लेकिन टेट को कुछ भी नहीं हुआ। वो गाड़ी से कूदकर विल्किन्सन के पास गया और उससे बोला कि 'जितनी जल्दी हो भागो।' दोनों वहां से खिसक लिये। लेकिन, ये अंग्रेज कायर नहीं थे। उन्होंने एक ट्रेन पकड़ी, जैटी पर पहुंच गये जहां से विल्किन्सन ने बन्दरगाह पर खड़े एक जहाज से संदेश भेजा और टेट ने डबल मूरिंग जैटी के छोटे शस्त्र भंडार से हथियार इकट्ठे किये।

नौजवान लोग ए एफ आई शस्त्र भंडार पर बार–बार हुयी कामयाबी से बहुत उत्तेजित थे, लेकिन नेताओं को अन्दाजा था कि समय बहुत कम है। यह तय था कि अंग्रेज अफसर वापिस आयेंगे। लेकिन उनके पास किसी बड़े हमले का मुकाबला करने के लिये हथियार नहीं थे। उन्होंने अपने लोगों को हिदायत दी कि सारी रिवाल्वरें, और जितनी भी हो सके लुईस गनें, और राइफलें ले लें और बाकी को बरबाद कर दें। लड़कों ने राइफलों के हत्थों पर चोटें मारनी शुरू कर दीं और शस्त्र भंडार को आग लगा दी। चन्द मिनटों में सारी जगह में आग लग गयी। अनन्त सिंह अपनी शैवरलेट में सवार हुआ और लोकनाथ बाल डॉज में पीछे चला। और राइफलों और रिवाल्वरों से लदी दोनों गाड़ियां वापिस पुलिस लाइन्स पहुंचीं। पुलिस लाइन्स पर लड़के अभी तक उत्साह में थे, नारे लगा रहे थे और गोलियां दाग रहे थे। मास्टर दा ने आगे आकर ए एफ आई ग्रुप का हालचाल पूछा और जब उन्हें असला न होने का पता लगा तो बिल्कुल चुप्पी लगा गये। तेज बुखार से ग्रस्त गणेश घोष को भी जब ये खराब खबर मिली तो वो भी उठ बैठे। वो आई आर ए के फील्ड मार्शल थे। और योजना के अनुसार उन्हें ही अगली सुबह होने वाली लड़ाई में जाने वाले नौजवानों के ग्रुपों को हिदायत देनी थी। योजना के अनुसार शस्त्र भंडारों पर कब्जा करने के बाद, पहले ग्रुप को जेल पर हमला करके सारे कैदियों को छुड़ाना था। शहर में निजी हथियारों की दुकान पर कब्जा करना था, और इम्पीरियल बैंक पर काबिज होना था। इसके बाद उन्हें अस्थायी सरकार की घोषणा करनी थी जिसका मुख्य कार्यालय पुलिस लाइन्स होना था।

नौजवानों की टुकड़ियां अगले दिन बाहर निकलतीं और उन्हें अंग्रेज सिपाहियों से लड़ने के लिये हथियार दिये जाते। रेल संपर्क जुड़ने के बाद अंग्रेज सिपाहियों का चिटगांव आना लाजमी था। विद्रोह की कार्यनीति और कामयाबी दो चीजों पर निर्भर थीः पहली, दुश्मन के शस्त्र भंडारों पर कब्जा करके उनकी रक्षा के साधनों की बर्बादी और दूसरी, दुश्मन के जवाबी हमले का मुकाबला और जितने दिन हो सके, अस्थायी गणतान्त्रिक सरकार की रक्षा। चूंकि दिमाग में डबलिन की मिसाल थी, इसलिये इन्होंने सोचा था कि वे सात दिन तक सरकार कायम रख पायेंगे। पहले चरण में उन्हें जबर्दस्त कामयाबी मिली थी और अब उन्हें गहरा धक्का लगा था।

कान्तिकारी ग्रुप आमतौर पर अपनी गलती नहीं मानते हैं। लेकिन चिटगांव वाले इस मामले में औरों से अलग थे। पांच बड़े नेताओं में से सिर्फ अनन्त सिंह ने चिटगांव विद्रोह का तफसील से ब्यौरा लिखा है। उन्होंने इसकी बहुत गहरी आलोचना की है। उन्होंने लिखाः असला ना मिलने की उनकी नाकामयाबी 'इतिहास के आखिर तक उनका मजाक उड़ायेगी।' चिटगांव ग्रुप ने, जिसने इतनी बारीकी से विद्रोह की योजना बनाई थी, एक ऐसी गलती की जिसे माफ नहीं किया जा सकता। उन्हें मिलिट्री की कार्यनीति की एक मामूली सी बात पता नहीं थी–शस्त्र भंडार और असला कभी एक साथ नहीं रखा जाता। सिंह ने लिखा है 'जब हम ए एफ आई शस्त्र भंडार के बारे में जानकारी हासिल कर रहे थे तब अगर हमें यह मालूम होता तो हम इस बारे में मुतमईन नहीं होते कि शस्त्र भंडार में रखे लकड़ी के डिब्बों में असला है'।[8] शायद नेता लोग अपने बारे में ज्यादा ही कठोर हो रहे थे। वास्तव में हाल ही में नया बारूदखाना बनाया गया था और मुमकिन है कि इससे पहले असला शस्त्र भंडार में ही रखा जाता हो। कैप्टन टेट ने हमलों के बारे में अपनी पहली 19 अप्रैल की रिपोर्ट में कहा था कि कान्तिकारियों को बारूद इसलिये नहीं मिला 'क्योंकि उन्हें नये बारूदखाने के बारे में कुछ भी पता नहीं था।'[9] ए एफ आई शस्त्र भंडार एक मंजिला इमारत में था। इसके तीन तरफ–उत्तर, दक्षिण और पश्चिम में–ढका हुआ बरामदा था। शस्त्र भंडार के दक्षिणी बरामदे के पूर्वी कोने के सामने एक छोटा कमरा बारूदखाना था, जिसमें सारा असला रखा जाता था। बाद में चले मुकद्दमों में पुलिस अधिकारियों ने कहा कि पुलिस के जवाबी हमलों की वजह से विद्रोह नाकामयाब हुआ। लेकिन घमन्डी कैप्टन टेट ने निजी तौर पर असली वजह को माना। टेट ने लिखाः 'अगर उनके पास .303 की बन्दूकें और असला होता तो उन्हें चिटगांव पर कब्जा करने से और सारे जिले पर आतंक फैलाने से कोई नहीं रोक सकता था'।[10]

लेकिन 18 अप्रैल की रात को जांच पड़ताल करने का समय नहीं था। पिछले कुछ घंटों में जिस तेजी से घटनाएं घटी थीं –शारीरिक थकावट, मानसिक तनाव, और कामयाबी का नशा जिसके फौरन बाद ही यह दुघर्टना सामने आयी–इस सबसे नेताओं में निष्क्रियता सी छा गयी। अनन्त सिंह ने बाद में अफसोस के साथ कहा कि पांच नेताओं को इस झटके के मद्देनजर नयी कार्यनीति बनानी चाहिये थी, लेकिन उन्होंने आपस में कोई बातचीत नहीं की। हालांकि वे कार्यनीति बनाने में काफी होशियार थे और महीनों तक उन्होंने हर बारीकी का ध्यान रखा था और हर चीज की रिहर्सल की थी, लेकिन अचानक लगे झटके ने उन्हें बड़ी ठोकर लगा दी। और फिर दुश्मन की गोलीबारी शुरू हो गयी। जानसन और फारमर पहारतली के छोटे शस्त्र भंडार से हथियार लेकर और कुशल गोलची लेफ्टीनैन्ट बरकालोय के साथ वाटर वर्क्स पहुंचे और क्रान्तिकारियों पर लगातार गोलीबारी शुरू कर दी। लड़के गोली चलाने की हालत में जमीन पर लेटे थे, लेकिन उन 64 लोगों के लिये तरतीब से लेटने लायक जगह वहां नहीं थी। अंग्रेज अफसर मशीनगन से गोलियां चला रहे थे। उन्हें सालों का प्रशिक्षण मिला हुआ था। दूसरी तरफ आई आर ए के पास केवल पुलिस के मस्कट थे और वो भी उनमें से बहुत लोग तो पहली बार चला रहे थे। लेकिन उन्होंने कोई घबराहट नहीं दिखाई। किसी ने आदेश दियाः 'वाटर वर्क्स की तरफ निशाना लो और तेजी से गोलियां चलाओ।' तजुर्बे की कमी को वो अपने हौसले से पूरा कर रहे थे। सारी बन्दूकें एक साथ चलीं। ज्यादातर गोलियां अंग्रेज अधिकारियों के सिर के ऊपर से गुजर गयीं 'लेकिन कुछ तो तकलीफदेह हद तक नजदीक थीं और वे बिल्कुल खुले में थे, इसलिये वे वाटर वर्क्स के इंजीनियर के बंगले की छत पर चले गये।'[11] फारमर ने जानसन को ए एफ आई जाकर और गोला, बारूद लाने का हुक्म दिया।

जब गोलीबारी बन्द हो गयी तो सूर्य सेन ने 'प्रोविजनल रेवोल्यूशनरी गवर्मेंट' बनाने की घोषणा की। अंग्रेजी के अपने संदेश में उन्होंने कहाः हिन्दुस्तान में क्रान्ति का यह महान काम इन्डियन रिपब्लिकन आर्मी के जिम्मे आया है। चिटगांव में हमें यह फख्र हासिल है कि हमने यह काम देश की आशाओं और इच्छाओं के अनुसार पूरा किया है। यह बहुत ही गर्व की बात है कि आज चिटगांव में सरकार के मजबूत किलों पर हमारी ताकतों ने कब्जा कर लिया है। दमनकारी विदेशी सरकार का खात्मा हो गया है। हमारा राष्ट्रीय झंडा ऊंचा लहरा रहा है। अपने खून और जान से इसकी हिफाजत करना हमारा फर्ज है। सारी दुनिया की जानकारी और मान्यता के लिये इन्डियन रिपब्लिकन आर्मी घोषणा करती है कि चिटगांव की हिन्दुस्तानी धरती से, लुटेरा ब्रिटिश साम्राजी शासन समाप्त हो गया

है। चिटगांव हिन्दुस्तान का एक छोटा सा हिस्सा है, लेकिन हम आशा और उम्मीद करते हैं कि आज की यह कामयाबी सारे देश को उत्साहित और बाध्य करेगी कि हिन्दुस्तान में सब जगह ऐसा ही काम करें। और अपनी सारी मातृभूमि को अंग्रेजी लुटेरों के कब्जे से जल्द से जल्द छुटकारा दिलायें।'[12]

प्रोविजनल रेवोल्यूशनरी गवर्मेन्ट को सलामी देने के लिये आई आर ए की चिटगांव शाखा के जवानों ने तीन बार गोलियां चलाईं, बिगुल बजाया और तीन बार वन्दे मातरम का नारा लगाया।[13] बिल्कुल पहली बार हिन्दुस्तान की गुलाम धरती पर एक राष्ट्रीय क्रान्तिकारी सरकार की घोषणा हुयी थी। यह एक ऐसी अनोखी कामयाबी थी जो न कभी इससे पहिले और ना कभी इसके बाद हासिल हो पायी। लेकिन खुशी की जो लहर इस मौके पर दौड़नी चाहिये थी, वो एक संशय से कम हो रही थी। असला (गोला बारूद) ना मिलना एक दुःखद घटना थी। लेकिन इससे भी खराब, ज्यादा खराब आगे होने वाला था।

10
गलतियों की कहानी

बोले और लिखे गये सारे दुःखद शब्दों में सबसे दुःखद शब्द हैंः 'काश, ऐसा होता'
– जान विटियर, *मौद म्यूलर*

अब तक सुबह के दो बज चुके थे। अंग्रेज गोलन्दाज बरकलाओ 146 बार लुईस गन दाग चुका था लेकिन एक भी गोली निशाने पर नहीं लगी थी। आई आर ए की चिटगांव शाखा के सारे 64 अफसर और जवान सुरक्षित थे, लेकिन बहुत अच्छी हालत में नहीं थे। अचानक नीचे से हुई गोलीबारी ने नेताओं को घबरा दिया था। वे लड़ाई के लिये तैयार होकर आये थे, लेकिन उन्हें यह उम्मीद नहीं थी कि यह इतनी जल्दी शुरू हो जायेगी। उन्हें यह भी पता था कि अंग्रेजी ताकत के साथ यह एक गैर–बराबरी की लड़ाई है। लेकिन इसकी कल्पना नहीं की थी कि ये बाहर की फौज आने से ही पहले इतनी गैर–बराबर हो जायेगी। गोलीबारी बन्द हो गयी थी, दुश्मन पीछे हट गया था, लेकिन ये चुप्पी भरोसा दिलाने वाली नहीं थी।

मास्टर दा सोच में खोये, बरामदे में ऊपर–नीचे चहलकदमी कर रहे थे और बुदबुदा रहे थे 'उनकी मशीनगनों के खिलाफ सिर्फ मस्कट क्या कर सकते हैं?'[1] बाकी चार नेताओं के पास कोई जवाब नहीं था। वे सभी सोच रहे थे कि क्या करें, लेकिन उनका दिमाग काम नहीं कर रहा था। और जब दिमाग काम नहीं करता तो सहज ज्ञान काम करता है। बिना आपस में बातचीत किये उन्होंने फैसला किया कि शस्त्र भंडार पर ज्यादा देर तक रुके रहना सुरक्षित नहीं है। उनमें से एक ने उस जगह से चलने के लिये कहा और चूंकि गोलीबारी दक्षिण–पश्चिम दिशा से हुयी थी, उन्हें उत्तर की ओर चलने को कहा गया। इसके अनुसार लड़के शस्त्र भंडार की इमारत के साथ से कच्चे रास्ते पर से उतरने लगे और पुलिस बैरक के नीचे एक लाईन में खड़े हुए। तब अनन्त सिंह ने आदेश दिया कि शस्त्र भंडार और बारूद खाने को आग लगा दो। वो पहले ही खाली हो चुके थे क्योंकि

लड़कों ने जितनी हो सकती थी रिवाल्वरें और मस्कट वहां से ले लिये थे। ए एफ आई शस्त्र भंडार से मिली राइफलों और लुईस गनों को भी जलाने का फैसला था। हालांकि बिना असले के बन्दूकें बेकार थीं लेकिन उन्हें दुश्मन के लिये छोड़कर जाना भी ठीक नहीं था क्योंकि वे उनके खिलाफ ही इस्तेमाल की जातीं। बड़े लड़कों ने जिन्हें आग लगाने का प्रशिक्षण दिया गया था, गार्ड के कमरे, शस्त्र भंडार और बारूद के कमरे पर पैट्रोल छिड़का। उन्हें बहुत बार ये भी बताया गया था कि किसी जगह को आग लगाने के लिये दूर से आग का गोला फेंकना चाहिये।

लेकिन हिमांशु सेन यह भूल गया। वो आई आर ए के सबसे अच्छे सिपाहियों में था और सारा दिन आगे बढ़ कर काम करता रहा था। शाम को हिमांशु सेन को ही टैक्सी लेने भेजा गया था और वो उस प्रतिभाशाली ग्रुप का सदस्य था जिसे अनन्त सिंह और गणेश घोष के साथ पुलिस शस्त्र भंडार पर हमला करने के लिये भेजा गया था। शायद तनाव ने उसे थोड़ा विचलित कर दिया था। वो एक मामूली सी बात भूल गया कि जहां पैट्रोल छिड़का गया हो वहां माचिस नहीं जलानी चाहिये। उसके तो कपड़े भी पैट्रोल से तर थे। जैसे ही उसने जलती तीली शस्त्र भंडार की तरफ फेंकी उसके हाथों को आग लग गयी। कुछ ही सैकेंड में उसका सारा बदन जल रहा था और वो बरामदे से चिल्लाता हुआ भागा।

इसके बाद चीजें इतनी तेजी से हुईं कि किसी को कुछ समझ ही नहीं आया। और न ही कोई बाद में बता पाया कि हिमांशु की दुघर्टना के बाद के सैकेंडों में क्या हुआ? पांच नेताओं के अलावा किसी को इसका अन्दाजा नहीं था कि वो कहां जा रहे हैं और आगे की योजना क्या है? जहां तक उनका ताल्लुक है वो समझ रहे थे कि कार्यवाही पूरी तरह कामयाब हुयी है और अब लड़ाई का इन्तजार कर रहे थे। अगले कुछ सैकेंड उस तेजी से चलती हुयी फिल्म के चित्रों की तरह थे जो अपनी पटकथा से बिल्कुल भटक गयी हो। सुबोध चौधरी ने बाद में बताया कि उसने हिमाशु को 'चिल्लाते हुए नीचे भागते देखा।'[2] फकीर सेन ने बताया कि अनन्त सिंह बारूदखाने के सामने से नयी गाड़ी लेकर उधर आये और हिमांशु गाड़ी में कूदा।[3] और यही गणेश घोष, मक्खन घोषाल और आनन्द गुप्त ने किया। झून्कू (सुबोध राय) ने लिखा है कि 'अनन्त सिंह हिमांशु को इलाज के लिये अपने घर ले गये।[4] बिनोद बिहारी दत्त ने कहा है कि अनन्त सिंह और कुछ और लोगों ने हिमांशु को कार की पिछली सीट पर बैठाया और तेजी से वहां से चले गये।[5] हिमांशु ने मरते वक्त पुलिस को दिये गये बयान में कहा कि उसे अनन्त सिंह उठा कर घर लाया।[6] गुप्तचर विभाग की रिपोर्ट में बाद में कहा गया कि 'दोनों नेताओं अनन्त सिंह और गणेश घोष ने अनापेक्षित मानवता का परिचय

देते हुए इस आदमी को, दो और लोगों के साथ इलाज के लिये गाड़ी में डाला और आगे काम करने के लिये कोई आदेश नहीं छोड़ा।'[7]

हिमांशु की दुघर्टना के बाद के घटनाक्रम ने चिटगांव विद्रोह की दिशा ही बदल दी। अनन्त सिंह दूसरे नेताओं से बिना एक लफ्ज भी बोले अचानक वहां से चले गये। दुर्घटना के समय सूर्य सेन 'सबसे आगे थे और कामरेडों ने उन्हें लाइन में खड़े होकर सलामी दी थी। यह जलने की घटना के स्थान से थोड़ा दूर था। उन्हें पता नहीं था कि क्या हुआ है और न ही अनन्त सिंह ने वहां से जाने से पहले अनुमति मांगी।'[8] अब भी आई आर ए के 59 सदस्य पुलिस लाइन्स पर मौजूद थे और आने वाले दिनों में साम्राज्य की फौज का मुकाबला करने वाले थे। लेकिन उस रात को अपने मुख्य फौजी नेताओं की गैर–मौजूदगी से मायूस थे।

मास्टर दा ग्रुप के सबसे बड़े नेता थे। लेकिन फौजी मामले उन्होंने अनन्त सिंह और गणेश घोष पर छोड़ रखे थे। असला ना मिलने से उनके कार्यक्रम को धक्का लगा था। लेकिन अगर नेता आपस में बातचीत करते तो इन खराब हालात में भी कोई रास्ता निकाल सकते थे। लेकिन इसके लिये अनन्त और गणेश की मौजूदगी की जरूरत थी। उनके पास अब हथियारों से भरी तीन गाड़ियां थी–आस्टिन, डॉज और एक टैक्सी (एसैक्स)। लेकिन इन बदले हालात में गाड़ियां बेकार लगने लगीं। उन्होंने आधे घन्टे तक इन साथियों के आने का इन्तजार किया। बेचैनी और तनाव हर मिनट बढ़ता गया। अंग्रेजी बल किसी भी मिनट वापिस आ सकते थे। बिना असले और अपने जनरलों के ये लोग बिल्कुल बेसहारा थे। वे क्या करें? वे कहां जाएं? ऐसे समय में कोई भी फैसला अच्छा लगता है, लेकिन वो किया तो जाए। उन सब में बड़े अम्बिका चक्रवर्ती ने कमान संभाली और सबको लाईन बना कर पहाड़ियों की तरफ कूच करने का आदेश दिया। वो आगे चले और बाकी लोग उनके पीछे। उन्होंने कच्चा रास्ता लिया जो घूम–घाम कर घने जंगलों में पहुंचता था। ये जंगल चिटगांव शहर की उत्तरी पहाड़ियों को घेरे थे। जैसे ही ये लोग आगे बढ़े इन्होंने पुलिस लाइन की सड़क पर धीरे–धीरे आती एक कार की बत्तियां देखीं। इस डर से कि अंग्रेज दल–बल के साथ वापिस न आ रहे हों, वे रास्ते के किनारे पेट के बल लेट गये। वे इस तरह छिपे कि गाड़ी की बत्तियां उन पर ना पड़ें। गाड़ी कुछ ना पाकर वापिस चली गयी। गाड़ी के अन्दर अनन्त सिंह, गणेश घोष और मक्खन घोषाल थे।

मास्टर दा, निर्मल सेन और अम्बिका चक्रवर्ती, अपने दो साथियों के अचानक चले जाने से परेशान थे। दूसरी ओर अनन्त सिंह यह नहीं समझ पा रहा था कि ये लोग पुलिस लाइन्स पर ही क्यों रुके हैं और शहर में क्यों नहीं घुस पा रहे

हैं। शुक्रवार की रात को हुई इन दुर्भाग्यपूर्ण घटनाओं के बारे में बाद में अनन्त सिंह ने सफाई देते हुए कहा कि शुरू में योजना यह ही थी कि सारे हथियार इकट्ठे कर शहर पर कब्जा करना है। दरअसल, नेताओं ने अपने पसन्दीदा रैस्टोरैन्ट के मालिक, मकलेश्वर रहमान को भी खबर की हुयी थी कि उस रात को 64 लोगों के लिये खास मीट करी तैयार रखनी थी। रहमान हालांकि सारे नेताओं और उनके लोगों को जाती तौर पर जानता था, लेकिन जब पुलिस 'उसे एक गवाह के तौर पर लायी तो उसने उन्हे पहचानने से इन्कार कर दिया।'[9] अनन्त सिंह के मुताबिक दुर्घटना के चन्द मिनट पहले वो शैवरलेट को पुलिस शस्त्र भंडार के बरामदे तक ले गया था और उसको शहर की तरफ मुंह करके खड़ा किया था। चूंकि उसके दोस्त गणेश घोष को बुखार था, वो उसको गाड़ी में शहर ले जाना चाहता था। इसके अलावा उसका विचार था कि शहर में इधर–उधर जाने के लिये नई गाड़ी जरूरी होगी। हिमांशु की दुर्घटना का इस फैसले पर कोई असर नहीं पड़ना चाहिये था। जब हिमांशु आग की लपटों में घिर कर इधर–उधर भाग रहा था, तो दो डाक्टरी पढ़ रहे छात्र, नरेश रे और बिधु भट्टाचार्य उसकी मदद को भागे। उन्होंने उसे घास में लोट–पोट होने को कहा और खुद भी आग बुझाने की कोशिश में लगे। उनके मुताबिक जब हिमांशु गाड़ी की पिछली सीट पर गया, तब अनन्त सिंह गाड़ी के अन्दर ही थे। आनन्द गुप्त और मक्खन घोषाल उसके दोनों तरफ बैठे और गणेश आगे की सीट पर अनन्त के पास बैठ गये। ये सब कुछ सैकेंडों में हुआ। किसी ने किसी से सलाह नहीं की। इस सबकी कोई योजना नहीं थी।[10]

तब उसने धीरे–धीरे वाटर वर्क्स के चारों ओर घूमती सड़क पर गाड़ी बढ़ायी और शहर की ओर चला। उन्होंने हिमांशु को आनन्द गुप्त के घर के पास उतार दिया क्योंकि वो पुलिस लाइन्स के सबसे नजदीक था। आनन्द भी उतर गया। गाड़ी को शहर में घुमाना सुरक्षित नहीं था क्योंकि उन्हें पता था कि जिले के अधिकारी जल्द ही जवाबी हमला करेंगे। फिर वो 'गणेश और मक्खन के साथ अपने घर गया। घर खाली पड़ा था। वहां खाने को कुछ नहीं था। लेकिन उन्होंने कई गिलास पानी पिया। वहां वो चालीस मिनट तक गोलीबारी की आवाज और नारों का इन्तजार करते रहे, जिससे उन्हें यह पता चलता कि बाकी लोग शहर आ गये हैं। जब उनका कोई नामोनिशान नहीं मिला तो उन्होंने अपनी मिलिट्री यूनीफॉर्म उतार कर बंगाली धोती और कमीज पहन ली। अगर उन्हें अपने साथियों को शहर में ढूंढना था, तो भद्रलोक बाबूओं के कपड़े ज्यादा सुरक्षित थे। फिर वे पुलिस लाइन्स पहुंच गये। यह दूर से ही दिख रही थी क्योंकि इसमें से लपटें उठ रही थीं और बारूद के फटने की आवाजें आ रही थी। वहां किसी को न

पाकर गाड़ी धीरे–धीरे कच्ची सड़क की तरफ चली जो उतराई में शहर से बाहर जाती थी।

अनन्त सिंह ने लिखा है: 'हमने सोचा कि वे पहाड़ियों की तरफ गये होंगे और हमें देखकर इशारा करेंगे।'[11] लेकिन कोई इशारा नहीं आया, कोई नारा सुनाई नहीं दिया, किसी ने हमारी तरफ हाथ नहीं हिलाया। गाड़ी चार मील आगे तक गयी लेकिन उनका कोई सुराग नहीं मिला। वे फिर यह सोच कर कि वे शायद किसी और रास्ते से शहर आ गये हों, शहर वापिस आये। चिटगांव बिल्कुल श्मशान की तरह शान्त था। हिन्दुस्तानी उस रात की घटनाओं से बेखबर अपने घरों में सो रहे थे। और अंग्रेजों के परिवार डर के मारे बन्दरगाह पर रुके एक जहाज पर जमा थे। अनन्त सिंह शहर के मुख्य केन्द्रों से होता हुआ फिरंगी बाजार पर कर्नफूली नदी के पास पहुंचा। अब तक रात के चार बज चुके थे और सुबह होने को थी। ब्रिटिश साम्राज्य के इस कोने में सूरज जल्दी उगता था। नयी शैवरलेट को बाजार के कोने पर छोड़ कर उन्होंने एक चीन की बनी हुयी किश्ती– समपन– किराये पर ली। नदियों से भरपूर चिटगांव में परिवहन के लिये किश्ती का इस्तेमाल आम बात थी। समपन वाले अब्दुल माजिद ने किश्ती को ख़ेया 'और ये तीनों लोग किश्ती के तले पर लेट गये और अपने आप को कपड़े से ढ़ांप लिया।'[12] वो मीलों नदी में चलकर समुद्र के किनारे जमाल ब्रदर्स की जैटी पर पहुंचे। सूरज निकल आया था और धूप तेज थी।

चिटगांव शहर किसी का भी शहर नहीं था। शहर में रहने वाले अंग्रेज घबराये हुए थे। उनको पता नहीं था कि कितने क्रान्तिकारी शहर में हैं और वे कब हमला करेंगे। लेकिन जीतने वाले, जिन्होंने शहर के मुख्य ठिकानों पर कब्जा किया था, अपनी जीत का जश्न मनाने के लिये वहां नहीं थे। तीन लोग शहर से मीलों दूर समुद्र में एक किश्ती पर थे और बाकी लोग पहाड़ियों पर जंगल में भटक रहे थे। बाद में, चिटगांव पर कब्जा करने के अपने मुख्य उद्देश्य में नाकामयाबी के लिये नेताओं को दोष देना आसान है। यह भी कहा जाता है कि नाकामयाबी 'उनकी अपनी गलतियों और गलत कदमों की वजह से थी, न कि दुश्मन की ताकत के इस्तेमाल की वजह से।'[13]

बहुत लोग अनन्त सिंह को दोष देते हैं कि वो वहां से बिना किसी को बताये और बिना किसी से सलाह किये गाड़ी लेकर चला गया। यह सही है कि शुरू की योजना के मुताबिक उन्हें शहर पर कब्जा करना था। लेकिन दुर्घटनाओं की एक लम्बी कड़ी की वजह से इस योजना में बदलाव करना जरुरी हो गया था। यूरोपियन क्लब पर हमला नहीं हो पाया था; असला नहीं मिला था; और जवाबी हमला उसी रात शुरू हो गया था। इन हालात में दूसरी योजना बनाना जरूरी

था। इसके बजाय विद्रोह के दो फौजी कार्यनीति पर सोचने वाले अचानक ही चले गये। अनन्त सिंह ने सालों के बाद इसकी सफाई देते हुए लिखा है कि उसे उम्मीद थी कि दूसरे लोग उसके पीछे आएंगे क्योंकि योजना तो लड़ते हुए मरने की थी न कि पहाड़ियों में पीछे हटने की। और जब वे लोग गाड़ी में उन्हें ढूंढने वापिस आये तो उन्हें सोचना चाहिये था कि रात के उस समय अंग्रेज, एक अकेली गाड़ी में वहां नहीं घूम रहे होंगे। अगर वे पगडण्डी के किनारे छुपने की बजाय कोई इशारा देते तो दुबारा मिलकर नेता लोग फुर्ती से कार्यनीति बना सकते थे। अगर अनन्त सिंह का एक झटके में लिया गया फैसला गलत था, तो बाकी नेता भी बेकसूर नहीं थे। या तो वे अनन्त सिंह और गणेश के वापिस आने का कुछ देर और इन्तजार कर सकते थे या एक गाड़ी में कुछ लोगों को भेजकर उन्हें तलाश करा सकते थे या पुरानी योजना के मुताबिक बेधड़क होकर शहर में घुस सकते थे। अनन्त सिंह का मानना था कि कोई अकेला आदमी कसूरवार नहीं था, वो सभी थे। असले को न ढूंढ पाना और यह नहीं समझना कि गुड फाइडे हमला करने के लिये ठीक दिन नहीं था, माफी के लायक गलतियां नहीं थीं। फौजी कार्यनीति के हिसाब से उन्होंने और भी गलतियां कीं। पुलिस लाइन्स पर घण्टों रुके रहने के बजाय उन्हें अलग–अलग ग्रुपों को शहर के अलग–अलग ठिकानों पर भेजना चाहिये था। अगर इम्पीरियल बैंक, जेल और हथियारों की निजी दुकान पर हमला, शस्त्र भंडार पर हमले के बाद पहले ही चन्द घंटो में होता, तो अंग्रेजों की घबराहट कई गुना ज्यादा होती। वो पहारतली और डबल मूरिंग्स जैटी पर स्थित दो छोटे शस्त्र भंडारों पर भी कब्जा कर सकते थे। इससे उन्हें मशीनगनों और .303 राईफलों के लिये असला भी मिल जाता। उनकी योजना का पहला चरण बहुत कामयाब था। कुछ दुर्घटनाओं की वजह से उनके फौजी अनुभव की कमी सामने आयी। वे स्थिति का सामना जरूरत के मुताबिक सोच–समझ कर नहीं कर पाये। अनन्त सिंह ने इस अनुभव से यह नतीजा निकाला कि ऐसे किसी भी अभियान में नेताओं को सीधे हिस्सा नहीं लेना चाहिये। इससे शारीरिक थकान के कारण दिमाग कुन्द हो जाता है और आदमी से गलतियां होने की सम्भावना बढ़ जाती है।[14]

किसी भी घटना की चीर–फाड़ फायदेमन्द होती है। लेकिन वो सतही भी हो सकती है क्योंकि इसमें तथ्य तो पकड़े जाते हैं लेकिन भावनाएं शामिल नहीं होती हैं। चिटगांव विद्रोह के नेताओं ने कुछ क्षणों के लिये अपना सन्तुलन खो दिया और असला ना मिलने की उनकी निराशा ने, उनके परिप्रेक्ष्य को ही धुंधला कर दिया। थकावट, तनाव और डर, सबका ही असर उस रात पड़ा, क्योंकि वे हाड़–मांस के इन्सान थे। वे सिर्फ मशीन के पुर्जे या मूर्तियां नहीं थे।

वे लोग बिना किसी फौजी प्रशिक्षण, बिना फौजी कार्यनीति की जानकारी के, अकेले–अकेले गुप्त रूप से काम कर रहे थे। उन्होंने चिटगांव में डबलिन की पुनरावृत्ति न कर पाने के लिये अपने को कोसा। लेकिन उस दिन जो उन्होंने हासिल किया वह उनकी सारी इन्सानी गलतियों को माफ करने के लिये काफी है। अंग्रेज अधिकारी और बाकी देश के क्रान्तिकारी 18 अप्रैल की कामयाबी से आश्चर्यचकित थे। इसकी गूंज सारे बंगाल और उसके बाहर लन्दन में वैस्ट मिनस्टर और व्हाइट हॉल तक गयी। चिटगांव के क्रान्तिकारियों के अपने लिये शहर पर सात दिन कब्जा करने के कार्यक्रम की नाकामयाबी एक नये किस्म की जीत में बदल गयी– बिल्कुल आमने–सामने की लड़ाई, गुरिल्ला युद्ध, भूमिगत रह कर विरोध। इस सबसे जनता का एक बड़ा हिस्सा भी इस लड़ाई में शामिल हुआ जो अब तक के क्रान्तिकारियों की शहरी, पुरुष प्रधान, हिन्दू भद्रलोक की दुनिया से बिल्कुल बाहर था।

लड़ाई के मैदान में

शहर में अपने उद्देश्यों में कामयाबी के बाद अचानक लुईस गन के आने से वे विचलित नहीं हुए। वे तितर–बितर होकर छुपने नहीं गये बल्कि साथ वाली पहाड़ियों में बहुत कायदे से एक साथ अनुशासित ताकत की तरह गये। और जैसे ही शासन की ताकत 22 अप्रैल को उनके सामने आयी, उन्होंने उसे खत्म करने की जोरदार कोशिश की।

– चिटगांव आर्मरी रेड केस न. 1, 1930
स्पेशल ट्रिब्यूनल का फैसला

11
अगली सुबह

मुझसे यूरोपियन एसोसियेशन की चिटगांव शाखा की तरफ से आपको हाल की चिटगांव की क्रांतिकारी गतिविधियों के बारे में लिखने को कहा गया है। इस दौरान ऐसी घटनाएं हुई हैं जिनका बंगाल में 1857 की बगावत के बाद कोई सानी नहीं है।

– यूरोपियन एसोसिएशन की चिटगांव शाखा के अध्यक्ष का बंगाल सरकार के राजनीतिक सचिव के नाम खत तारीख 1 मई, 1930

19 अप्रैल की सुबह चिटगांव के यूरोपियन समुदाय के सामूहिक अचेतन को लगा कि ये सब उन्होंने पहले देखा है। इतिहास ने अपने आपको दोहराया था, न एक त्रासदी की तरह और न ही एक तमाशे की तरह बल्कि बहुत पहले हुए एक विद्रोह की पुनरावृत्ति की तरह। अंग्रेज अधिकारियों ने अपनी रिपोर्टों में इसका कोई जिक्र नहीं किया था और न ही चिटगांव के क्रांतिकारियों को इसकी जानकारी थी। इसकी वजह यह थी कि लगभग 70 साल पहले उन्हीं के शहर में हुई इस घटना को किताबों और याददाश्त से बिल्कुल निकाल दिया गया था। हिन्दुस्तान के उत्तरी मैदानों में फैले विद्रोह की 'बंगाल में कोई सक्रिय गूंज नहीं थी'।[1] लेकिन इसके झटके एक कोने में बसे चिटगांव शहर में महसूस किये गये थे, जब 'सिपाहियों' की बगावत की वजह से यूरोपियन आबादी आतंक और घबराहट के माहौल में आ गयी थी। अचानक हुये इस विद्रोह की वजह से जो घबरा देने वाला असर गोरे लोगों पर पड़ा था, उसकी गुड फ्राईडे 1930 को हुए ड्रामे से बहुत समानता है।

1857 में नेटिव इन्फेंन्टरी की 34वीं रेजीमेंट की दूसरी, तीसरी और चौथी कंपनियां चिटगांव में तैनात थीं और अंग्रेज अधिकारी उनके सीधेपन और अच्छे बर्ताव की खासतौर पर तारीफ करते थे। उस जून के साफ महीने में चिटगांव के कार्यकारी कमिश्नर चैपमैन ने बंगाल सरकार को सूचित किया था कि चिटगांव

के सिपाही दिल्ली जाकर बागियों से लड़ना चाहते थे। इन लोगों की 'ईमानदारी और वफादारी' की गर्वनर जनरल ने काउंसिल में तारीफ भी की थी। पांच महीने बाद 18 नवम्बर 1859 को इन्हीं वफादार सिपाहियों ने बगावत कर दी।

अगले दिन की अपनी रिपोर्ट में कार्यकारी कमीश्नर ने लिखा कि ये तीनों कंपनियां 'कल रात 11 बजे अचानक विद्रोह कर बैठीं। उन्होंने सारे कैदियों को जेल से छुड़ा दिया और एक बरखन्दाज़ या देसी कांस्टेबल की हत्या कर दी, सारा खजाना लूटकर सुबह तीन बजे चले गये। वे अपने साथ तीन सरकारी हाथी, असला और खजाना भी ले गये थे। कोई घर तो नहीं जलाये गये लेकिन फौज के ठिकाने से जाने से पहले उन्होंने लाईन्स और बारुदखाना, दोनों को ही आग लगा दी,।[3] उसने आगे कहा कि बगावत की योजना जाहिरा तौर पर अचानक ही बनायी गयी थी और उतनी ही तेजी से उस पर अमल किया गया। किसी एक भी आदमी को, क्रिश्चियन हो या देसी, इसका सुराग नहीं मिला। देसी लोगों को भी उतना ही अचरज हुआ जितना कि हम लोगों को। 18 की रात को 'सब कुछ गड्डमड्ड था।'

लाईन्स और बारूदखाने का जलना, हथियार और असले के साथ रात में गायब होना––दोनों 18 तारीखों की समानता यहीं खत्म नहीं होती है। 1857 के बागियों ने भी 1930 के विद्रोहियों की तरह उत्तरी पहाड़ियों की तरफ कूच किया था। हालांकि सिपाही तादाद में ज्यादा थे। वो कुल मिला कर 'औरतों बच्चों और जेल से छोड़े गये कैदियों समेत' 500 के करीब रहे होंगे। जंगल से होते हुए वे तिपरा के राजा की सीमा में पहुंचे। 'तिपरा और चिटगांव, दोनों ही जगह उन्होंने बाजार में लूट–पाट नहीं की और जो कुछ लिया उसके अच्छे खासे दाम दिये। लेकिन राशन की कमी की वजह से बहुत परेशानी उठानी पड़ी और कहा जाता कि कई औरतें तो इन परेशानियों की वजह से मर भी गयीं।'[4]

अंग्रेज बगावत से भयभीत थे। औरतों और बच्चों ने बहुत समय बन्दरगाहों पर ठहरे हुये जहाजों पर बिताया जबकि वे वफादार सैनिकों का इन्तजार कर रहे थे। 3 दिसंबर को क्वीन की 54वीं रैजीमेंट के 300 सिपाही ढाका पहुंचे और उन्होंने तिपरा की तरफ कूच किया ताकि वे बागियों को सिलहट में जाने से रोक सकें। लेकिन वे उन्हें पकड़ने में नाकामयाब रहे और ढाका वापिस लौट आये। हर सिपाही को पकड़वाने के लिये पहाड़ पर रहने वालों को लालच देने के लिये पांच पौंड का ईनाम घोषित किया गया। 'तिपरा की पहाड़ी का राजा कंपनी के प्रशिक्षित सिपाहियों का मुकाबला करने की ताकत नहीं रखता था। जो लोग पीछे रह गये थे उन्हें गिरफ्तार कर अंग्रेज अधिकारियों को सौंप दिया गया और उन्हें फांसी चढ़ा दिया गया।' इस घटना के सपाट अंग्रेजी ब्यौरे से यह साफ हो जाता

है कि देसी सिपाही बहादुर और दयालु थे। उन्होंने अपने पहाड़ी इलाकों में घूमने के दौरान न तो देसी लोगों को डराया और न ही लूटा। उन्होंने सरकारी खजाने से 2,78,267 रुपये लिये थे। आखिर में उनसे इस रुपये का एक छोटा सा हिस्सा ही बरामद किया जा सका क्योंकि 'सिपाहियों ने सड़क पर या तो यह रुपया बांट दिया या राशन खरीदने में खर्च कर दिया।' जब वो सिलहट और कछार में घुस गये तो उन्हें सिलहट लाईट इन्फैन्टरी (अबकी 10वीं गुरखा राईफल्स) ने या तो गिरफ्तार कर लिया या मार दिया।'[5] अंग्रेज आखिर तक नहीं समझ पाये कि इन कंपनियों के 1857 की नवम्बर की रात को अचानक विद्रोह कर देने का मकसद क्या था? 1930 में भी उन्हें शुरू में शस्त्र भंडार पर हमला करने वालों की योजना का कुछ पता नहीं था। लेकिन जल्द ही उन्होंने इंडियन रिपब्लिकन आर्मी के नेताओं की पहचान कर ली। उनके मकसद के बारे में उन्हें कोई अचरज नहीं हुआ।

19 अप्रैल की रात को चार बजे पुलिस अधिकारी ने आखिरकार काफी फौज और हथियार जमा कर लिये और काफी हिम्मत जुटाकर वे पुलिस लाईन्स में घुसे। उन्हें पता चला कि 'सारे हमलावर चले गये हैं।'[6] जगह तहस–नहस हो गयी थी। शस्त्र भंडार और बारूदखाने के बन्द दरवाजे उन कुण्डों को काटकर जिन पर भारी ताले लटक रहे थे, खोले गये थे। बारूदखाने में लकड़ी के डिब्बों के ताले तोड़े गये थे। और उसमें रखी सारी चीजें और असला गायब था। शस्त्र भंडार में अभी भी आग सुलग रही थी। काफी पुलिस की मस्कटें गायब थी जबकि कुछ को फर्श पर इकट्ठा करके जला दिया गया था। परेड ग्राउंड की तरफ जाने वाली सड़क पर गाड़ी नं. 21929 खड़ी थी जिसकी आगे की बत्तियां अभी भी जल रही थीं। और गार्ड रूम और शस्त्र भंडार के नीचे एक हरी टैक्सी (नं. 20469) और सब जगह मौजूद रहने वाली बेबी ऑस्टिन खड़ी थी। जो पुलिस वाले महीनों से बेबी ऑस्टिन पर नजर रखे हुए थे, उन्हें यह समझने में देर नहीं लगी कि अनन्त सिंह और उसके लड़के इसमें शामिल रहे होंगे।

उस गाड़ी में सात मस्कट, सात बेयोनट, 9 गत्ते के डिब्बे, जिनमें शाटगन के कारतूस खद्दर के कपड़े में लिपटे हुये थे, कुछ हथौड़े, छैनियां और बम, एक काला चांदी का कढ़ाईदार मखमल का बिल्ला और उसमें लगे दो स्वराज के झंडे मिले। गाड़ी के अंदर अनन्तलाल सिंह का ड्राईविंग लाइसेंस भी मौजूद था। डॉज में जो समान मिला वह थाः थोड़े से कारतूस, रिवाल्वर रखने के चमड़े के केस, एक सूआ, एक कुदाल, एक हथौड़ा और 'एक मजबूत रस्से का टुकड़ा और एक पतले रस्से का टुकड़ा' जिनका इस्तेमाल ए एफ आई शस्त्र भंडार के दरवाजे को खोलने के लिए किया गया था। एक सफेद लेबल लगी छोटी शीशी भी मिली

जिस पर लिखा थाः 'क्लोरोफार्म, प्योर, 4 औंस, नन्दी एंड कंपनी, कैमिस्टस, हास्पिटल रोड, चिटगांव। तीसरी गाड़ी में 30 पुलिस मस्कट और तीस पुलिस बेयोनट मिले 'जो जाहिरा तौर पर कहीं और ले जाने के लिये रखे गये थे।'

पुलिस वालों ने, पुलिस शस्त्र भंडार पर जो भी सामान मिला उसकी लिस्ट बनाई। इसमें वे चीजें थीं जो शस्त्र भंडार से ली गयी थीं, और वे 'चीजें जो ए एफ आई शस्त्र भंडार से चुरायी गई थी और यहां छोड़ दी गई थीं। और वे चीजें जो हमलावरों की थीं और पीछे छोड़ दी गई थीं, वे भी इसमें शामिल थीं। इनमें खाकी कनटोप, चमड़े के रिवाल्वर केस, चमड़े के लम्बे मोजे, और 58 आई आर ए के पर्चे भी थे।

ए एफ आई शस्त्र भंडार भी इसी तरह जलकर राख हो गया था और वहां भी इससे छोटी मात्रा में हथियार तथा लोहे के औजार मिले थे। इसके अलावा 26 राईफलों और शाटगन के जले हुये टुकड़े भी वहां थे, हालांकि क्रांतिकारी जाने की जल्दी में काफी हथियार पीछे छोड़ गये थे (और वे बन्दूकें उन्होंने जला दी थीं जो असले के बिना बेकार थी)। फिर भी उनके मुकाबले में हिंदुस्तान में दूसरे किसी भी ग्रुप के पास कभी भी इतने हथियार नहीं थे। पुलिस की जो सम्पत्ति वो ले गये थे उसमें शामिल थेः 56 मार्टिनी हेनरी पुलिस मस्कट, पांच (.450 बोर) कोल्ट रिवाल्वर, दो (.380 बोर) वैबले रिवाल्वर, 3253 बाल, 692 बकशाट, और पुलिस मस्कटों के लिए 141 गोले, कोल्ट रिवाल्वरों के लिए 417 राउंड और 2 राउंड वैबले रिवाल्वरों के लिये। ए एफ आई शस्त्र भंडार पर हमले बिल्कुल बेकार नहीं थे। सार्जेंट डब्ल्यू आर जोन्स को लुमडिन्ग से वापिस बुलाया गया। वो 6 अप्रैल 1930 तक इस शस्त्र भंडार से जुड़ा था। उसे हमलावरों द्वारा ले जाये गये सामान की लिस्ट बनाने में कैप्टन टेट की मदद के लिये बुलाया गया था।[7] जो सामान यहां से ले जाया गया था वो थाः 12 सरकारी रिवाल्वर (वैबले मार्क–4) तथा 4 वैबले मार्क–6 रिवाल्वरें जो रेलवे की टुकड़ी की थीं और शस्त्र भंडार में रखवायी गयी थीं, अनेक रिवाल्वर और पिस्तौलें जो निजी यूरोपियन शहरियों द्वारा शस्त्र भंडार में रखवायी गई थीं और खेल वाली निजी राइफलें और रिवाल्वरों के केस।

दोनों शस्त्र भंडारों और तीनों गाड़ियों की तलाशी पूरी करने के बाद पुलिस अधिकारी गणेश घोष, अनन्त सिंह के घर और जिला कांग्रेस के दफ्तर पहुंचे। अनन्त सिंह के घर से उन्हें खून में सने खाकी फौजी कपड़े मिले। उन पर चांदी के बटन, काले मखमल के बिल्ले और बांयी तरफ की जेब के ऊपर स्वराज के तिरंगे की 'एक पतली पेटी' लगी हुई थी। कांग्रेस के दफ्तर में जहां सूर्य सेन और अम्बिका चक्रवर्ती रहे थे, उनके खिलाफ कुछ खास नहीं मिला। वहां जो उन्हें

मिला उसकी फेहरिस्त है: सुखेन्दु विश्वास दत्ता के अन्तिम जुलूस के फोटो, कांग्रेस वालियंटरों की परेड के दो फोटो, तिरंगा झंडा फहराने की रस्म का एक फोटो, एंटी–सिडीशन कानून को तोड़ने के लिये बंगाली में एक नोटिस और 1928 के आल इंडिया यूथ कांग्रेस अधिवेशन में सुभाष चंद्र बोस के भाषण की छपी हुई प्रति। उन्हें वहां एक कापी भी मिली जिस पर सूर्य सेन के दस्तखत थे, जिसमें कौमी गाने और साम्राज्यवाद के खिलाफ एम हेनरी बारबूस का एक भाषण था। दफ्तर में बहुत गर्व के साथ जतिनदास के दो फोटो भी लगाये गये थे जिनके नीचे कविता का यह अंश लिखा था: *मेरे लिए जीवन है एक सैनिक का जीवन* ...और उसके नीचे टैगोर की ये पंक्तियां: *निःशेषे प्रान, करिबे जा दान...*

गणेश घोष के घर पर चिटगांव क्रांतिकारी ग्रुप को बनाने में जो वैचारिक और फौजी तैयारी का योगदान था, उसके बहुत से सबूत मिले। जिस तरह चीजें घर में बिखरी पड़ी थीं उससे जाहिर था कि घर बहुत जल्दी में छोड़ा गया था। जो सामान घर में बिखरा पड़ा था वह था: पांच निजी लाइसेंसशुदा बन्दूकें (जो इसलिये छोड़ी गयी थीं कि उनमें कारतूस ठीक से नहीं बैठ रहे थे), कुछ मात्रा में कारतूस, कुछ खंजर, कुछ खुकरियां और फौजी यूनीफार्म, जिस पर काले मखमल का बिल्ला तिरंगे के साथ लगा था। कुछ किताबें, कागज और रसीद बुकें भी मिलीं जिनका ताल्लुक चिटगांव यूथ एसोसिएशन, यंग मैन्स फिजिकल कल्चर इंस्टीट्यूट और चिटगांव वालियन्टर कोर में दाखिले के फार्मो से था। जो किताबें मिलीं उनके नाम है: *रिपोर्ट आफ सिविल डिसओबीडिएन्स इन्क्वायरी कमेटी, टाईम्स हिस्ट्री आफ दी ग्रेट वार* (6 भाग), *लाइफ आफ ईमन डी वलेरा* और *फ्लावर्स ऑफ बंगाल–ए हिस्ट्री आफ बंगाल सफरर्स* की 9 प्रतियां। इस आखिरी किताब में लगभग 214 लोगों की जीवनियां थीं जो ब्रिटिश शासन के खिलाफ लड़ते हुये मारे गये थे या फांसी चढ़ा दिये गये थे या जेलों में भेजे गये थे। नम्बर 121, 176, 203 और 214 क्रमशः गणेश घोष, सूर्य सेन, अनन्त सिंह और अम्बिका चक्रवर्ती थे। वहां गणेश घोष के हाथ की लिखी हुई एक डायरी थी जिसके 22वें पन्ने पर ग्रुप की सबसे प्रिय कविता रवीन्द्रनाथ की उदयेर पथे... लिखी हुई थी। इसी कविता की आखिरी पंक्तियां कांग्रेस के दफ्तर में भी मिली थीं। पुलिस के मुताबिक जो सबसे जरूरी चीज उन्हें मिली वो थे 10 कागज जिन पर शामिल होने वालों के नाम, पहले ग्रुप में शामिल होने वालों के नाम, आखिरी ग्रुप में शामिल होने वालों के नाम और पिछली रात के हमलों के ठिकाने दिये हुये थे। ये कागज गणेश घोष के कमरे में दीवान पर गद्दे के नीचे मिले थे।

पुलिस को अब यकीन हो गया था कि हमले किन्हीं दुस्साहसी डाकुओं ने नहीं बल्कि वैचारिक तौर पर प्रतिबद्ध राष्ट्रवादियों ने किये हैं, जो शहर की कांग्रेस

राजनीति में भी सक्रिय थे। इसके बाद पुलिस ने उन लोगों के घरों की तलाशी लेनी शुरू की जो कि पिछले कुछ महीनों से निगरानी रखने वालों की लिस्ट में थे। हमलों में शामिल होने वालों की लिस्टों में से बहुत से नामों को वे नहीं पहचान पाये। लेकिन उनका पहला शक शारीरिक व्यायाम क्लब और वालियन्टर कोर के मुख्य सदस्यों पर गया। हिमांशु बिमल सेन के अलावा '20 और लड़के जिन्हें निगरानी करने वालों ने 18 अप्रैल को देखा था, अपने घरों से गायब थे। उन्हें हिमांशु चन्दनपुरा में अपने घर में बहुत बुरी हालत में जला हुआ मिला। उसने पुलिस को बयान दिया और फिर सब डिवीजनल अफसर एस एन रे ने उसका एक बयान जेल अस्पताल में दर्ज किया, जिसमें हमलों के बारे में कुछ मोटा–मोटी लेकिन जरूरी जानकारी थी। हिमांशु 29 अप्रैल जहर फैलने और जलने से हुयी कमजोरी की वजह से मर गया।

हालांकि पुलिस ने 24 घंटे के भीतर हमलों के नेताओं और उनके उद्देश्यों की शिनाख्त कर ली, लेकिन इससे शहर के अंग्रेज बाशिन्दे खुश नहीं थे। 18–19 अप्रैल की रात को औरतों और बच्चों को एस एस चकदारा नाम के जहाज पर शहर से दो मील दूर जैटी पर ले जाया गया था। उन्होंने कई रातें वहां गुजारीं जबकि आदमी 'क्लब में इकट्ठा' रहे। उन्हें डर था कि हमलावर वापिस आकर शहर पर हमला कर सकते हैं। चिटगांव पोर्ट ट्रस्ट के सभापति और चिटगांव चैम्बर आफ कामर्स के अध्यक्ष एस आर लीशमन ने 24 अप्रैल को, कलकत्ता और शिमला में अपने आकाओं से शिकायत की कि यह समय शहर के बाशिन्दों के लिये 'बहुत ही नाखुशगवार है।[8] ईस्टर वाले दिन प्रार्थना भी न हो सकी और घबराहट में भी कोई कमी नहीं आयी। शहरी अधिकारियों पर व्यंग करते हुए उसने लिखाः 'चिटगांव की घटनाओं के बारे में पुलिस ने जिस शानदार संयम से काम लिया है उसके बारे में लन्दन के अखबार *आब्जर्वर* ने लिखा है। मुझे यह कहने की जरूरत नहीं है कि इस बन्दरगाह के लोग इस संयम को बधाई के लायक नहीं मानते।' और चूंकि विद्रोही इन पकड़े जाने की सारी कोशिशों को नाकाम करते रहे थे, अधिकारियों के बारे में यह गुस्सा और अविश्वास, जिले के गैरसरकारी यूरोपियनों के बीच बढ़ता ही गया।

ऐसा नहीं था कि जिले में सिर्फ अंग्रेज लोग ही घबराये हुए थे। जैसे ही तार द्वारा डिस्ट्रिक्ट मजिस्ट्रेट का संदेश कलकत्ता पहुंचा, बंगाल के सरकारी तंत्र ने दमनकारी अधिकार मांगने शुरू कर दिये, जो अब तक उनके पास नहीं थे। 1925 का बंगाल क्रिमिनल लॉ अमेंन्डमैंट एक्ट 1 अप्रैल 1930 को खत्म हो गया था। विधान परिषद ने एक बिल पास करके बिना मुकदमे के गिरफ्तारी की धाराओं को खत्म कर दिया था। बंगाल सरकार चाहती थी कि एक्ट को दोबारा पुराने

रूप में ही लागू कर दिया जाये और इसे लेकर कलकत्ता और दिल्ली, दिल्ली और लंदन के बीच, काफी विचार–विमर्श चला था। लेकिन लंदन में इंडिया आफिस बजिद था कि बिना मुकद्दमे के गिरफ्तारी और नजरबन्दी का कानून जारी नहीं रखा जाना चाहिये। 1926 से हिंसा की कोई घटनाएं नहीं हुयी थीं और अंग्रेज नहीं चाहते थे कि ऐसा कोई कानून जारी रखा जाये जिससे उनके शासन की उदार छबि को नुकसान पहुंचे। बहरहाल, लंदन के आरामदायक वातावरण में उदारवाद की वकालत करना आसान था। लेकिन बंगाल के अंग्रेज अधिकारी अपने शासन के खिलाफ रोज ब रोज बढ़ते प्रतिरोध को महसूस करते (उससे डरते भी) थे। उनके अनुसार दमनकारी कानून शांति बनाये रखने का अच्छा जरिया था, बनिबस्त देसी लोगों से बातचीत करने के। आखिर में बंगाल और सरकार के बीच एक समझौता हुआ। बिना मुकद्दमे के नजरबन्दी के कानून को खत्म होने दिया जाये। लेकिन यह प्रावधान कर दिया जाए कि 'अगर आपातकालीन जरूरत हो तो ऐसे कदम उठाये जाएं कि इन कानूनों को फिर से लागू किया जा सके।'[9] चिटगांव में हुई 'उपद्रवी घटना' इस कानून को दुबारा लागू करने के लिये अच्छा बहाना थी। 19 अप्रैल को बंगाल सरकार ने गृह विभाग शिमला को एक तार भेजा। इसमें कहा गया था कि चिटगांव हमलों के मदेनजर यह बहुत जरूरी हो गया है कि सरकार एक अध्यादेश जारी कर बिना मुकद्दमे के नजरबंदी के कानून के अधिकार फिर से प्राप्त करे। वाइसराय लार्ड इरविन की इस राय से सहमति थी। और उसने अपने तार (पी. नं. 1165 एस) में हिन्दुस्तान के लिये राज सचिव से चिटगांव की घटनाओं के बारे में कहा थाः 'लगता है कि फौरन कार्यवाही करनी पड़ेगी और आपकी सहमति का इन्तजार किये बिना ही आज ही अध्यादेश जारी करना पड़ेगा।' बंगाल का गर्वनर स्टेनले जैक्सन ईस्टर के आखिर में छुट्टी मनाने जाने के लिये रास्ते में था, जब उसे 'ईस्टर्न रेलवे के अधिकारियों से सिलीगुड़ी' में चिटगांव के बारे में खबर मिली।'[10] वो फौरन कलकत्ता लौट आया। सरकार द्वारा उसी रात अध्यादेश जारी कर दिया गया।

आश्चर्य है कि इस अध्यादेश की महात्मा गांधी ने कड़ी आलोचना की। उन्होंने हमलों का समर्थन नहीं किया। नागरिक अवज्ञा आंदोलन कुछ ही हफ्ते पहले शुरू हुआ था। और उसमें पूरी तरह व्यस्त गांधी ने कहाः चिटगांव की खबर दुखदायी है। इससे जाहिर होता है कि बंगाल में कुछ लोग हैं जो अहिंसा की नीति और सिद्धांत को नहीं मानते हैं।[11] लेकिन ध्यान देने की बात है कि 1922 की तरह उन्होंने आंदोलन वापिस नहीं लिया। इस बार भी हिंसा हुई थी और वह चौरी–चौरा के मुकाबले ज्यादा संगठित ढंग से हुयी थी। ये हथियारबन्द बगावत कांग्रेसजनों द्वारा उनके नाम पर की गयी थी। उन्होंने साफ कर दिया था कि

उनकी लड़ाई मुख्य धारा की लड़ाई से जुड़ी हुयी थी। और उनका उद्देश्य 'इंडियन नेशनल कांग्रेस के आजादी के विचार को अमली जामा पहनाना था।' गांधी ने सत्याग्रहियों से कहा कि हमें 'सरकारी हिंसा और हममें से उन लोगों की हिंसा, जिनका अहिंसा में विश्वास नहीं है' से लड़ना है। लेकिन ब्रिटिश शासन के खिलाफ इस नये जन आंदोलन को छोड़ने का सवाल ही नहीं है। उन्होंने जोर देकर कहा कि हिंसा दुर्भाग्यपूर्ण है 'लेकिन स्थिति कितनी भी गम्भीर क्यों न हो संघर्ष को स्थगित करने का सवाल ही नहीं है। वापिस नहीं जाया जा सकता है।' और वाइसराय के चिटगांव के मद्देनजर विशेष अधिकार के इस्तेमाल करने के बारे में महात्मा गांधी ने कहा था, 'जब तक अंग्रेज लोग उनका राज न चाहने वाले लोगों पर अपना राज थोप रहे हैं, तब तक यह राज वास्तव में गैर–कानूनी है।'

आने वाले महीनों में बिना कानून के इस राज का इस्तेमाल बंगाल में बड़े पैमाने पर नौजवानों की गिरफ्तारी के लिये किया गया। ये उत्साही नौजवान आई आर ए की चिटगांव शाखा के उदाहरण पर अमल करना चाहते थे। जब चिटगांव का असर सारे जिले में फैल गया तो कलकत्ते को नये कानून––बी सी एल ए एक्ट 1930––के लिये जरूरी समर्थन मिल गया। बंगाल की इस मांग का समर्थन करते हुए गृह सचिव ने जुलाई में लन्दन को लिखा कि ऐसी ताकत क्रान्तिकारी संगठनों से निपटने के लिये जरूरी है क्योंकि इनकी गतिविधियां कम होने की बजाय पहले से कहीं ज्यादा तेज हैं। न चाहते हुए भी राज के इस बड़े अधिकारी ने मास्टर दा और उनके लोगों तारीफ की जब उसने कहा कि चिटगांव की क्रांतिकारी घटना की योजना और इस पैमाने की सफलता का, पहले कोई उदाहरण नहीं मिलता है।'[12] सरकार के गृह सदस्य, एच जी हेग ने भी इसी बात को दोहराया। उसने कहा कि 'चिटगांव की घटना बंगाल के क्रांतिकारी आंदोलन के संगठन और साहस का सबसे बड़ा प्रदर्शन है।'[13] उस समय ये सब गुप्त संदेश थे जिनके बारे में साम्राज्य के कुछ गिने–चुने अफसरों के अलावा किसी और को कुछ पता नहीं था। लेकिन आज इन सबके जाहिर होने से हमें इस युवा फौज की सफलता का सही अंदाजा होता है। यह क्रांतिकारियों के अपने वर्णन से भी ज्यादा सही है।

हालांकि चिटगांव के अधिकारी उस समय नजरबंदी की बढ़ी हुयी ताकत हासिल करने के बजाय उन लोगों को पकड़ना चाहते थे, जिन्हें उन्हें गिरफ्तार करना था। शहर पर एक और हमले के डर की वजह से वे इस असहाय जिले की मदद के लिये सैनिक और अर्द्धसैनिक बलों की मांग कर रहे थे। बंगाल ने इस्टर्न फ्रन्टियर राइफल्स की एक टुकड़ी को उसी दिन चिटगांव के लिये रवाना

कर दिया। 20 अप्रैल की सुबह लैफ्टीनेंट कर्नल डलास स्मिथ के नेतृत्व में यह दल चिटगांव पहुंचा। उनके साथ बंगाल का पुलिस का इन्सपैक्टर जनरल एफ लोमन और लुइस गन का एक दस्ता भी था। अगले दिन ही सुरमा वैली लाईट हॉर्स और बोम्बे ग्रिनेडियरस की एक–एक टुकड़ी भी चिटगांव पहुंच गयीं। इनका काम पहाड़ियों में आई आर ए को तलाश करना था। यह एक लम्बी लड़ाई की शुरूआत थी।

12
तरबूज और बिस्कुट

18 अप्रैल की रात से भूख से हमारी लड़ाई शुरू हुयी।

– सुबोध राय

18–19 अप्रैल की रात को पुलिस लाइन्स से कच्ची सड़क से पहाड़ियों की तरफ कूच करते हुए क्रान्तिकारियों की बेतरतीब फौज, सड़क के बायीं तरफ एक खेत में पहुंची। उन्होंने आंख मींच कर अम्बिका चक्रवर्ती का नेतृत्व मंजूर कर लिया था। अब उनकी संख्या 59 थी। हर एक के पास एक–एक मस्कट और एक थैला था जिसमें कारतूस, मशीन के तेल के डिब्बे, सफाई करने वाले सरिये और पानी ले जाने वाले बर्तन थे। ये काफी वजनदार था और उनको इसकी बिल्कुल आदत नहीं थी। लेकिन वे बिना उफ किये चले जा रहे थे। थोड़ी दूर खेतों में चलने के बाद वे एक बाड़ तक पहुंचे, जहां जाकर वे बैठ गये। जैसे ही उनकी आंखें अंधेरे में देखने के काबिल हुयीं, उन्होंने देखा कि वे एक पके हुए तरबूजों के खेत में हैं। लड़के भूखे और प्यासे थे। उनमें से बहुतों ने तो दिन की अफरा–तफरी में दोपहर का खाना भी नहीं खाया था। रात के खाने का तो सवाल ही नहीं था। मकलेश्वर रहमान की मीट की करी तो किसी सपने के समान थी। तरबूजों का खेत दावत के लिये बुला रहा था। लड़कों ने खेतों में घुस कर फल तोड़ने शुरू किये।

खेत का मालिक हाची मियां खुद भी एक लड़का था। वह उस दिन जागकर 'भेड़ियों से खेत की रखवाली कर रहा था' क्योंकि फसल अप्रैल में ही तैयार हो गयी थी। लेकिन ये घुसपैठिये तो भेड़िये नहीं लग रहे थे। जब उसने इनको खेतों में देखा तो लोकनाथ बाल ने उसको बताया कि वे पुलिसवाले हैं और डाकुओं की तलाश में वहां आये हैं। हाची मियां ने कहा कि वो खुशी से फल खायें और उनसे पैसे लेने से इन्कार कर दिया।[1] उसने अपने खेत की बाड़ का बांस का दरवाजा खोलकर उन्हें पहाड़ियों की ओर जाने का रास्ता भी दिखाया। उसने

इसके बारे में पुलिस को भी नहीं बताया। वो तो जब बाद में पुलिस वाले 'तलाशी लेते हुए वहां आये तो उसने उन्हें बाहर जाने का रास्ता दिखाया और तरबूज के छिलके भी दिखाये।'[2]

खेत पार करके जब वे रेलवे लाइन के पास से गुजर रहे थे तो उन्हें एक पहाड़ी दिखायी दी। उन्होंने उस पर चढ़ना शुरू कर दिया। इन नगरखाना पहाड़ियों में उनके जाने की कोई योजना नहीं थी, इसलिये उन्होंने अपने साथ कुतुबनुमा यन्त्र भी नहीं रखा था। पर उन्हें दिशा की कुछ जानकारी थी इसलिये उन्होंने तेजी से चलना शुरू किया जिससे सुबह होने से पहले अपने लिये जगह ढूंढ लें। ऊपर चढ़ते समय उन्हें एक छोटा तालाब मिला। वहां 'उन्होंने ऊंटों की तरह पानी पिया क्योंकि उन्हें पता नहीं था कि उन्हें दुबारा पानी कब मिलेगा।'[3] जब वे एक घनी छाया और पेड़ों से घिरी जगह पर पहुंचे तो नेताओं ने उन्हें आदेश दिया कि वे लेटकर आराम कर लें। अब आगे जाने से कोई फायदा नहीं था क्योंकि अब तक सूरज की रोशनी फैल चुकी थी। इसके अलावा वे इतने थके हुए थे कि उनके लिये एक कदम और आगे जाना भी मुश्किल था। लड़कों को चार या पांच के ग्रुपों में बांट दिया गया था। सबने अपने–अपने लिये झाड़ियों और पेड़ों की छाया में आरामदेह जगह ढूंढ ली और सो गये। दिन के लिये आराम के लिये जाने से पहले तीनों नेता–मास्टर दा, निर्मल सेन और अम्बिका चक्रवर्ती–हर ग्रुप के पास गये और उनसे हाल–चाल पूछा। वे थके हुए और भूख थे, लेकिन लड़कों का उत्साह कम नहीं हुआ था। उन्हें पहली योजना के बारे में कोई जानकारी नहीं थी। इसलिये वे सोच रहे थे कि पहाड़ियों में जाना ही नेताओं की कार्यनीति का हिस्सा था।

जब लड़के सो रहे थे तो नेताओं ने आपस में बातचीत की। अनन्त सिंह और गणेश घोष से सम्पर्क करना बहुत जरूरी था। उन दोनों के बिना वे अगले चरण की कार्रवाई के बारे में कोई फैसला नहीं ले सकते थे। उन्होंने फैसला किया कि एक लड़के को शहर भेजकर हालात का जायजा लिया जाए और दोनों नेताओं से सम्पर्क करने की कोशिश की जाये। ज्यादा काबिल और विश्वसनीय लड़कों जैसे टेगरा, नरेश, बिधु, मनोरंजन और देबा को स्थानीय पुलिस पहचानती थी। उनको पता लगाने के लिये भेजना खतरनाक था। उन्होंने फैसला लिया कि एक अनजान लड़के को भेजा जाये। उसे शहर में कुछ विश्वसनीय लोगों से सम्पर्क कर रात से पहले–पहले वापिस आ जाना चाहिये।

अनन्त और गणेश भी इसी दिशा में सोच रहे थे। समुद्र के किनारे जैटी पर समपन से उतर कर वे एक खुले मैदान के साथ–साथ चलने लगे। मक्खन घोषाल को पास के गांव से दही और चिड़वा लाने को कहा गया। सुबह की रौशनी में

उन्हें पता लगा कि गणेश घोष को खसरा हो गया है। पिछली रात का बुखार सिर्फ दिमागी नहीं था। इसके बावजूद अनन्त और उसे क्या करना चाहिये, इस पर बातचीत की। उनका अन्दाजा था अंग्रेज सैनिक 20 अप्रैल से पहले चिटगांव नहीं पहुंच पायेंगे। बहुत मुमकिन था कि मुख्य दस्ता शहर में पहुंच कर उसी दिन हमला शुरू कर देगा या ज्यादा से ज्यादा उस रात को। अपने साथियों से मिलने उन्हें शहर जाना पड़ेगा। अनन्त, गणेश घोष और मक्खन ने शाम के समय शहर जाने का फैसला किया। और अगर अपने साथी उन्हें वहां नहीं मिले तो वे आनन्द गुप्त के घर से पता करेंगे।[4] आनन्द का घर शहर के उत्तरी किनारे पर पहाड़ियों के सबसे नजदीक था। उन्होंने पिछली रात जल्दी में उसे उसके घर उतारा था लेकिन उसका भाई देबा मुख्य ग्रुप के साथ पहाड़ियों में था। ये सम्पर्क करने के लिये सबसे अच्छी जगह थी।

शाम के अन्धेरे में तीनों आदमियों ने शहर में डबल मूरिंग्स जैटी के लिये वापिस किश्ती ली। उन्होंने सड़कों और गलियों में छुप–छुपा कर रास्ता पार किया। अपने शहर को वे अच्छी तरह जानते थे। किसी किस्म की कोई हलचल नहीं थी। जाहिर था कि मास्टर दा और लड़के शहर नहीं आये थे। सैनिकों के शहर में घूमने का भी कोई नामो–निशान नहीं था। शहर में कर्फ्यू था। बिल्कुल ठहरा हुआ और खामोश, जैसे तूफान की आंख। वे आखिर में आनन्द के घर पहुंच गये। वो उन्हें देखकर बहुत खुश हुआ। वह सारी रात अपने को कोसता रहा था क्योंकि वो कल रात हिमांशु सेन के साथ, आगे के कार्यक्रम के बारे में कोई बातचीत किये बिना, गाड़ी से उतर गया था। उसने हिमांशु को घर भेज दिया था और एक और साथी सुखेन्दु दस्तीदार से सम्पर्क कर, हिमांशु की देखभाल करने को कहा था। लेकिन उसके पास भी अपने भाई या किसी और की कोई खबर नहीं थी। अनन्त, गणेश घोष और मक्खन उस रात आनन्द के घर सोये। उसके छोटे भाई–बहनों ने पुलिस पर नजर रखने के लिये पहरा दिया। अगले दिन सुबह सवेरे आनन्द के छोटे भाई ने सड़क के किनारे से, जहां उसको तैनात किया गया था, अपनी मां को आवाज लगाई कि पुलिस आ रही है। अनन्त, गणेश और आनन्द पिछले दरवाजे से खिसक लिये और अपने घर के बाहर से शुरू होने वाली पहाड़ियों में छिप गये। जब वे बहुत सावधानी से कुछ घण्टे बाद वापिस आये तो आनन्द की मां रो रही थी। पुलिस ने उसके दो लड़कों के लिये घर की तलाशी ली थी। और जब उन्हें उसके पिता की जेब में हिमांशु की दवाई का नुस्खा मिला तो पुलिस ने उन्हें गिरफ्तार कर लिया। हालांकि उसे अन्दाजा था कि उसे कितनी मुश्किलों का सामना करना पड़ेगा, उसने अपने लड़कों को गुमराह करने के लिये अनन्त और गणेश पर गुस्सा नहीं किया। उसने उन्हें फौरन वहां

से जाने के लिये कहा क्योंकि पुलिस का वापिस आना निश्चित था।

वे चारों पहाड़ियों में वापिस चले गये और एक सुनसान जगह ढूंढी। उन्हें समझ नहीं आ रहा था कि वे क्या करें? गणेश घोष अपनी बीमारी के बावजूद, सम्पर्क बनाने के लिये आमादा था। आखिरकार वो आई आर ए की चिटगांव शाखा का जी ओ सी (मुख्य) था। उसकी मुख्य टुकड़ी का अगुआ इसका अध्यक्ष सूर्य सेन था। वे अभी 6–7 मील से ज्यादा दूर नहीं गये होंगे। लेकिन इन पहाड़ियों पर जंगल बहुत घने थे और उनमें घुसना काफी मुश्किल था। वे उसी दिशा में चलते रहे। उन्हें उम्मीद थी कि शहर के इस सुनसान इलाके में शायद आसपास की दुकानों से जानकारी मिल सके। लेकिन वे ज्यादा आगे नहीं बढ़ सके। दोपहर को वे पहाड़ी के नीचे पंचलेश रेल्वे स्टेशन पर वापिस आये। जब वे एक पेड़ के पास बैठे थे तो उन्हें तरबूज का एक खेत नजर आया। उन्हें खेत का मालिक वहीं आराम करता हुआ मिल गया और उन्होंने उससे कुछ तरबूज खरीदे। अब वो बंगाली भद्रलोक की तरह सफेद धोती और कमीज पहने थे और खेत के मालिक के लिये उन्हें डेढ़ दिन पहले अंधेरे में मिले खाकी कपड़े पहने लोगों के रूप में पहचानना मुश्किल था। जब वे तरबूज खा ही रहे थे तो उन्हें फौजी जूतों की आवाज सुनाई दी। उन्होंने नजर उठाकर देखा तो पाया कि गुरखा सैनिक कन्धे पर बन्दूक रखे बड़ी शान से पहाड़ी की तरफ विद्रोहियों की तलाश में जा रहे थे। सैनिकों ने उनकी तरफ देखा भी नहीं। यह इतवार 20 अप्रैल को 4:30 बजे की बात है। उस सुबह तक ताकतों का सन्तुलन क्रान्तिकारियों के पक्ष में था। लेकिन अब लगता था कि चिटगांव वापिस विदेशी शासकों के हाथ में जा रहा था।

ये चारों लोग गिरफ्तारी से इसलिये बच सके कि सैनिकों के साथ स्थानीय पुलिस नहीं थी और वे खुद उनको पहचान नहीं सकते थे। उन्हें पता था कि अब वे सैनिक उन्हें पहाड़ियों में तलाश नहीं कर सकते। उन्हें यकीन था कि मास्टर दा उनसे सम्पर्क बनाने की जरूर कोशिश कर रहे होंगे। चूंकि किसी ने भी आनन्द के घर से सम्पर्क नहीं किया था इसलिये इन्होंने सोचा कि कुछ और लोगों को देखा जाये। वे चुपके से सतीभूषण सेन के घर गये। वे उनको सती दा के नाम से जानते थे। सती दा उन्हें देखकर बहुत खुश हुये। कर्फ्यू की वजह से शहर में क्रान्तिकारियों के लिये खुले आम हमदर्दी दिखाना नामुमकिन था। लेकिन सती दा ने उन्हें बताया कि शहर की सारी हिन्दुस्तानी आबादी चिटगांव के युवकों की अद्भुत बहादुरी से आल्हादित थी। 1857 के बाद अब तक साम्राज्य ने ऐसा हथियारबन्द विद्रोह नहीं देखा था।[5] जो इनके तरीकों से सहमत नहीं थे वे भी स्थानीय लड़कों की बहादुरी पर फक्र महसूस कर रहे थे। सती दा ने उन्हें आगे

के रास्ते के लिये करीब दो सौ रुपये दिये। उन्हें भी मास्टर दा का कोई सन्देश उनके लिये नहीं मिला था। बहुत बाद में, जब अनन्त सिंह और गणेश घोष मुख्य ग्रुप के सदस्यों से जेल में मिले तो उन्हें पता चला कि मास्टर दा ने दो लड़के सती दा के पास भेजे थे। लेकिन वे वहां पहुंचे ही नहीं।

पहाड़ियों से तीन नेताओं ने 19 अप्रैल की सुबह एक आदमी को सन्देश लेकर भेजा था। उन्होंने शाम तक उसके वापिस आने का इन्तजार किया। लड़कों ने सारा दिन सोकर आराम किया था। उन्होंने सवेरे नाश्ते से पहले खाये गये तरबूजों के अलावा और कुछ नहीं खाया था। और ऊंट की तरह पीया गया पानी भी गर्मियों के मौसम में रफूचक्कर हो गया था। उन सबमें सबसे बहादुर टेगरा बैठे–बैठे नेताओं के योजना बनाने के इन्तजार से तंग आ गया था। उसने पानी की तलाश में अकेले जाने का फैसला किया। उसने अपने साथ मोना (मनोरंजन) को भी ले लिया। उन्हें जंगल में एक तालाब और एक आम और एक बेल का पेड़ मिला। पेट भर खाने–पीने के बाद नौजवान दो घड़े पानी और एक थैले में ढेर सारे कच्चे आम और कच्ची बेल लेकर वापिस लौटे। ये तो शादी की दावत के बराबर था।

लड़कों की खुशी देखकर अम्बिका चक्रवर्ती ने कहा कि वो जल्द ही असली खाने का इन्तजाम करेंगे। निर्मल सेन ने टीम का हौसला बनाये रखने कि लिये कहाः 'शाबाश, अम्बिका दा'। टेगरा अपने गम्भीर नेताओं के इस हल्के–फुल्के मजाक से कुछ परेशान था। खाने के बारे में सोचना तो ठीक है लेकिन दुश्मन से लड़ने का क्या हुआ? वे किसी सैर–सपाटे पर नहीं आये थे बल्कि वे तो क्रान्तिकारी थे जिन्होंने मरते दम तक अंग्रेजों से लड़ने की कसम खायी थी। बिधु भट्टाचार्य डाक्टरी का मेधावी छात्र था और सबको हंसाता रहता था। उसने अपने मजाकिया कोमिला उच्चारण में कहाः लड़ेंगे तो हम जरूर। लेकिन अगर हमें मरना है तो यह बेहतर है कि हम पेट भर कर मरें।'[6]

रात के साढ़े आठ बजे के करीब नेताओं ने सबको एक–एक की कतार में पहाड़ी से नीचे आने को कहा। ग्रुप के तगड़े लड़कों में एक रजत सेन जंगल में रास्ता बनाते हुए आगे चला।[7] कोई रास्ता तो था नहीं, अंधेरा था और जंगल घना था। उन्हें पेड़ों की डाल काटकर और झाड़ियां हटा कर अपना रास्ता आप बनाना था। वे अब कुल 58 थे और गिनते रहते थे ताकि कोई गुम न हो जाये। वे आधी रात के बाद सपाट जमीन पर पहुंचे। वे एक पान के बगीचे में बैठे। वे रेलवे लाइन को देख सकते थे। अम्बिका चक्रवर्ती ने पूछा कि क्या कोई फतेहाबाद गांव का रास्ता जानता है जो कि वहीं कहीं आस पास था। फकीर सेन उसी इलाके से था। उसने कहा कि वो जानता है। अम्बिका दा ने उसे लेलार हाट जाकर (गांव की मार्केट) जो भी खाने का सामान

मिल सके, लाने को कहा। निर्मल सेन, लोकनाथ बाल और रजत सेन और एक और लड़के को उसके साथ भेजा गया। जब तक वो हाट पहुंचे सुबह के दो बज चुके थे। लोकनाथ बाल ने दुकानदार को हिन्दी में आवाज दी और जगाया। उस दुकान पर सिर्फ डबल रोटी और बिस्कुट बिकते थे। वहां कुछ डबल रोटियां और बहुत सारे बिस्कुट थे। उन्होंने दुकान का सारा सामान खरीद लिया। दुकानदार मोहम्मद नचीम का बाद में पता लगा लिया गया और वो तीन मुकद्दमों में पेश हुआ। उसे याद था कि उस रात पांच छः आदमियों ने उसे जगाया था और 17 रुपये के बिस्कुट खरीदे थे। 'मैंने इतनी कीमत के बिस्कुट पहले कभी नहीं बेचे थे', उसने बताया।[8] उन्होंने उसे बताया था कि वे सैनिक थे और डाकुओं की तलाश में घूम रहे थे। उसने उनके बारे में ज्यादा पूछताछ नहीं की। हर रोज तो अपनी छोटी सी बेकरी से इतना मुनाफा नहीं कमा सकता था। उसने अपने नौकरों को जगाकर सामान बांधने को कहा और 'दो बड़ी टोकरियां भी दीं' जिन्हें जंगल में आसानी से ले जाया जा सके।

उन्होंने पान के खेत में वापिस आकर बिस्कुट खाये। उन्होंने बारी–बारी जाकर पास के तालाब से पानी पिया। उन्होंने फिर कवायद शुरू की। उन्होंने चौधरी हाट रेलवे स्टेशन को छोड़ दिया और एक और पहाड़ी पर चढ़ने के लिए चले। उन्होंने फैसला किया कि पहले दिन की तरह वे दिन में आराम करेंगे। अम्बिका चकवर्ती ने फकीर सेन को अपने गांव जाकर शहर के हाल–चाल मालूम करने को कहा। क्या मार्शल ला की घोषणा हो चुकी थी? क्या फौज आ गयी थी? क्या गाड़ियां बाहर से आ रही थीं? उसे पांच रुपये भी दिये कि वापिस आते हुए फल खरीद लाये। टेगरा घूमने के लिये उसके साथ जाना चाहता था लेकिन उसे मना कर दिया गया। उसने फकीर को अपने साथ थोड़ा नमक लाने के लिये कहा।[9] यह उसकी फकीर सेन से आखिरी मुलाकात थी क्योंकि फकीर भी वापिस नहीं आया और कुछ दिन एक घर से दूसरे घर घूमता फिरा। आखिर में वो अपने एक रिश्तेदार के घर से मई के शुरू में पकड़ा गया।

20 अप्रैल की शाम तक ग्रुप के नौजवान लोग बेचैन हो रहे थे। बिधु, नरेश, रजत, त्रिपुरा, टेगरा, मोना, देबा और कुछ और लोग, जो वालन्टियर कोर और सदारघाट व्यायाम क्लब के सदस्य थे, जंगल में बेमतलब भागदौड़ से थक चुके थे। चौधरी हाट को छोड़कर निकलने के बाद और पहाड़ी के ऊपर जाने से वे शहर से और भी दूर जा रहे थे। उन्होंने अपने नेताओं से पूछा कि कब तक वे इस तरह चलते रहेंगे। उन्होंने जोर दिया कि उन्हें शहर जाकर अपनी योजना के मुताबिक चिटगांव पर हमला करना चाहिये। तीनों नेताओं और लोकनाथ बाल को अन्दाजा हो गया कि नौजवान क्या सोच रहे हैं। उन्होंने अगले दिन तक

इन्तजार करने का फैसला किया। चाहे जितनी कम ही क्यों न हो, इस बात की सम्भावना थी कि उन्हें अनन्त सिंह और गणेश घोष की कोई खबर मिले। रात में कुछ और चल कर उन्होंने फतेहाबाद के दक्षिण में, दो मील दूर अड्डा जमाया।

इसी दौरान अनन्त और गणेश दो नौजवानों को लेकर सती दा के घर की तरफ चले गये थे। उन्होंने फैसला किया कि कर्नफूली नदी के किनारे शहर के दक्षिणी सिरे पर स्थित रजत सेन के घर पनाह लेंगे। रजत के पिताजी शहर के मशहूर वकील थे और शहर के जिला और पुलिस अधिकारियों से उनकी पहचान थी। हालांकि आजादी के आंदोलन के साथ उन्हें हमदर्दी थी लेकिन उन्हें यह पता नहीं था कि उनका बेटा किस हद तक इसमें शामिल है। लेकिन रजत सेन की मां विनोदिनी सेन अपने बेटे और उसके दोस्तों की बहुत सहायता करती थीं और पहले भी उनकी तरह–तरह से मदद कर चुकी थीं। जब ये उस रात वहां पहुंचे तो उन्होंने गर्मजोशी से उनका स्वागत किया और ऊपर की मंजिल पर अपने बेटे के कमरे में छुपा दिया। उसने ऊपर ही उन्हें खाना दिया और कहा कि वे उस कमरे से बाहर न निकलें। उन्होंने रात वहां गुजारी। आनन्द गुप्त के घर की तरह यहां भी छोटे बच्चों ने पुलिस के आने की सूचना देने के लिये पहरा दिया।

अनन्त सिंह ने सोचा था कि यह घर रंजन लाल सेन के ताल्लुकात की वजह से कुछ समय के लिये सुरक्षित रहेगा। लेकिन ऐसा नहीं हुआ। अगले दिन सुबह (21अप्रैल) 10 बजे उन्होंने रजत के पिताजी से 18 अप्रैल की रोंगटे खड़े कर देने वाली घटनाओं के बारे में बातचीत की। जैसे ही ये बातचीत खत्म हुयी पहरे पर लगे एक लड़के ने आकर कहा कि पुलिस आ रही है। भागने का भी समय नहीं था। सेन परिवार ने उन्हें घर की छत पर एक दुछत्ती में छुपा दिया। तकदीर उनके साथ थी। पुलिस दल का मुखिया अंग्रेज कैली था। उसने सारे कमरे खोजे लेकिन दुछत्ती की तलाशी नहीं ली।[10] पुलिस के जाने के बाद चारों लोग बाहर निकले और जल्दी ही फैसला किया कि अब चिटगांव में रहना सुरक्षित नहीं है। सारे शहर पर पुलिस की नाकेबन्दी थी। चूंकि ये लोग अधिकारियों के मुकाबले शहर को बेहतर जानते थे इसलिये ये बचकर डबल मुरिंग्स के पास वाले रेल्वे क्वार्टर पहुंच गये। उन्होंने रात गणेश घोष के एक दोस्त के घर की रसोई में गुजारी। अगली सुबह उन्होंने फैसला कर लिया। चूंकि मुख्य टुकड़ी 21 अप्रैल तक शहर नहीं पहुंची थी, इसलिये उन्होंने नतीजा निकाला कि वे छोटे–छोटे ग्रुपों में बंटकर कुछ समय के लिये छिप गये होंगे। लेकिन अगर गांवों से निकलकर गुरिल्ला हमला करने की नयी कार्यनीति थी तो उसके लिये अनन्त और गणेश के लिये भूमिगत रहना तो बहुत मुश्किल था। वे तो काफी जाने जाते थे। उन्होंने सोचा कि सबसे अच्छा तो कलकत्ता जाना है, जहां से काफी सम्पर्क और सहायता

मिल सकती है। वे उस सामराजी शहर के भीतर से ही राज पर हमले करेंगे।

जब ये लोग यह फैसला ले रहे थे तभी पहाड़ में नेताओं ने सोचा कि अब वे काफी भटक लिये हैं और अब समय आ गया है कि कुछ ठोस काम करना चाहिये। उन्होंने अपने नेताओं से सम्पर्क करने की आखिरी कोशिश करने का फैसला किया। इस बार मास्टर दा ने अमरेन्द्र नन्दी और दीप्तिमेधा चौधरी को शहर जाने के लिये चुना। लेकिन एक गलती हो गयी। उन्होंने इन लोगों को सुबह 10 बजे भेजा और शाम 7 बजे तक वापिस आने को कहा। ये समय शहर जाने, वहां जानकारी इकट्ठा करने और वापिस आने के लिये काफी नहीं था। जब ये लोग चले गये तो अम्बिका चक्रवर्ती खाने की तलाश में फतेहाबाद गये। उनको पता था कि फौज बिना पेट भरे नहीं चलती। वहां उसने लम्बी दाढ़ी और मूंछ कटवायी। और शाम को पहाड़ी के नीचे पकी हुयी खिचड़ी लाने का इन्तजाम किया। लेकिन पेटभर खाने के ख्याल से ज्यादा एक अखबार की खबर ने उन्हें उत्साहित किया। स्थानीय अखबार *पांचजन्य* की एक प्रति अम्बिका दा ने शहर में खरीदी थी। अखबार में शस्त्र भंडार पर हमलों के जोरदार असर और अंग्रेजों के डर की चर्चा थी। उन्हें शहर में कर्फ्यू और फौज की मौजूदगी की भी खबर मिली। उन्हें यह जानकर बहुत राहत मिली कि अनन्त और गणेश गिरफ्तार नहीं हुए हैं। पुलिस को अन्दाजा था कि वे सब साथ हैं और उसे एक या उससे भी ज्यादा हमले होने का डर था। नेताओं पर पहले ही नौजवान साथियों का दबाव था। अब उन्होंने कदम उठाने का फैसला किया–हमले में ही सुरक्षा है। अब शहर वापिस जाकर हमला करने का समय आ गया था। नौजवानों की तरफ से बोलते हुए त्रिपुरा सेन ने मास्टर दा से कहा कि आज देर रात को ही शहर में घुसना चाहिये।[11]

नेता मान गये। तफसील से कार्यक्रम बनाने में कुछ समय लगा। अनन्त और गणेश की गैरहाजिरी में ये काम और भी मुश्किल था। नरेश, बिधु और लोकनाथ भी इस बातचीत में शामिल हुए। कुछ का मानना था कि उन्हें नौ ग्रुपों में बंट कर अलग–अलग पुलिस स्टेशनों पर हमला करना चाहिये। कुछ दूसरों का मानना था कि सब को एक साथ जाना चाहिये। दोनों सुझावों को रद्द कर दिया गया। आखिर में फैसला हुआ कि वे दुश्मन की सिर्फ दो चौकियों–जेल और इम्पीरियल बैंक–पर हमला करेंगे। शहर जाने के लिये दो अलग–अलग रास्ते लिये जायेंगे। दो मुख्य ग्रुपों को और दो छोटे ग्रुपों में बांटा जायेगा और वे एक दूसरे के आगे–पीछे चलेंगे। चारों ग्रुपों के नेता होंगे – सूर्य सेन, निर्मल सेन, अम्बिका चक्रवर्ती और लोकनाथ बाल। अगर दोनों हमले कामयाब होंगे तो वे फेयरी पहाड़ी की चोटी पर मिलेंगे और आखिरी दम तक लड़ेंगे। यह उनकी शुरूआती योजना थी।

अब वे 18 तारीख के बाद हुई गड़बड़ी और विश्वास खोने के हालत से उबर चुके थे। उन्हें योजना के मुताबिक काम करना था। ये 21 अप्रैल की शाम तक तय हो गया। अभी उनके शहर जाने में काफी घण्टे बाकी थे।

उन्होंने शाम आठ बजे तक अमरेन्द्र नन्दी और उसके साथ गये लड़के का इन्तजार किया। वे नहीं आये। तब ये पहाड़ी से उतरे और एक तालाब के किनारे बैठ गये। अम्बिका दा वाली खिचड़ी भी दो टोकरियों में पहुंच गयी। चार दिन में यह पहला पेट भर खाना था। बिना नहाये, जंगलों में धक्के खाये, थके हुए काफी लड़के सो गये। नेताओं को अन्दाजा हुआ कि ये आज कुछ मील चलकर हमला करने की हालत में नहीं हैं। उन्होंने पास ही में एक पहाड़ी ढूंढी, उस पर रात भर इन्तजार करने के बाद अगली रात को शहर जाने का फैसला किया। उन्होंने एक मील दूर जरजेला–बरतली की पहाड़ी को चुना और दिन खत्म होने से पहले वहां पहुंच गये। ये ठहरने के लिये बहुत माकूल जगह नहीं थी। पहाड़ी नीची थी और इसके चारों ओर ऊंची पहाड़ियां थीं। इसमें छोटी–छोटी झाड़ियां थी और पेड़ों का साया नहीं था। पास ही में रेल्वे स्टेशन था। और सबसे खराब बात यह थी कि लैफ्टीनेंट कर्नल डलास स्मिथ और डी आई जी फारमर इनके पीछे थे। इन्हें इस बात का पता नहीं था।

13
जलालाबाद की लड़ाई

उनका गौरव कभी कम न होगा
जिन्होंने इतनी शानदार लड़ाई लड़ी
चिटगांव बिग्रेड का मान करो
उन अट्ठावन लोगों का

– गणेश घोष की जलालाबाद की लड़ाई पर कविता चिटगांव ब्रिगेड से

20 अप्रैल तक चिटगांव के अंग्रेज अधिकारी बाहर से सेना आने के इंतजार में निष्क्रिय रहे। स्थानीय पुलिस ने ईस्टर सोमवार तक पहाड़ियों में जाने की हिम्मत नहीं की। उस समय तक लैफ्टीनेंट कर्नल डलास स्मिथ के अधिकार में ईस्टर्न फ्रन्टियर राइफल्स (ई एफ आर) की एक टुकड़ी और कैप्टेन रोबिन्सन के नेतृत्व में सुरमा वैली लाईट हार्स (एस वी एल एच) के सिपाही भी इस तलाश में शामिल हो गये। सादे कपड़ों में सिपाहियों को पहाड़ियों के दोनों तरफ के गांवों में जानकारी इकट्ठा करने के लिये भेजा गया। उन्होंने थोड़ी बहुत जानकारी इकट्ठा की। उन्हें पता चला कि क्रांतिकारी चौधरी हाट[1] के आसपास थे जो कि चिटगांव शहर से पांच मील दूर हथहजारी रोड पर है। उन्हें जरजेला बरतली की पहाड़ियों के पास देखा गया था और उनमें से कुछ फतेहाबाद उतर कर राशन खरीदने आये थे।

लैफ्टीनेंट कर्नल डलास की राय थी कि हथियारबंद पुलिस और ए एफ आई समेत चिटगांव की सारी ताकत विद्रोहियों को पहाड़ियों में पकड़ने में लगा देनी चाहिये। लेकिन डिस्ट्रिक्ट मजिस्ट्रेट विल्किन्सन शहर को अचानक हमले से भी बचाना चाहता था। 21 अप्रैल की शाम को फारमर ने विल्किन्सन और डलास स्मिथ के साथ बैठक की कि किस तरह दोनों उद्देश्यों को पूरा किया जाए। विल्किन्सन जिद कर रहा था कि 50 सैनिक, ई एफ आर और एस पी एल एच की टुकड़ियों और ए एफ आई के साथ 'शहर की सुरक्षा के लिये रखे जायें।'[2]

मेजर बेकर और ए एफ आई के कैप्टेन टेट को भी बैठक में बुलाया गया। कैप्टेन टेट को सेना की प्रेसीडैन्सी और आसाम डिस्ट्रिक्ट ने मिलिट्री लियाजां अफसर नियुक्त किया हुआ था। मेजर बेकर ने डलास स्मिथ को विश्वास दिलाया कि हथियारबंद गाड़ी तैयार की जा रही है जो सैनिकों को चौधरी हाट ले जायेगी और उस रात 2:37 पर जाने का फैसला हुआ। उसकी गैरमौजूदगी में डिस्ट्रिक्ट मजिस्ट्रेट की राय लेकर मेजर बाकर को स्थानीय जगहें तय करने का जिम्मा सौंपा गया। सुपरिंटेंडैन्ट आफ पुलिस जॉनसन को भी शहर में बने रहना था।

लैफ्टीनेंट कर्नल डलास स्मिथ लुईस गन के एक दस्ते, सार्जेन्ट किटिंग और तीन लोगों के साथ ट्रेन के अगुआ के रूप में उसी रात रवाना हुआ। उसके साथ ही डी आई जी, ए एस पी लुईस, इन्सपैक्टर मैक्डोनॉल्ड और सार्जेन्ट मोर्सहैड भी थे। वे सुबह 3:40 पर चौधरी हाट पहुंचे। सुबह होने पर वे एक ऊंची जगह गये जहां से 'उस जगह को देखा जा सकता था जहां क्रान्तिकारियों के होने की खबर थी।' वहां कोई नहीं दिखाई दिया और चूंकि 'इससे आगे घना जंगल था जिसमें कुछ भी करना नामुमकिन था' दलबल को वापिस गाड़ी पर बुला लिया गया था। वे 'आगे जानकारी का इन्तजार करने लगे।'[3]

क्रांतिकारी वहां से कुछ ही घंटे पहले गये थे। उन्होंने घने जंगल की परवाह किये बिना, अंधेरे में रास्ता बनाकर दूसरी पहाड़ी पर अपना कैम्प बना लिया था। इस पहाड़ी का नाम जलालाबाद था। ये काफी गर्म दिन था। सूखे गलों और भूखे पेटों के लिये तो सूरज की गर्मी और भी नाकाबिले बर्दाश्त थी। इसके बावजूद लड़के बहुत उत्साहित थे क्योंकि जंगल में धक्के खाने का यह आखिरी दिन था। वे बहुत शिद्दत से शाम होने का इन्तजार कर रहे थे, जब उन्हें उतरकर शहर की तरफ बढ़ना था। सुबह 11 बजे दो आदमी उनके कैम्प की तरफ आये। जब निर्मल सेन ने उनसे पूछा तो उन्होंने कहा कि वो रखाल (ग्वाले) हैं और अपने जानवर ढूंढ़ने आये हैं, जो पहाड़ी पर खो गये हैं। सेन ने उन्हें बताया कि वे लोग पुलिस पार्टी हैं और 'स्वदेशियों' को तलाश कर रहे हैं।[4] निर्मल सेन और दूसरों को शक हुआ किया ये किसान पुलिस द्वारा भेजे गये भेदिए हो सकते हैं। आमतौर पर छोटे लड़के ही जानवरों को चराने के लिये ले जाते हैं, लेकिन ये दोनों तो जवान थे। लेकिन उन्होंने उनको न तो मारा न बंधक बनाया बल्कि उन्हें जाने दिया। पिछले चार दिनों में उन्हें किसान और ग्वाले मिले थे लेकिन उन्होंने कोई खास सावधानी नहीं बरती थी क्योंकि वे तो एक जगह टिकते ही नहीं थे। इन दो लोगों को छोड़ना एक गलती थी।

शाम तक अपना समय काटने और भूख और प्यास को भुलाने के लिये लड़कों ने अपने आपको तरह–तरह के कामों में लगाये रखा। वे अपनी बन्दूकें

साफ करते रहे, अपने असले का ध्यान रखते रहे और पिछले दिनों की घटनाओं की चर्चा करते रहे। नेता और बड़े लड़के रात की गतिविधियों की बारीकियों पर विचार कर रहे थे – किसको किस ग्रुप में रखना है, कौन सा रास्ता लेना है, क्या निशान बनाने हैं। उन्होंने कल शाम की खिचड़ी के बाद से कुछ नहीं खाया था। जलालाबाद की पहाड़ी पर चढ़ते हुये कुछ लड़कों ने खेतों से कुछ तरबूज तोड़ लिये थे। ये सूर्य सेन और निर्मल सेन के सामने लाये गये। उन्होंने उन्हें छोटे टुकड़ों में बांटा जिससे कि सबको कुछ न कुछ मिल सके। लेकिन यह सबके लिये काफी नहीं था। इसलिये, इन दो नेताओं ने कुछ नहीं खाया। तरबूज कच्चे थे और उनमें कोई जायका नहीं था। लेकिन उन्हें चबाने से थोड़ी प्यास जरूर मिटी। छोटा झून्कू जो एक कोने में बाकी सब के साथ झपकी ले रहा था, अचानक उठा तो उसने देखा कि 'मास्टर दा और निर्मल दा फेकें हुये छिलके चबाकर अपनी प्यास बुझाने की कोशिश कर रहे हैं।'[5] 'नेताओं की निस्वार्थ भावना और अनुयाइयों के लिये प्यार' की इस याद को वे आज भी बेशकीमती मानते हैं।

इस दौरान अंग्रेज, क्रांतिकारियों की हलचल के बारे में और जानकारी हासिल कर रहे थे। 'दो ग्वालों ने एक पुलिस वाले को बताया कि 50–60 लोग जलालाबाद की पहाड़ी पर जमा हैं, और फौरन यह बात जान्सन तक पहुंचा दी गयी। पुलिस ने सैनिकों को आगाह किया और कैप्टन रोबिन्सन बचे हुए इ एफ आर और एस वी एल एच के सैनिकों को टैक्सियों में लेकर हटहजारी रोड की तरफ चला। फारमर, टेट और सार्जेंट कीटिंग के मातहत लुईस गन वाला दल और बाकी लोग दोनों दिशाओं में खोजते हुये मिल गये। हमला करने से पहले उन्होंने भेदिये को सही निशानदेही करने को कहा।

ऊपर पहाड़ी पर लड़के चार–पांच के ग्रुपों में बंटे हुये थे। कुछ ऊंघ रहे थे और कुछ आपस में बातचीत कर रहे थे। 18 अप्रैल से पहले वे ग्रुप में कुछ ही लोगों को जानते थे। हालांकि उन्होंने अपने जीवन के सबसे कठिन चार दिन साथ गुजारे थे, फिर भी वे अपने ग्रुप के साथ ही रहते थे। वे नेताओं को या दूसरी पंक्ति के सदस्यों को तो जानते थे, लेकिन दूसरे ज्यादातर लोगों के बारे में उन्हें कुछ पता नहीं था। दोपहर के समय सुबोध राय ने दूर एक पहाड़ी पर एक अनजान आदमी को 'हमारी पहाड़ी की तरफ सफेद कपड़े या रूमाल से इशारा करते हुये देखा।'[6] उसने अपने दोस्त मनोरंजन सेन को बताया और दोनों ने माना कि कुछ शक की गुंजाइश है। उन्होंने मास्टर दा और निर्मल दा को खबर दी। नेताओं ने जान लिया कि दुश्मन करीब है। यह तैयारी का समय था।

उसके बाद चीजें बहुत तेजी से होनी शुरू हुयीं। जलालाबाद की पहाड़ी बहुत ऊंचाई पर नहीं थी और न ही इस पर पेड़ों का घना साया था। यह लड़ाई के

लिये बहुत बढ़िया जगह नहीं थी। लेकिन इसमें एक फायदे की बात थी। इसके नीचे धान के खेत फैले हुये थे और क्रांतिकारी अपनी जगह से सैनिकों की आवा–जाही देख सकते थे। कुछ लड़के तो गुरखा सैनिकों को खेतों से आते देखकर घबरा गये। उनका पहला विचार भाग जाने का था। मास्टर दा ने उनको पहाड़ी पर जाने के लिये मना किया क्योंकि ऐसा करने का मतलब दुश्मन के हाथों निश्चित मौत था।[7] उनके लिये यह बेहतर था कि वे लड़ाई की स्थिति बनाकर अपनी जगह को छिपाये रखें और दुश्मन से लड़ें। अनन्त और गणेश की गैरहाजिरी में उन्होंने लोकनाथ बाल को फील्ड कमांडर बना दिया।

सैनिक अभी कुछ दूर थे। लोकनाथ बाल ने अपने लोगों को आदेश दिया कि वे 'लेटकर लड़ने की स्थिति में आ जायें' और अपनी बन्दूकों में गोली भर लें। लोकनाथ और अम्बिका चक्रवर्ती ने पहाड़ी की चोटी संभाली। मास्टर दा उनके कुछ कदम पीछे थे और निर्मल सेन दूसरी तरफ कोई बीस गज दूर। इस तरह ये नेता आपस में बातचीत कर आदेश दे सकते थे।[8] इनके लोगों ने कई परतों में लम्बे लेट कर पहाड़ी की ऊंचाइयों में अपनी जगहें संभाल लीं। उनकी बन्दूकें आगे बढ़ती सामराजी सेना की तरफ तनी थीं। 18 अप्रैल की तरह ही हर ग्रुप का एक नेता था। कुछ लोगों में एक घबराहट भरी उत्तेजना ने थकान और भूख की जगह ले ली थी। जबकि कुछ और फौरन आने वाली मौत के खौफ में थे। सुबोध राय ने बाद में लिखा है कि किस तरह उस शाम डर और निराशा ने उन्हें पूरी तरह घेर लिया था। 'मैंने सोचा कि गोरखा सिपाही बन्दूक के कुन्दों से हमें मार देंगे; मैंने सोचा छाती में गोली खाकर मर जाना बेहतर है; मैं अपनी मां को अब फिर कभी नहीं देख पाऊंगा; और ऐसे बहुत से ख्याल मेरे दिमाग में आये।'[9] लेकिन ये ख्याल जल्द ही शुरू हो गयी लड़ाई में गायब हो गये। इसमें करने और मरने के अलावा कोई चारा नहीं था। यह सिर्फ नारा नहीं था।

जैसे–जैसे समय बीतता गया उन्हें साफ दीखने लगा कि सैनिक खतरनाक तरीके से उनकी ओर बढ़ रहे हैं और उनकी बन्दूकों के कुन्दे दोपहर की धूप में चमक रहे हैं। वे बिल्कुल शान्ति से इन्तजार करते रहे। सैनिकों ने ढलवां पहाड़ी पर ऊंचाई की ओर रेंगना शुरू किया। जैसे ही सैनिक आधी ऊंचाई तक पहुंचे, पहाड़ी बन्दूक की गोलियों की आवाज से गूंज उठी। लोकनाथ बाल ने जोरदार आवाज में कहा: 'दुश्मन दक्षिणी–पूर्वी पहाड़ी पर है। निशाना लगाओ। और 10 गोलियां तेजी से चलाओ।' पचास से ऊपर मस्कटों ने एक साथ गोली चलायी। गोलियां चलाने के साथ–साथ नारे भी लगाये जा रहे थे: 'इन्कलाब जिन्दाबाद, वन्दे मातरम, साम्राज्यवाद मुर्दाबाद' और दूसरे नारे भी, जो उन्होंने अपना उत्साह बनाये रखने के लिये खुद बनाये थे। दुश्मन को इतने जोरदार हमले की उम्मीद

नहीं थी। उसे तो उम्मीद थी कि अनुभवहीन नौजवान अपने से कई गुना बड़ी ताकत के सामने समर्पण कर देंगे। जैसे ही सैनिकों पर गोलियों की बौछार आयी वे पीछे हटे और ढलान पर मस्कट की पहुंच के बाहर रेंग गये। मास्टर दा के लोगों में इससे नया जोश भर गया। उनका डर भाग गया था और वे हमला जारी रखने के जोश में थे। लेकिन कुछ ही मिनटों में गोलीबारी फिर से शुरू हुयी। सिर्फ पहली जगह से नहीं बल्कि उत्तरी–पूर्वी दिशा से भी। इस बार फौज मशीनगनों का इस्तेमाल कर रही थी। लेकिन ताज्जुब की बात हैं कि उनमें से किसी को भी गोली नहीं लगी। उनके नारों में और जोश भर गया और गोलीबारी भी और जोरदार हो गयी। पर उनके पास असला कम था और जब दुश्मन उनकी पहुंच से बाहर था तो कारतूसों को इस्तेमाल करना बेकार था। लोकनाथ बाल ने उनको आदेश दिया कि अगला हुक्म मिलने से पहले कारतूस ना चलाएं। उनके सामने एक और समस्या थी। उनके पास एक समय में एक कारतूस चलाने वाली पुलिस मस्कटें थीं। यह लम्बे समय तक गोली चलाने के लिये माकूल नहीं है। कारतूस का बाहरी हिस्सा लगातार कारतूस चलाने से पैदा हुयी गर्मी की वजह से बन्दूक की नली में चिपक जाता है। इसको बन्दूक के साथ लगे एक सरिये से साफ करना पड़ता है। और गोली चलाना और धीमा हो जाता है। पहले कुछ गोली चलाने के बाद ज्यादातर मस्कटें फंस गयी थीं। तब यह फैसला किया गया कि दो साथी एक साथ गोली नहीं चलाएंगे। उनमें से एक को अपनी मस्कट साफ करने तक इन्तजार करना था। उनके पास बन्दूकें साफ करने के लिये तेल तो था लेकिन दुश्मन के सामने उन्हें साफ करना मुमकिन नहीं था। सूर्य सेन और निर्मल सेन ने तब स्थिति को अपने काबू में लिया।[10] निर्मल सेन ने एक पेड़ के नीचे सुरक्षित जगह ढूंढ़ी। और मास्टर दा ने रेंग–रेंग कर सब लोगों से बन्दूकें इकट्ठी कीं और उन्हें निर्मल सेन को साफ करने के लिये दिया। वापिस रेंगकर उन्होंने साफ बन्दूकें लड़ने वाले लोगों में बांटीं।

कैप्टन टेट, फारमर और दूसरे अंग्रेज अफसरों को, जिन्होंने हिन्दुस्तानी सिपाहियों को लड़ाई के मैदान में भेज दिया था, अन्दाजा नहीं था कि आई आर ए किस किस्म की समस्याओं से जूझ रहा था। उनके समर्पण न करने, लगातार नारे लगाने और गोली चलाने से उन्होंने समझा कि क्रांतिकारी उनसे बेहतर स्थिति में हैं। लैफ्टीनेंट कर्नल डलास स्मिथ आई आर एं की तलाश में चौधरी हाट के पश्चिम की ओर गया था। 'वो बहुत दूर नहीं गया था जब उसने दक्षिण से गोली चलने की आवाज सुनी, जो बढ़ रही थी'। वो हथियारबंद रेल के पास पहुंचा। वहां पहुंचने पर उसे बताया गया कि सैनिकों को और मजबूत करने के लिये एक जरूरी संदेश मिला था। ए एफ आई का लैफ्टीनेंट फ्रान्सिस अपनी

पहल पर और बहुत जल्दी में दो टैक्सियां, एक लड़ाई की टुकड़ी के अफसर और ई एफ आर के दो हिस्से लेकर घटना स्थल की तरफ गया था।'[11] कर्नल ने तब हथियारबन्द गाड़ी को तेज रफ्तार से चलने को कहा और शाम छः बजकर 10 मिनट पर वह घटनास्थल पर पहुंच गया। तब तक गोली चलते दो घंटे बीत चुके थे। क्रान्तिकारी अभी भी पहाड़ी की चोटी पर जमे हुये थे। लेकिन डलास स्मिथ को 'अपनी सेना का कोई निशान नजर नहीं आया।' आखिर में उसने एस वी एल एच की टुकड़ी को वापिस लौटते देखा। कैप्टेन रोबिन्सन ने उसे बताया कि डी एम ने उन्हें अंधेरा होने से पहले चिटगांव लौटने का आदेश दिया है। थोड़ी देर बाद कुछ ई एफ आर के सैनिकों के साथ उसे कैप्टन टेट मिला। दोनों ने पहाड़ियों में 'जमे रहने' का फैसला किया। कैप्टेन टेट को अपने शस्त्र भंडार पर 'बंगाली कुत्तों' द्वारा हमला करने की बेइज्जती का गुस्सा था। और डलास स्मिथ उस उद्देश्य की पूर्ति करना चाहता था जिसके लिये उसे भेजा गया था – इधर–उधर से जुटे क्रांतिकारियों के एक समूह को नेस्तो–नाबूद करना। कर्नल ने पुलिस के असिस्टेंट सुपरिंटेंन्डेंट लुईस को आदेश दिया कि पहाड़ी पर अपने बायीं तरफ 'एक जगह हथिया ले।' इसमें वह ई एफ आर के और लुईस गन के एक–एक हिस्से की मदद ले। और उसके पीछे ई एफ आर का काफी हिस्सा चले। उन्होंने जो पहाड़ी चुनी थी वह बहुत सही थी। जलालाबाद उनसे नीचे था। हालांकि अंधेरा होता जा रहा था लेकिन वे गोली चलने से हुने वाली रौशनी में क्रान्तिकारियों की स्थिति का जायजा ले सकते थे। लुईस गन ने गोलाबारी शुरू की और कुल पांच बार गोली चलायी। लुईस गन से अन्दाजन 350 कारतूस हर मिनट में चलाये जाते हैं। जलालाबाद की उस पहाड़ी पर उस मंगल की रात हजारों कारतूस ओलों की तरह बरसे।

लुईस गन के चलने से पहले क्रान्तिकारियों को कोई नुकसान नहीं हुआ था। बिना किसी प्रशिक्षण के और थोड़े बहुत हथियारों से, अब तक वे बहुत दृढ़ता से लड़े थे और अंग्रेज सेनाओं को दो बार पीछे हटने पर मजबूर कर दिया था। उन्होंने खुद भी माना है कि क्रान्तिकारियों से रूबरू होने के बाद सेना ने शहर लौटने का फैसला कर लिया था। लड़के अपनी जीत से बहुत खुश थे। 18 अप्रैल तो इसके सामने कुछ नहीं था। इतिहास में पहली बार सिर्फ 55 लोगों ने ब्रिटिश साम्राज्य का हथियारबन्द मुकाबला किया था। (22 अप्रैल तक ये लोग 55 ही रह गये थे क्योंकि उन्होंने चार लोगों को सन्देश लेकर शहर भेजा था) उन्होंने अपनी जीत का जश्न वन्दे मातरम के ऊंची–ऊंची आवाज में लगाये नारों से मनाया। तब उन्हें इस बात का एहसास नहीं था कि 'वे एक बहुत भारी ग़लती कर रहे हैं।'[12] अगर वे चुप रहे होते तो मुमकिन है कि लेफ़्टीनेंट कर्नल डलास स्मिथ भी

उनको बाहर निकालने या खत्म करने की तीसरी कोशिश करने की बजाय शहर लौट जाता।

मशीनगन के कारतूसों की बौछार बहुत तेजी से और जल्दी में हुयी, जिसका उनके पास कोई जवाब नहीं था। उनकी मस्कटों का उनसे कोई मुकाबला नहीं था और दुश्मन काफी दूरी पर था। लेकिन फिर भी लड़के गोलियां चलाते और नारे लगाते रहे। लोकनाथ बाल के छोटे भाई टेगरा ने उठकर अपनी बन्दूक दूर की ओर तानी। किसी भी चीज की परवाह न करने के साहस की वजह से ही उसका नाम टेगरा पड़ा था। एक कारतूस उसके आर–पार हो गया और वो खून बहाता हुआ गिर पड़ा। टेगरा के अन्तिम शब्द–वास्तव में कहे गये या गढ़े गये–चिटगांव क्रान्तिकारियों में किवदंती बन गये हैं। अपने बड़े भाई और क्रान्तिकारी सेना के कमांडर की तरफ देखते हुए उसने कहाः 'सोना भाई, अमी चोल्लम, लेकिन आप अपना काम जारी रखें।' लोकनाथ ने अपनी जगह से हिले बिना कहा 'चिन्ता मत करो, एक क्रांतिकारी की मौत मरो।'[13] खून बहने से मरते हुए टेगरा ने शहादत के दरवाजे खोल दिए थे।[14] चिटगांव के विद्रोह में मरने वालों में वो पहला था। शोक मनाने का समय उनके पास नहीं था। एक के बाद एक आई आर ए के बहादुर सदस्य मशीनगन की गोलियों के सामने धराशायी होते गये। मस्कट अब फंसे जा रहे थे, असला कम हो रहा था और पहाड़ी नौजवानों के खून से भीगी हुयी थी, लेकिन बचे हुए लोगों ने लड़ाई छोड़ने से इन्कार कर दिया। अगले दिन लैफ्टीनेंट कर्नल डलास स्मिथ ने कहा 'इसमें कोई शक नहीं कि वहां 100 से ज्यादा क्रान्तिकारी थे और जिस तरह वे ''समर्पण कभी नहीं'' के नारे लगा रहे थे उससे जाहिर था कि वे लड़ने के लिये बज़िद थे। उनकी स्थिति अच्छी थी और उनमें से किसी को देखा नहीं जा सकता था, इसलिये यह अन्दाजा लगाना मुश्किल है कि उनमें से कितने मरे।'[15]

आखिरकार, वहां खामोशी छा गई। 'मुतमईन होने के बाद कि सारे क्रांतिकारी पीछे हट गये हैं, सारी टुकड़ियों को ट्रेन पर वापिस भेज दिया गया।' और सैनिक चिटगांव वापिस आ गये। वो जलालाबाद की पहाड़ी पर उस रात उतरने का खतरा मोल नहीं लेना चाहते थे। क्रान्तिकारियों को इसकी जानकारी नहीं थी और उन्हें यकीन था कि अंग्रेज सैनिक पहाड़ी को घेर लेंगे और जब वे लोग गोलीबारी कर निकलने की कोशिश करेंगे, तो उनका कत्लेआम हो जायेगा। जब गोलीबारी बिल्कुल रुक गयी तो उन्होंने अपने शहीद साथियों को अलविदा कह कर चलने की तैयारी की। बाद में उन लोगों की लाशें पहाड़ी पर बिखरी हुई मिलीं 'मौत में उनके चेहरे पर सूकून था।'[16] मरने वालों में उनके सबसे बहादुर दस लोग शामिल थे––तेगरा, त्रिपुरा, नरेश रे, बिधु भट्टाचार्य, पूर्वांष बाल, शशांक मोहन

दत्त, जितेन्द्र दास गुप्ता, मधु सूदन दत्ता, पुलिन विकास घोष, और उनमें सबसे छोटा, निर्मल लाला। मास्टर दा और लोकनाथ बाल हर साथी के पास गये और उनके पास से बन्दूक और असला ले लिया। तीन और लोगों को ज्यादा चोटें आई थीं। मतीलाल कानूनगो और अर्द्धेन्दु दस्तीदार जिन्दा तो थे लेकिन उठ नहीं सकते थे। अम्बिका चक्रवर्ती एक पेड़ के सहारे थे और उनके सिर से बहुत खून बह रहा था। उसका सारा चेहरा खून से ढंका था और आंख खोलना भी मुश्किल था।[17] अम्बिका ग्रुप के पैसों का हिसाब–किताब रखता था, इसलिये जब मास्टर दा उसके पास गये तो उसने दो सौ रुपये के करीब उनको थमाये और कहा कि बचे हुए लोगों को लेकर फौरन यहां से चले जाओ। लोकनाथ बाल ने बाकी लोगों को एक–एक की लाईन बना कर कूच करने को कहा। जाने से पहले उन्होंने अपने शहीद साथियों को सावधान खड़े होकर सलामी दी। और उनकी शान में नारे लगाये 'आजादी के शहीद जिन्दाबाद, शहीद जिन्दाबाद, इन्कलाब जिन्दाबाद, वन्दे मातरम'।[18]

अगली सुबह डिस्ट्रिक्ट मजिस्ट्रेट ने जानसन को आदेश दिया कि 'एक फ्रोटोग्राफर और अंगुलियों के छापों की निशानदेही करने वाले आदमी को लेकर पहाड़ी पर जाये।' वो वहां दोपहर से जरा पहले पहुंचा। सिविल सर्जन वहां पहले ही पहुंच चुका था और उसने जानसन को बताया कि 'चीर–फाड़ करने की कोई जरूरत नहीं है क्योंकि मौत की वजह साफ जाहिर है।[19] अरउनमें से अर्द्धेन्दु दस्तीदार को इलाज के लिये अस्पताल ले जाया गया (वो उससे इकबालिया बयान लेना चाहते थे)। मतीलाल कानूनगो बयान देते हुए मर गया, लेकिन उसने भी उन्हें कुछ नहीं बताया। पहाड़ी पर दस लाशें फैली पड़ी थीं। जानसन ने हर लाश का अलग से फोटो खींचा और उसके साथ गये फोटोग्राफर ने तीन–तीन के ग्रुपों में उनके फोटो खींचे। इसके बाद शिनाख्त के लिये उनके कपड़े उतारे गये और जब्तशुदा सामान की फेहरिस्त तैयार की गयी।' जो सामान पाया गया वह है: 43 पुलिस मस्कट, एक हाथी दांत के हत्थे वाली पिस्तौल, 936 कुलबाल और बकशॉट कारतूस, 998 चलाये हुए खाली कारतूसों के केस, 164 रिवाल्वर के कारतूस और एक तलवार। नरेश रे की लाश पर एक 'दिलचस्प दस्तावेज' मिला। इसमें 'यूरोपियन क्लब का बहुत ही तफसील और बारीकी से बनाया हुआ नक्शा था जिसमें आने–जाने वालों, अल्मारियों, बिलयर्ड खेलने की मेजों, कुर्सियों' के बारे में पूरी जानकारी थी। त्रिपुरा सेन की लाश पर एक और दिलचस्प दस्तावेज मिला 'जिससे साबित होता है कि यह विद्रोह आइरिश विद्रोह की तर्ज पर ही था।'

जानसन की रिपोर्ट के मुताबिक 'जब सारा सामान इकट्ठा कर लिया गया,

फोटो ले लिये गये और लाशों पर से कपड़े उतार लिये गये तो ए बी रेलवे की लकड़ी को एक गड्ढे में रखा गया। इसके ऊपर सारी लाशों को रखकर पैट्रोल से तर कर दिया गया। उसके ऊपर एक और परत लकड़ियों की रखी गयी और फिर पैट्रोल छिड़क कर दियासलाई दिखाकर लाशों को जला दिया गया।'[20] न किसी को बताया गया, न कोई रिश्तेदार बुलाया गया और न ही कोई फातिहा पढ़ा गया। ये लोग इससे बेहतर अन्तिम संस्कार के अधिकारी थे – ये बहादुर नौजवान, जिन्होंने अपनी मातृभूमि के लिये आखिरी दम तक लड़ते हुए अपनी जिन्दगी दे दी। शायद, 1857 के बाद से आजादी की लड़ाई में यह अकेली और सीधी हथियारबन्द लड़ाई थी।

सिर्फ अंग्रेजों ने ही उन्हें आग के ढेर में नहीं झोंका––बिना शोक मनाये, बिना उनकी शान में कसीदा पढ़े, बिना उनका सम्मान किये। राष्ट्रीय आंदोलन के नेताओं ने भी उनके इस बलिदान को नहीं पहचाना। चिटगांव शस्त्र भण्डार पर हमलों का तो कभी–कभी जिक्र होता भी है, लेकिन जलालाबाद की लड़ाई तो हमारी राष्ट्रीय स्मृति से बिल्कुल गायब है। 26 अप्रैल को महात्मा गांधी एक गुजराती सत्याग्रही विट्ठल दास की मां के पास गये 'उनको अपने बेटे को देश की खातिर देने के लिये बधाई देने के लिये।' उन्होंने कहा कि हर मां को देश सेवा के लिये अपना बेटा देना चाहिये। विट्ठल दास, गांधीजी के नशाबन्दी आन्दोलन के दौरान एक ताड़ी का पेड़ काट रहा था। कुल्हाड़ी उसके पैर पर गिरी और वो चार दिन बाद अस्पताल जाकर मर गया। गांधी ने कहा 'विट्ठल दास वास्तव में मरा नहीं था, देश हमेशा उसको याद करेगा।'[21] जलालाबाद में मरने वाले लड़कों के लिये ऐसी कोई भी भावना जाहिर नहीं की गई। लगता है शहादत भी विचारधारा में बसती है।

14
फेनी से फरार

...चार नेताओं का फरार होना सबसे बड़ी विपदा है, अब तो बिल्कुल साबित हो चुका है कि उनमें अनन्त सिंह एक था और मक्खन दूसरा।

— डी आई जी बाकरगंज जे सी फारमर का लोमन को पत्र 6 मई, 1930[1]

जब आई आर ए के नौजवान साम्राज्यशाही से जलालाबाद की पहाड़ियों पर खूनी लड़ाई लड़ रहे थे तो उनके दो फौजी नेता चिटगांव से बाहर जा रहे थे। इन्हीं नेताओं ने इन नौजवानों को कई नकली लड़ाइयों में फौजी प्रशिक्षण दिया था। वे अब एक नई किस्म की जोखिम का सामना करने वाले थे। 21 अप्रैल की रात को उन्होंने अपने साथियों की तलाश छोड़ दी और फैसला किया कि वे कलकत्ता जाएंगे। उन्हें पता था कि यह एक खतरनाक सफर है। सारे बंगाल को भागे हुए लोगों को पकड़ने के लिये सावधान कर दिया गया था। सभी ट्रेनों और रेल्वे स्टेशनों पर कड़ी निगरानी रखी जा रही थी। उन्होंने गणेश घोष के दोस्त दिनेश के साथ रात गुजारी थी। उसने उन्हें सफर के लिये जरूरी सामान इकट्ठा कर के दिया——पुराने कपड़े, तेल, साबुन, ब्लेड, दो–एक पुरानी छतरियां और कुछ इस्तेमाल किये हुए लोटे। उन्होंने तय किया कि वे साधारण यात्रियों की तरह सफर करेंगे——गणेश एक छोटा–मोटा दुकानदार, अनन्त उसका चचेरा भाई और दो भतीजे, मक्खन घोषाल और आनन्द गुप्त। उन्होंने अपने नाम तो बदले ही अपनी चाल भी गरीब यात्रियों वाली बनायी। उनकी रिवाल्वरें उनकी धोती और लम्बी कमीज के नीचे और छोटी कपड़े की पोटली में छुपी थीं। ऐसी पोटलियां आमतौर पर गरीब लोग अपने थोड़े से सामान को ले जाने के लिये बनाते हैं।[2] वे शाम के समय निकले और दस मील दूर भटियारी रेलवे स्टेशन पर पहुंचे। यह स्टेशन चिटगांव–लक्सम–कोमिला लाईन पर है। अब तक का सफर बिना किसी दुर्घटना के गुजर गया था। उनमें सबसे छोटा आनन्द गुप्त टिकट खरीदने के लिये गया।

आठ बजे रात को भटियारी रेलवे स्टेशन का स्टेशन मास्टर अपने दफ्तर के कमरे में बैठा था। 'तभी उसे एक सांवले रंग का लड़का अपने कमरे में खिड़की से झांकता नजर आया' और जैसे ही उसकी नजर उससे मिली उसने अपना चेहरा फेर लिया।[3] कुछ देर बाद वो लड़का फिर टिकट की खिड़की पर पहुंचा और स्टेशन मास्टर को घूरते देख एक तरफ को हट गया। लड़के ने कुछ रुपयों के साथ हाथ बढ़ा कर कोमिला के लिये चार टिकट मांगे। स्टेशन मास्टर ने अपने साथी से कहा कि अभी टिकट मत दो। वो फिर लड़के के पीछे–पीछे बाहर आया जहां तीन और लोग दरवाजे के पास एक खजूर के पेड़ के पास बैठे थे। जब वो उनके पास पहुंचा तो 'एक ने अपने सिर पर एक गन्दी सी रजाई डाल ली और दूसरे ने एक सफेद चादर।' जब उसने उनसे पूछा कि वे कहां जा रहे हैं तो 'एक ने अंग्रेजी में जवाब दिया कि उसको इससे क्या मतलब।' अंग्रेजी में दिये गये जवाब से अश्वनी कुमार घोष कुछ घबरा गया और उसने उस वक्त उनसे कुछ नहीं कहा। हालांकि उसके बाद के ब्यौरे में इसका कोई जिक्र नहीं है। जब वो उन्हें छोड़ कर बरामदे में वापिस आया तो उसे वह लड़का फिर दिखाई पड़ा। उसने उससे पूछा कि वे लोग कहां जा रहे हैं? लड़के ने जवाब दिया कि वे फौजदार हाट से आ रहे हैं और वहां उनकी एक दुकान है। स्टेशन मास्टर का शक और बढ़ गया क्योंकि वह फौजदार हाट को अच्छी तरह जानता था और इस किस्म की कोई दुकान वहां नहीं थी। जब वह अपने दफ्तर में घुसा तो सहायक स्टेशन मास्टर ने उससे कोमिला के टिकट मांगे क्योंकि उसके पास वे टिकट खत्म हो गये थे। तब तक तीन अप ट्रेन स्टेशन के बाहर वाले सिग्नल तक पहुंच गयी थीं और कोमिला वाले डिब्बे से टिकट निकालने का टाईम नहीं था। स्टेशन मास्टर ने उसे लक्सम के टिकट देने को कहा। वह अपने आप उनका सामना नहीं करना चाहता था, लेकिन उसने अपना फर्ज निभाया। टिकट जारी करने से पहले उनके नम्बर अपने पास दर्ज कर लिये। उसने देखा कि बाहर बैठे तीनों लोग लड़के के साथ मिलकर ट्रेन पर चढ़ गये। स्टेशन मास्टर तब गार्ड के पास गया और उन चारों की तरफ इशारा कर के उन पर नजर रखने को कहा। गार्ड ने तार भेज कर पुलिस को खबर करने की सलाह दी। जैसे ही ट्रेन स्टेशन से बाहर निकली, अश्वनी घोष ने लक्सम, सीता कुण्ड और फेनी के पुलिस स्टेशनों को तार भेजा।[4]

और हुआ ऐसा कि उस रात फेनी के छोटे से स्टेशन पर जब 11:15 पर तार द्वारा संदेश आया तो स्थानीय पुलिस पहले से ही मौजूद थी। उस रात तिपरा राज्य के सैनिक बेलोनिया जाते हुए फेनी से गुजरने वाले थे। फजलुल बेसत, फेनी का पुलिस इंस्पैक्टर, जतीन्द्र मोहन राय फेनी का थाना इन्चार्ज, एक हैड

कांस्टेबल और छः कांस्टेबल सैनिकों से मिलने रेल्वे स्टेशन आये हुए थे। जब 3 अप गाड़ी स्टेशन पहुंची तो इंस्पैक्टर गार्ड जे बी परेरा से मिलने गया। 'उसने उस डिब्बे और उन यात्रियों की तरफ इशारा कर उनकी पहचान करवा दी'।[5] डिब्बा भरा हुआ था, फिर भी उन्हें इन यात्रियों को पहचानने में ज्यादा वक्त नहीं लगा। सब इन्सपैक्टर ने इन चारों से कहा कि चूंकि उन्होंने अपने नाम भटियारी के स्टेशन मास्टर को नहीं दिये थे, इसलिये उन्हें फेनी पर उतरना होगा ताकि उनके नाम की शिनाख्त की जा सके। भटियारी में अनन्त सिंह ने कड़क कर अंग्रेजी में जवाब दिया था लेकिन गाड़ी के डिब्बे में गणेश घोष ने इससे बिल्कुल उल्टा किया। उसने बहुत गरीब और विनम्र बन कर इन्सपैक्टर से विनती की कि वो उन्हें ट्रेन से ना उतारे क्योंकि उन्हें बहुत जरूरी काम से कोमिला पहुंचना है।[6] वे अपना काम–काज देखने फौजदार हाट गये थे और अब उन्हें अपने दूसरे काम से कोमिला जाना था। उसने अपना नाम मोहिम चन्द्र सेन बताया और अपने साथियों के नाम भी बताये। वो बहुत कमजोर और बीमार लग रहा था। और जब वो इन्सपैक्टर के पैरों में गिरकर गिड़गिड़ाया तो कोई अन्दाजा भी नहीं लगा सकता था कि वो उस सेना का 'फील्ड मार्शल' है जिसने हाल ही में इतना बड़ा बलवा किया था। सब इन्सपैक्टर जतीन्द्र मोहन राय दुविधा में था। वो वास्तव में इन गंवारों के लिये अफसोसज़दा था। लेकिन फर्ज तो फर्ज है। जे बी पेरेरा ने जब देखा कि चारों लोगों को गाड़ी से उतार लिया गया है, तो उसने गाड़ी रवाना की।

उन्हें प्लेटफार्म से सहायक स्टेशन मास्टर के कमरे में ले जाया गया। अब तक रात के 1 बजकर 20 मिनट हो चुके थे। फजलुल बेसत दरवाजे में एक कुर्सी पर बैठ गया और सब इन्सपैक्टर को चारों की तलाशी लेने को कहा। इससे पहले ही उनमें सबसे बड़े दीखने वाले ने उठकर कहा कि वो पेशाब करने जाना चाहता है। इसलिये तलाशी से पहले ही उसे एक हवलदार और दो सिपाहियों के साथ बाहर भेजा गया।[7] दो सिपाही उनकी मदद करने को खड़े थे।

अनन्त सिंह को पता था कि मामूली सी तलाशी में भी उनके पास के रिवाल्वरों और पिस्तौलों का फौरन पता चल जायेगा। और कपड़े की पोटली का भी यही होगा जो एक सिपाही खोलने ही जा रहा था। मक्खन दरवाजे के सबसे नजदीक खड़ा था, आनन्द उसके पास था। अनन्त सिंह एक अलमारी के पास पीछे था। उसके पीछे एक सिपाही खड़ा था और एक आगे। तलाशी के लिये सबसे पहले मक्खन को बुलाया गया। सबकी आंखें उस पर टिकी थी। अनन्त सिंह ऐसे ही मौके की तलाश में था। उसने लड़कपन में सर्कस और जादू के खेल भी किये थे। उसे पता था कि जादूगर, ऐसे मौके की तलाश में रहते हैं जब जनता

का ध्यान दूसरी तरफ बंटा हो। और 'क्रांतिकारी जादूगर को वो मौका मिल गया जिसकी उसे तलाश थी'।[8] जब पुलिस वाले मक्खन पर ध्यान लगाये हुए थे, उसने एक हाथ में पिस्तौल और एक हाथ में रिवाल्वर निकाल ली। इससे पहले कि किसी को पता लगे कि क्या हो रहा है, उसने दोनों हथियारों से गोली दागना शुरू कर दिया। उसका निशाना सामने वाले पुलिस वाले की टांगों की तरफ था। वो गिर पड़ा और अनन्त सिंह सहायक स्टेशन मास्टर की मेज पर कूदा और चिल्लाया 'भागो, जान बचाओ'। उसके आदेश का फुर्ती से पालन हुआ और पलक झपकते ही कमरा खाली था। जैसे ही पहली गोली चली, आनन्द और मक्खन ने भी अपनी बन्दूकें निकाल कर गोलीबारी शुरु कर दी। एक सिपाही मनीन्द्र पाल ने मक्खन के हाथ से रिवाल्वर छीनी तो आनन्द ने उसे गोली मार दी। गोलीबारी से मुकाबला एक ही झटके में हो गया। 'धुंऐ से कमरे में अन्धेरा हो गया।'[9] दो सिपाही घायल होकर गिर गये 'और इन्सपैक्टर, कुछ सिपाही और कुछ तमाशबीन कमरे से भागे'।[10] सहायक स्टेशन मास्टर जो इस किस्म के हादसे के लिये तैयार नहीं था 'गहरी सांस लेकर डर के मारे उसी मेज पर आगे की तरफ गिर पड़ा जिस पर वो बैठा था'।[11] टिकट कलैक्टर प्रफुल्ल पाठक जो कमरे में इधर–उधर घूम रहा था 'डर के मारे बराबर वाले लैम्प रूम में भाग गया'।[12] और इन्सपैक्टर फजलुल बेसत 'भागकर पहले दर्जे के वेटिंग रूम में चला गया'।[13] जब तक इन लोगों को समझ आता कि क्या हो रहा है, ये चारों नज़रों से गायब हो चुके थे।

गणेश घोष, जिनको हवलदार हेमन सिंह और सिपाही तोराब अली और जोगेन्द्र राय बाहर लेकर गये थे, स्टेशन की इमारत के पूर्व में रेलवे लाईन के पास ही थे, जब ए एस एम के कमरे से गोलीबारी की आवाज आयी। फौरन गणेश ने अपनी रिवाल्वर निकाली जिसे देखकर सिपाही भाग गये। उन्होंने बाद में अधिकारियों को बताया कि इस 'बड़े से आदमी' ने भी उन पर गोली चलायी और उनके पास भागने के अलावा कोई चारा नहीं था। उस वक्त तक किसी को पता नहीं था कि फेनी से इतने बड़े तमाशे के साथ भागने वालों की पहचान क्या थी? अगले दिन इस हादसे की खास रिपोर्ट में काफी कड़वाहट से कहा गया: 'लगता है फौरन कोई शोर नहीं मचाया गया और हालांकि 50 सैनिक पास के स्टेशन पर खड़ी गाड़ी में थे, फिर भी कोई कार्यवाही नहीं की गयी'।[14]

घटनास्थल से भागने के बाद विद्रोही एक दूसरे से बिछड़ गये। आनन्द जो दरवाजे के सबसे पास था, सबसे पहले भागा था। अनन्त सिंह उसके पीछे था लेकिन उसने कई बार रुक कर हवा में गोली चलाई थी ताकि कोई पीछा न करे। जब उसने सामने की तरफ देखा तो आनन्द वहां नहीं था। लेकिन मक्खन और आनन्द एक दूसरे को मिल गये। थोड़ी देर उन्होंने अपने नेताओं को खोजा। फिर

फैसला किया कि वे फेनी ट्रंक रोड से कोमिला की तरफ जायें। वे सोचते रहे कि उनका पीछा किया जा रहा है, लेकिन फेनी के पुलिस वाले तो इतने अचम्भे में थे कि उन्होंने पीछा करने की भी नहीं सोची। वे अनन्त और गणेश की भी तलाश में थे और उनके बिना अपने को अनाथ समझ रहे थे। उन दो नेताओं ने भूमिगत क्रान्तिकारी कार्य करते हुए बहुत बार 'कानून और व्यवस्था की ताकतों' से मुठभेड़ की थी। इसके बरक्स आनन्द और मक्खन इस मामले में बिल्कुल नये थे और यह उनकी पहली मुठभेड़ थी। उन्हें पता नहीं था कि कहां जायें और किस तरह पनाह लें। लेकिन उन्होंने चलना जारी रक्खा। तीन घन्टे, लम्बे और टेढ़े–मेड़े रास्ते पर चलने के बाद, उन्हें अपने से कुछ दूर एक आदमी दिखा। उन्हें यकीन था कि वो पुलिस वाला है, उन्होंने अपनी चाल धीमी की। आगे वाला आदमी भी धीमा पड़ गया। कुछ मिनट बाद वो आदमी सड़क के एक किनारे होकर एक पेड़ के नीचे बैठ गया। जाहिर था कि उसकी कोशिश अपने आप को छिपाने की थी। आनन्द और मक्खन ने फैसला किया कि वे उसका सामना कर उसे चुनौती देंगे। उन्होंने उसकी तरफ अपनी रिवाल्वरें तानीं और जोरदार आवाज में कहा 'हाथ ऊपर उठाओ, तुम कौन हो, कहां जा रहे हो?' और किसी फिल्मी दृश्य की तरह उस आदमी ने जवाब दिया, 'मैं गणेश दा हूं।' काफी खुशी मनाई गयी, लेकिन खोये हुये अनन्त सिंह के बारे में फिक्र भी थी। सुबह की रौशनी होते ही उन्होंने सड़क छोड़कर खेतों में चलना शुरू किया। वे स्थानीय गांव वालों से खाना इकट्ठा करते रहे। उन्होंने फैसला किया कि वे पहले शिलांग जायेंगे जहां आनन्द की एक मौसी जिले के स्कूलों की इन्सपैक्टर थी। वहां से आखिरकार कलकत्ता पहुंचे, जहां उन्हें जुगान्तर के नेताओं ने पनाह दी।

आनन्द और मक्खन के नजर से ओझल होने के बाद, अनन्त सिंह फेनी प्लेटफार्म के दक्षिण की ओर गया और जल्द ही एक कांटेदार बाड़ से टकराया। कांटों से उसके कपड़े फट गये और उसके हाथ–पैरों और चेहरे पर काफी खरोंचें आयीं। वो फेनी में अभय आश्रम पहुंच गया। अपने एक पुराने साथी को वहां न पाकर वो गांव की तरफ निकल पड़ा। अपने खून से सने कपड़ों और अपनी खराब बन्दूकों को एक जगह गाढ़कर वो एक गूंगे, बहरे और पागल भिखारी का स्वांग करने लगा। कई मील चलने के बाद वो तिपरा जिले की सीमा और त्रिपुरा राज्य की पहाड़ियों पर पहुंचा।[16]

भटियारी के ईमानदार स्टेशन मास्टर की मेहनत बेकार हो गयी। फेनी स्टेशन की घटना सुबह डेढ़ बजे की थी, लेकिन इन्सपैक्टर ने सुबह साढ़े पांच बजे तक अपने ए एस आई को फरार लोगों की तलाश में नहीं भेजा। उसने उन्हें फेनी कालिज के हॉस्टल में ढूंढ़ा और फिर 'चौदह मील तक कोमिला जाने वाली सड़क

पर, लेकिन उनका कोई सुराग नहीं मिला'।[17] एक और ए एस आई को रेल लाईन के दूसरी तरफ तलाश करने के लिये भेजा गया। वो भी 'इसी तरह नाकामयाब' रहा। वो रेलवे स्टेशन वापिस आया तो उसने स्टेशन के दक्षिण–पूर्वी कोने की तरफ बाड़ में एक कपड़े का टुकड़ा और चादर तारों में फंसी देखी। यह बाड़ स्टेशन और कालिज के बीच में थी। कपड़े के टुकड़े पर धोबी की स्याही में 15427 नम्बर की मोहर थी। चिटगांव पुलिस ने पता लगाया कि खद्दर की एक धोती ध ाोने के लिये शहर की ड्राईक्लीनिंग कम्पनी के मालिक हरेन्द्र नाथ दास के पास आयी थी। यह 11 अप्रैल 1930 को रजत सेन के यहां से आयी थी।[18] इस चतुर जांच से यह तो साबित हो गया कि फेनी से फरार लोग चिटगांव ग्रुप के थे लेकिन ये चतुराई उन्हें पकड़ने में काम नहीं आयी। डी आई जी फारमर ने निराशा में इसको 'सबसे दुखद विपदा' कहा।

15
पखेरू उड़ गया

लगता है कि गैंग बट कर पहाड़ियों से भाग गया है; तलाश अभी भी जारी है। एक हवाई जहाज भी इन्डियन एयर ट्रान्सपोर्ट कम्पनी से तलाश में मदद करने के लिये किराये पर लिया गया है। फेनी रेलवे स्टेशन पर एक दुर्भाग्यपूर्ण घटना हुयी। इन घटनाओं की अच्छी तरह भर्त्सना नहीं हुयी है; लगता है कि सरकार की ताकतों पर हमले में क्रान्तिकारियों की कामयाबी से आम धारणा खुशी की है। क्रान्तिकारी प्रैस ने कहा है कि इस तरह के हमलों के सामने सरकार की कमजोरी जाहिर है।

– बंगाल के मुख्य सचिव डब्ल्यू एस हापकिन्स द्वारा लन्दन में हिन्दुस्तान के लिये राज सचिव को अप्रैल 1930 के दूसरे हफ्ते में चिटगांव की घटनाओं के बारे में भेजी गयी रिपोर्ट से। ऐसी रिपोर्ट हर पखवाड़े भेजी जाती थी।[1]

जलालाबाद की लड़ाई में जीत से चिटगांव में लगी सरकारी ताकतों को ज्यादा खुशी नहीं हुई। उनका क्रान्तिकारियों को नेस्तोनाबूद करने का उद्देश्य बिल्कुल पूरा नहीं हुआ था। उस रात को जब वे हथियारबन्द गाड़ी से शहर वापिस लौटे तो लैफ्टीनेंट कर्नल डलास स्मिथ को पता था कि वह एक काम अधूरा छोड़ कर जा रहा है। दो दिन तक तो वे विद्रोहियों को ढूंढ़ ही नही पाये थे और जब आखिरकार 22 अप्रैल की शाम को उनसे सामना हुआ भी तो हथियारबन्द फौज ने रात के समय बजाय पहाड़ी को घेरने के, अपनी कार्रवाई बन्द कर दी। यह कार्य नीति की बहुत बड़ी भूल थी। इससे पता चलता है कि वे क्रान्तिकारी फौज का जंगल में रात को सामना करने के विचार से कितना डरते थे। (हालांकि तब तक क्रान्तिकारी फौज में थके हुए 42 आदमी ही बचे थे।) इस पीछे हटने के लिये सरकारी सफाई यह दी गयी कि डिस्ट्रिक्ट मजिस्ट्रेट ने शाम के बाद सारे बलों की चिटगांव की रक्षा के लिये वापिस आने का आदेश दिया था।

लैफ्टीनेंट कर्नल डलास स्मिथ (ई एफ आर), कैप्टेन टेट (ए एफ आई) और

कैप्टन रोबिन्सन (एस वी एल एच) के अपने लोगों के साथ वापिस लौटने से क्रान्तिकारियों में ये धारणा घर कर गयी कि उस रात को अंग्रेज फौजों को भारी नुकसान हुआ था और वो इस पर पर्दा डालना चाहते थे। सुबोध राय का कहना है कि उस दिन लड़ाई के बाद पहाड़ी से उतरते हुए चार पांच अंग्रेज सैनिकों की लाशों को ठोकर लगी थी। चिटगांव शहर में आम चर्चा थी कि उस रात कर्फ्यू के समय में 'उन्होंने अपने मृतकों को एक गाड़ी के डिब्बे में भरकर उसे बंगाल की खाड़ी में धकेल दिया था।'[2] अनन्त सिंह ने ध्यान दिलाया है कि पहले मुकद्दमे में हुकूमत ने खुद कबूल किया था कि हथियार बन्द ट्रेन 11 बजे के बाद चिटगांव पहुंची, हालांकि मशीनगन से गोलीबारी आठ बजे बन्द हो गयी थी। सरकारी बलों को चिटगांव पहुंचने में तीन घण्टे क्यों लगे? उनका मानना था कि यह समय मरे हुए और घायल सैनिकों को ठिकाने लगाने में लगा था।[3] गणेश घोष ने भी दावा किया है कि उसकी गिरफ्तारी के बाद कलकत्ते के बदनाम पुलिस कमीश्नर चार्ल्स टेग्राट ने उसे गाली देकर कहा था कि उनके गैंग ने 'हमारे 64 आदमी' मार दिये थे।[4]

उस जमाने के दस्तावेजों से यह साबित नहीं होता। लैफ्टीनेंट कर्नल डलास स्मिथ, एस पी जानसन, डी आई जी फारमर, डिस्ट्रिक्ट मजिस्ट्रेट विल्किन्सन और अर्द्ध–सैनिक बलों के दूसरे मुखिया भी चिटगांव के हालात पर लगातार रिपोर्टें भेजते थे। उनमें वे चिटगांव के क्रांतिकारियों के खिलाफ कार्रवाई का ब्यौरा भी देते थे। इन गोपनीय रिपोर्टों से पता चलता है कि अप्रैल के उस महीने में किस प्रकार अंग्रेजी शासन तन्त्र को डर और निराशा ने घेर रखा था। लेकिन इनमें जलालाबाद की लड़ाई में उनके सिपाहियों के मरने का कोई जिक्र नहीं है। स्थानीय अधिकारी हमेशा, स्थिति का सामना करने के लिये, ज्यादा ताकत की मांग करते थे। अगर उनके लोग मरे होते तो यह बात ऊपर के अधिकारियों से छिपी नहीं रह सकती थी। इससे तो उनकी क्रान्तिकारियों से लड़ने के लिये ज्यादा ताकत की मांग को बढ़ावा ही मिलता। फौजी नजरिये से देखें तो आई आर ए ज्यादा अक्षम थीः वो सिर्फ लड़कपन में थे और उन्हें लड़ाई का कोई अनुभव नहीं था; उनके पास सिर्फ पुलिस की मस्कटें थीं जो ज्यादा दूर मार नहीं कर सकती थीं और अंग्रेजों की मशीनगनों से उनका कोई मुकाबला नहीं था; और वे एक पहाड़ी पर फंसे हुए थे जिसके चारों ओर ऊंची पहाड़ियां थीं। इसके बावजूद वे तीन घंटे तक लड़ते रहे और दुश्मन को वापिस लौटने पर मजबूर कर दिया। यह कमाल का काम था। इससे कोई फर्क नहीं पड़ता कि अंग्रेज बलों का कितना नुकसान हुआ। वास्तव में जलालाबाद में क्रान्तिकारियों की जीत हुयी थी। यह उनकी फौजी खूबियों के कारण नहीं था बल्कि एक विचारधारा में विश्वास और हौसले के कारण था।

अंग्रेज बलों को उस रात पहाड़ियों में आई आर ए का मुकाबला करने में डर तो था ही। वे इसलिये भी वहां से वापिस लौटे थे कि उन्हें चिटगांव शहर पर भी एक और हमले का डर था। अगले दिन नरेश रे की जेब से जब यूरोपियन क्लब का नक्शा मिला, तो शहर की अंग्रेज आबादी में दहशत फैल गयी। उस समय उन्हें यह अन्दाजा बिल्कुल नहीं था कि यूरोपियन क्लब पर हमला 18 अप्रैल की रात को होना था और वे उसमें नाकामयाब रहे थे। दूसरी कुछ बातों से भी शहर पर हमले का डर बढ़ गया था। फारमर ने कहा कि 'मरते हुए लोगों' ने अनन्त को कहते सुना था कि काफी यूरोपियन नहीं मारे जा सके हैं। ''इससे ऐसा लगा कि चिटगांव शहर पर एक और हमले की योजना है। इसके मुकाबले के लिए हमें सावधान रहना था। और इसलिये भी कि शहर की यूरोपियन आबादी काफी घबरायी हुई थी'।[5] 18 अप्रैल से अनन्त सिंह को नहीं देखा गया था और मरते हुए जिस आदमी का हवाला दिया गया है, उसका नाम मतीलाल कानूनगो था। लगता है कि यह उसकी अंग्रेजों को डराने के लिये गढ़ी हुई चाल थी। मरते हुए भी वो सरकार को गलत रास्ते पर डालने में कामयाब हुआ था। अर्द्धेन्दु दस्तीदार को जिन्दा ही पहाड़ी से नीचे लाया गया था। उन्हें उम्मीद थी कि उससे उसके साथियों के कार्यकलाप की कुछ जरूरी जानकारी मिल सकेगी। इसमें भी उन्हें कामयाबी नहीं मिली। मरने से पहले के अपने बयान में उसने जोरदार शब्दों में कहाः 'इस घटना में शामिल लोगों और उनके नेताओं को गैं जानता हूं, लेकिन किसी भी सूरत में मैं उनके नाम नहीं बताऊंगा'।[6] निराश पुलिस सुपरिन्डैन्ट ने बताया कि अर्द्धेन्दु दस्तीदार चिटगांव हस्पताल में 24 अप्रैल की सुबह मर गया। इससे पिछली रात को उससे बातचीत हुई थी और 'आखिरी दम तक वह कोई भी काम की बात बताने से इन्कार करता रहा था'।[7]

जिस सुबह अर्द्धेन्दु की मौत हुई जानसन की एक निराशाजनक मुठभेड़ एक और खामोश क्रान्तिकारी से हुई। उसने समर्पण के मुकाबले मौत को तरजीह दी। वो पुलिस और डी आई बी के अफसरों के साथ पुलिस कोतवाली में अपनी सुबह की बैठक कर रहा था तो पुलिस के सिपाही ने आकर खबर दी कि जे एम सेनगुप्ता के खाली घर में एक हथियारबन्द आदमी को देखा गया है। जानसन ने फौरन 'कोतवाली के सारे बलों को इकट्ठा किया और उन्हें इलाके को घेरने को कहा'।[8] खुद उसने एस वी एल एच् की टुकड़ी की लड़ाई में शामिल होने के लिये मदद मांगी। पुलिस और अर्द्ध–सैनिक बलों को खाली घर में तलाशी लेने पर कुछ नहीं मिला। फिर उन्होंने इलाके में 'खोजबीन शुरु की'। ये हर घर में क्रूर तलाशी लेने का दूसरा नाम था। जब तलाश जारी थी तो 'अचानक खबर मिली कि एक खास घर के फर्श के नीचे दो आदमी छिपे हुए हैं।' जब जानसन

उस तरफ जा रहा था तो 'एक नाले की मुंडेर के नीचे उसे एक रिवाल्वर की नली दिखायी दी'। उसने ए एफ आई के आदमी की मुंडेर को एक तरफ खड़ा किया और खुद दूसरी तरफ गया। पुलिस और फौज के लोग साथ में खड़े थे। 'तब हमने इस आदमी को समर्पण करने के लिये कहा। हमें कोई जवाब नहीं मिला। आखिरकार मैंने मुंडेर के किनारे गोली चलाई। एक गोली चलने की आवाज आई। मैंने फिर दो गोलियां चलाईं, एक उसके पिछवाड़े और दूसरी थोड़ी ऊपर'। उसने फिर भी समर्पण नहीं किया और न ही अपनी रिवाल्वर छोड़ी। बहादुर जानसन ने 'उस पर पीछे से चिमटा चलाकर उसकी रिवाल्वर छुड़वायी'। उससे पहले उसके आदमियों ने मुंडेर को तोड़ दिया था। 'उसको बहुत चोट आयी थी, उसने कुछ नहीं बोला। उसको अस्पताल ले जाया गया, जहां उसने दम तोड़ दिया'।

इस आदमी का नाम अमरेन्द्र नन्दी था। उसे दीप्तिमेधा चौधरी के साथ मास्टर दा ने 21 अप्रैल को चिटगांव शहर की खोज–खबर लेने को भेजा था। वे रात को नौ बजे पहाड़ियों में वापिस गये थे लेकिन उनका कोई भी साथी वहां नहीं था। वे उस जंगल में घूमते रहे। लेकिन अपने किसी भी साथी का सुराग ना पाने पर उन्होंने दीप्तिमेधा के गांव आकर उसके घर में पनाह ली। उन्होंने जलालाबाद की लड़ाई के बारे में सुना। और ये अफवाहें भी सुनी थीं कि क्रान्तिकारी छोटे–छोटे ग्रुपों में बंट गये हैं और वे शहर पर हमला करेंगे। अमरेन्द्र नन्दी ने शहर लौटने का फैसला किया और ग्रेजुएट स्कूल में, जो बन्द पड़ा था, पनाह ली। कुछ औरतें उधर से जा रहीं थी, उन्होंने उसे भूत समझ कर शोर मचा दिया। उसी समय उसे सिपाही ने देख लिया था और जानसन को खबर दी थी। जब पुलिस वहां पहुंची तो अमरेन्द्र एक घर से दूसरे घर भागता फिरा और आखिर में मुंडेर के नीचे छिप गया। एक ब्यौरे के मुताबिकः 'लगता था कि समर्पण की बार–बार की गयी मांग के जवाब में अमरेन्द्र के दोनों हाथों की पिस्तौलों ने बहुत ही असरदार ढंग से गोलियां चलाईं––लेकिन अपने ही सीने पर।'[9] पुलिस ने भी कहा कि अमरेन्द्र नन्दी ने उस सुबह खुदकुशी की थी। और बाद में चले मुकद्दमे में इस बात का कोई जिक्र नहीं हुआ कि जानसन ने किस तरह एक समर्पण न करने वाले निःसहाय नौजवान को गोली मारी थी।

शस्त्र भण्डार के हमलों के बाद के एक हफ्ते के भीतर 13 नौजवान मारे जा चुके थे। लेकिन अंग्रेजी राज की ताकतों को क्रान्तिकारियों की योजना का और बाकी क्रान्तिकारी सेना के लोग कहां हैं इसका, कोई पता नहीं था। उन्होंने गायब क्रान्तिकारियों को ढूंढ़ने में हफ्तों लगा दिये। इसमें उन्होंने साम्राज्य की सारी ताकत, साधन और तकनीकी कुशलता का इस्तेमाल किया। पहले उन्होंने सोचा कि ज्यादातर क्रान्तिकारी पहाड़ियों में छिपे थे (उनका अन्दाजा था कि

जलालाबाद में वे 150 के करीब थे)। जंगलों में उनको ढूंढ़ना उनका पहला काम था। जे सी फारमर ने 25 अप्रैल को लिखा कि: 'आम हालत यह है कि नेता लोग जहां लड़ाई हुई थी, उससे दो मील दूर जंगलों में हैं। और उनमें से कुछ घायल हैं'।[10] वो विद्रोहियों को पकड़ने के लिये इतना उतावला था कि एक बार तो उसने सोचा कि जंगल को ही आग लगा दें। लेकिन लैफ्टीनेंट कर्नल डलास स्मिथ को यह सुझाव ठीक नहीं लगा क्योंकि 'घास बहुत हरी थी'। कर्नल ने अपनी तरफ से लिखा 'मेरी राय है कि खोजने के लिये एक जहाज बहुत जरूरी है। इसकी मदद से हम उन्हें बहुत जल्दी पकड़ सकेंगे।'[11] जिस जहाज की इतनी मांग थी वो 30 अप्रैल को वहां पहुंचा और 'ढूंढ़ने के लिये उसने जो उड़ान भरी उसमें उसे कुछ नहीं दीखा।'[12] इसने एक और उड़ान मई दिवस के दिन भरी, लेकिन इसमें भी 'कोई नतीजा नहीं निकला'। डलास स्मिथ ने बड़े दुःख के साथ अगले दिन लिखा कि 'तेज हवाओं और बारिश की वजह से उतरने के लिये जमीन बहुत खतरनाक है। इसलिये जहाज आज सुबह छः बजे कलकत्ता के लिये रवाना हो गया।'[13]

अगर वायु सेना से कुछ मदद नहीं मिली तो नौ सेना भी किसी काम की नहीं थी। डलास स्मिथ को लगता था कि अच्छी यातायात सुविधाओं से काम चल सकता है। उसने 26 अप्रैल को क्रान्तिकारियों का पीछा करने के लिए एक लांच पैट्रोल की मांग की। उसने सोचा था कि क्रान्तिकारी सारे जिले में फैली नदियों का इस्तेमाल कर, दूर–दराज के इलाके में चले गये होंगे। सर्चलाईट के साथ दो मोटर लांच–किस्मत और डायना––इस काम के लिये भेजे गये। और उन्होंने नदी और उसके किनारों पर नाकामयाब खोज की। उसने शिकायत की कि नदी की पैट्रोल पुलिस ने क्रान्तिकारियों की आवाजाही की कोई खबर नहीं दी जबकि अफवाह थी कि वो नोआपारा गांव में गये हैं। उसको बताया गया कि 'कर्नफूली नदी पर हर नाव की तलाशी ली गयी है। लेकिन नोआपारा जाने वाले इस नदी से नहीं बल्कि हल्दा नदी से जायेंगे और इस नदी में पैट्रोल लांच नहीं चल सकती।'[14] हवाई जहाजों और मोटर लांचों का स्थानीय क्रान्तिकारियों की समपान और पनाह लेने की जगहों से, कोई मुकाबला नहीं था।

और पहाड़ियों में पैदल घूमना बहुत ही मुश्किल काम था। डलास स्मिथ बराबर शिकायत करता रहता था कि 'जंगल बहुत घने हैं और उनमें कुछ भी करना बहुत मुश्किल है।'[16] फारमर ने भी शिकायत भरे लहजे में बंगाल के मुख्य पुलिस अधिकारी लोमन को लिखा' ...मैं चाहता हूं कि आप यहां रह पाते। यहां न होने की वजह से आप हमारे सामने आने वाली दिक्कतों का अन्दाजा नहीं लगा सकते हैं। जंगल में अपने चारों तरफ एक गज भी देखना मुश्किल था। एक–एक

की कतार में मीलों रेंग कर खोज करना बेकार था। लेकिन किसी को जंगल में भेज कर खबर हासिल करना भी कितना मुश्किल था, इसका अहसास मुझे नहीं था।'[17]

उन्होंने ऐसी जानकारी देने पर जिससे आई आर ए के मुख्य सदस्य गिरफ्तार हो सकें, ईनाम देने की भी घोषणा की। लेकिन कहीं से भी उन्हें खबर नहीं मिली। अपने आला अधिकारियों को खुश करने के लिये डी आई बी के लोग क्रान्तिकारी ग्रुपों के देखे जाने की मनगढ़न्त जानकारी देते रहे। लोग इन जगहों पर जाते थे, लेकिन 'कोई नतीजा नहीं निकलता था' – यही शब्द जानसन और डलास स्मिथ की रिपोर्टों में बार–बार इस्तेमाल किये जाते थे। खबर थी कि चाय बागान के दो यूरोपियन मालिकों ने कुछ विद्रोहियों को सीता कुण्ड के इलाके में देखा था। फौज की एक टुकड़ी को फौरन वहां भेजा गया लेकिन 'तलाश बेकार थी'।[18] इन पुलिस स्टेशनों के इलाकों में 30 अप्रैल से घर–घर में तलाशी ली गयी – पटिया, बोलखली, रौजान, अनवरा, हटहजारी, फटिकचारी और डबल मूरिंग्स। तलाश करने वाले दल दो मई को वापिस आये और जानसन के शब्दों में: 'एक भी आदमी गिरफ्तार नहीं किया जा सका है और जिन घरों की तलाशी ली है, उनमें कुछ भी नहीं मिला है। मैंने अब तक नदी के पार 70 घरों की तलाशी करवायी है और जरा भी कामयाबी नहीं मिली है।'[19] इस दौरान सिर्फ एक आदमी की किस्मत अच्छी थी। यह एक बेकार युवक था, जिसे राज में नौकरी मिल गयी थी। जानसन ने अपने अधिकारियों को कलकत्ता में लिखा कि उसने फारमर से सलाह कर ली है कि 'मैं एक टाईपिस्ट को कुछ समय के लिये रख लूं, जिससे कि मेरी बढ़ी हुयी टाइपिंग पूरी हो सके। मुझे उम्मीद है कि इसके लिये जल्द से जल्द इजाजत देंगे।'[20]

मई के शुरू तक बेचारी अंग्रेजी ताकत ने जंगलों, नदियों और गांवों की खाक छान डाली थी और हर बार क्रान्तिकारी उनकी पहुंच से बाहर बने रहे थे, जैसे शिकारी के आने से पहले पखेरू उड़ जाता है। चार मई तक डलास स्मिथ ने मत बना लिया था कि 'क्रान्तिकारियों ने बंटकर रोजमर्रा की आम जिन्दगी के कपड़े पहनने शुरू कर दिये हैं, जिसकी वजह से उनके खिलाफ फौजी कार्यवाही अगर नामुमकिन नहीं तो मुश्किल तो हो ही गयी है।'[21] दो दिन बाद फारमर भी इतना ही निराश था। आम जनता की जानकारी देने में कोई दिलचस्पी नहीं थी। उसने लिखा कि इसकी वजह यह है कि 'हिन्दू इसलिये जानकारी नहीं देना चाहते हैं क्योंकि उनके मन में विद्रोहियों के लिये सहानुभूति है और मुसलमान इसलिये कि सरकार की साख कम हो गयी है और वे विद्रोहियों को पकड़ने में सक्रिय हिस्सा लेकर, हिन्दुओं की नाराजगी मोल नहीं लेना चाहते हैं।'[22] और जानसन का मानना था कि 'जब तक अनन्त सिंह, गणेश घोष, निर्मल सेन, सूर्य सेन, अम्बिका चक्रवर्ती और लोकनाथ बाल फरार हैं, आगे भी हमले हो सकते हैं।'[23]

लुका–छुपी

जब बहुत कुछ चला जाता है तो बहुत कुछ बचा रहता है;
और हालांकि हममें अब वो ताकत नही है
पुराने दिनों की तरह
जिससे जमीन–आसमान एक करते थे;
हम जो हैं
बहादुर दिल,
तकदीर और समय से कमजोर हुए, लेकिन
संकल्प दृढ़
कोशिश का, ढूंढने का, पाने का, और
कभी हथियार न डालने का

– टैनीसन

16
भूमिगत दौर में

(जलालाबाद की लड़ाई के बाद) सूर्य सेन ने मुख्य कमांडर के तौर पर कार्य नीति में बदलाव का एलान किया और अपने साथियों से कहा कि लड़ाई ऐसे गांवों से जारी रखी जाये जिनके बारे में कुछ ज्यादा पता न हो।

– गणेश घोष[1]

जलालाबाद की लड़ाई में अपने शहीद साथियों को सलामी देने के बाद बचे हुये लोग 22 अप्रैल की रात को पहाड़ी से नीचे उतरे। अब वे 42 थे। 10 शहीद हो गये थे और अम्बिका चक्रवर्ती समेत तीन घायल थे, जिन्हें पीछे छोड़ दिया गया था। पहाड़ी से घुप अन्धेरे में वापिस आते हुये वे एक दूसरे से अलग हो गये और ऐसे ही दो ग्रुपों में बंट गये। सूर्य सेन और निर्मल सेन अन्दाजन 20 लोगों के साथ एक ग्रुप में थे और बाकी लोकनाथ बाल की अगुवाई में दूसरे ग्रुप में।

झून्कू (सुबोध राय) मास्टर दा के ग्रुप में था। अगले दिन वे पहाड़ियों में घूमते रहे। उनका उद्देश्य ऐसे गांवों को ढूंढ़ना था जहां वे पनाह ले सकें क्योंकि वे दुश्मन से सीधा मुकाबला करने की हालत में नहीं थे। सूर्य सेन और निर्मल सेन ने सभी लड़कों से एक–एक कर पूछा कि क्या वे कोई ऐसी जगह जानते हैं जहां सब लोग कम से कम एक रात के लिये साथ रह सकें। जब उसकी बारी आयी तो झून्कू ने कुछ हिचकिचाहट से कहा कि वो उन्हें अपने गांव के घर में ले जा सकता है जो खाली है और वहां सिर्फ एक बूढा, मातबर चौकीदार रहता है। मास्टर दा ने अपने ग्रुप के सबसे छोटे सदस्य का प्रस्ताव मंजूर कर लिया और रात को ही नोआपारा पुलिस स्टेशन के इलाके में झून्कू के गांव पहुंचे। जब बाकी लोगों ने कुछ दूर रूक इन्तजार किया, झून्कू ने अपने विशाल पुश्तैनी घर का दरवाजा खटखटाया। चौकीदार सती दा को तो अपनी आंखों पर यकीन ही नहीं हुआ। वो सब तो समझे हुये थे कि वो मर गया है। अपने छोटे मालिक को जिन्दा देखकर वो बहुत खुश हुआ।

झून्कू ने उसे विश्वास में लिया और उसने जल्द ही अपने बिन बुलाये मेहमानों के लिये सब इन्तजाम कर दिया। सभी लोग भूख और प्यास के मारे थे। लेकिन कुशल नेताओं ने सोचा कि अगर अकेले चौकीदार द्वारा एक साथ बहुत सी रसद खरीदी गयी तो लोगों को शक हो जायेगा। सती दा ने अलग–अलग दुकानों से थोड़ा–थोड़ा गुड़ और चिड़वा खरीदा और बड़े–बड़े घड़ों में पानी भरा। थोड़ी देर में उसने लोगों को आम धोती और कमीजें मुहैया करायीं ताकि वे अपनी खाकी यूनीफार्म छोड़ सकें। बाद में मास्टर दा ने झून्कू को अलग बुलाया और बहुत प्यार से समझाया कि उन्होंने फैसला किया है कि वे अलग–अलग गांवों में बिखर जायेंगे। और अपने हमदर्दों में पनाह ढूंढकर दुबारा इकट्ठे होंगे और नये सिरे से गांवों में अपनी संस्था बनायेंगे। आई आर ए के वो सदस्य जिन्हें पुलिस नहीं पहचानती थी अपने घरों को वापिस जाऐंगे क्योंकि इस समय उन सबका एक साथ भूमिगत रहना मुमकिन नहीं था। झून्कू ने हमलों के दिन अपने पिताजी की बन्दूक चुराई थी। इसलिये उसे यकीन था कि अगर वो वापिस लौटा तो पुलिस उसे पीट–पीट कर उसका भर्ता बना देगी। लेकिन उसने नेताओं का फैसला सर आंखों पर लिया। यह फैसला लिया गया कि बाकी सब उसी रात उसके गांव से जाकर अपनी–अपनी पनाह ढूंढेंगे और झून्कू अगले दिन अपने घर जायेगा। जाने से पहले मास्टर दा ने बहुत गर्मजोशी और प्यार के साथ उसे समझाया कि अगर पुलिस पकड़ेगी तो उसे काफी यातना देगी, लेकिन उसे कुछ नहीं बताना है। 'उस समय जलालाबाद के शहीदों को याद करना। हमें तुम पर यकीन है।'[2]

अगले कुछ दिनों में जब पुलिस ने बुरी तरह पीटा तो वो बार–बार यही लफ्ज याद करता था। कुछ लड़कों ने शुरू में इकबालिया बयान जरूर दिये थे लेकिन झून्कू उनमें से नहीं था। झून्कू की तरह ही दूसरे लड़कों को भी अपने–अपने घर वापिस जाने को कहा गया था या कुछ समय के लिये अपने लिये पनाह ढूंढ़ने को। कुछ तो पकडे गये, दूसरे किसी संशय का शिकार नहीं हुये और सफलतापूर्वक भूमिगत रह कर काम करते रहे। पहाड़ों से उतरने के बाद मास्टर दा की गतिविधियां बदल गयीं।[3] उन्होंने गांवों में प्रतिरोध कैम्प संगठित करने शुरू किये क्योंकि पुलिस और फौज बहुत बड़े पैमाने पर उनके लोगों को ढूंढ़ रही थी। बाद में उन्होंने इनका इस्तेमाल अंग्रेजी राज के खिलाफ हथियारबंद प्रतिरोध के लिये किया।

मास्टर दा का ग्रुप गांवों में फैल गया। दूसरा ग्रुप बिल्कुल अलग–थलग पड़ गया था और दो दिन तक घने जंगलों की भूल–भूलैया में घूमता रहा। इस ग्रुप में शामिल थेः लोकनाथ बाल, काली चक्रवर्ती, रजत सेन, सुबोध चौधरी, फनीन्द्र नन्दी, देबा गुप्ता, मनोरंजन सेन, स्वदेश राय, नारायण सेन, सहाय रामदास,

रनधीर दासगुप्ता, कान्ति गुहा और कुछ और। वो कोई रास्ता ढूंढ़ने और खाने के लिए उतावले थे। उन्हें एक 'तगड़ा और सफेद दाढ़ीवाला' मुसलमान किसान मिला। उसने उन्हें जंगल से बचाकर निकाला और उनके साथ कटोली के लम्बे रास्ते पर गया। कटोली समुद्र के किनारे मछुआरों का एक गांव था। ईनाम के तौर पर यह किसान एक रिवाल्वर और एक राइफल चाहता था। उसके जाने से पहले इन्होंने खुशी–खुशी उसे ये चीजें दे दीं।[4] उस गांव में एक छूटा हुआ कैदी था। उसने अपना घर आई आर ए के लोगों के लिये खोल दिया। मछुआरों ने भी बहुत मदद की। आदमियों ने अपनी लुंगी और धोतियां दीं और औरतों ने 'अपनी साड़ियां और सिले कुर्ते इन फरार लोगों को फाड़ कर दिये।'[5] कुछ दिन के आराम के बाद इन्होंने फैसला किया कि छोटे–छोटे ग्रुपों में बंट जाएं। उनमें से कुछ, जैसे सहायाराम घर वापिस लौटे। पुलिस ने उसे पकड़ लिया। लोकनाथ बाल ने उनको सफर के लिये पैसे दिये और खुद छः बड़े लड़कों को लेकर बिनय सेन से सम्पर्क किया। बिनय सेन ग्रामीण चिटगांव में आई आर ए का मार्के का आदमी था। उसने उन्हें क्यूपारा गांव में सुरक्षित पनाह दिलवायी। लोकनाथ अपने डील–डौल और चिट्टे रंग की वजह से भीड़ में अलग ही नजर आता था। इसलिये उसका गांव में रहना बहुत सुरक्षित नहीं था। वो गांव से चला गया। रास्ते में कई साहसिक घटनाओं का सामना करते हुए, वो जुलाई में कलकत्ता पहुंचा।

अनन्त सिंह और गणेश घोष मई के पहले हफ्ते में कलकत्ता पहुंच गये। कुछ दिन तिपरा जिले के पहाड़ी इलाके के एक गांव में गुजारने के बाद अनन्त सिंह ने 27 अप्रैल को जिले के मुख्यालय कोमिला के लिये बस ली। वहां वो सीधा मशहूर वकील और कांग्रेस कार्यकर्ता कामिनी दत्ता के घर गया। उसका गर्मजोशी से स्वागत हुआ। कामिनी दत्ता और जिले के कांग्रेस सचिव मौलवी मुकुलेश्वर रहमान इस फरार आदमी को पूरी मदद देने को तैयार थे। रहमान के घर तीन दिन छुपकर अनन्त उसका मेहमान रहा। कामिनी दत्ता ने अपने छोटे भाई नरेन दत्ता के कलकत्ता के श्याम बाजार घर में उसके सुरक्षित रहने का इन्तजाम किया। कोमिला से कलकत्ते का रास्ता खतरों से भरा था। इसलिये, मौलवी रहमान ने अपने दोस्त और साथी मौलवी इरादुल्लाह को अनन्त के साथ भेजा। मौलवी रहमान खुद कुछ रास्ते उसके साथ गये। अनन्त एक मौलवी के भेष में, लुंगी, कमीज पहने और फौजी टोपी लगाये, मौलवी इरादुल्लाह के साथ पहले ट्रेन से फिर स्टीमर से गया। वो मुस्लिम रसोई से खाना खाता था और नमाज के समय नमाज पढ़ता था।[6] अंग्रेज मुसलमानों को शक की नजर से नहीं देखते थे, जिसकी वजह से इरादुल्लाह और रहमान की बेशकीमती मदद से अनन्त कलकत्ता पहुंचा।

कलकत्ते में नरेन दत्ता ने अनन्त को सलाह दी कि उसे क्रांतिकारी जिन्दगी

छोड़ देनी चाहिए और उसको नौकरी ढूंढ़ कर देने का भरोसा दिलाया। अनन्त उस समय किसी भी तरह गणेश, मक्खन और आनन्द से मिलकर आगे की योजना बनाना चाहता था। हालांकि चिटगांव का क्रान्तिकारी ग्रुप 1929–30 में अपने आप पर ही निर्भर था लेकिन इसके नेताओं का जुगान्तर ग्रुप के साथ एक दशक का साथ था और उसके नेताओं को वो अच्छी तरह जानते थे। उस समय जुगान्तर का नेता भूपेन दत्ता था। (उसे क्रांतिकारी दायरे में भूपेन के नाम से जानते थे, जिससे कि उसमें और वरिष्ठ भूपेन दत्ता में फर्क किया जा सके। वरिष्ठ भूपेन दत्ता 1906 में *जुगान्तर* पत्रिका के संपादक थे।) भूपेन राष्ट्रीय साप्ताहिक *स्वाधीनता* का सम्पादन कर रहा था और खुले आम क्रान्तिकारियों का समर्थन कर रहा था। उसने एक सम्पादकीय 'धन्य चिटगांव' लिखा जिसमें चिटगांव में शस्त्र भंडार पर हमलों की तारीफ की गई और बंगाल के नौजवानों को इसी की तर्ज पर काम करने को कहा गया। इससे राज्य में खलबली मच गई। पत्रिका पर मुकद्दमा भी चलाया गया।

अनन्त सिंह चिटगांव के अपने पुराने नेता जोगेन्द्र (झूलू) सेन से मिला। उन्होंने उसे सचेत किया कि सारे क्रान्तिकारियों के घर कड़ी निगरानी में हैं और उसे एक अनजाने घर में ले गये। बाद में उस रात को भूपेन दत्ता, अनन्त सिंह को एक और सुरक्षित घर में ले गये। यह कलकत्ता के खिदरपुर इलाके में एक गरीब ईसाई का घर था। गणेश, मक्खन और आनन्द पहले से ही उस घर में थे। मक्खन और आनन्द को भी खसरा हो गया था। जब उनकी तबीयत ठीक हुई तो भूपेन दत्ता उन चारों को चन्दरनगर के फ्रांसीसी इलाके के एक सुरक्षित घर में ले गये। वहां चिटगांव वालों और कलकत्ता के युगान्तर के नेताओं ने, चिटगांव में लगी चिंगारी सारे बंगाल में फैलाने की तैयारी शुरू की।

पांचवें नेता अम्बिका चक्रवर्ती को जख्मी हालत में जलालाबाद में लड़ाई के मैदान में छोड़ आया गया था। उसे किसी समय आधी रात को होश आया। उसने अपनी रिवाल्वर ढूंढ़ना शुरू किया। उसकी आंखों पर खून जम गया था। बड़ी मुश्किल से उसने अपनी आंखें साफ की। उसे अपने माथे पर कारतूस घुसा होने से गुमड़ महसूस हुआ। थोड़ा दबाने से वो बाहर निकल आया। काफी खून बहने के बावजूद भी घाव सतही था। अम्बिका चक्रवर्ती ने दूसरी बार जादुई तरीके से मौत को धोखा दिया था। 1923 में सूर्य सेन और उसने पुलिस से भागते हुए साइनाइड के कैप्सूल निगल लिये थे और वो गिर पड़े थे। इस तरह ये दोनों पकड़े गये थे जबकि अनन्त सिंह और दूसरे लोग भागने में कामयाब रहे थे। साइनाइड जाली था और दोनों नेता बच गये थे। (जूरी ने उन्हें सबूत के अभाव में छोड़ दिया था।) इस बार भी वो मौत से बाल बाल बचा था। अम्बिका को पता था कि थोड़ी

ही देर में अंग्रेज फौजें पहाड़ी पर आयेंगी। अपमानजनक समर्पण के ख्याल से ही वो सिहर उठा। डगमगाते कदमों से उसने पहाड़ी से उतरना शुरू किया, फिसला और लुढ़क कर पहाड़ी के नीचे पहुंच गया। कुछ देर आराम करने के बाद उसने चलना शुरू किया और फतेहाबाद गांव पहुंच गया। वो इस गांव को अच्छी तरह जानता था। वो एक जानने वाले डाक्टर के घर पहुंचा। डाक्टर उससे दूर ही रहना चाहता था। लेकिन मान–मनौवल के बाद उसने इनका इलाज किया और वापस भेज दिया। अम्बिका इसके बाद अपने एक रिश्तेदार के घर देबोपारा गांव में गया। उसने भी उसे निकाल दिया। रिश्तेदार का बेटा सरकारी नौकर था और उसे डर था कि उसका बिगड़ा हुआ भतीजा, उसके ब्रिटिश राज के वफादार परिवार की खुशी को उजाड़ देगा। अम्बिका को तेज बुखार था लेकिन उसे सुबह ही घर छोड़ना पड़ा। उसे तभी देबोपारा गांव में बूढ़े किसान की याद आयी जिसे वो बचपन से जानता था। वो उसकी टूटी–फूटी झोंपड़ी के पास गया और आवाज लगाई: 'अमजद चाचा, अमजद चाचा'। अमजद अली एकदम दरवाजे पर आया। अपने रिश्तेदार के बरक्स, इस चाचा ने उसे दूर नहीं भगाया।[7] वो अम्बिका को देखकर बहुत खुश हुआ और उसने कहा कि वो वहां जब तक चाहे रह सकता है। उसने अम्बिका को बताया पुलिस सब जगह तलाशी ले रही है। लेकिन सिर्फ हिन्दू घरों की। वो उसके गरीब घर में सुरक्षित रहेगा। अमजद और उसके बेटे और बीबी ने उसकी सभी जरूरतों का ख्याल रखा और वो बिल्कुल ठीक हो गया। जब उसमें कुछ ताकत आयी तो उसने अमजद अली के बेटे की मदद से मास्टर दा से सम्पर्क कायम किया।

लोकनाथ के क्यूपारा गांव से जाने के बाद उसके छः नौजवान साथियों ने शहर पर गुरिल्ला हमला करने का फैसला किया। शस्त्र भंडार पर हमलों को दो हफ्ते हो चुके थे, उनके नजदीकी दोस्त जलालाबाद की लड़ाई में मारे गये थे, और वे बदले की आग में जल रहे थे। उनके पास काफी हथियार और असला था। उन्होंने कर्नफूली नदी के बैलनहाईन घाट पर बसे यूरोपियन क्लब पर हमला करने का फैसला किया।[8] छः मई की शाम को शहर पहुंचने पर उन्होंने पाया कि वो काफी सुरक्षा में रखा गया था और अचानक हमले के लिहाज से ठीक नहीं था। उन्होंने कुछ दिन नदी के पास रजत सेन के घर रहने का फैसला किया। लेकिन अब यह जगह सुरक्षित नहीं थी। चूंकि रजत ग्रुप का जाना पहचाना सदस्य था, उसका घर लगातार निगरानी में रहता था। उनके वहां पहुंचने के फौरन बाद पुलिस के भेदिये इस खबर के साथ पुलिस स्टेशन पहुंच गये। तब तक रात के नौ बज चुके थे। इन्स्पैक्टर असानुल्ला पुलिस दल के साथ फौरन वहां पहुंचा। नौजवान किश्तियों में बैठकर भाग निकले और दूर एक किनारे के गांव पहुंच

गये।[9] पुलिस दल ने नदी पार कर उनका पीछा किया और शिकालबाहा पहुंचकर गांव वालों को बताया कि वो डाकूओं का पीछा कर रहे हैं। और उन लोगों को डाकूओं को पकड़वाने में मदद करनी चाहिये।

छहों लड़के गांव के बीच से भाग रहे थे और कलारपोल का रास्ता पूछ रहे थे। शुरू में गांव वालों ने उन्हें रास्ता बताने में मदद की। लेकिन जैसे ही कोई चिल्लाया कि वो डाकू हैं तो वो भी पीछा करने में लग गये। लड़कों ने भागने के चक्कर में गोलियां चलाईं जिससे दो–एक गांव वालों को चोटें आईं। वे धान के खेतों और पानी से भरे खाल में भागते रहे। उन्होंने गांव वालों से कहा : 'हमें जाने दो, हम तुम्हारा कोई नुकसान नहीं करेंगे'।[10] लेकिन पीछा जारी रहा और एक गांव वाले ने हंसिया चलाया जिससे देव प्रसाद गुप्त का हाथ कटते–कटते बचा। वो उनमें सबसे पीछे चल रहा था। उनमें से एक फनीन्द्र नन्दी ने गलत रास्ता पकड़ लिया, जो गांव के ठीक बीच में जाता था। उसका दूसरों से साथ छूट गया था। बाकी पांच भागते रहे और पेड़ों के पीछे छिपे दलदल भरे रास्ते पर पहुंचे। वो वहां कुछ घंटे बैठे। फिर धीरे–धीरे चलकर एक पुल तक पहुंचे जो शिकालबाहा खाल या कलारपोल को पार करता था। उन्हें पता नहीं था कि पुल के पास ही एक वक्ती पुलिस चौकी बनायी गयी थी ताकि शक होने पर विद्रोहियों की आवाजाही पर नजर रखी जा सके।' चौकी पर सिपाही प्रसन्न डे ने पांच लोगों को सड़क पर आते देखा और उनमें से एक, सुबोध चौधरी को पकड़ लिया। बाकी चार उलटे पुल की तरफ भागे और गोली चलानी शुरू कर दी। एक सिपाही को गोली लगी, दूसरे इतने डर गये कि विद्रोहियों से मुकाबला करने की हिम्मत नहीं जुटा पाये। इन्सपैक्टर असानुल्ला का दल भी पुल पर पहुंच गया। लेकिन जब उन पर गोलीबारी हुयी तो 'पहले वो एक टैंक के पीछे छिपे और फिर पास ही एक मुसलमान के घर पर'।[11] जब सुबह के समय गोलीबारी बंद हुयी तो वो हिम्मत जुटाकर बाहर निकले और गांव वालों से मदद मांगी।

चार लड़के इसी दौरान दो मील और भाग कर जुल्दा गांव पहुंच गए। सुबह सवेरे का समय था और कोई आसपास नहीं था। जुल्दा भी शिकालबाहा की तरह मुसलमानों का गांव था। इससे लड़कों पर कोई फर्क नहीं पड़ा। उन्हें एक बूढ़ा किसान मिला और उन्होंने उससे शरण मांगी। किसान ने कहा कि उसके लिये उन्हें अपने घर में रखना खतरे से खाली नहीं है। और वो उन्हें लम्बी घास से घिरे बांसों के एक घेर में ले गया । उसकी बीबी उनके लिये कुछ पानी, ढीला चावल और सुत (सुखी मछली) लायी। ये चिटगांव के किसानों की खुराक का जरूरी हिस्सा है। फनीन्द्र नन्दी को भी, पिछली रात जो भागते हुए अपने साथियों से बिछड़ गया था, एक मुस्लिम किसान मन्सूर अली के घर पनाह मिली।

बाद में एक गांव वाले ने पुलिस को इत्तला कर दी। जुल्दा के घास वाले घेर में चारों लड़के––रजतसेन, स्वदेश राय, मनोरंजन सेन और देब गुप्त––आखिरी मुकाबले का इन्तजार कर रहे थे। देब के कंधे की चोट से खूब खून बह रहा था। पुलिस का एक दल कलारपोल में इन्तजार कर रहा था और दूसरा एक दल डी आई जी फारमर और इन्सपैक्टर मैक्डोनल्ड की अगुवाई में गांव–गांव छानता जुल्दा पहुंचा। एक गांव वाले ने चारों लड़कों को बांसों वाले घेरे में देखा था, वो पुलिस को वहां ले गया। जैसे ही वो नजदीक पहुंचे, कुछ गोलियां चलीं। और 'पुलिसवालों ने जो भी जगह छुपने की मिली उसमें छुपकर गोली चलाई'।[12] कुछ और गोलियां चलीं और फिर सब कुछ खामोश हो गया। सब इन्सपैक्टर हेमचंद गुप्त को जायजा लेने आगे भेजा गया। तीन लाशें मिलीं और गम्भीर तौर पर घायल देब गुप्त। उन चारों ने बनिस्बत इसके कि अंग्रेजों के आगे समर्पण करें एक दूसरे को गोली मारकर मरने का फैसला किया था। हेमचंद्र ने देब को बुरी तरह हांफते देखा। उसका अधिकारी फारमर उससे कुछ कदम पीछे था। सब–इन्सपैक्टर ने देब से कहाः 'बड़ा साहब यहां है। क्या तुम उससे कुछ कहना चाहते हो?' उसके बाद, इन्सपैक्टर के अपने शब्दों में,: 'देब गुप्त ने बेसुध हालत में लेकिन बिल्कुल साफ आवाज में कहा–'बड़ा साहब? कौन बड़ा साहब लोमन? लोमन? मेरे कन्धे बेकार है, नहीं तो मैं उसे गोली मार देता।'[13] अगले दिन जॉनसन ने लोमन को अपनी रिपोर्ट में 'एक छोटी सी जानकारी जो आपको दिलचस्प लगेगी' भेजी। उसने लिखाः 'ये पूछे जाने पर कि क्या वो पुलिस अफसर से कुछ कहना चाहता है, देब प्रसाद ने कहा ''कि अगर वो लोमन है तो उसे अफसोस है कि वो उसे मार नहीं सकता'।[14] इस पर लोमन की क्या प्रतिक्रिया रही, पता नहीं।

जलालाबाद के कुछ दिन के भीतर हुये कलारपोल–जुल्दा मुकाबले ने अंग्रेजों को यकीन दिला दिया कि उनका मुकाबला अद्भुत हिम्मतवाले और प्रतिबद्ध क्रांतिकारियों से है। इसका सार स्पेशल 'ट्रिब्यूनल के जजों के शब्दों में इस प्रकार थाः अगर हम देब प्रसाद गुप्त के आखिरी शब्दों को या इकबालिया बयानों को देखें तो वो कहते हैं कि एक बार ''एक्शन'' शुरू करने के बाद मौत तक जाना है––मरो या मारो––अगर जरूरत है तो देश के लिये मरो।'[15]

17
जांच को टालना

बंगाल सरकार ने वायदा करने के बावजूद जांच के लिये कोई कार्यवाही नहीं की––ये मेरी राय में हमेशा बंगाल सरकार के शासन पर एक कलंक की तरह रहेगा।

– आसाम–बंगाल रेलवे के एजेंट आर एल
बिल्स का खत 28 नवम्बर 1933[1]

राज के नजरिये से चिटगांव शस्त्र भंडार पर हमले गुप्तचर विभाग की बहुत बड़ी नाकामयाबी थे। सत्ता के गलियारों में–चिटगांव से लेकर लंदन तक, कलकत्ता और दिल्ली होते हुये–शर्मिन्दा लोगों की लम्बी कतार थी। लेकिन शासक देसी लोगों को इसकी कतई भी खबर नहीं लगने देना चाहते थे। उस जमाने की खतो–किताबत और गृह मंत्रालय की गुप्त टिप्पणियां इस बात का खुलासा करती हैं कि किस तरह अंग्रेज अधिकारियों ने अपनी गलतियों को ढांपने की कोशिश की। इसके लिये उन्होंने जिम्मेवारी और ईमानदारी के सारे उसूलों को ताक पर रख दिया।

चिटगांव के विद्रोह का सबसे महत्वपूर्ण पहलू, इसका आश्चर्य का तत्व था। जो लोग शासन निगरानी में रखे जा रहे थे, उन्होंने ही यह साहसिक काम किया। यह पुलिस और गुप्तचर विभाग के मुंह पर तमाचा था। लेकिन जिले के अधिकारियों के खिलाफ कोई कार्यवाही नहीं की जा सकी क्योंकि बंगाल सरकार खुद ही गुप्त सूचनाओं में ऐसी गड़बड़ी की जिम्मेदार थी, जिसका इससे पहले कोई उदाहरण नहीं मिलता है।

आठ मई 1930 को सरकार के गृहविभाग के एक सतर्क अधिकारी ने गुप्तचर विभाग की नाकामयाबी की तरफ ध्यान खींचा था। केन्द्रीय गृह विभाग में उपसचिव एस एन राय ने अपने हाथ से इसके मुतालिक एक फाईल पर टिप्पणी की थी: क्या चिटगांव के अधिकारियों को हमले के बारे में पहले से जानकारी थी?

उसने लिखा कि बंगाल के गुप्तचर विभाग ने नवम्बर 1929 में ही चेतावनी दी थी कि बंगाल के क्रांतिकारियों का 'बरिसाल और चिटगांव में हथियारबंद विद्रोह' का कार्यक्रम है।[2] यह टिप्पणी बंगाल पुलिस के गुप्तचर विभाग के मुखिया मैकिन्टी ने 28 नवम्बर 1929 को लिखी थी। इसमें उसने राज्य सरकार को चेतावनी दी थी कि 'हाल ही में कलकत्ता में हुई एक बैठक में इस इरादे की घोषणा की गयी है कि किसी एक जिले में विद्रोह किया जाये। उनका इरादा पुलिस को अचम्भे में डालकर जिले के कोष और शस्त्र भंडार पर कब्जा करना था। अगर उनका हमला एक घंटे भी चला तो वो डबलिन में ईस्टर विद्रोह के विद्रोहियों की तरह लड़ते हुए मर जायेंगे। उनका ख्याल था कि इसका बहुत भारी नैतिक असर पड़ेगा। और उन्होंने तय किया है कि चिटगांव और बरिसाल जिलों में विद्रोह संगठित किया जाये'।[3] इसके बाद एक चिट्ठी बंगाल के पुलिस मुखिया कॉलसन ने दिल्ली में अपने अधिकारियों को लिखी। उसमें कहा गया था कि सभी जिला मुख्यालयों को इस योजना को ध्यान में रखना चाहिये 'और आश्चर्यचकित करने वाली कोशिशों से बचना चाहिये।'

काफी खुश्क अन्दाज में लिखी गयी एक टिप्पणी में उपगृह सचिव एस एन राय ने लिखाः 'अन्दाजा है कि सम्बद्ध जिलों को जानकारी भेजी गयी है। और इस जानकारी और इसके बाद मिली जानकारी (क्रिमिनल ला अमेंन्डमैंट एक्ट मार्च के आखिर तक खत्म नहीं हुआ था) के मद्देनजर यह समझना मुश्किल है कि चिटगांव की पुलिस इससे ज्यादा होशियार क्यों नहीं थी।'[4] बंगाल की सरकार को 16 मई 1930 को एक औपचारिक खत भेजकर सफाई मांगी गयी। खत पर केंद्रीय गृह सचिव एच डब्ल्यू ऐमर्सन ने दस्तखत किये थे। उसमें विद्रोह के बारे में पहले से दी गयी जानकारी का हवाला दिया गया था। और कहा गया थाः 'यह बात चर्चा का विषय है कि विद्रोहियों ने पूरे तौर पर आश्चर्यचकित कर दिया। सरकार जानना चाहती है कि क्या स्थानीय सरकार इस बात से सन्तुष्ट है कि हमलों की पूर्व–जानकारी मुमकिन नहीं थी, जिसके मुताबिक सावधानी बरती जाती।'[5]

30 मई के अपने जवाब में बंगाल सरकार ने चीजों को छिपाने की तरफ पहला कदम बढ़ाया। सरकारी तंत्र की फितरत के मुताबिक बंगाल सरकार के उपसचिव एच एस ई स्टीवेन्स ने लिखा कि 'हमलों के बारे में जानकारी सही समय पर नहीं पहुंच पाने के सवाल पर बंगाल सरकार अपने विचार तभी देगी जब वो सारे मसले पर केंद्रीय सरकार को रिपोर्ट भेजेगी। जैसे ही स्थानीय अधिकारी गवाही देने की हालत में होंगे, स्थानीय सरकार सारे मामले की जांच करेगी। अभी तो उनकी सारी ताकत हमलावरों को पकड़ कर उन्हें सजा दिलाने में लगी है।'[6]

1929 की चेतावनी के बारे में सरकार के गृह विभाग के अलावा भी लोगों ने इसकी तरफ ध्यान दिलाया था। चिटगांव विद्रोह का अंग्रेजों पर जोरदार असर हुआ। इसका अंदाजा इससे लगाया जा सकता है कि सेना के मुखिया ने भी गुप्तचर विभाग की जानकारी की भूल को गम्भीरता से लिया। 24 अप्रैल 1930 को ईस्टर्न कमाण्ड के मुख्य अधिकारी को लिखे गये अपने पत्र में उसने चिटगांव में हुये हमले की पूर्व जानकारी का हवाला दिया। और लिखाः 'कृपया पता करें कि क्या यह जानकारी मुख्यालय, प्रेजीडैन्सी और आसाम जिले को भी दी गयी थी।'[7] जवाब आया कि ऐसी कोई भी सूचना सेना के ईस्टर्न कमाण्ड को नहीं दी गयी थी। इस जवाब से उनकी तसल्ली नहीं हुयी। कार्यकारी मुखिया लैफ्टीनेंट जनरल सी जे डवरल ने गृह विभाग को लिखाः 'बंगाल सरकार को शायद हालात का पता है। क्योंकि हम कहीं और इस किस्म की कमी को बर्दाश्त नहीं कर सकते हैं, इसलिये जरूरी है कि गृह विभाग का ध्यान फौरन इसकी तरफ खींचा जाये।'[8] इस जांच के बारे में एस एम राय ने लिखाः 'बंगाल सरकार ने इस जानकारी को कोई खास महत्व नहीं दिया क्योंकि वे तो खुद भी आश्चर्यचकित थे।'[9]

चिटगांव की गोरी आबादी भी जांच की मांग कर रही थी। चिटगांव व्यापार चैम्बर के अध्यक्ष ए आर लियशमन ने 24 अप्रैल को बंगाल के मुख्य सचिव को लिखाः 'लगता है कुछ महीनों से स्थानीय अधिकारियों की नाक के नीचे एक आतंकवादी संस्था काम कर रही थी। और लगता है कि उनकी बैठकें बन्द करने या शक के दायरे में आये लोगों के घरों की तलाशी लेने के बारे में, कुछ नहीं किया गया। उन्होंने आश्चर्यचकित करने वाले योजनाबद्ध तरीकों से किये गये हमलों को, जानमाल के नुकसान और हथियारों और असले की चोरी को, हो जाने दिया। अगर इस किस्म की घटनाओं को रोकना है और लोगों में विश्वास जगाना है तो नियमित सेना को यहां तैनात करना पड़ेगा। सभी की तलाशी लेनी पड़ेगी और फौरन हाल की घटनाओं के कारणों की जांच करनी पड़ेगी।'[10] स्थानीय अधिकारियों की घोर आलोचना करते हुए चिटगांव की यूरोपियन एसोसिएशन के अध्यक्ष ने कहाः 'अगर स्थानीय शासन को उन हालात का पता नहीं था जिनकी वजह से विद्रोह हुआ, तो सरकार को चिटगांव के नागरिकों को सफाई देनी चाहिए। और अगर स्थानीय शासन के पास कोई ऐसी जानकारी थी जिसकी वजह से सावधानी बरतना जरूरी था तो हमें यह पूछने का हक है कि ये जानकारी बाकी अधिकारियों को क्यों नहीं दी गयी, जैसे ए बी रेलवे की ए एफ आई टुकड़ी के कमांडिंग आफिसर और एडजूटैंट।' उसने आगे मांग की किः 'फौरन उन हालात की जांच होनी चाहिए जिसमें ऐसी घटना हो सकी और स्थानीय अधिकारियों को शक पैदा नहीं हुआ। खासतौर पर ध्यान देने लायक बात है कि

ये हमले फौजी अनुशासन से किये गये, जिसके लिये जाहिर है कि काफी कवायद और रिहर्सल की जरूरत रही होगी।'[11]

मई में बंगाल सरकार की कार्यकारी परिषद के गृह सदस्य सर विलियम प्रैन्टिस ने चिटगांव की यात्रा की। और चिटगांव के अंग्रेज बाशिन्दों को भरोसा दिलाया कि जिम्मेवारी तय करने के लिये जल्द ही एक जांच की जायेगी। यह जांच कभी नहीं हुयी। कलकत्ता के अधिकारियों को पता था कि वे भी उतने ही कसूरवार हैं जितने कि चिटगांव के छोटे अधिकारी। बाद में चिटगांव के क्रांतिकारियों की गिरफ्तारी न होने की वजह यह बतायी गयी कि उसी साल मार्च में नजरबंदी कानून खत्म हो गया था। सच्चाई यह है, जैसा कि एस एन राय ने लिखा थाः हमलों की तैयारी तो मार्च से पहले से हो रही थी। और स्थानीय अधिकारियों को इसकी हवा भी नहीं लगी थी और न ही कलकत्ता के बड़े अधिकारियों ने उन्हें चेतावनी दी थी।

अंग्रेजी सरकारी तंत्र ने जांच न करने के बहुत से बहाने ढूंढ़े। इससे उनकी अपनी नाकामयाबी और कार्यकुशलता की कमी जाहिर हो जाती। पहला बहाना यह था कि स्थानीय अधिकारी, विद्रोहियों को पकड़ने में इतने व्यस्त थे कि जांच के लिए गवाही नहीं दे सकते थे। जुलाई 1930 में अनेक विद्रोहियों के खिलाफ मुकदमा चलाने के लिये एक स्पेशल ट्रिब्यूनल बनाया गया था। अगस्त 1930 में बंगाल सरकार ने वायदे के बावजूद जांच मुल्तवी कर दी। इसकी वजह यह बतायी गयी कि 'स्थानीय अधिकारियों की इस बात को मानते हुये जांच टाली जा रही है कि अगर मुकद्दमे के दौरान जांच की गयी तो सरकार पर अदालत की मानहानि का आरोप लग सकता है।'[12] अन्दाजन एक साल बाद जून 1931 में सरकार ने एक बार फिर जांच कराने से मना कर दिया। इस बार चिटगांव के कमिश्नर के मत का हवाला दिया गया। उसने कहा था कि जब तक फौजदारी मुकद्दमा चल रहा है 'जांच के फायदेमंद या स्वागतयोग्य होने का इमकियान नहीं है।' उसकी राय थी कि 'कोई भी जांच जो कुछ हद तक खुली हो और कुछ हद तक गुप्त' संभव नहीं है। और 'अगर जांच को पूरा और सच्चा होना है तो उसे खुला होना पड़ेगा, जो अभी या बाद में भी मुमकिन नहीं है।'[13] बंगाल के मुख्य सचिव ने इस खत पर दस्तखत किये और कहा कि अगर मुकद्दमा खत्म होने के बाद 'जांच की जरूरत होगी तो, इसे कराने के बारे में विचार किया जायेगा।'

इसी दौरान स्थानीय अंग्रेजी आबादी पर दबाव डाला गया कि वो जांच की मांग छोड़ दे क्योंकि इससे सरकार की किरकिरी हो सकती है। मई 1932 में रीड ने सरकार के गृह विभाग को लिखा कि 'चिटगांव के चैम्बर ऑफ कामर्स ने एक चिट्ठी लिखकर सरकार से कहा है कि इतने समय के बाद जांच कराने से कोई

फायदा नहीं होगा।'[14] दिल्ली की सरकार ने इसको मान लिया। इस तरह कभी भी जांच नहीं हुई––पहले अधिकारी बहुत व्यस्त थे, फिर मुकदमा चल रहा था और आखिर में, क्योंकि बहुत देर हो गयी थी। स्थानीय आबादी इससे खुश नहीं थी। ए बी रेल्वे के एजेंट ने, जो इस शहर का एक महत्वपूर्ण 'गैर सरकारी' अंग्रेज था, शिकायत की कि जांच इसलिये नहीं हुयी क्योंकि सरकार की इसमें कोई रुचि नहीं थी। हमले 18 अपैल को हुये थे और ट्रिब्यूनल 24 जुलाई 1930 तक शुरू नहीं हुआ। इस दौरान जांच करायी जा सकती थी। उसने कहा कि मार्च 1932 में सरकार ने जांच का इरादा छोड़ दिया। उसकी वजह उन्होंने यह दी कि इतने समय के बाद जांच करने से कोई फायदा नहीं होगा, लेकिन अगर यूरोपियन समुदाय चाहे तो जांच करायी जा सकती है। चिटगांव के यूरोपियन समुदाय ने 'आखिरकार सरकार के फैसले को मान लिया। लेकिन यह साफ कर दिया कि सरकार ने अपने ढुलमुल तरीकों की वजह से किसी भी संतोषजनक जांच को नामुमकिन बना दिया।'[15] उसने आगे कहा कि: 'बंगाल सरकार ने वायदे के बावजूद जांच करने के लिये हमलों के फौरन बाद कोई कदम नहीं उठाया। यह बंगाल सरकार के शासन पर हमेशा एक कलंक रहेगा।'

इस सबको ढ़ांपने की कोशिश का चरमोत्कर्ष 21 मार्च 1932 को हाउस ऑफ कामन्स में देखने को मिला। वहां एक बहुत ही चालाक किस्म की कहानी गढ़ी गयी। मोलसन ने एक सवाल पूछा: 'क्या पुलिस को अप्रैल 1930 के चिटगांव हमलों की पूर्व जानकारी थी? और यदि **हां** तो इनको रोकने के लिये काफी इन्तजामात क्यों नहीं किये गये?' इसका जवाब देते हुये सरकार के राजसचिव सर सेमुअल होर ने जवाब दिया: 'पुलिस को आतंकवादियों की गतिविधियों की जानकारी थी, जिसकी बिनाह पर उन्हें शक था कि वे ऐसी किसी घटना को अंजाम देंगे। इस जानकारी के आधार पर 20 अप्रैल को आम तलाशी का वारंट लिया गया था। लेकिन आतंकवादियों ने 18–19 अप्रैल को हमला कर इसे बेकार कर दिया।'

18
एक रहस्यमय समर्पण

यह समझा जाता है कि चिटगांव शस्त्र भंडार पर हमलों में शामिल फरार विद्रोहियों में से एक, श्री अनन्त सिंह ने इलिशियम रो के सी आई डी मुखिया के सामने शनिवार की दोपहर (28 जून) को समर्पण कर दिया। सरकार ने उस पर 5000 रुपये का इनाम घोषित किया हुआ था।

– अमृत बाजार पत्रिका, 1 जुलाई, 1930

अप्रैल के आखिरी दिनों से लेकर पूरे मई के महीने में जिला पुलिस ने क्रूर बंगाल क्रिमिनल लॉ अमेन्डमेन्ट आर्डिनैन्स की मदद लेकर चिटगांव शहर में अन्धाधुन्ध गिरफ्तारियां कीं। हर उस युवक को पकड़ लिया गया जिस पर क्रान्तिकारियों के साथ कोई भी रिश्ता होने का शक था। चूंकि शस्त्र भंडार पर हमलों में शामिल किसी भी आदमी को किसी ने भी नहीं पहचाना था, इसलिये गिरफ्तारियां सिर्फ हालात का जायजा ले कर की जा रही थीं। अनन्त सिंह, रजत सेन और आनन्द गुप्त के पिताओं और अनन्त के बड़े भाई नन्द लाल सिंह को गिरफ्तार कर लिया गया था, हालांकि उनमें से किसी को भी हमलों के बारे में जानकारी नहीं थी। जिन लड़कों का नाम निगरानी रखने वालों की डायरी में था वे सबसे ज्यादा शक के घेरे में थे और उसके बाद जो भी लोग सदारघाट शारीरिक व्यायाम क्लब, जिला कांग्रेस दफ्तर या छः पुराने कैदियों के साथ देखे गये। उन्होंने छोटे लोगों को तो पकड़ लिया लेकिन छः बड़े लोग उनके काबू में नहीं आये। उनमें से हर एक को पकड़वाने के लिये 5000 रुपये के इनाम का एलान किया गया। लेकिन किसी ने भी कोई ऐसी जानकारी नहीं दी जिसकी मदद से इनकी गिरफ्तारी हो पाती। बंगाल पुलिस बहुत निराश हो चुकी थी। तभी उनकी पकड़ में एक बड़ा शिकार आया–हालांकि उसे शिकार कहना गलत होगा क्योंकि वो तो खुद ही उनके पास आया था।

28 जून 1930 को अनन्त सिंह गुप्तचर विभाग सी आई डी के दफ्तर 13,

इलिशियम रो कलकत्ता पहुंचा। उसने वहां तैनात सिपाही को तीन कागज की पर्चियां दीं। उन तीनों पर एक तरफ उसका नाम लिखा था और पीछे एक–एक कर तीन नाम लिखे थे–लोमन (बंगाल पुलिस का इंस्पैक्टर जनरल), राय नलिनी के मजूमदार, स्पेशल सुपरिन्टैन्डैन्ट गुप्तचर विभाग और मन्मथ नाथ सेन, गुप्तचर विभाग में इंस्पैक्टर। सिपाही ये पर्चियां दफ्तर में मौजूद इंस्पैक्टर कुमार नाथ बोस के पास ले गया। उसे मालूम था कि अनन्त सिंह चिटगांव शस्त्र भंडार पर हमलों के मामले में फरार था। वो 'दूसरे कई अफसरों को लेकर दरवाजे तक आया जहां मुजरिम अकेला खड़ा था। वो उसको दफ्तर में ले गया और वहां उसकी तलाशी ली।'[1] अनन्त की जेब में डाक में डालने के लिये तैयार सात लिफाफे थे। खत इन लोगों को लिखे गये थे–1) मि. लोमन, 2) सम्पादक, *अमृत बाजार पत्रिका*, 3) सम्पादक *बसुमती*, 4) सम्पादक, *स्टेटसमैन*, 5) राय एन के मजूमदार, 6) मन्मथ नाथ सेन, 7) सम्पादक, *डेली ज्योति*, चिटगांव।

लोमन को लिखा गया खत इस तरह था:

> डियर मि. लोमन,
>
> मैं आपको 28 जून 1930 को मिलूंगा। यह भी पक्का है कि आप मुझे फौरन ही वहीं गिरफ्तार कर लेंगे। हां, मैं भी इसके लिये तैयार हूं। कृपया यह मत सोचियेगा कि मैं समर्पण करने को तैयार हूं। आदमी कब समर्पण करता है? जब वो बिल्कुल बेसहारा हो जाता है और उसे अपने बचाव का कोई और रास्ता नहीं मिलता, तभी वो हारता है।
>
> क्या मैं अब बेसहारा हूं? नहीं, बिल्कुल नहीं। मेरे पास अपने बचाव के लिये हथियार हैं; जरुरत के लिये काफी पैसे हैं; लोग हैं जो मेरी मदद करेंगे; और बंगाल में, बंगाल के बाहर और हिन्दुस्तान से भी बाहर ऐसी जगहें हैं, जहां मैं सुरक्षित रह सकता हूं। मैं अभी भी अपने दोस्तों के साथ फरार हूं और हम सुरक्षित हैं। इस सबके बावजूद मैं अपनी गिरफ्तारी दे रहा हूं, क्यों? क्या आप समझते हैं कि अपने किसी काम के लिये मुझे पछतावा है? जरा भी अफसोस नहीं है। तो क्या मुझे किसी ने आदेश दिया है? नहीं–ये मेरा जाती मामला है, बिल्कुल अन्तरंग।
>
> आपका
>
> कान्तिकारी अनन्त लाल सिंह

अखबार के सम्पादकों को लिखे गये सातों खत एक ही तरह के थे। उनमें लिखा था:

> डियर सर,
>
> मै अनन्त लाल सिंह हूं। और मुझे गिरफ्तार करवाने के लिये चिटगांव के जिला मजिस्ट्रेट ने 5000 रुपये के इनाम का एलान किया है। मैंने एक चिट्ठी

आई जी लोमन को लिखी है जिसकी प्रतिलिपि इस चिट्ठी के साथ नत्थी है। मैं वो ही करने जा रहा हूं जो उस चिट्ठी में लिखा है। कृपया लोमन को लिखी गयी चिट्ठी को 28 जून 1930 के भीतर छाप दें। धन्यवाद,

मैं हूं, आपका

अनन्त लाल सिंह

13 इलिशियम रो में हलचल मची थी। डी आई जी कोलसन, पुलिस कमिश्नर टेगार्ट और लोमन के अलावा बहुत से छोटे अंग्रेज और हिन्दुस्तानी अधिकारियों को बताया गया। उनकी अनन्त सिंह को डराने–धमकाने की कोशिश बिल्कुल बेकार गयी। और कुछ ने कई नई तरकीबें सोचीं। अनन्त सिंह ने अपने लम्बे ब्यौरे[2] में लिखा है कि किस तरह उनमें से कुछ ने उसकी चापलूसी की कि वो कितना बहादुर है। और इस बहाने उससे चिटगांव शस्त्र भंडार पर हमलों के बारे में जानकारी हासिल करने की कोशिश की। कुछ औरों ने उसे 18 अप्रैल को निर्दोष हिन्दुस्तानियों की मौत का दोषी होने का एहसास कराना चाहा। अंग्रेज अफसरों ने उसके साथ गाली–गलौज नहीं की। बल्कि उनके व्यवहार में न चाहते हुए भी, एक तारीफ का भाव था क्योंकि उसने और लड़कों ने मिल कर वाकई अद्‌भुत विद्रोह किया था। शाम को उसे लाल बाजार के थाने ले जाया गया और उसके साथ काफी तमीज से पेश आया गया। आम तौर पर यूरोपियनों के लिये इस्तेमाल किये जाने वाले एक आरामदायक कमरे में ले जाकर रखा गया। तीन दिन और दो रात लगातार तफ्‌तीश करने वालों की एक कतार ने उससे सवाल पूछे। उनका मुख्य सवाल था कि उसने समर्पण क्यों किया है और उसके बाकी साथी कहां हैं ? बहुत मजबूती से दूसरे सवाल का उसने जवाब देने से इन्कार कर दिया। और पहले के जवाब में वो बार–बार यही कहता रहा कि उसने समर्पण जाती वजह से किया है। पुलिस को यह समझ नहीं आया कि क्या वो सच बोल रहा है या यह क्रांतिकारियों की हमला जारी रखने की कोई चाल है।

तीन जुलाई को अनन्त को चिटगांव लाया गया। अतिरिक्त पुलिस सुपरिन्टैन्डैन्ट शूटर, ई एफ आर के 32 आदमियों के साथ पुलिस पार्टी के साथ मिलकर इस बेशकीमती कैदी को कलकत्ता से चिटगांव लाये। रेलवे स्टेशन पर जानसन, फारमर, डलास और दो ट्रक भर पुलिस वाले उसके स्वागत में खड़े थे। एक घुमावदार रास्ते से उसे चिटगांव जेल ले जाया गया। वहां उससे डिस्ट्रिक्ट मैजिस्ट्रेट विल्किन्सन और जेल अधिकारी ज्ञान चटर्जी मिले। जब उसे जेल के अन्दर ले जाया जा रहा था 'वन्दे मातरम' और 'साम्राज्यवाद मुर्दाबाद' के नारे लगे। ये उस तरफ से आये थे जहां इस मामले के दूसरे कैदी रखे गये थे। जेल अधिकारी ने वहां जाकर पूछा कि जेल के नियमों के खिलाफ उन्होंने नारे क्यों

लगाये? तीन लड़कों–सुबोध राय, सुबोध विश्वास और सुखेन्दु दस्तीदार–ने कहा कि उन्होंने नारे लगाये चूंकि 'हमारे चिटगांव के नेता आये हैं।[3]

चिटगांव के नेताओं में सबसे साहसी और मशहूर नेता ने इतने ड्रामाई ढंग से समर्पण क्यों किया?

किसी को न तो पूरी तरह पता चला और न ही समझ आया। लोगों ने अलग–अलग सफाई दी। कुछ ने कहा कि उसने समर्पण इसलिये किया कि उसकी जायदाद कुर्क हो गयी थी और उसके पिताजी पर मुकद्दमा चलाया जा रहा था। कुछ ने कहा कि वो उन लड़कों से बदला लेना चाहता था जिन्होंने पुलिस को इकबालिया बयान दिये थे या उमको पुलिस गवाह बनने से रोकना चाहता था।[4] यह कहकर कि उसका मकसद कान्तिकारी था, उसके साथियों ने उसके समर्पण की असली वजह छिपायी। सूर्य सेन ने अपने हाथ से चिटगांव विद्रोह का एक ब्यौरा लिखा है जिसे मुकदमे के दौरान इस्तेमाल किया गया था। इसमें कहा गया है कि अनन्त सिंह किसी को भी सरकारी गवाह नहीं बनने देना चाहता था और जेल में हथियार और असला पहुंचाना चाहता था, ताकि भूमिगत कान्तिकारियों के साथ मिलकर दूसरा विद्रोह किया जा सके। नौजवान साथियों को नेता के असली मकसद का तो पता नहीं था, लिहाजा वे भी यही बात कहते थे। सहाया रामदास ने कहा है कि कुछ लड़के कबूल करना चाहते थे और पुलिस के गवाह बनना चाहते थे और 'उनसे बयान वापिस कराने और सब लड़कों को साथ रखने के लिये अनन्त सिंह ने समर्पण करना बेहतर समझा।'[5] कल्पना दत्त ने लिखाः 'चिटगांव के कान्तिकारी लड़के अद्‌भुत रुप से उसे पसन्द करते थे। वो उसके एक इशारे पर, बिना सवाल पूछे, मरने को तैयार थे। इसीलिये उसने इस अजीबो–गरीब तरीके से समर्पण किया...।'[6] इस विचार पर लोगों का यकीन इसलिये भी पक्का हो गया क्योंकि इकबालिया बयान देने वाले लड़कों ने एक के बाद एक बयान वापिस ले लिये। अनन्त सिंह ने उन्हें कोई धमकी नहीं दी बल्कि उनके साथ प्यार, मोहब्बत और समझ के साथ काम लिया। इससे काम निकला। हालांकि दर्जनों बच्चे इस मामले में पकड़े गये थे, लेकिन सरकार 'एक को भी पुलिस गवाह के रुप में अदालत में पेश नहीं कर पायी।'[7]

सरकार के मुताबिक 'गणेश घोष से चन्दरनगर में झगड़े के बाद, जहां वो दो और लोगों के साथ छुपे थे' अनन्त सिंह ने अपने आप को समर्पण के लिए पेश किया।[8] झगड़े की वजह कान्तिकारियों में फैली आपसी जलन को बताया गया। अपनी रिपोर्ट में बंगाल के मुख्य सचिव ने लंदन में सरकार के मुख्य सचिव को बतायाः 'ऐसी ईर्ष्या का चरम उदाहरण अनन्त लाल सिंह का समर्पण है। चिटगांव हमलों के फरार नेता ने इसलिये आत्मसमर्पण किया कि वो अपने उन

लोगों के लिये फांसी चढ़ जाए, जो अब उसको नेता नहीं मानते।'[9]

चार दशक बाद लिखे गये अनन्त सिंह के अपने ब्यौरे में अंग्रेजों का मत सच्चाई के करीब लगता है। लेकिन उसमें 'झगड़े' और 'ईर्ष्या' के केन्द्रीय सरोकार को नहीं समझा गया है। लगता है कि उसका समर्पण करने का फैसला बहुत ही भावुक फैसला था क्योंकि उसका मिजाज बहुत ही भावुक था। इस कलह की असली वजह बताये बिना, अनन्त सिंह बचपन के एक दोस्त के साथ अपने लगाव का बहुत ही मार्मिक ब्यौरा देते हैं। यह दोस्त उनका जीवन भर का साथी भी था, लेकिन उसकी तरफ से यह लगाव उतना नहीं था। इस रिश्ते की समझ का खुलासा करने के लिये अनन्त सिंह रोमा रोलां के उपन्यास *ज्यां क्रिस्टोफ* से लम्बे उदाहरण देते हैं। इसमें नौजवान क्रिस्टोफर अपने दोस्त आटो डाइनर के जवाब का इन्तजार कर रहा है और उसका खत पाकर बहुत खुश होता है। वो इस प्रकार हैः

> *क्रिस्टोफर ने आंख में आंसू भरकर चिट्ठी को पढ़ा। उसने उसे चूमा; जोर से हंसा और बिस्तर पर कूदा। फिर भाग कर मेज पर गया और पैन हाथ में लेकर एकदम जवाब देने की तैयारी में लगा। लेकिन उसे तो लिखने की आदत नहीं थी। जीभ बाहर निकाल कर उसने पांच या छः बार चिट्ठी लिखी, और आखिरकार वो टूटे–फूटे अक्षरों में, जो इधर–उधर जा रहे थे और उनमें बहुत सी गलतियां भी थीं, उसे ये लिखने में कामयाबी मिली––'मेरी रुह,*
>
> –हमेशा तुम्हारा, *क्रिस्टोफर'*

अनन्त सिंह ने लिखा है कि वो भी 14 साल के क्रिस्टोफर की तरह था और उसका भी एक बहुत नजदीकी दोस्त था और जब उसने चिटगांव छोड़ा तो वो उसको बहुत याद आता था। उसकी चिट्ठी पाकर वो बहुत खुश हुआ। क्रिस्टोफर की तरह उसने भी जवाब लिखने में घंटों लगाये। वो लड़कपन की दोस्ती का बहुत ही भावुक ब्यौरा देता है और बताता है कि वो इतनी तकलीफदेह थी कि 1920–1921 में उसने दो बार खुदकशी की कोशिश की।[10] उसकी तकलीफ यह थी कि इस दोस्त ने उसके इस अटूट प्यार को कभी नहीं समझा और उसकी बेपरवाही से उसे तकलीफ होती थी। अपने चन्दरनगर में छिपे होने के दौरान वो इस तकलीफ से इतना परेशान हुआ कि उसने खुदकशी करने की सोची 'फौरन ही नहीं बल्कि धीरे–धीरे और इस तरह कि सब पर जाहिर हो जाये कि वो क्यों अपनी जिन्दगी खत्म कर रहा था'।[11] उसने समर्पण कर फांसी पर चढ़ने का फैसला किया। एक दिन उसने गणेश, मक्खन और आनन्द को बुलाया और उन्हें अपना फैसला सुनाया। गणेश ने कहा,' अगर तुम मरना ही चाहते हो तो क्यों नहीं एक अंग्रेज को मार कर, खुद को गोली मार लेते।'[12] इस जवाब से उसे और भी

दुख पहुंचा। उसने कहा कि गणेश के जवाब से जाहिर है कि वो उसकी जहनी हालत को नहीं समझता है। नौजवान लोगों ने फिलहाल ये विचार छोड़ने के लिये उसे तैयार कर लिया। लेकिन कुछ दिन बाद एक भावुक सी चिट्ठी लिखकर वो अपनी छिपने की जगह छोड़कर कलकत्ता आत्मसमर्पण के लिये चल दिया। उसने अपनी चिट्ठी में लिखाः 'प्यारे भाईयो, मैं मरने के लिये खुदकशी या आमने–सामने की लड़ाई कर सकता था। लेकिन मेरे भीतर एक छुपी हुयी इच्छा है। मैं अपने मरने पर प्रतिक्रिया जानना चाहता हूं। इसलिये मैंने जल्दी आने वाली मौत को नहीं चुना। लेकिन एक लम्बी भयानक प्रक्रिया को चुना जिसमें मुझे इस बात का समय और मौका मिलेगा कि मैं समझ सकूं कि तुम्हारे दिल में मेरे लिये क्या जगह रही है।'[13]

उसने इस गहरे और नजदीकी दोस्त का नाम कहीं नहीं लिया है जिसने उसमें इतने भावनात्मक और खुद के बारे में इतने दयनीय ख्याल जगाये। लेकिन लगता है कि यह दोस्त गणेश घोष था। चिटगांव के क्रान्तिकारी दायरे में इन दोनों को 'जुड़वां भाइयों'[14] की 'अटूट'[15] जोड़ी की तरह जाना जाता था। अनन्त सिंह का भावनात्मक लगाव, चाहे वो कितनी भी लड़कपन की भाषा में बताया गया हो, आमतौर पर क्रान्तिकारियों के कट्टर स्वभाव के साथ नहीं जोड़ा जा सकता। क्रान्तिकारी तो एक अमूर्त विचार के लिये मरने–मारने के लिये तैयार रहते हैं। यही वजह है कि अनन्त सिंह के आत्मसमर्पण की 'निजी वजह' को लोग नहीं समझ पाते हैं। लेकिन उसके नजदीकी साथी उसके कठोर व्यक्तित्व के नीचे छिपे भावुक व्यक्तित्व को पहचानते थे। मास्टर दा ने भी उसे जन्मजात नेता कहा है और कहा है कि उसे नेता बनने के लिये कभी लड़ाई नहीं करनी पड़ी। उनके मुताबिक 'वो भावनाओं में बह जाता है और उसकी गहरी मानवता एक क्रान्तिकारी में कमजोरी की वजह बन सकती है।'[16] जब अनन्त के रहस्यमय समर्पण की खबर भूमिगत मास्टर दा को मिली तो कुछ नौजवान साथियों ने पूछा कि क्या अनन्त ने अपने समर्पण करने से पहले इजाजत ली थी? दिनेश दास गुप्ता भूमिगत लोगों में से एक था और उसे याद है कि मास्टर दा ने क्या कहा। उन्होंने कहाः अनन्त लाल को अगर अच्छा पथ प्रदर्शक मिल जाये तो वो कमाल कर सकता है, लेकिन बिना पथ प्रदर्शक के अनन्त लाल एक तबाही के बराबर होगा।'[17] समर्पण के कुछ ही हफ्तों में सूर्य सेन फिर अनन्त सिंह के पथ प्रदर्शक बन गये। भूमिगत रहते हुए उन्होंने अनन्त से सम्पर्क बनाया और अनन्त सिंह की संगठन और योजना की काबलियत को, फिर से अंग्रेजी राज के नुमाइन्दों से लड़ने में लगाया।

19

चन्दरनगर में गिरफ्तारियां

...बहुत बड़े हमले और खास तौर पर चिटगांव के विद्रोहियों की चन्दरनगर में गिरफ्तारी की वजह से हिंसक आंदोलन की योजना जोर नहीं पकड़ सकी।

– बंगाल में आतंकवादियों की गतिविधियों
पर रिपोर्ट अप्रैल से दिसम्बर, 1930[1]

चिटगांव के विद्रोह के बाद कलकत्ते की पुलिस बहुत जोर–शोर से कान्तिकारी आतंकवाद को कुचलने और उस पर काबू करने की कोशिश कर रही थी। ऐसे ही समय में अनन्त सिंह का आत्मसमर्पण हुआ। 18 अप्रैल की शस्त्र भंडार पर हमले की घटनाओं ने 'पूरे राज्य के कान्तिकारियों को चकाचौंध कर दिया।' अनुशीलन और जुगान्तर के नौजवान सदस्यों के दिमाग 'अंग्रेजों को हथियारों की ताकत से बाहर निकालने के विचारों से भरे थे। लेकिन उनके नेताओं ने उनको रोक रखा था और एक भी हत्या नहीं करने दे रहे थे। अब उनमें चिटगांव की तर्ज पर मौका मिलने की मांग बढ़ने लगी।'[2] जब चिटगांव के नेता भूमिगत हो गये तो गतिविधियों का केन्द्र फिर कलकत्ता चला गया। जुगान्तर के नेता भूपेन दत्त कलकत्ते में दर्शनीय हमलों का आंदोलन शुरू करना चाहते थे। हालांकि ये लोग चिटगांव से उत्साहित थे लेकिन उनके पास न तो संगठन था न विस्तार से योजना बनाने की जानकारी थी। और अब पुलिस को भी चेतावनी मिल गयी थी। और 'उसने बहुत सी गिरफ्तारियां कर के और सावधानी बरत कर, यह सुनिश्चित किया था कि चिटगांव दुहराया ना जाये।'[3]

कलकत्ता में जुगान्तर सबसे सकिय ग्रुप हो गया। भूपेन दत्त ने चिटगांव के हीरोओं का आदरपूर्वक स्वागत किया। उनके पास फौजी कौशल और बम बनाने की कला थी, जिसकी कलकत्ता के कान्तिकारियों को बहुत जरूरत थी। हम पहले बता चुके हैं कि भूपेन दत्त ने चन्दरनगर में पनाह ढूंढी थी। यहां गणेश घोष ने बम और कारतूस बनाने का 'कारखाना' लगाया, जिसमें कलकत्ता से नौजवान

आकर प्रशिक्षण लेते थे। आमतौर पर पनाह सहानुभूति रखने वाले लोगों के घर में ली जाती थी। लेकिन इस मामले में इन्तजाम और भी पुख्ता था। जुगान्तर के दो अच्छे साथियों–शशधर आचार्य और सुहासिनी गांगुली ने मियां–बीबी होने का स्वांग रचा और चन्दरनगर में एक बड़ा और एकान्त का घर किराये पर ले लिया। भूपेन दत्त ने अपने रसूख से सुहासिनी गांगुली को एक स्थानीय स्कूल में नौकरी दिलवा दी और उसके 'पति' को भी एक अच्छी सी नौकरी दिलवा दी। चिटगांव के फरार लोग जाहिरा तौर पर सुहासिनी गांगुली के किरायेदार के तौर पर रह रहे थे। उसने बहुत सावधानी से और आदर के साथ उनकी देखभाल की।

जब गणेश घोष को पता लगा कि अनन्त घर छोड़ गया है तो उसने बहुत गुस्सा किया और सुहासिनी को भला–बुरा कहा।[4] उसको तो बिल्कुल अन्दाजा नहीं था कि अनन्त कहां के लिये और क्यों गया है ? कलकत्ते में अनन्त सिंह से काफी बारीकी से पूछताछ की गयी, लेकिन उसने अपने साथियों के बारे में कोई जानकारी नहीं दी। मई और जून में कलकत्ता में बहुत से नेताओं की गिरफ्तारी हुयी थी। इनमें भूपेन दत्त भी थे। उनके उत्तराधिकारी मनोरंजन गुप्ता ने भी अनुशीलन और जुगान्तर को एक करने की कोशिश जारी रखी और चिटगांव के फरार लोगों के साथ मिलकर राजधानी में बड़े हमले की योजना बनायी।[5] उस समय की गुप्तचर विभाग की रिपोर्ट के मुताबिक उनकी योजना यूरोपियनों पर बम से हमला करने की, पावर स्टेशनों, डमडम हवाई अड्डे और ट्राम सेवा को उड़ाने की थी। पुलिस अधिकारियों को एक–एक करके मारने की योजना भी इसमें शामिल थी। पूरे बंगाल में बड़े पैमाने पर हमले की शुरुआत कलकत्ता के पुलिस कमिश्नर सर चार्ल्स टेगार्ट की हत्या से होनी थी। टेगार्ट बंगाल के क्रान्तिकारियों के निशाने पर काफी समय से था।

25 अगस्त 1930 को योजना को अमलीजामा पहनाया गया। कलकत्ता के बीचों–बीच डलहौजी स्क्वायर के एक सिरे पर टेगार्ट की गाड़ी पर दो बम फेंके गये। बम निशाने से चूक गये और कुछ छर्रों ने ड्राइवर और राहगीरों को घायल कर दिया। हिम्मती सर चार्ल्स ने नीचे झुककर अपनी रिवाल्वर उठायी, गाड़ी को मुड़ने को कहा और दूसरी तरफ भागा जहां एक पुलिस वाले ने दिनेश मजूमदार को पकड़ रखा था। एक दूसरा नौजवान अनुज सेनगुप्ता अपने नजदीक दूसरे बम के फटने से मर गया था। उसके पास से दो और बम और एक .450 की रिवाल्वर मिली।[6] जानलेवा हमला तो कामयाब नहीं हुआ लेकिन इशारा समझ लिया गया। चार दिन बाद बंगाल पुलिस के इन्सपैक्टर जनरल लोमन और ढाका के एस पी हडसन पर ढाका में एक नौजवान ने गोली चलाई और बच निकला। लोमन बाद में अपनी चोटों से मर गया।

टेगार्ट पर हमले की नाकामयाबी से चन्दरनगर की छुपने की जगह का पता लग गया। चिटगांव के हमलों की सफलता का एक बड़ा कारण नेताओं में तालमेल और गतिविधियों को गुप्त रखना था। कलकत्ता में चीजें इस तरह से नहीं थी। ग्रुपों के बीच एक–दूसरे पर शक–संदेह था और आपस में प्रतिस्पर्धा थी, जिसके चलते भेदियों का घुस आना आसान था। पुलिस के सूत्रों के मुताबिक जब वे डलहौजी स्क्वायर बम केस की जांच कर रहे थे 'तो 31, अगस्त की दोपहर को उन्हें जानकारी मिली' कि चिटगांव के चार मशहूर फरार लोग चन्दरनगर के एक घर में रह रहे हैं।[7] ये पता नहीं है कि उन्हें ये खबर कैसे मिली। कुछ का मानना है कि हत्या करने गये दो लोग चिटगांव के हमलों में मिली एक रिवाल्वर अपने साथ ले गये थे। हालांकि गणेश घोष ने इसके लिये साफ तौर पर मना किया था। इससे पुलिस को सुराग मिल गया और बाकी उन्होंने मार–पीट कर उगलवा लिया।[8] इसके अलावा 25 अगस्त को कलकत्ता कार्पोरेशन के सदस्य डा0 नारायण चन्द्र राय को पुलिस ने गिरफ्तार किया। उसने कबूल किया कि वो जुगान्तर के लिये बम बनाता था। उसने और भी बातें पुलिस को तफसील से बतायीं।[9]

सर चार्ल्स टेगार्ट 31 अगस्त को ही चन्दरनगर पहुंचना चाहता था। क्योंकि चिटगांव के नेता खतरनाक थे और वो कलकत्ता ग्रुप के साथ मिलकर 'कलकत्ता और दूसरी जगहों पर कांड करना चाहते थे।'[10] लेकिन एक छोटी सी समस्या थी। चन्दरनगर फ्रांस के कब्जे में था और अंग्रेज पुलिस कागजी कार्यवाही पूरी किये बिना उसमें घुस नहीं सकती थी। टेगार्ट ने बंगाल के मुख्य सचिव से सम्पर्क किया। उसने गर्वनर के दफ्तर से चन्दरनगर के प्रशासक चैम्पियन को चिट्ठी लिखवायी, जिसमें 'सारे तथ्यों को बयान करने के बाद उस घर को घेरने की इजाजत मांगी और फिर फ्रेंच पुलिस की मदद मांगी।'[11] एक सितम्बर की रात को एक दल पुलिस मुख्यालय से चला। इसमें सिर्फ अंग्रेज शामिल थे।

अगले दिन मुख्य सचिव को अपनी रिपोर्ट में टेगार्ट ने बताया कि वे रात के पौने तीन बजे घर के नजदीक पहुंचे और 'अपनी कारों से उतर कर बिना शोर किये पैदल उस घर की तरफ बढ़े।' टेगार्ट ने कहा कि घर 'छुपने के लिये बहुत अच्छी जगह पर था।' एक पतली गली में था जिसके एक तरफ खाली जमीन थी जिस पर जंगल उग रहा था और उसमें एक टंकी थी और घर के बिल्कुल पीछे एक और बड़ी टंकी थी। घर दो मंजिला पक्की इमारत थी जिसकी छत पर भी एक कमरा था। इस कमरे में बत्ती जल रही थी जिससे लगता था कि यह निगरानी रखने के लिये इस्तेमाल होता था। पुलिस ने खामोशी से घर को घेर लिया। ये तसल्ली कर लेने के बाद कि घर को पूरी तरह घेर लिया गया है, टेगार्ट

का कहना है कि वो एम चैम्पियन को खबर देने के लिये चला। वो अभी घर के पास से गुजरा ही था कि उसे गोलीबारी की आवाज सुनाई दी। चार आदमी घर के पिछले दरवाजे से निकल रहे थे। वो 'टैंक के उत्तर की तरफ जाना चाहते थे।' उन्हें पुलिस ने ललकारा और गोली चलाई जिसका 'फौरन जवाब मिला।'

ऊपर निगरानी वाले कमरे में आनन्द गुप्त की रात की ड्यूटी थी। आनन्द और मक्खन बारी–बारी से रात की ड्यूटी करते थे। वे वहां चार महीने से थे और इस दौरान कोई घटना नहीं हुयी थी। वे थोड़ा लापरवाह हो गये थे। उस रात को आनन्द को बगीचे में कुछ परछाईयां नजर आयीं और वो दूसरों को सचेत करने के लिये नीचे गया।[12] उन्हें पता था कि उनके पास वक्त कम है। वे अपनी रिवाल्वर लेकर पिछले दरवाजे से निकले और तभी सारी जगह रोशनी में नहा गयी। पुलिस ने देखा कि दो लोग टंकी में कूदे हैं । उनमें से एक चन्द मिनटों में बाहर आ गया और उसे गिरफ्तार कर लिया गया। वो लोकनाथ बाल था। पुलिस ने कई बार टंकी में गोली चलाई लेकिन कोई नहीं निकला। दूसरे किनारे पर गणेश घोष और आनन्द गुप्त पकड़े गये। दोनों हथियारों से लैस थे।

जब गोलीबारी बन्द हुयी तो टेगार्ट' जो कुछ हुआ है फौरन एम चैम्पियन को बताने के लिये' चला। उसने फ्रेंच पुलिस मुखिया को बुलाया। सिर्फ स्थानीय पुलिस को ही अपने कब्जे की जगह पर गिरफ्तारी करने की इजाजत थी। वे रात को 3:40 पर घटना स्थल पर वापिस आये। टेगार्ट ने उनसे घर की तलाशी लेने को कहा। लेकिन फ्रेंच पुलिस के मुखिया ने कहा कि फ्रेंच कानून के तहत सुबह चार बजे से पहले तलाशी नहीं ली जा सकती। सूरज निकलने के बाद तलाशी ली गयी। तीनों फरार लोगों के साथ उनको पनाह देने के लिये शशधर आचार्य और सुहासिनी गांगुली को भी गिरफ्तार कर लिया गया। टेगार्ट कलकत्ता भागा कि उनके निर्वासन का आदेश लाये। दोपहर तक उनको पूरी तरह गिरफ्तार नहीं किया जा सका।

सुबह जब फ्रेंच पुलिस के कहने पर टंकी को कुछ मछुआरों द्वारा खंगाला गया तो उसमें एक लाश मिली। उसके सिर में दो गोलियां लगी थीं। उसकी पहचान जीबन या मक्खन घोषाल के तौर पर हुयी। वो चिटगांव के सबसे अमीर लोगों में से एक का बेटा था। उसने ऐशो–आराम की जिन्दगी छोड़कर आजादी की लड़ाई का सिपाही बनने का फैसला किया था।

जितने नौजवान चिटगांव में पुलिस गोलियों से मरे, उनमें मक्खन घोषाल को ही हीरो जैसी विदाई मिली। जलालाबाद और कलारपोल–जुल्दा के शहीदों को चिटगांव की पुलिस ने ढ़ेर लगाकर आग लगा दी थी। लेकिन चन्दरनगर ब्रिटिश हिन्दुस्तान का हिस्सा नहीं था। स्थानीय आबादी बड़ी तादाद में आयी। इनको

काबू में रखना फ्रेंच पुलिस के लिये मुश्किल हो गया था। ये इसलिये मुमकिन था कि फ्रेंच एक तो अंग्रेजों के मुकाबले कमजोर थे और दूसरे वो ज्यादा आजादी देते थे।

टेगार्ट चिटगांव के विद्रोहियों को पकड़ कर और एक बड़े हमले को रोककर बहुत खुश था। लेकिन इस सबमें फ्रेंच और अंग्रेज अधिकारियों के बीच एक दिलचस्प मसला पैदा हो गया। वाइसराय लार्ड इरविन ने 11 सितम्बर को पोण्डिचेरी के फ्रेंच गर्वनर को (चन्दरनगर उसके मातहत था) एक खत लिखा। उसमें उन्हें चार मुख्य क्रान्तिकारियों को पकड़वाने में मदद देने के लिये बहुत गर्मजोशी से धन्यवाद दिया गया था।[13] लेकिन ये तो फ्रेंच लोगों के लिये गैर जरुरी था। फ्रेंच अधिकारी पेरिस में अपने मातहत इलाके में अंग्रेजों के कूर बर्ताव की चर्चा नही चाहते थे। पोण्डिचेरी में अंग्रेज दूत एच जी ट्रेन्चल ने बंगाल सरकार के गृह सदस्य डब्ल्यू डी आर प्रैन्टिस को एक निजी और गुप्त खत लिखा। उसमें कहा कि फ्रेंच गवर्नर को डर है कि 'चन्दरनगर और पोण्डिचेरी के हिन्दुस्तानी जो फ्रांस की राजनीतिक पार्टियों के सम्पर्क में हैं इस मामले का राजनीतिक लाभ उठाना चाहेंगे। और वे उपनिवेशों के मन्त्री से ब्रिटिश पुलिस के फ्रेंच इलाके में काम करने के बारे में अजीबो–गरीब सवाल पूछेंगे।'[14] उसने लिखा कि वैसे ही चन्दरनगर के लोगों ने जबर्दस्त विरोध किया था और जब वे निर्वासन का आदेश मिलने से पहले कैदियों को छुड़वाना चाहते थे, प्रशासन के लिए अपनी थोड़ी सी ताकत के साथ लोगों को काबू करना मुश्किल हो गया था।' मक्खन घोषाल की लाश मिलने के बारे में ट्रेन्चल ने कहा कि शहर के गणमान्य व्यक्ति बिना ये देखे कि उसने क्या–क्या गुनाह किये थे, इससे बहुत परेशान थे। चन्दरनगर का मेयर एक विरोध प्रस्ताव लेकर पोण्डिचेरी गया। इसमें वहां रहने वाले लोगों ने, अंग्रेज पुलिस के धावा बोलने पर विरोध जताया था।

इन हालात में फ्रेंच हिन्दुस्तान का गर्वनर यह चाहता था कि बंगाल सरकार हिन्दुस्तान की सरकार को जल्द से जल्द लिखे कि ' उन्होंने बंगाल को बचाने के लिये बहुत जरूरी समझते हुए अंग्रेजों से यह धावा बोलने के लिये कहा था और इस दौरान सारी चीजें फ्रेंच कानून के दायरे में ही हुई थीं।' और अंग्रेज पुलिस को तो मात्र बल के इस्तेमाल के लिये बुलाया गया था। ट्रेन्चल तो चन्दरनगर के लोगों की चिटगांव के क्रान्तिकारियों के साथ एकजुटता को देखकर बिल्कुल हिल गया था। वो इस चिट्ठी को 'जल्द से जल्द विदेश मन्त्रालय भिजवाना चाहता था ताकि पेरिस में ब्रिटिश राजदूत, फ्रेंच सरकार को इस कदम की जरूरत बता सकें।'[15] चिटगांव की हलचल इंग्लैंड को पार कर फ्रांस भी पहुंच गयी थी।

20

कल्पना और प्रीतिलता

लड़कियां शुरु से ही पार्टी से जुड़ी हुयी थीं और अब उनका इस्तेमाल जेल में बन्द और फरार लोगों के बीच सम्पर्क बनाने के लिये किया जा रहा था।

– भारत में आतंकवाद 1917–1936

चिटगांव में मानसून की भयानक बारिश खत्म हो गयी थी और अपने पीछे एक अजीब सी खामोशी छोड़ गयी थी। 9 जुलाई 1930 को बी सी एल ए एक्ट 1925 के तहत चिटगांव शस्त्र भण्डार हमले के मुकदमे को सुनने के लिये एक विशेष ट्रिब्यूनल बनाया गया। इसके तीन सदस्य थे: जे यूनी (अध्यक्ष), रायबहादुर नरेन्द्र नाथ लाहिड़ी और खानबहादुर मौलवी ए एच एम अब्दुल हई। मुकदमा 57 लोगों के खिलाफ चलना था जिनमें से सिर्फ 32 गिरफ्तार थे और बाकी फरार। मुकदमा 24 जुलाई को जिला अदालत में शुरू हुआ। अदालत उत्तेजित लोगों से खचाखच भरी थी जो अपने हीरोओं को देखना चाहते थे। सुबोध राय ने कहा है कि जेल में नीरस कई महीने गुजारने के बाद अदालत में आना–जाना काफी दिलचस्प था और 'लड़के बहुत खुश थे कि चाहे कुछ ही घण्टों के लिये सही, कम से कम जेल की चार दीवारी से तो बाहर निकले'।[1] इससे अनन्त सिंह को भी अपने नौजवान साथियों से मिल कर उन पर असर डालने का मौका मिला।

चिटगांव के क्रान्तिकारियों की लोकप्रियता उनके लिये इकट्ठी हुई भीड़ से तो जाहिर होती ही थी, इससे और भी पुख्ता होती थी कि उस समय के बड़े राष्ट्रीय नेताओं ने उनकी तरफ से मुकदमा लड़ने का फैसला किया। इनमें सबसे प्रमुख शरत चन्द्र बोस थे। वो सुभाष चन्द्र बोस के बड़े भाई थे और उन्होंने वकालत छोड़ रखी थी। उन्हें नागरिक अवज्ञा आन्दोलन में तीन महीने की जेल भी हुई थी। उन्होंने अनन्त सिंह की तरफ से पेश होने का फैसला किया। इससे चिटगांव के विद्रोहियों को बहुत सहारा मिला क्योंकि कांग्रेस का राष्ट्रीय नेतृत्व उनके प्रति काफी उदासीन था या कहें कि प्रतिकूल था। दूसरे मशहूर कांग्रेस

वकील कामिनी कुमार दत्त और अखिल चन्द्र दत्त ने भी उनका बचाव करने का फैसला लिया। तीन महीने में खत्म होने की बजाय मुकदमा दो साल चला जिसकी वजह से शरत बोस सारे समय पेश नहीं हो सके। लेकिन अनन्त सिंह उनके शुरू के जोरदार बचाव से बहुत प्रभावित थे। ये उन्होंने कई साल बाद लिखा।[2] अनन्त सिंह, गणेश घोष और लोकनाथ बाल ने अपना मुकदमा अपने आप बड़ी काबलियत से लड़ा। शरत बोस ने विद्रोह के दूसरे चरण में उनकी बहुत मदद की।

चन्दरनगर की गिरफ्तारियों के बाद मुकद्दमे को दोबारा शुरू से करने का फैसला हुआ और ये 11 सितम्बर को चालू हुआ। सारे गवाह जिनसे जिरह हो चुकी थी, उन्हें दोबारा बुलाया गया। 9 अक्टूबर को अम्बिका चक्रवर्ती पटिया जिले के एक गांव में पकड़ा गया। वो बहुत बीमार और कमजोर था। ट्रिब्यूनल फिर दोबारा शुरू से सुनवाई करने के लिये तैयार नहीं था। इसलिये फैसला हुआ कि उस पर मुकद्दमा पहले मुकद्दमे के खत्म होने के बाद चलाया जायेगा।

छः में से चार नेता गिरफ्तार थे। आई आर ए की चिटगांव शाखा के 19 बहादुर नौजवान पुलिस और फौज से मुठभेड़ में मारे जा चुके थे और बहुतों पर मुकद्दमा चल रहा था। फिर भी अंग्रेज अधिकारियों को चैन नहीं था। उन्हें अभी तक 17 फरार लोगों को गिरफ्तार करने में कामयाबी नहीं मिली थी। इनके नाम पुलिस की हमला करने वालों की फेहरिस्त में शामिल थे––इनमें दो नेता सूर्य सेन और निर्मल सेन भी थे। हालांकि शहर पर हमला करने की कोई कोशिश नहीं की गयी थी, फिर भी शहर की यूरोपियन आबादी हमेशा अचानक हमलों के डर से घिरी रहती थी और पुलिस अधिकारियों को अपनी जान की फिक्र थी। यह डर बंगाल पुलिस के नये इंसपैक्टर जनरल के चिटगांव के दो फरार लोगों द्वारा जानलेवा हमले में बाल–बाल बचने के बाद और भी बढ़ गया। क्रेग, लोमन की हत्या के बाद इस पद पर आया था। 1 दिसम्बर 1930 को सुबह चार बजे रेल्वे पुलिस के इंस्पैक्टर तरणी चरन मुकर्जी की ट्रेन से उतरते समय चन्दरपुर रेल्वे स्टेशन पर हत्या कर दी गयी। उसे गलती से क्रेग समझ लिया गया था जो उसी ट्रेन से सफर कर रहा था। दो लोगों––रामकृष्ण बिश्वास और कालिपद चक्रवर्ती––को इसके लिये गिरफ्तार किया गया। सुबह के धुंधलके में उन्होंने उसे क्रेग समझ लिया था जिसका डील–डौल मुकर्जी से मिलता–जुलता था। उसी दोपहर को उन्हें बीस मील दूर से पकड़ा गया। उनके पास बम और ए एफ आई शस्त्र भण्डार से चुराये गये रिवाल्वर मिले। रामकृष्ण बिश्वास चिटगांव ग्रुप का प्रमुख सदस्य था और बम बनाने में कुशल था। वो शस्त्र भण्डार के हमलों में चोट लगने की वजह से हिस्सा नहीं ले पाया था। ये चोटें उसे महीना भर पहले बम

बनाते समय लगी थीं। इन दोनों को विशेष ट्रिब्यूनल, अलीपुर के सामने कलकत्ता में पेश किया गया। रामकृष्ण बिश्वास को मौत की सजा सुनाई गयी और 4 अगस्त 1931 को फांसी पर चढ़ा दिया गया। कालिपद को जिन्दगी भर के लिये देश निकाला दिया गया।

गिरफ्तारियों, हत्याओं, फांसी और व्यापक दमन से भी, चिटगांव के लोगों में इस आन्दोलन के लिये उत्साह और समर्थन कम नहीं हुआ। बल्कि और भी ज्यादा लोग इस विद्रोह में हिस्सा लेना चाहते थे, जो अब एक विप्लव का रूप ले रहा था। इस दौरान इस आन्दोलन में शामिल होने दो प्रमुख महिलाएं आई थीं––कल्पना दत्त और प्रातिलता वद्दार। इन्हें अगले तीन साल में हिन्दुस्तान की आजादी की लड़ाई में अगुआ लड़ाकू सैनिकों की भूमिका निभानी थी और वे इस लड़ाई की बड़ी नायिकाएं होने वाली थी।

इनकी पृष्ठभूमि एक दूसरे से काफी अलग थी। लेकिन वे चिटगांव खास्तगीर गर्ल्स हाई स्कूल के अपने शुरू के दिनों से दोस्त थीं। प्रीतिलता, कल्पना से एक साल आगे थी। लेकिन वे दोनों एक साथ बैडमिन्टन खेलती थीं। उन दोनों के सपने भी समान थे। कल्पना के मुताबिक 'कई बार हम लोग बड़े वैज्ञानिक बनना चाहते थे। फिर रानी की झांसी के उदाहरण से हम बहुत प्रभावित हुए। और कई बार हम निडर क्रान्तिकारी बनना चाहते थे'।[3]

कल्पना दत्ता गुप्त (बाद में दत्त के नाम से जानी गयीं) का जन्म 27 जुलाई 1913 को एक खाते–पीते राज के वफादार परिवार में हुआ। उसके पिता के पिता को अंग्रेजों की खिदमत के लिये राय बहादुर का खिताब दिया गया था। बचपन से ही वो अपने नाम की तरह थी। उनकी कल्पना काफी तेज थी। बचपन में उसे राक्षस राजा रावण की कहानी बहुत प्रभावित करती थी जो हमेशा स्वर्ग के लिये एक सीढ़ी बनाना चाहता था, लेकिन कभी उसे पूरा नहीं कर पाया। जब कल्पना छोटी थी तो अपने एक नातेदार से उसने कहा था कि 'बड़ी होकर मैं स्वर्ग की इस सीढ़ी को पूरा करूंगी।'[4] लेकिन बड़े होते–होते किसी और सांसारिक सीढ़ी में उसने अपना ध्यान लगाया। जब वो एक छोटी स्कूली लड़की थी तो वो अपने एक चाचा–टूनू काका से बहुत प्रभावित थी। उन्होंने उसे बताया था कि उसे आजादी की लड़ाई में शामिल होना चाहिये। वो बहुत किताबें पढ़ती थी और उसने अपने पिता जी को एक दिन कहाः 'बाबा, मैं एक दिन खुदी राम की तरह बनूंगी।' उसके पिताजी ने कभी उसकी हिम्मत नहीं तोड़ी, सिर्फ कहाः 'खूब पढ़ो, बड़े हो जाओ, फिर जो मर्जी हो करना।'[5] कल्पना एक मेधावी छात्रा थी और 1929 में उसने अच्छे नम्बरों से मैट्रिक का इम्तहान पास किया। उसने 1 जुलाई 1929 को कलकत्ता के प्रतिष्ठित बैथ्यून कॉलेज में विज्ञान के इन्टरमीडिएट कोर्स के

पहले साल में दाखिला लिया। और अप्रैल 1930 तक लगातार क्लास में गयी। बहुत ध्यान से पढ़ने वाली और बहुत कमजोर दिखने वाली छात्रा होने के बावजूद कल्पना ने अपने कलकत्ता के दिनों का खूब फायदा उठाया और गर्ल्स स्टूडैन्ट्स सोसायटी में शामिल होकर व्यायामशाला में लाठी चलाने और तलवारबाजी का प्रशिक्षण लिया।'[6] एक प्रोफेसर ने बाद में गवाही देते हुए बताया कि वो जुलाई से लेकर कॉलेज के दुबारा खुलने यानि अक्टूबर 1930 के आखिर तक, कॉलेज से गैरहाजिर थी। उसने तब दूसरे साल में दुबारा दाखिला लिया और 17 जनवरी 1931 तक क्लास में आयी। और वो 'आखिरी दिन था जब वो बैथ्यून कालिज गयी।'[7] इन तारीखों से पता चलता है कि कब उसने आन्दोलन में हिस्सा लेना शुरू किया––पहले एक डाकिये की तरह, फिर बम बनाने में और आखिर में भूमिगत रह कर प्रतिरोध की लड़ाई में।

प्रीतिलता वद्दार, जिसको परिवार के लोग और दोस्त रानी के नाम से जानते थे, एक साधारण परिवार से थी। उसके पिता जी स्थानीय म्युनिसिपल दफ्तर में क्लर्क थे और 'मुश्किल से परिवार का गुजारा करते थे।'[8] उनके लिये उनकी बेटी बहुत गौरव की बात थी। वो पढ़ाई में अव्वल थी। लम्बी और आकर्षक, कल्पना के मुकाबले प्रीतिलता अपने में खोयी हुयी, सोचने वाली गम्भीर लड़की थी। कल्पना विज्ञान में प्रतिभाशाली थी, खास तौर पर गणित और रसायन शास्त्र में। प्रीतिलता का रुझान साहित्य और दूसरे विषयों में था। 1928 में मैट्रिक पास करने के बाद उसने ढाका के ईडन कालिज से 1930 में इन्टरमीडियेट की परीक्षा पास की। वो लड़कियों में सबसे अव्वल और सारी लिस्ट में पांचवें नम्बर पर आयी। उसने 1932 में बैथ्यून कालिज कलकत्ता से विशेषता के साथ बी ए की डिग्री ली। कल्पना की तरह ही वो भी छात्र समितियों में शामिल हुयी। ये समितियां महिला कार्यकर्ताओं को भर्ती करने की जगह थीं। प्रीतिलता ने ढाका में देशभक्त दीपाली संघ की सदस्यता ली जहां उसे तलवार चलाने, शारीरिक तौर पर चुस्त रहने और क्रान्तिकारी राष्ट्रवादी विचारधारा में प्रशिक्षण मिला।

लेकिन दोनों लड़कियां चिटगांव में ही आन्दोलन की तरफ आकर्षित हो गयी थीं। मई 1929 में सूर्य सेन के नेतृत्व में चिटगांव में जिला कांग्रेस द्वारा आयोजित महिला कान्फ्रेंस में दोनों ने हिस्सा लिया था।

उनको उस समय आई आर ए की सदस्यता इसलिये नहीं मिली थी क्योंकि नेता लोग 'लड़कियों को क्रान्तिकारी संगठन में लेने के सख्त खिलाफ थे।'[9] 1930 में जब बंगाल का छात्र समुदाय पूरी तरह शस्त्र भण्डार के हमलों से उत्साहित था तब ये दोनों लड़कियां तो और भी ज्यादा उत्साहित थीं क्योंकि ये हमले उन्हीं के शहर चिटगांव में हुए थे। गर्मियों की छुट्टियों में जब वे घर लौटीं तो आन्दोलन

में शामिल होने के लिये बेकरार थीं। लेकिन पहला मौका उन्हें कलकत्ते में मिला। चिटगांव ग्रुप के मनोरंजन राय (केबला दा) उस समय कलकत्ता में थे। उनकी जिम्मेवारी काफी तादाद में चिटगांव को तेजाब भेजने की थी। उस समय चिटगांव की जेल में एक नयी योजना बन रही थी। गिरफ्तार नेता उस समय तक भूमिगत मास्टर दा के बराबर सम्पर्क में थे। मनोरंजन का काम काफी मुश्किल था क्योंकि पुलिस चारों ओर निगरानी रखे थी। वो कल्पना और प्रीतिलता से मिले। उनसे बातचीत के बाद 'मुतमईन हो गये कि ये लड़कियां अपनी जिन्दगी में मुश्किल से मुश्किल काम भी कामयाबी से कर पायेंगी'।[10] वो जल्द ही कलकत्ता और चिटगांव के नेताओं में और बाद में भूमिगत और गिरफ्तार नेताओं के बीच सम्पर्क का साधन बन गयीं। मास्टर दा ने लड़कियों को शामिल करने का विरोध, उसके फायदे को देखते हुए छोड़ दिया। पुलिस हर हिन्दू शहरी नौजवान पर शक की नजर रखे हुए थी। दर्जनों को उन्होंने बिना किसी सबूत के गिरफ्तार किया हुआ था। शुरू में औरतें भी मुसलमानों और किसानों की तरह शक के घेरे से बाहर थीं। कल्पना पर तो बहुत दिनों तक उसके खानदानी रसूख की वजह से शक नहीं हुआ। रसायन शास्त्र की छात्रा होने की वजह से उसकी पहुंच उन सब रसायनों तक थी, जिनका बम बनाने में इस्तेमाल होता है। उसने छुपाकर बहुत बड़ी तादाद में तेजाब लाकर अपने घर में ही कार्यशाला खोल दी, जिसमें गनकाटन और डायनामाइट तैयार किया जाने लगा। उस पर चले मुकद्दमे में सरकार की तरफ से कहा गया कि 'कल्पना उस समय (1930 के आखिर से लेकर जून 1931 तक) जेल और जेल से बाहर षड़यंत्रकारियों के सम्पर्क में थी और उनके लड़ाई के असले की जिम्मेवारी भी उसके पास थी।'[11]

प्रीतिलता इसमें दूसरी तरह शामिल थी। मनोरंजन राय ने उसको दिनेश गुप्ता की एक रिश्तेदार से मिलवाया। (दिनेश गुप्ता को दिसम्बर 1930 के राइटर्स बिल्डिंग हत्याकांड में फांसी की सजा सुनायी जा चुकी थी)। उसने प्रीतिलता को रामकृष्ण बिश्वास से मिलवाया। उसकी चचेरी बहन बनकर उसने चिटगांव के इस साथी से उसके मौत के सैल में 40 इन्टरव्यू लिये और उसके और सूर्य सेन के बीच सम्पर्क जिन्दा रखा। इस अनुभव ने उसके विदेशी शासन के खिलाफ हथियार उठाने के फैसले को और भी मजबूत कर दिया। कल्पना और प्रीति, 1930 में शुरूआत के एक साल बाद 1931 में, अपनी गतिविधियों की वजह से नेताओं के तौर पर कबूल कर ली गयीं।

ज्वालामुखी के कगार पर

...(चिटगांव में) यूरोपियन दो साल तक ज्वालामुखी के कगार पर रहे जो किसी भी समय फट सकता था।

– चिटगांव में हमलों के बाद की घटनाओं की फेहरिस्त जो
ए बी रेलवे के एजेंट ने अपने कार्यकारी निदेशक
को 28 नवम्बर 1933 के खत के साथ भेजी

21
दूसरे विद्रोह की ओर

जब मैंने जेल के साथियों और आरोपियों के बीच सम्पर्क बना लिया, तब मास्टर दा और निर्मल दा ने बाहर से और अनन्त दा और गणेश दा ने जेल के भीतर से, साथ मिलकर चिटगांव में विद्रोह के दूसरे चरण की योजना बनायी।

– अर्द्धेन्दु गुहा[1]

इसका कुछ पता नहीं है कि अनन्त सिंह ने अपनी मानसिक स्थिति और कड़वाहट (जिसके चलते उसने समर्पण किया था) पर किस तरह काबू पाया। लेकिन अनन्त और गणेश घोष के जेल में दुबारा मिलने के फौरन बाद ही उन्होंने अपनी लड़ाई के दूसरे चरण की तैयारी शुरू कर दी। इतने बड़े पैमाने पर शहर में पुलिस और फौज की मौजूदगी की वजह से, आमने–सामने की लड़ाई मुमकिन नहीं थी। लेकिन चिटगांव के नेता इस बात पर बजिद थे कि उन्हें अपने नौजवान साथियों की मौत का बदला लेना है और वे दुबारा कुछ चमत्कारी काम करना चाहते थे। हालांकि वे आखिर में कामयाब नहीं हुए, लेकिन उनकी तैयारी तो हिला देने वाली थी।

11 सितम्बर 1930 को पहले शस्त्र भण्डार पर हमले में मुकद्दमे की कार्यवाही फिर से शुरू हुई। चिटगांव जेल की सुरक्षा, जहां आरोपियों को रखा गया था, काफी मजबूत थी। लेकिन नेताओं के आने के बाद इसको और भी बढ़ा दिया गया। हिन्दुस्तानी चौकीदारों को हटाकर यूरोपियन सिपाहियों को लगा दिया गया और आरोपियों के वार्ड पर हथियारबन्द चौकीदार लगा दिये गये। जेल की दीवार के चारों तरफ कांटेदार बाड़ लगा दी गयी और दो कोनों पर फौजी चौकी बैठा दी गयी। कम से कम कुछ महीनों तक तो जेल को किले की तरह बना ही दिया गया था।

मुकद्दमा 35 लोगों के खिलाफ था। लेकिन अर्द्धेन्दु गुहा समेत पांच लोगों को जमानत दे दी गयी थी। लेकिन उन्हें हर रोज दूसरे कैदियों की तरह दस

से पांच बजे तक अदालत में हाजिर रहने को कहा गया था। अर्द्धेन्दु गुहा चिटगांव ग्रुप का एक महत्वपूर्ण सदस्य था। उसने शस्त्र भण्डार पर हमलों में इसलिये भाग नहीं लिया था क्योंकि उसे पर्चे बांटने की जिम्मेवारी सौंपी गयी थी। अधिकारियों ने उसे बाकी लोगों के मुकाबले कम खतरनाक समझा और जमानत दे दी।

नेता लोग इसी मौके की तलाश में थे। चिटगांव ग्रुप की सफलता की एक बड़ी वजह उसका सामूहिक नेतृत्व था। पांचों नेता एक टीम की तरह काम करते थे। लेकिन जब वे अलग–अलग हो गये तो उन्हें काफी मुसीबतों का सामना करना पड़ा। हालांकि वे अब भी अलग–अलग थे लेकिन अर्द्धेन्दु गुहा जेल के नेताओं और बाहर सूर्य सेन और निर्मल सेन के बीच एक महत्वपूर्ण कड़ी के रूप में काम कर रहा था। इस तरह वे फिर एक साथ काम कर रहे थे। अर्द्धेन्दु गुहा के मुताबिक मुकद्दमा शुरू होने के कुछ ही दिन बाद मास्टर दा ने अपने गांव में छुपने की जगह से उसे बुलावा भेजा। अपने पर निगरानी रख रहे सी आई डी के लोगों से पीछा छुड़ा कर वो कर्नफूली नदी पार कर सराओंतली गांव अपने नेता से मिलने पहुंचा। मास्टर दा ने कहा कि अब खुले आम लड़ाई करना मुमकिन नहीं है। और इसलिये उन्होंने फैसला किया है कि अब 'हमें अपनी गतिविधियां गुरिल्ला तरीके से जारी रखनी हैं।'[2] सबसे जरूरी मकसद कुछ मुख्य कैदियों को आजाद कराना था। कई बार एक दूसरे से संदेशों द्वारा मशविरा करने के बाद तय हुआ कि सबसे अच्छा तरीका सही समय पर जेल की दीवारों को उड़ा देना था। अपनी चमत्कारी काम करने की आदत के अनुरूप उन्होंने चिटगांव शहर की बहुत सी मुख्य जगहों पर बारूदी सुरंगें बिछाने का फैसला किया। उनका इरादा अदालत की इमारत, जहां मुकदमा चल रहा था और चिटगांव जिला शासन के खास ठिकानों को उड़ाना था। अनन्त सिंह और गणेश घोष, फिर उनके फौजी नेता बन गये। वे अर्द्धेन्दु से रोज सुनवाई के दौरान मिलते थे। उसकी मार्फत उन्होंने मास्टर दा को बहुत से सुझाव भेजे। उन्होंने एक नयी गुप्त भाषा बनायी और उसे भागवत गीता की एक किताब में लिखकर मास्टर दा को भेज दिया।[3] योजना थी जब कैदी लोग जेल की दीवारें उड़ाकर बाहर निकलेंगे तो एक ट्रक, जो वहां इन्तजार कर रहा होगा, उन्हें लेकर नदी के किनारे जायेगा। सुखेन्दु दस्तीदार और मनीन्द्र मजूमदार समपन चलाने में माहिर थे। वे उनको नदी के पार गांवों में सुरक्षित जगहों पर ले जायेंगे। जब एक बार योजना मंजूर कर ली गयी तो अनन्त और गणेश ने जेल के अन्दर और बाहर की सारी गतिविधियों की कमान संभाल ली। अर्द्धेन्दु अब सिर्फ सन्देशवाहक ही नहीं था बल्कि उसे बाहर के सारे काम की देखभाल की जिम्मेवारी भी सौंपी गयी।

कागज पर योजना बनाना पहला और सबसे आसान काम था। असली

चुनौती तो इसको अमल में लाने के लिये लोग और सामान इकट्ठा करने की थी। योजना काफी मुश्किल थी और उसे जल्दी में लागू करना खतरे से खाली नहीं था। उनके लिये सबसे जरुरी था 'समय और धैर्य'। यही सलाह *वार एण्ड पीस* में जनरल कुतुजोव ने दी थी। फौजी कार्यनीति का एक जरूरी सिद्धान्त 'समय से जगह की पूर्ति' करना है। चिटगांव के कैदियों ने समय की पूर्ति के लिये चीजों में देर करने की तरकीब सोची। वे चाहते थे कि मुकद्दमा महीनों चले ताकि वे पूरी मेहनत के साथ असला इकट्ठा कर सकें। अनन्त, गणेश और लोकनाथ बाल ने अपना मुकद्दमा आप लड़ने का फैसला किया। उन्होंने हर सरकारी गवाह के साथ बहुत बारीकी से जिरह की और बहुत बार उन्हें बेकार की बातों में उलझाया। इससे जज भी नाराज होते थे और गवाहों को तकलीफ होती थी। कार्यवाही को लम्बा चलाने के और भी तरीके थे। कई बार छोटे लड़कों को बेहोशी का बहाना करने को कहा जाता था। हर कोशिश की जाती थी कि सुनवाई मुल्तवी हो। मिसाल के तौर पर, जब 6 फरवरी 1931 को मोती लाल नेहरू का निधन हुआ, तो चिटगांव के कैदियों ने मांग की इस महान राष्ट्रीय नेता को श्रद्धांजलि देने के लिये सुनवाई मुल्तवी की जानी चाहिए। ट्रिब्यूनल के अध्यक्ष जे यूनी ने उनकी मांग को ठुकरा दिया। लेकिन वे नहीं माने। गणेश घोष के कहने पर सहायाराम दास ने मोतीलाल नेहरू के सम्मान में राष्ट्रीय गीत गाने शुरु कर दिये। अब अध्यक्ष के सामने कार्यवाही मुल्तवी करने के अलावा कोई चारा नहीं था।

देर लगाने की तरकीबें इस्तेमाल करने के साथ–साथ क्रान्तिकारी नेताओं ने पूरी कोशिश की कि वे ज्यादा से ज्यादा दोस्त बनायें और आम आदमियों को अपने प्रभाव में लायें। वे लोगों की नजर में पहले से ही हीरो थे। जेल के चौकीदार और सिपाही भी इनमें शामिल थे। ये लोग बहुत लड़ाकू क्रान्तिकारियों की तरह बर्ताव करने के बजाय बहुत ही नर्मी और दोस्ताना तरीके से पेश आते थे। धीरे–धीरे इन्होंने जेल के कर्मचारियों का विश्वास भी जीत लिया और उन्होंने जेल में हथियार और असला लाने में इनकी मदद भी की। जहां मिठास से काम नहीं चला वहां पैसे ने काम किया। अनन्त और गणेश ने दो यूरोपियन चौकीदारों––ब्लूम फील्ड और राईट––से दोस्ती कर ली। ये 'उनको कभी–कभार लेकिन अच्छी मात्रा में रिश्वत देते थे' और बदले में उन्होंने भी इनकी मदद की।

सूर्य सेन के पास शस्त्र भण्डार पर हमलों के बाद काफी तादाद में छोटे हथियार थे। अर्द्धेन्दु की मदद से उसने रिवाल्वर, कारतूस, खंजर, बम और बैटरियां, जेल में अपने साथियों को भेज दीं। लेकिन यह काफी नहीं था। जेल की दीवारों और शहर की और इमारतों को उड़ाने के लिये, बारूद और गन पाउडर की जरुरत थी। बारूद हासिल करना मुश्किल था। इसलिये बड़ी तादाद

में गन काटन हासिल करने का फैसला किया गया। इसी समय में कल्पना दत्त को आन्दोलन में भर्ती किया गया था। गोला–बारूद बनाने की जिम्मेवारी मुख्य तौर पर कल्पना की हो गयी। उसका पहला काम गन काटन बनाने के लिये कलकत्ता से नाइट्रिक और सल्फ्यूरिक तेजाब हासिल करना था। अपनी रसायन शास्त्र की कार्यशाला में पहुंच के बूते उसने 70 पाउन्ड तेजाब इकट्ठा कर लिया।[4] इसको इकट्ठा करना तो मुश्किल था ही, लेकिन उसको रखना और चिटगांव पहुंचाना और भी मुश्किल था। कलकत्ता में पुर्णेन्दु दस्तीकार, रेनु रे और कमला बनर्जी ने तेजाब की बोतलों को साधारण से दीखने वाली अटैची और संदूकों में भरने में काफी मदद की। इस सामान को निबरन घोष की मदद से चिटगांव भेजा गया। कुछ दिन बाद कल्पना भी चिटगांव पहुंच गयीं। जेल में कैदियों को किताब पढ़ने की इजाजत थी। गणेश घोष ने *एनसाइक्लोपीडिया ब्रिटानिका* से गन पाउडर बनाने की विधि की नकल की और इसे कल्पना को भेज दिया।[7] अगले कुछ महीने कल्पना ने बड़ी तकलीफ उठा कर गन काटन तैयार की। मास्टर दा के कहने पर उसने बैथ्यून कालिज छोड़ दिया और कई महीने घर पर रहने के बाद जून 1931 में चिटगांव कालिज में दाखिला लिया। घर पर उसने गन काटन बनाने में बहुत समय लगाया। अपनी मां के शक को दूर करने के लिये वो उनको यही बताती रही कि वह ये सब प्रयोग अपनी रसायनशास्त्र की पढ़ाई के लिये कर रही थी।[8]

ऐसे ही प्रयोग और जगह भी हो रहे थे––गन पाउडर बनाना, उसको छोटे डिब्बों में रखना, जिससे कि वो जेल में भेजे जा सकें, उनको चुनी हुई जगहों पर चिटगांव में सुरक्षित रखना। शस्त्र भण्डार पर हमलों से पहले क्रान्तिकारी ग्रुप अपनी तैयारी और योजना खुले आम चलनेवाली कांग्रेस की गतिविधियों की आड़ में कर सकते थे। अब यह मुमकिन नहीं था। इसके मुकाबले अब तो शहर फौजी छावनी की तरह था, जिसकी चौकियां गांवों में भी थीं। इन किलेबन्दी के हालात में भी क्रान्तिकारी अपनी योजनाओं को अचरज भरी कामयाबी से पूरा कर पाये। इससे जाहिर होता है कि उन्हें कितना जन समर्थन मिला हुआ था। हालांकि बहुत से परिवार अपने नौजवान बेटों की मौत और गिरफ्तारी से टूट गए थे, लेकिन वे चिटगांव ग्रुप के खिलाफ नहीं हुए। रजत सेन का घर, जोकि कलारपोल–जुल्दा की लड़ाई में मारा गया था, सामान इकट्ठा करने और प्रशिक्षण का बड़ा केंद्र था। अनन्त सिंह ने रजत की मां बिनोदिनी सेन को अर्द्धेन्दु की मार्फत एक खत भेजा। उसमें कहा गया था: 'आपका एक बेटा इस दुनिया से चला गया है, लेकिन हम में से बहुत से–आपके बच्चे जिन्दा हैं और जिस मकसद के लिये रजत ने अपनी जान दी है, उसके लिये लड़ने को कटिबद्ध हैं। हम आपसे पहले की तरह उसके

मकसद को पूरा करने के लिये मदद और सहयोग की दर्खास्त करते हैं।'[9] रजत की मां और बहन (मृणालिनी) ने इसे 'अपना सौभाग्य' माना कि वे इस लड़ाई में मदद कर पा रही हैं।[10] और उन्होंने बहुत खुशी से अपना घर इस्तेमाल करने दिया। कल्पना दूसरे लड़कों को रजत के पुराने कमरे में गन काटन बनाने का प्रशिक्षण देती थी और खुद उसे हथियार चलाने और निशाना लगाने का प्रशिक्षण, इस बड़े घर के बगीचे में मिलता था। इसी तरह देबा और आनन्द गुप्त की मां–मनोरमा–दूसरी ऐसी महिला थी जिसने दूसरे विद्रोह की तैयारी में लगे लड़कों को पनाह देने में हर तरह से मदद की। कालीकिंकर डे के चाचा का घर और सुबोध राय का गांव का घर भी, बारूद और हथियार रखने के लिये इस्तेमाल किया गया। जब एक बार बारूद तैयार हो गया, तो उसको जेल के भीतर और बाहर गाढ़ना मुश्किल काम था। 30 कैदियों में सिर्फ 10 को इस योजना की जानकारी थी और उन्हें ही इसे अमली जामा पहनाना था। महीनों के दौरान, उन्होंने जेल के अन्दर हथियार, 20 टिन गन पाउडर, टार्च बैटरी और बिजली का तार (जिससे विस्फोट करना था) हासिल कर लिये थे। समय के साथ जेल के भीतर निगरानी भी ढ़ीली पड़ गयी थी। खासतौर पर इसलिये भी कि खूंखार क्रांतिकारी तो बहुत साधारण से (देखने में अफसोसजदा) लड़के लगते थे। नेता लोग जेल के अधिकारियों से छोटी–छोटी छूट मांगते थे। उन्होंने दर्खास्त की कि उन्हें रात के खाने के बाद लॉकअप में जाने से पहले जेल के आंगन में एक साथ बैठने की इजाजत दे दी जाये क्योंकि अन्दर दम घुटता है। कुछ लड़कों ने अलग कोठरी में रहने की इजाजत मांगी क्योंकि हाल में बहुत भीड़ थी। तीनों नेता कम से कम इतवार को साथ रहना चाहते थे क्योंकि उन्हें जल्द ही फांसी की सजा मिलने वाली थी। धीरे–धीरे उनकी सारी मांगें मान ली गयीं। शुरू में जब वे जेल के आंगन में बैठकर बातें करते या पढ़ते, तो जेल के लोग उन पर कड़ी निगरानी रखते थे। लेकिन जल्द ही निगरानी ढ़ीली पड़ गयी। अब कुछ लड़के निगरानी रखते, बाकी लोग बाद में इस्तेमाल के लिये हथियार और बारूद के डिब्बे जेल के अलग–अलग हिस्सों में गाढ़ देते थे।

ऐसा ही काम, धैर्य और सफाई के साथ, जेल के बाहर हो रहा था। जो तैयारी सितम्बर 1930 में शुरू हुई थी, मई 1931 तक चली। रात के अंधेरे में बारूद की सुरंग उस पहाड़ी के पास लगायी गयी, जहां जिला कमीश्नर और डिस्ट्रिक्ट मैजिस्ट्रेट के दफ्तर थे। ये लव लेन नाम की सड़क के साथ थी। ये सड़क शहर के बड़े अधिकारी इस्तेमाल करते थे और इसके साथ ही पुलिस सुपरिंटेंन्डैंट का बंगला था। ये बारूद की सुरंगें काफी नीचे दबाई गयी थीं और इनको काफी दूर लम्बे तार से बैटरी से जोड़ दिया गया था। यह काम उन नौजवान साथियों द्वारा

किया गया था, जिन्होंने शस्त्र भण्डार पर हमलों में हिस्सा नहीं लिया था। लेकिन नेताओं का उन पर पूरा विश्वास था। उनमें से कुछ नये थे। इनमें शामिल थे : अपूर्ब (भोला) सेन, निबरन घोष, प्रफुल्ल मलिक, प्रमोद दास गुप्ता, प्रभात दत्त, रवि सेन और रखाल सखा बसाख। कालीकिंकर डे ने जलालाबाद की लड़ाई में हिस्सा लिया था और बिना पुलिस के शक हुये, वापिस आकर साधारण आदमी की तरह रह रहा था। वो भी इस काम में सक्रिय था। वापिस आने पर जबर्दस्ती उसकी शादी कर दी गयी थी। लेकिन उसकी पत्नी प्रेमलता उसकी साथी निकली, जिसकी उसे उम्मीद नहीं थी। दूसरों के साथ उसने भी बम बनाये, हथियार चलाना सीखा। और इस दौरान उसने बिना किसी के जाने, बहुत ही महत्वपूर्ण भूमिका निभायी। शस्त्र भण्डार पर हमलों, जलालाबाद की लड़ाई, कलारपोल की मौतें––इन सबको एक साल हो गया था और अब वे अपनी लड़ाई के दूसरे चरण की शुरूआत में थे।

और तभी कई दुर्घटनाएं हुईं। एक दिन लालमोहन सेन की, एक निगरानी रखने वाले कैदी से, जब वो एक बेकसूर कैदी की पिटाई कर रहा था, लड़ाई हो गयी। उसने जेलर से शिकायत की कि शस्त्र भण्डार के हमलावर कैदी जेल में असला छिपाये हुए हैं। इसके बाद एक ऊपरी सी तलाशी हुयी लेकिन कुछ नहीं मिला। अधिकारी सतर्क हो गये और मुमकिन है कि उन्होंने जेल के दूसरे कर्मचारियों से कुछ और जानकारी हासिल की हो। एक और दिन जब उन्हें रोजमर्रा की सुनवाई के लिये ले जाया जा रहा था, तो पुलिस के अतिरिक्त सुपरिन्डैन्ट शूटर ने फकीर सेन को मारा। अनन्त सिंह गुस्से में भूल गया कि वे लोग आजकल शरीफ लोगों की तरह बर्ताव कर रहे थे। उसने चिल्लाकर शूटर को ये बन्द करने को कहा और उसे चेतावनी दी कि 'अंग्रेजों को एक दिन इसका खमियाजा भुगतना पड़ेगा'। बहुत बाद में अर्द्धेन्दु ने उसे बताया कि मास्टर दा ने इस घटना के बारे में सुना और वो इससे खुश नहीं थे। उन्होंने कहा कि अनन्त ने सावधानी नहीं बरती, जिससे अधिकारी उस समय सचेत हो सकते थे, जब वे अपनी योजना को पूरा करने के नजदीक थे।[11] यह मुमकिन है कि अनन्त की इस फब्ती से अधिकारियों का शक बढ़ गया हो। क्योंकि इसके फौरन बाद गणेश, अनन्त और लोकनाथ को अपनी–अपनी कोठरियों में रहने को कहा गया। दो–एक दिन बाद दो राज मिस्त्रियों को एक पक्की ईंट की कोठरी बनाने के लिये भेजा गया। उसी जगह तीन सिगरेट के डिब्बों में 'मोटर बल्ब' फौरी तौर पर गड़े हुए थे। उनका इरादा मौका मिलते ही उन्हें आंगन में काफी नीचे गाड़ने का था। ये डिब्बे पकड़े गए और जेल में हलचल मच गयी। जिले की पुलिस को बुला लिया गया। जेल का आंगन खोदा गया, कोठरियों की पूरी तलाशी ली गयी और

योजना का खुलासा हो गया। गुप्तचर विभाग के शब्दों में: '5 मई को चिटगांव जेल में जब शस्त्र भण्डार के कैदियों की कोठरियों के सामने की जमीन खोदी जा रही थी, तो एक सिगरेट टिन मिला जिसमें दो 12 वाट के बिजली के बल्ब थे। जेल की पूरी तलाशी ली गयी और उसमें मिला: खंजर, चाकू, गोला बारूद, एक .450 की रिवाल्वर, कुछ असला और एक बैटरी का सैल।'[12] अचरज की बात है कि अधिकारियों ने कैदियों से कुछ नहीं कहा और तलाशी तब ली गयी जब वे सुनवाई के लिये गये हुए थे। कैदी भी 'चुप रहे जैसे कि उन्हें कुछ पता ही नहीं।'[13] सरकार के हिसाब से इस मामले में किसी पर भी मुकद्दमा चलाना मुमकिन नहीं था 'लेकिन यह पता लगता था कि चिटगांव शस्त्र भण्डार के हमलों के कैदी जेल तोड़ना चाहते थे'।[14]

एक महीने के भीतर ही शहर की चुनिंदा जगहों को उड़ाने की योजना भी खुल गयी। दो जून को निबरन घोष देर रात को एक बारूदी सुरंग न लगा पाने के बाद लौट रहा था। इसकी वजह थी, एक साथी का न आ पाना। पुलिस के एक सिपाही ने उसको एक टिन के कनस्तर में गोला–बारूद और उससे जुड़े बिजली के तार के साथ पकड़ा। निबरन पुलिस के सवाल–जवाब (और पिटाई वगैरा) के सामने टूट गया। उससे मिली जानकारी के आधार पर पुलिस ने कई जगह धावे बोले और तलाशियां लीं।[15] उनमें एक घर कालीकिंकर डे के चाचा निशि डे का था। सुशील सेन, अर्द्धेन्दु गुहा और प्रफुल्ल मलिक पकड़े गये लेकिन कालीकिंकर और अपूर्ब सेन भागने में कामयाब रहे। सरकारी रिपोर्ट के मुताबिक जगह–जगह पर तलाशी लेने से पता चला कि 'अदालत की इमारत के आस–पास सड़क को जगह–जगह उड़ाने की योजना थी। इस सड़क पर ट्रिब्यूनल के सदस्य आते–जाते थे।[16]

बाद में अधिकारियों ने कहा कि 'स्थानीय पुलिस की चौकसी की वजह से एक बड़ी तबाही होने से बच गयी'।[17] लेकिन इस किस्म की तैयारी से वे घबरा गये। यह तो उनकी तकदीर अच्छी थी कि इस योजना की जानकारी उनको मिल गयी। कर्फ्यू, दमन और भेदियों के जाल के बावजूद, वे बारूदी सुरंगों के बिछाये जाने और जेल में हथियार ले जाने को नहीं रोक सके थे। दूसरा विद्रोह शुरु होने से पहले ही खत्म हो गया। लेकिन, इससे क्रान्तिकारियों की एक बहुत बड़ी जीत हुई, हालांकि उसका बहुत प्रचार नहीं हुआ। इससे अंग्रेजी शासन उन लोगों से समझौता करने पर मजबूर हो गया, जिनसे वो सबसे ज्यादा घृणा करता था। ऐसे फैसले दिये गये जो तथाकथित अंग्रेजी इन्साफ की खिल्ली उड़ाने वाले थे। लेकिन सितम्बर में समझौते की पेशकश आने से पहले, चिटगांव ने अंग्रेजों की फूट डालो और राज करो की बदनाम नीति का नतीजा देखा। स्थानीय अधिकारियों ने पहले दंगा कराया और फिर डट कर दमन किया।

22
दंगे कराने का इन्तजाम

जिन घटनाओं से हमारा साबका पड़ा है उन पर यकीन नहीं होता; लेकिन ये हुयीं तो हैं। दरअसल, रिपोर्ट में भयानक घटनाओं को पूरी तरह बयान नहीं किया जा सकता। और न ही उन लोगों की नाकाबिले–बयान क्रूरता और हैवानियत का ब्यौरा दिया जा सकता है, जो जिले के प्रशासन और पुलिस की जिम्मेवारी सम्भाले थे। जिस सवाल का जवाब चाहिये वो है: सरकार की नौकरी में रहते हुए कैसे इन लोगों को लगा कि उनके खिलाफ कोई कदम नहीं उठाया जा सकता है? कैसे उनकी इतनी हिम्मत हुयी कि सरकारी साधनों इस्तेमाल करके वे ऐसे अकथनीय गुनाह कर सके, जिनके लिये हमारे सामने पेश किये सबूतों की बिना पर हम आपको जिम्मेवार ठहराते हैं?

– चिटगांव में 30 अगस्त से 3 सितम्बर 1931 के दंगों पर गैर–सरकारी जांच कमेटी की रिपोर्ट से

चिटगांव शस्त्र भंडार पर हमलों के कुछ ही दिन बाद बकरगंज के पुलिस डी आई जी, जे सी फारमर ने इंस्पैक्टर खान साहब असानुल्ला का तबादला बरिसाल से चिटगांव कर दिया। उसको क्रान्तिकारियों को ढूंढने में पुलिस की मदद करनी थी। 6 मई 1930 को फारमर ने असानुल्ला के बारे में कहा कि' जानकारी इकट्ठी करने और निगरानी में वो काफी चालू है' और 'सबसे बड़ी बात है कि वो खुद बहुत सक्रिय है।'[1] असानुल्ला की सक्रियता ने उसे जल्द ही चिटगांव में नफरत का पात्र बना दिया, सिर्फ क्रान्तिकारियों में ही नहीं बल्कि आम आबादी में भी। एक साल तक उसने बहुत क्रूर तलाशियां लीं और जरा से भी शक पर वो नौजवानों पर अत्याचार करता था। ये देखते हुए कि क्रान्तिकारियों ने दूसरे विद्रोह की कामयाब योजना बना ली थी, यह कहा जा सकता है कि उसे कुछ ज्यादा जानकारी नहीं मिली थी। इसकी भरपाई उसने बेहिसाब दमन करके की। कल्पना दत्त के मुताबिक, जो उस समय चिटगांव में रह रही थी: 'लोगों ने कहना

शुरू कर दिया, स्वदेशियों ने इतना कुछ किया है, क्या वो इस दुष्ट को सबक नहीं सिखा सकते?'[2] जब यह सब लोगों की जबान पर चढ़ गया तो सूर्य सेन ने अपने भूमिगत ठिकाने से आदेश दिया कि इंस्पैक्टर को मार दिया जाए। इस काम को पूरा करने की जिम्मेवारी निर्मल सेन को दी गयी।[3]

तीस अगस्त 1931 की शाम को असानुल्ला पलटन फुटबाल मैदान में एक फुटबाल का मैच देख रहा था। उसकी टीम ने मैच जीत लिया। हिप हिप हुर्रे के नारों के बीच वो अपने मातहत अधिकारियों के साथ अपनी कार की तरफ बढ़ा। जैसे ही वो कार के नजदीक पहुंचा, एक 15 साल के शरीफ से दिखने वाले लड़के ने नजदीक से उसे गोली मार दी। लड़के, हरिपद भट्टाचार्य ने भागना शुरू किया लेकिन कुछ पुलिस वालों ने उसे पकड़ लिया। उसे मार–मार कर बेहोश कर दिया और गिरफ्तार कर लिया। क्रान्तिकारियों के साहस के सामने बदहवास पुलिस के लिये यह कत्ल तो कफन में आखिरी कील ठोंकने के बराबर था। पुलिस और प्रशासन, शहर के गोरे लोगों की आबादी की शह पाकर उस रात और उसके बाद तीन दिन तक पगला सा गया। उन्होंने इस बात का फायदा उठाने की कोशिश की कि मरने वाला पुलिस अधिकारी मुसलमान था। उनकी कोशिश सांप्रदायिक दंगे कराने की थी। लेकिन कोशिश नाकामयाब रही और सरकार द्वारा की गयी जांच में भी सांप्रदायिक दंगों की आड़ में हिंसा के नंगे नाच को, शर्मनाक बताया गया।

असानुल्ला के कत्ल के एक घंटे बाद ही 'बदला लो' के नारे चिटगांव की सड़कों पर लगने लगे और बेकसूर लोगों पर हमले होने लगे और उन्हें पीटा जाने लगा। हमला करने वालों में से बहुत से तो पुलिस के सिपाही थे। एक गैर–सरकारी जांच कमेटी बैठायी गयी। इसके सदस्य थेः बंगाल के मशहूर नेता जे एम सेन गुप्ता, बी एन ससमल, मौलाना अकरम खान और अफसरूद्दीन चौधरी। इन्होंने इन घटनाओं की वजूहात और चरित्र का अध्ययन किया। उन्हें इस बात के सबूत मिले कि 'बहुत से मामलों में उन हिन्दुओं को जिन पर हमला हुआ था, या वो भी जो हमलों से बच गये थे, मुसलमान दुकानदारों या परिवारों ने अपने यहां पनाह दी।' उन्होंने चिटगांव के मशहूर नागरिकों के सामने अपनी बातचीत में खुलासा किया कि इतवार, 30 अगस्त की रात को 10 बजे तक सांप्रदायिक दंगों का नामोनिशान भी नहीं था। पुलिस और स्थानीय मजिस्ट्रेसी के लोगों ने मिलकर जानबूझ कर और एक खास मकसद से, बदहवासी फैलायी। इसमें उन्होंने हमले और लूट के मारे लोगों को उकसाया कि वे अपने हमलावरों से बदला लें। और इस तरह हर बार की तरह 'बाद की घटनाओं के बचाव में सांप्रदायिक दंगों की कहानी का बिना किसी खौफ के इस्तेमाल की जा सके।'[4]

हुआ यह कि जिन नागरिकों पर हमला हुआ था, उन्होंने बदला लेने की कोशिश नहीं की। इस तरह तो दंगा हुआ नहीं। तब अधिकारियों ने फैसला किया कि दंगा कराया जाये। शहर के अलग–अलग हिस्सों में मुनादी की गयी कि रात को कोतवाली (पुलिस स्टेशन) पर एक सभा होगी जिसमें ओ सी सिद्दीक दीवान बोलेंगे। सभा में बहुत भड़काऊ भाषण दिये गये और मुसलमानों से कहा गया कि असानुल्ला की हत्या का बदला लिया जाना चाहिये। उसी रात को पुलिस, आक्ज़िलरी फोर्स के यूरोपियनों और गुरखा फौजियों ने खूब कोहराम मचाया। हिन्दुओं के राष्ट्रवादी परिवार, राजनीतिक तौर पर शक के दायरे में माने जाने वाले लोग और स्थानीय साप्ताहिक *पांचजन्य* उनका खास निशाना बने। *पांचजन्य* राज के खिलाफ लिखने के लिये मशहूर था। यूरोपियनों के एक दल ने प्रैस पर धावा बोला, प्रैस के इन्चार्ज हीरेन्द्र लाल चौधरी को पीटा और मशीनरी और फर्नीचर को तहस–नहस किया। पुलिस ने भी उन वकीलों के घर पर हमला किया जिनकी आजादी के लिये हमदर्दी थी। एक वकील नन्द लाल सेन और उसके बेटे को कोतवाली ले जाकर बेदर्दी से पीटा गया। एक और वकील रजनी कान्त सेन को इतनी बुरी तरह पीटा गया कि वो चोटों से मर गया।

आतंक की इस रात के बाद भयानक सोमवार आया। कमेटी के द्वारा इकट्ठी की गयी जानकारी के मुताबिक उस दिन सुबह पुलिस के सिपाहियों ने रिक्शे में बैठकर घोषणा की कि हिन्दुओं की दूकानें लुटने जा रही हैं। ये तो 'पुलिस की निगरानी में ही लूटपाट की भूमिका थी' और लाखों रुपये की जायदाद लूटी गयी। कत्ल हुए पुलिस अधिकारी के जनाज़े में बदले के नारे लगाये गये। शहर के माननीय नागरिक और स्थानीय म्युनिसिपैलिटी के अध्यक्ष नूर अहमद ने दुकानों को लुटते और जलते देखा। उन्होंने जिला मजिस्ट्रेट कैम को इस बारे में इत्तला दी। बाद में उन्होंने कमेटी को बताया कि 'इस घटना के दौरान मैंने यूरोपियन सिपाहियों को हंसते देखा और वो बहुत खुश थे।' एक और माननीय नागरिक मौलवी अमीर खान ने कमेटी को बताया कि 'पुलिस ने न सिर्फ लूट को नहीं रोका बल्कि लुटेरों की लूट का सामान खुले आम चिटगांव के बाजारों से ले जाने में मदद की।' पिछली रात की योजना के मुताबिक शहर को गुंडों के हवाले कर दिया गया। लूट के माल को वापिस लाने की कोई कोशिश नहीं की गयी। ये दंगे सितम्बर तक चले। दोनों समुदायों के जाने–माने नागरिकों को लेकर एक शान्ति समिति बनाई गयी। 'लेकिन हालात पर उनका काबू नहीं था क्योकि कोई सांप्रदायिक तनाव तो था ही नहीं।' लूटे हुए सामान को वापिस कराने की शान्ति समिति की सारी कोशिश बेकार गयी क्योंकि पुलिस वाले ये नहीं चाहते थे।

शहर में हमलों के अलावा, ए एस पी शूटर के नेतृत्व में पुलिस का एक दल उन गांवों में गया जो क्रान्तिकारियों के गढ़ माने जाते थे। वहां उन्होंने खूब तबाही मचायी। सराओतली गांव के एक स्कूल में छात्रों को उल्टा लटका कर उन पर कोड़े बरसाये गये। रामकृष्ण बिश्वास, तारकेश्वर दस्तीदार और आई आर ए के दूसरे सदस्य भी इस स्कूल में पढ़े थे। पटिया पुलिस स्टेशन के इलाके में कुल मिलाकर चालीस घरों पर हमला किया गया और कुछ को तबाह कर दिया गया। इन सारे हमलों में सांप्रदायिक मनमुटाव लेशमात्र भी नहीं था क्योंकि हमलों में गांव का एक भी मुसलमान शामिल नहीं था।

गैर–सरकारी जांच समिति की रिपोर्ट जिला अधिकारियों के मुंह पर तमाचा थी। इसको आसानी से दरकिनार नहीं किया जा सकता था क्योंकि इसमें दोनों संप्रदायों के जाने–माने लोग शामिल थे और इनका चिटगांव के क्रान्तिकारियों से कुछ लेना–देना नहीं था। बंगाल सरकार इस रिपोर्ट को छपने से रोकना चाहती थी लेकिन केन्द्र सरकार ने इस को नहीं माना। गृह सचिव एच डब्ल्यू एमरसन ने कहाः 'स्थानीय सरकार का रिपोर्ट को जब्त करना अच्छी बात नहीं है। इसका सही जवाब कमिश्नर की रिपोर्ट होनी चाहिये।'[6]

एमरसन गलत था। चिटगांव के कमिश्नर डब्ल्यू एच नेलसन की रिपोर्ट तो कई मानों में राज के लिए और भी खराब थी। हालांकि नेलसन ने अपने अफसरों को बचाने की पूरी कोशिश की थी, लेकिन सबूत इतने ज्यादा थे कि पूरी तरह सचाई पर पर्दा डालना मुमकिन नहीं था। अपनी रिपोर्ट में नेलसन ने पचास गवाहों के आरोपों को सिरे से खारिज कर दिया। उन्होंने आरोप लगाया था कि पुलिस के सिपाही और हवलदार 'जब अन्देर किला और बशीर हाट की दुकानें लूटी जा रही थी, वहां मौजूद थे। उन्होंने या तो लुटेरों को उकसाया या खड़े देखते रहे। उन्होंने इसे रोकने के लिये कोई कदम नहीं उठाया।' इन सबको मनगढ़ंत कहानी बताते हुए नेलसन ने लिखा कि मैंने इन गवाहियों को इसलिये खारिज किया है कि मुझे उन हालात का पता नहीं है जिनमें लूटमार शुरू हुयी। उनसे मुझे पता चल सकता था कि यह लूटमार पहले से सोची–समझी थी या अचानक ही शुरू हुयी थी। क्या हालात ऐसे थे कि ऐसी घटना होना नामुमकिन नहीं था।'[7] यह मानते हुए कि इस विस्फोट का 'धार्मिक मामलों से कुछ लेना–देना नहीं था' उसने कहा कि 'यह सच है कि लूटने वाले मुसलमान थे और लुटने वाले हिन्दू।' लेकिन उसने यह बात भी कही कि 'लुटेरे गांवों के मेहनतकश मुसलमान थे जो बाहर से आये थे।' इससे इस विचार को बल मिलता है कि दंगे कराये गये थे जिसमें पुलिस ने बाहर वाले मुसलमानों को भड़काया था क्योंकि शहर के मुसलमानों की दंगों में कोई दिलचस्पी नहीं थी। लेकिन कमिश्नर 30 अगस्त की रात को गांवों

में हुए सरकारी हुड़दंग की और बाद में तीन दिन हुए दंगों की तरफ से आंखें नहीं मूंद सका। *पांचजन्य* पर हुये हमले के बारे में रिपोर्ट में लिखा गयाः 'भाग लेने वाले 16 से 18 यूरोपियन लोग थे। वे सभी विशेष सिपाहियों की तरह भर्ती हुए थे और आक्ज़िलरी बल के सदस्य भी थे। वे वर्दी पहने हुए थे। उनके पास राइफलें और लुइस गन थी। वे ***पांचजन्य*** प्रेस से दो–दो हाथ करना चाहते थे।' उनका अगुआ ए एफ आई की स्थानीय टुकड़ी का ओ सी था। एस पी जानसन और डी एम कैम को हमले के बारे में पहले से पता था। रिपोर्ट के मुताबिक 'जानसन ने माना है कि वो प्रेस पर हमले के लिये जिम्मेवार है। डी एम कैम ने माना कि उसे उस रात हमले के बारे में पहले से पता था, लेकिन उसे रोकने के लिये उसने कुछ नहीं किया।'

31 अगस्त को जानसन् ने अतिरिक्त एस पी शूटर को आदेश दिया कि वो ई एफ आर के एक दल को लेकर पटिया और बोलखली पुलिस थाने के इलाकों में सारे भगोड़े और शक के दायरे में आने वाले लोगों के घरों की तलाशी ले और 'संदिग्धों को और जिन्होंने उन्हें पनाह दी है उन लोगों को, सख्त चेतावनी दे।' इस दल में शामिल थेः सहायक एस पी लुईस, आसाम राइफल का कैप्टन येट्स, ई एफ आर का नांगले और 100 सिपाही और आरोपी हरिपद। सरकारी जांच के दौरान नेलसन और पुलिस आई जी केग ने उन सब घरों और स्कूलों का दौरा किया, जिनकी शूटर के दल ने तलाशी ली थी। उनको इस बात के बहुत सबूत मिले कि 'तलाशी के दौरान बहुत नुकसान हुआ था जिसको तलाशी की जल्दी और हिंसा की बिना पर ठीक नहीं ठहराया जा सकता' था और उसने फैसला दिया कि 'इसमें कोई शक नहीं है कि तलाशी का मुख्य मकसद दण्ड देना था।'[8]

उसके तीन स्कूलों के दौरे के दौरान ये पक्का हो गया कि पटिया स्कूल के दो बच्चों को 'शारीरिक दण्ड' दिया गया था; और रहातली स्कूल के 18 बच्चों को 'धमकाया' गया था और 'सबका इलाज स्थानीय डिस्पैन्सरी में करना पड़ा था'; और शूटर ने खुद सराओतली स्कूल के बड़ी कक्षा के बच्चों को धमकाया था क्योंकि उन्होंने रामकृष्ण बिश्वास को फांसी होने के बाद 'जुलूस में हिस्सा लिया था।' नेलसन ने कहा कि 'अगर शूटर और लुईस द्वारा दिया गया दण्ड स्कूल की तरफ से दिया जाता तो ठीक था' लेकिन 'स्कूल के बच्चों को डराना धमकाना पुलिस का काम नहीं है।' उसने बहुत समझदारी से कहा कि 'इस तरह के व्यवहार से स्कूल के बच्चे कान्तिकारी पार्टी में शामिल होने के लिये उकसाये जायेंगे ना कि उसमें जाने से रुकेंगे।'

हालांकि पुलिस की ज्यादतियां पूरे तौर पर सिद्ध हो गयीं, फिर भी कमिश्नर ने पुलिस को बचाया। उसने कहा कि वे तो सिर्फ आदेशों का पालन कर रहे थे

और 'उनके व्यवहार में अपराधी कहे जाने वाला कुछ नहीं था।' सरकारी जांच ने अधिकारियों के खिलाफ मुकदमा चलाने की इजाजत न देने को कहा और विभागीय कार्यवाही की सलाह दी। उसने नतीजा यह निकाला कि 'जिम्मेवार अधिकारियों के ऊपर काफी समय से दबाव था और जिस तरह उनको उकसाया गया, उसको पूरी तरह ध्यान में रखना चाहिये।'

बंगाल सरकार ने फौरन इस सलाह को मान लिया। और कई महीने कोशिश की कि केन्द्र की सरकार भी इसको मान ले। सरकारी रिपोर्ट 3 नवम्बर, 1931 को सौंपी गयी थी, लेकिन 23 जनवरी 1932 तक बंगाल सरकार ने अपने सुझाव दिल्ली को नहीं भेजे थे। रिपोर्ट के मद्देनजर बंगाल सरकार ने सुझाव दिया कि कैम, जानसन, लुईस, शूटर, कैप्टन येट्स और नांगले को 'कड़ी झिड़की' दी जाये। 'कड़ी झिड़की' इस किस्म के गम्भीर और आपराधिक व्यवहार के लिये नरम से नरम दण्ड था। बंगाल सरकार ने दावा किया कि 'उन हालात को देखते हुए जिनमें ये घटनाएं हुयीं', इससे ज्यादा दण्ड नहीं दिया जा सकता।[9] ये भी कहा गया कि पुलिस अधिकारियों के खिलाफ जो 16 आपराधिक शिकायतें दर्ज की गयी हैं, उनमें सरकार को इन अधिकारियों को मुकद्दमों से बचाना चाहिये। और आगे कहा कि 'रिपोर्ट के छपने से कोई फायदा नहीं होगा और इसका फैसला बाद में किया जायेगा।'

उप गृह सचिव एस एन राय बंगाल सरकार के इन सुझावों से पूरी तरह सहमत नहीं थे। इन्होंने ही शस्त्र भंडार पर हमलों के बारे में गुप्तचर विभाग की नाकामयाबी पर सवाल उठाये थे। रिपोर्ट न छापने का सुझाव उन्होंने मंजूर कर लिया। और माना कि 'अफसरों पर बहुत ज्यादा मानसिक दबाव रहा होगा।' लेकिन, उन्होंने यह भी कहा कि, 'मुझे शक है कि कानून को मानने वाले लोग सिर्फ झिड़की देने को काफी और ठीक मानेंगे। हालांकि ये लोग हालात को देखते हुए ढील देने के खिलाफ नहीं हैं। खास तौर पर जिला मजिस्ट्रेट के बर्ताव को समझना मुश्किल है। उसके बारे में रिपोर्ट में कहा गया है कि उसे प्रैस पर हमले की जानकारी पहले से थी और उसे रोकने के लिये उसने कुछ नहीं किया।' राय ने इसकी सख्त भर्त्सना करते हुए फाइल में लिखाः 'जिला अधिकारीयों की जिम्मेवारी कानून का पालन करना है, इसलिये उनका किसी बदले की कार्यवाही में भाग लेना या उसमें सहयोग करना, जिला अधिकारियों की स्थिति को खराब करेगा।'[10] यह टिप्पणी कभी भी बाहर नहीं आई।

लेकिन राय यह विरोधी मत रखने में अकेला था। केन्द्र की सरकार ने इस बारे में राज के सचिव को लन्दन में लिखे गये अपने खतों में राज्य सरकार के फैसले को पूरा समर्थन दिया, जिसमें चिटगांव में वर्दीधारी कानून तोड़ने वालों

के साथ नरमी से पेश आने की सिफारिश थी। उन्होंने नरमी की सिफारिश एक दयालु नजरिये से की: 'चिटगांव की पुलिस और यूरोपियन समुदाय शस्त्र भंडार पर हमलों के बाद से लगातार मानसिक दबाव में था। और दिन दहाड़े एक पुलिस अधिकारी की हत्या के बाद, उनके बदला लेने को माफ कर देना चाहिये।' इस समय की सरकारी अधिकारियों की टिप्पणियों में साम्राज्य का वह चेहरा देखने को मिलता है जो अक्सर छिपा रहता है। बेचारे गोरे आदमी पर कितना दबाव था! इसमें राज के अफसरों की हेकड़ी और कभी न हारने वाली छवि का नामोनिशान भी नहीं है। पूरे हथियार न होने और पूरी शिक्षा न पाने के बावजूद, नौजवानों के एक ग्रुप ने राज को आश्चर्यचकित रूप से आतंकित कर दिया था। इनके पास दृढ़ निश्चय, हिम्मत और जन–समर्थन था। 25 अगस्त को (असानुल्ला की हत्या के छः दिन पहले) जानसन ने एक पत्र में लिखा था: 'मैं खुद से पूछता हूं कि हम कब तक यह सब करते रहेंगे। सूर्य सेन इन्तजार कर सकता है और उसे पता है कि जितना वो इन्तजार करेगा, उतना ही उसके लिये अच्छा है। उसे यह भी पता है कि पिछले एक साल से पुलिस दबाव में है और उसमें थकावट और निगरानी में ढील के आसार नजर आ रहे हैं। उसे यह भी पता है कि कहीं न कहीं इन्सानी कमजोरी पैदा होगी और तभी उसे मौका मिलेगा।' इस खत का हवाला देते हुए गृह सचिव एमर्सन ने लिखा: 'यह साफ है कि हत्या के समय तक जिला अधिकारी, पुलिस और यूरोपियन–सरकारी और गैर सरकारी–अपने होशो–हवास खो चुके थे।'[11]

घृणा के पात्र शूटर के होश काफी दुःखद तरीके से गायब हुए। उसने शस्त्र भंडार पर हमलों के बाद के महीनों में कैदियों और स्कूल के बच्चों को मारा–पीटा था। और दो सितम्बर को गांवों पर हुयी हिंसा में वो सबसे आगे था। लेकिन जब उसे पता चला कि उसे सैंसर किया जायेगा, तो उसने अपने आप को गोली मार ली। उसकी आत्महत्या के बाद बंगाल और दिल्ली के बड़े अधिकारियों ने फैसला किया कि चिटगांव के अधिकारियों को सजा नहीं दी जायेगी। पुलिस की ज्यादतियों को सही ठहराते हुए गुप्तचर विभाग के मुखिया ने लिखा: 'जब मैं कलकत्ते में था तो मुझे पता लगा कि यह बात आम थी कि शूटर को अपने सैंसर होने का पता था। बदकिस्मती से शूटर को मिलने वाली सजा को घटाया–बढ़ाया नहीं जा सकता क्योंकि वो मर चुका है। मैं यह सुझाव देना चाहता हूं कि दूसरों को मिलने वाली सजा के प्रस्ताव में शूटर की मौत के बाद कोई बदलाव करना ठीक नहीं होगा।'[12]

इस तरह अधिकारियों को सिर्फ विभागीय स्तर पर सैंसर किया गया और इस बारे में सबको बताया भी नहीं गया। बंगाल की विधान परिषद में 1932 में

एक स्थगन प्रस्ताव लाया गया। इसमें चिटगांव के दंगों में नेलसन की रिपोर्ट न छापने के लिये बंगाल सरकार की निंदा का प्रस्ताव किया गया। इसको नकार दिया गया। हालांकि वाइसराय की परिषद का एक मत से प्रस्ताव था कि 'हमारे अफसरों की ज्यादतियों की वजह से हुए नुकसान की भरपाई की जाये'[13] ,लेकिन बंगाल सरकार ने इसको भी पूरा नहीं किया। उन्होंने इस बात का बहुत कड़ा विरोध किया कि 'वो भरपाई के लिये खुले आम अर्जियां मांगें और फिर उन्हें पूरा करें।' उन्होंने तर्क दिया कि भरपाई करने का फैसला 'गर्वनर के आने के समय लागू होगा। और यह राजनीतिक तौर पर ठीक नहीं होगा कि इस किस्म का फैसला उनके कार्यभार संभालने के साथ किया जाये।'[14] उन्होंने कहा कि वे भरपाई के लिये आयी किसी भी अर्जी पर विचार करने के लिए तैयार हैं। लेकिन (अप्रैल 1932 में) ये भी कहा कि क्योंकि काफी समय बीत गया है; 'इसलिये लगता है कि भरपाई के लिये नई अर्जियां आने की संभावना कम ही है।'[15] जांच कमीशनों की रिपोर्टों पर अमल न करने की यह कला, जिसमें हिन्दुस्तानी शासन तन्त्र माहिर है, काफी पुरानी है।

23
समझौते के फैसले

चिटगांव शस्त्र भंडार पर हमले काफी सालों में आतंकवादियों द्वारा किये गये हमलों में सबसे कामयाब और चमत्कारी थे। और कैदियों ने मुकदमे की कार्यवाही में सफलतापूर्वक बाधा डालकर सुनवाई को दो साल तक चलवाया। इससे अदालत को आखिर में षड़यंत्र के नेताओं को भी फांसी की सजा देने में मुश्किल पेश आई। आतंकवादी इसको साम्राज्य की कानूनी व्यवस्था पर आतंकवाद की जीत नहीं कह सकते हैं और न ही इसे अपनी ताकत का सबूत बता सकते हैं।

– हिन्दुस्तान के राज सचिव की चिटगांव शस्त्र भंडार पर हमलों के मुकद्दमा नंबर–1 में ट्रिब्यूनल के फैसले पर टिप्पणी

जून 1931 में चिटगांव की चुनिंदा जगहों में डिब्बों में डाइनामाईट मिला। और इसके बाद अगस्त–सितम्बर में हुये दंगों में पुलिस की भूमिका की आलोचना के बाद अंग्रेज अधिकारियों का मनोबल काफी गिरा हुआ था। कुछ भी काम नहीं कर रहा था। उनके पास सबसे ज्यादा दमनकारी कानून मौजूद थे। शहर में कर्फ्यू था। बहुत से गांवों को अशान्ति वाला इलाका घोषित कर दिया गया था। सारे जिले में फौजी टुकड़ियां बैठा दी गयी थीं और बिना किसी खौफ के तलाशी और गिरफ्तारियां की जा रही थीं। इस सबके बावजूद क्रांतिकारी फौज का सबसे बड़ा नेता पकड़ा नहीं जा सका था। और जो पकड़े भी गये थे, उन्होंने शस्त्र भंडार पर हमलों जैसी घटना को लगभग दुहरा दिया था। चिटगांव के निरीह अधिकारी इस निराशा में अकेले नहीं थे। चिटगांव में लगायी गयी चिन्गारी सारे बंगाल में फैल चुकी थी। प्रदेश की सरकार ने हमलों जैसी घटनाओं को प्रदेश के दूसरे हिस्सों में होने से रोक लिया था। लेकिन इससे विद्रोह की आग बुझी नहीं थी। अंग्रेजों के संस्थानों पर बड़े हमले करने में नाकाम नौजवान राज के प्रतिनिधियों को अकेले–अकेले मार रहे थे।

इस साल में पहले हुये गांधी–इरविन पैक्ट के बाद यह रुझान और गहरा

गया। इस पैक्ट से क्रांतिकारी बहुत नाराज थे। आजादी के हथियारबंद लड़ाकों को उम्मीद थी कि गांधी समझौते के लिये भगतसिंह और उनके साथियों की फांसी की सजा को खत्म करने की शर्त रखेंगे। लेकिन गांधी ने यह शर्त नहीं रखी। न ही उन्होंने उन कैदियों को छोड़ने की मांग की जिन्हें अंग्रेज शासन के खिलाफ 'हिंसा के जुर्म' में गिरफ्तार किया गया था। पैक्ट की शर्तों के अनुसार सिर्फ कांग्रेस के नागरिक अवज्ञा आंदोलन में भाग लेने वाले वालेन्टियरों को छोड़ा गया। चिटगांव जेल से एक मुख्य कैदी (संभवत अनन्त सिंह) ने गांधी को एक लम्बा और कड़ा खत लिखा, जिसमें उनके क्रांतिकारियों से विश्वासघात की बात की गयी थी। यहीं से क्रांतिकारियों के कांग्रेस पार्टी की तरफ रुख में बदलाव आया। भगत सिंह, राजगुरू और सुखदेव को लाहौर जेल में 23 मार्च 1931 को फांसी दे दी गयी। उनकी शहादत ने बंगाल के क्रांतिकारियों के हिंसा की नीति अपनाने के निश्चय को और भी पक्का कर दिया। नागरिक अवज्ञा आंदोलन के पहले चरण की समाप्ति से लार्ड इरविन को कुछ राहत मिली, लेकिन बंगाल के सरकारी तंत्र के लिये खुशी मनाने का कोई मौका नहीं था।

इन हालात में चिटगांव के स्थानीय अधिकारियों ने क्रांतिकारियों के साथ समझौते की सोची। इसमें शायद उन्हें कलकत्ते का समर्थन भी मिला हुआ था। गांधी–इरविन पैक्ट को खूब प्रचारित किया गया और इसका जिक्र इतिहास की किताबों में भी खूब मिलता है। लेकिन चिटगांव का समझौता रहस्य के आवरण में छुपा हुआ है। अनन्त सिंह के मुताबिक स्थानीय अधिकारियों द्वारा समझौते की पेशकश को बंगाल के गर्वनर सर स्टेनले जैक्सन का समर्थन मिला हुआ था। उसका मानना था कि दमन की नीति कामयाब नहीं हुई है।[1] इसके बरक्स ज्यादा से ज्यादा लोग गिरफ्तारी और फांसी से डरे बिना क्रांतिकारियों की कतार में शामिल हो रहे थे। इसलिये, गर्वनर समझौते की संभावना को टटोलना चाहता था। चिटगांव में स्थानीय अधिकारियों ने अनन्त सिंह के पास आई बी के अधिकारी भगत नाथ सेन के हाथों एक प्रस्ताव भेजा। अनन्त सिंह का पुलिस वालों से ठीक–ठाक मेलजोल था और 1924 में उसने अपना इकबालिया बयान इसी मन्मथनाथ सेन को दिया था। शायद, इसीलिये इस अधिकारी को इस काम के लिये इस्तेमाल किया गया। चिटगांव के डी एम, एस पी और डी आई जी की तरफ से सेन ने सीधा प्रस्ताव रखाः अगर उनसे ये वादा किया जाये कि उनमें से किसी को भी फांसी की सजा नहीं दी जायेगी तो क्या वो हिंसा छोड़ देंगे? ये काफी अचरज भरी पेशकश थी। स्पेशल ट्रिब्यूनल में अभी भी मुकद्दमा चल रहा था; शस्त्र भंडार मैं हमलों में शामिल लोगों के खिलाफ बहुत सी गवाहियां पेश की जा चुकी थीं, जिनमें हमलों और बाद की घटनाओं में कई लोगों की मौत

हुयी थी; और नेताओं ने ढिठाई से काम किया था। हर आदमी को यकीन था कि कुछ नेताओं को जरूर फांसी की सजा होगी। लेकिन परेशान और बदहवास स्थानीय अधिकारी किसी भी कीमत पर समझौता चाहते थे। वे जेल तोड़ने की योजना की लगभग कामयाबी और अधिकारियों और जजों को उड़ाने की योजना से घबराये हुए थे। उनकी नौकरियां और जिन्दगियां खतरे में थीं।

अनन्त सिंह ने शुरू में इस प्रस्ताव को ठुकरा दिया और एक दूसरा प्रस्ताव दिया। शहर में गोला–बारूद मिलने के बाद गिरफ्तारियां हुई थीं। अधिकारियों ने अर्द्धेन्दु गुहा और कुछ और लोगों के खिलाफ एक मुकद्दमा डाइनामाईट कान्स्पिरेसी केस' के नाम से दायर किया हुआ था। उसका प्रस्ताव था कि अधिकारियों को फौरी तौर पर' यह सुनिश्चित करना होगा कि डाइनामाईट कान्स्पिरेसी केस के दोषियों को फांसी या सख्त सजा ना दी जाये। उसके बाद ही वो उनके प्रस्ताव पर सोचेंगे। अनन्त सिंह के अनुसार इसी दौरान उन्होंने मास्टर दा के पास खबर भेजी और उनसे सलाह मांगी। सूर्य सेन ने कहा कि अगर उससे यह पक्का होता है कि किसी को भी फांसी की सजा नहीं होगी, तो प्रस्ताव को मान लेना चाहिए।[2]

फिर एक समझौता हुआ। इसकी शर्तों के तहत जेल के कैदियों ने वायदा किया कि वे कोई क्रांतिकारी गतिविधि शुरू नहीं करेंगे। और इसके बदले में चिटगांव शस्त्र भंडार के मुकद्दमे में किसी को फांसी की सजा नहीं दी जायेगी और डाइनामाईट केस अपराधियों के दोष मानने के बाद उनको बहुत थोड़ी सजा दी जायेगी; क्रांतिकारी डाइनामाईट केस में हर अपराधी के फैसले से पहले सजा की शर्तों को तय करेंगे; और अपराधी चिटगांव के मुकदमे को लम्बा नहीं खींचेंगे। अगर अधिकारी सच्चाई से डाइनामाईट केस में अपना वायदा पूरा करेंगे तो अनन्त, गणेश और लोकनाथ बाल अपने मुकदमे की पैरवी आप नहीं करेंगे, जिससे मुकद्दमा जल्दी खत्म हो जायेगा।

हालांकि समझौता गुप्त था, लेकिन नतीजा जाहिर था। एक सबसे छोटे मुकद्दमे में तीन सदस्यों का ट्रिब्यूनल एक दिन के लिये बैठा और डाइनामाईट केस में फैसला सुना दिया। मुकदमा 11 अपराधियों पर चलाया गया था। 29 सितम्बर 1931 के फैसले में कहा गया था कि उनमें से सात ने अपना कसूर मान लिया है और बचाव के लिये वकील नहीं रखना चाहते हैं। फैसले में आगे कहा गया कि 'सरकारी वकील ने हमारे सामने कुछ तथ्य और दलीलें रखी हैं, जिनके अनुसार अपराधियों को सख्त सजा नहीं दी जानी चाहिये'।[3] यह भी कहा गया कि जान–माल को कोई नुकसान नहीं पहुंचा है। 'फिर भी हम इस षड़यंत्र की गम्भीरता को नजरंदाज नहीं कर सकते। और न ही इस तरफ से आंखें मूंद सकते

हैं कि अगर पुलिस मुस्तैदी से समय रहते निबारन को गिरफ्तार न करती, तो कितना भयानक नतीजा निकलता। हमारी राय में अपराधी निबारन घोष और रवीन्द्र नारायण सेन इसमें मुब्तला थे और अर्द्धेन्दु गुहा इस षड़यंत्र का नेता था।' लेकिन इन मुख्य षड़यंत्रकारियों को सिर्फ तीन साल की कड़ी सजा दी गयी। दूसरों को दो साल से लेकर आठ महीने तक की सजा सुनाई गयी। तीन को छोड़ दिया गया। ट्रिब्यूनल के अध्यक्ष ए एन सेन ने जो फैसला पढ़ा वो बिल्कुल वही था जो जेल के अंदर पहले ही तय किया जा चुका था।

चिटगांव का मुकद्दमा कुछ और महीने चला लेकिन अपराधियों ने कार्यवाही में अड़चन नहीं डाली। सुनवाई 1931 के आखिर में खत्म हुई। ट्रिब्यूनल का अध्यक्ष जे यूनी तीन महीने के लिये अपना लम्बा फैसला लिखने के लिये एकान्तवास में चला गया। उसके बंगले को किले की तरह बना दिया गया। चारों तरफ कांटोंवाली बाढ़ लागाकर उसके बगीचे में उसके कर्मचारियों के लिये कैम्प लगा दिये गये। फैसले को गुप्त रखने के लिये, उसके घर में एक छापाखाना भी लगा दिया गया, जहां प्रैस के कर्मचारियों ने 204 पन्ने का फैसला छापा। जेल में हुये समझौते में सिर्फ मुख्य नेता ही मुब्लता थे और उन्हें उम्मीद नहीं थी कि इसे पूरा किया जायेगा। यह भी काफी बड़ी कामयाबी थी कि डाइनामाईट केस में आरोपियों को कड़ी सजा नहीं हुई थी। लेकिन शस्त्र भंडार हमलों के मामलों की सारे देश में चर्चा थी और जजों के लिये नेताओं को इस कामयाब हमले के लिए फांसी की सजा न देना नामुमकिन होता, जबकि और नौजवानों को इससे कम जुर्म के लिये फांसी की सजा दी जा चुकी थी।

आखिरकार फैसला आ गया। एक मार्च की सुबह ट्रिब्यूनल के जज जिले के अधिकारियों के साथ जेल में आये। उन्होंने तय किया था कि फैसला जेल में ही सुनायेंगे, जिससे कि बाहर कोई हंगामा न हो। सभी आरोपी खराब से खराब फैसला सुनने को तैयार थे। सुबोध राय ने बाद में लिखा है कि वहां 'बिल्कुल शांति थी और समय काटना मुश्किल हो रहा था।'[4] फैसले का जरूरी हिस्सा पढ़ने के बाद यूनी ने सजा सुनाई। 16 आरोपी सबूत की कमी की वजह से छोड़ दिये गये। 14 लोगों को सजा सुनाई गई। इनमें नन्दलाल सिंह को दो साल की कड़ी जेल और अनिल बन्धु दास को तीन साल बोरस्तल स्कूल में रहने की सजा सुनाई। बाकी 12 लोगों को उम्र भर के लिये देश निकाला दिया गया। किसी को भी फांसी की सजा नहीं दी गई। यह अजीबो–गरीब और शानदार फैसला था। चिटगांव क्रांतिकारी ग्रुप के कुछ सदस्यों जैसे नोनी गोपाल देब, सुबोध बिश्वास और हेराम्बा बाल को हमलों में शामिल होने के सबूत न मिलने की वजह से छोड़ दिया गया। और जिनको देश निकाला दिया गया उनमें एक तरफ योजना बनाने

वाले नेता अनन्त सिंह और गणेश घोष थे तो दूसरी ओर स्कूल के छात्र, उनके महज अनुयायी, सुबोधराय तथा रनधीर दासगुप्ता। लेकिन सुबोध राय को कोई अफसोस नहीं था। उन्हें याद है कि कैसे 'वे सभी फैसले से आश्चर्यचकित रह गये थे: 'हालांकि मुझे दूसरों के साथ देश निकाला दिया गया था, लेकिन मुझे कोई दुख नहीं था। इस खुशी ने कि हममें से किसी को भी फांसी की सजा नहीं मिली थी, इतनी कम उम्र में देश निकाले की सजा के दुःख को कम कर दिया था। खुशी के मारे हमने एक दूसरे को गले लगाया।'[5] अधिकारी कोई भी गलत कदम नहीं उठाना चाहते थे। फैसले के एक घंटे के भीतर फौज की रखवाली में बसों का एक काफिला उन्हें चिटगांव के बंदरगाह पर ले गया। वहां एक स्टीमर उनको कलकत्ता ले जाने का इन्तजार कर रहा था। जिन लोगों को रिहा कर दिया गया था, उन्हें भी दोबारा बी सी एल ए कानून के तहत गिरफ्तार कर लिया गया। सभी को कलकत्ता ले जाया गया जहां सजायाफ्ता लोगों को अलग–अलग ग्रुपों में बांटकर अलग–अलग जेलों में रखा गया, जब तक कि उन्हें अगस्त में अंडमान नहीं भेज दिया गया।

चिटगांव में किसी को भी यकीन नहीं हुआ कि अनन्त सिंह समेत किसी को भी फांसी की सजा नहीं दी गयी है। कल्पना दत्त के डाइनामाईट केस में शामिल होने का अभी तक किसी को पता नहीं चला था। वो उस दिन अपनी रसायन शास्त्र की कक्षा में बैठी थी। जब अध्यापक ने खबर सुनाई 'हर इंसान खुशी से सुन्न हो गया था।'[6] बहुत से घरों में उस दिन खुशी मनाई गई।

लेकिन सरकारी हलकों में इससे बिल्कुल उल्टी प्रतिक्रिया थी। चिटगांव के स्थानीय अधिकारियों ने कभी भी इसका खुलासा नहीं किया कि उन्होंने आरोपियों के साथ समझौता किया था। ट्रिब्यूनल के जजों को ही लोगों ने इस अजीब फैसले के लिये जिम्मेदार माना। जजों ने इस्तगासे के केस में एक कमी के मद्देनजर फांसी की सजा नहीं दी। आरोपियों पर दफा 121ए में (बादशाह के खिलाफ युद्ध का षड़यंत्र) मुकदमा चलाने की बजाय इस्तगासे ने मुकद्दमा दफा 120बी, 303, 395, 396 और कुछ और दफाओं के तहत चलाया। इनके मुताबिक इन जुर्मों में षड़यंत्र शामिल थाः आतंक, खून, डाकाजनी, डाका और खून, खून खराबा, और टेलीफोन, तार तथा रेल संपर्कों को नष्ट करना। जजों ने कहा कि अगर दफा 120 के तहत आरोप लगाया जाता है, तो ज्यादा से ज्यादा सजा देश निकाला है जब कि दफा 121ए के तहत सजा मौत या देश निकाला है। उन्होंने कहा कि आरोपियों का 'असली मकसद अंग्रेजी सरकार का तख्ता पलटना था' इसलिए उन पर मुकद्दमा दफा 121ए के तहत चलाना चाहिये था। उन्होंने आगे कहा 'यह एक मूलभूत सिद्धांत है कि षड़यंत्र का अपराध वास्तव में किये गये

क्रियाकलापों के अपराध से अलग और स्वतंत्र है। इसके मद्देनजर अलग क्रियाकलापों के बारे में आरोप लगाये गये हैं। बहुत सोच–विचार के बाद हम इस नतीजे पर पहुंचे हैं कि हमें आरोपियों को उससे ज्यादा सजा नहीं देनी चाहिये जितनी कि बादशाह के खिलाफ बगावत वाली दफा में बतायी गयी है'।

अंग्रेजों का शासन तंत्र इस अजीबो–गरीब तर्क से खुश नहीं था। शिमला और कलकत्ता के बीच फैसले के नतीजों को लेकर तारों का आदान–प्रदान हुआ। फैसले पर टिप्पणी करते हुए गुप्तचर विभाग के निर्देशक एच विलियम्सन ने कहा कि जजों ने 'अपनी इस अफसोसनाक नरमी के लिये बहुत मुश्किल से कारण ढूंढ़े।'[7] ऐसे फैसलों की वजह से 'बंगाल के लोगों में यह विश्वास घर कर गया है कि यहां कोई न्याय नहीं है, सिर्फ बुरे कानून हैं।' बरसों से न्यायपालिका ने शासन को नीचा दिखाया है और 'अगर न्यायपालिका में इसी तरह गिरावट आती रही तो शासन खत्म हो जायेगा। मुझे मालूम हुआ है कि राज में शासन के अधिकारी पेंशन पर जाने की अर्जियां दे रहे हैं।' विलयम्सन के विचारों को ऊपर तक समर्थन मिला। गृह सदस्य एच जी हेग ने कहा कि 'मुझे कमिश्नरों के तर्क पर ताजुब्ब है–उन्होंने किस तरह अपने आप को इस फैसले के लिये तैयार किया कि नेताओं को उनके किये का फल नहीं भुगतना चाहिये'।[8] दिल्ली के उकसाने पर बंगाल सरकार सजा बढ़वाने के लिये उच्च न्यायालय में जाना चाहती थी। लेकिन कानून के विशेषज्ञों ने इसके खिलाफ सलाह दी। बहुत लोगों से सलाह ली गयी। इनमें बंगाल के एडवोकेट जनरल भी शामिल थे। उनकी राय थी कि सरकार के लिये उच्च्य न्यायालय जाना कानूनी तौर पर ठीक नहीं है, इसमें बहुत देर लगेगी और एक गलत रिवायत कायम होगी।

लंदन में राज के सचिव, सेमुअल होर को इस फैसले के निहितार्थ कुछ देरी से, 1932 के अक्टूबर में ही समझ में आए। भारत के राज के अंडर–सेक्रेटरी आर टी पील ने दिल्ली को संदेश भेजा कि राज के सचिव ने चिटगांव केस का फैसला पढ़ा था और उनका कहना था कि यह 'एक बहुत ही अजीब फैसला' है, जो 'गंभीर चिंता का'[9] कारण देता है। इसी पत्र में उसने चिटगांव के शस्त्रागार पर हमले को 'सबसे सफल और सबसे शानदार हमला' कहा था और इस केस में आए फैसले को 'राज की कानूनी व्यवस्था पर आतंकवाद की एक बहुत बड़ी जीत।' लेकिन तब तक बहुत देर हो चुकी थी। फांसी की सजा से बच निकले बंदी दूर अंडमान में पहुंच चुके थे और मास्टर दा तथा निर्मल सेन, ब्रिटिश ताज की सैन्य मशीनरी से अगली मुठभेड़ में तैयारी में वक्त गुजार रहे थे।

24
धालघाट की लड़ाई

हमारे सामने वास्तविक घटना के बारे में जो सबूत हैं–'लोगों के मरने के, कागजात और दूसरी चीजें', उनसे हम संतुष्ट हैं कि धालघाट का घर ही षड़यंत्र का मुख्यालय था। और यही षड़यंत्र जिसके तहत शस्त्र भंडार और दूसरे हमले हुये थे, अभी भी चालू था और इसी षड़यंत्र के चलते साम्राज्य की ताकतों पर गोली चलाना खुले युद्ध की घोषणा था।

– चिटगांव के दूसरे पूरक केस के फैसले से

एक मार्च 1932 को शस्त्र भंडार पर हमलों में सजायाफ्ता नेताओं के जाने के बाद चिटगांव के जिला प्रशासन ने राहत की सांस ली। जिले में भूमिगत विद्रोहियों को पकड़ने के लिए फौज तैनात कर दी गयी थी। फौज की 'चीट फोर्स' नाम की एक टुकड़ी, आसाम राइफल्स के दस्तों और स्थानीय पुलिस के साथ मिलकर इस कोशिश में लगी थी कि चिटगांव को विद्रोह से मुक्त कराया जा सके।[1] यह गतिविधि 1 दिसम्बर 1931 से शुरू हुयी। लेकिन इसमें कोई ज्यादा कामयाबी नहीं मिली। दिसम्बर में ही नये जिला मजिस्ट्रेट ए एस हैन्ड्स ने बागडोर सम्भाली। और कुछ महीनों में बंगाल का प्रशासन आंदोलन को कुचलने के लिए उसकी फुर्ती और नये विचारों से बहुत प्रभावित हो गया।[2] मार्च के महीने में 1/5 महरठा लाइट इन्फैन्टरी चिटगांव से चली गयी और उस की जगह 2/8 गुरखा राइफल्स ने ले ली। इन्होंने शहर में गश्त लगाने के अलावा पटिया और गोमण्डी के भीतरी इलाकों में भी चौकियां बनायीं। इस्टर्न फ्रंटियर राइफल्स की टुकड़ी ने सीताकुण्ड में कैम्प लगाया। इसके अलावा उप–थानों के नाम से छः नयी पुलिस चौकियां भी बनायी गयीं। और नियमित थानों में हथियारबन्द पुलिस वाले भी जोड़े गये।[3] फौज ने मार्च से मई तक के महीनों में गांवों और जंगलों में 'बड़े पैमाने पर निगरानी' रखी।[4] जिला प्रशासन ने आम जनता से सूर्य सेन और निर्मल सेन को जिन्दा या मुर्दा पकड़वाने के लिए जानकारी हासिल करने की कोशिश की।

इसके लिए उन्होंने पांच हजार रुपये के ईनाम को दुगना करके 10 हजार रुपये कर दिया।

शस्त्र भंडार पर हमलों के बाद दो साल बीत चुके थे। काफी लोग मर चुके थे और काफी गिरफ्तार हो चुके थे। लेकिन बंगाल के दो मशहूर नेता अब भी फरार थे। वे एक गांव से दूसरे गांव, एक टूटी झोंपड़ी से दूसरी झोंपड़ी में गांवों के इलाके में कामयाबी से भूमिगत थे। गांव वाले अपने रूखे–सूखे भोजन से उनका स्वागत करते थे। उनको बेरहमी से ढूंढे जाने के दौरान मास्टर दा और निर्मल सेन ने पटिया सब–डिवीजन के धालघाट गांव में पनाह ले रखी थी। इस गांव में काफी भूमिगत वालन्टियर थे। बारिश के मौसम में जून के महीने में, जब घूमना–फिरना बहुत मुश्किल होता है, उन्होंने एक गरीब विधवा सावित्री देवी के घर पनाह ले रखी थी। उसके एक नौजवान लड़का और एक बेटी थी। इस घर को गुप्त रखने के लिए इसका नाम आश्रम रखा गया था। यहां सूर्य सेन और निर्मल सेन ग्रुप के दूसरे सदस्यों से मिलते थे; बातचीत कर योजना बनाते थे; दूसरे क्रांतिकारियों के बारे में पढ़ते थे और अपने अनुभवों के बारे में लिखते थे।

कल्पना दत्त और प्रीतिलता वद्दार को कुछ समय पहले आन्दोलन में शामिल कर लिया गया था। इस दौरान मास्टर दा ने उनको भीतरी दायरे में लाने का फैसला किया। सितम्बर 1931 में जेल में हुए समझौते के बाद से क्रांतिकारियों ने किसी घटना को अंजाम नहीं दिया था। इसकी वजह शायद फौज की बढ़ी हुई गतिविधियां थीं। अनन्त सिंह के मुताबिक समझौते के अनुसार सिर्फ जेल में बन्द नेताओं ने कहा था कि सिर्फ वे किसी और षड़यंत्र में हिस्सा नहीं लेंगे। इसका यह मतलब नहीं था कि सारे क्रान्तिकारी ग्रुप ने समझौता किया था। सूर्य सेन का लड़ाई छोड़ने का कोई इरादा नहीं था। वो तो सही समय का इन्तजार कर रहे थे और इसके लिए सारा समय तैयारी कर रहे थे। कल्पना एक साल से चिटगांव में थी। प्रीतिलता अपने शहर 1932 की गर्मियों में लौटी। बैथ्यून कॉलेज से विशेषता के साथ बी ए पास करने के बाद प्रीतिलता को नन्दन कानन गर्ल्स हाई स्कूल में हैडमास्टर की अच्छी नौकरी मिली। यह जिले में दूसरा सबसे बड़ा स्कूल था। उसका पढ़ाने का काम ज्यादा दिन नहीं चला।

जून के महीने की एक सुबह पहले से तय कार्यक्रम के अनुसार प्रीतिलता को धालघाट के आश्रम में नेताओं से बातचीत करने के लिये ले जाया गया। सूर्य सेन और निर्मल सेन के अलावा नौजवान अपूर्बा सेन (भोला) भी सावित्री देवी द्वारा दी गयी जगह में रह रहा था। पुलिस ने जब डाइनामाईट केस में उसके घर धावा बोला था, तो वो वहां से भागने में कामयाब हो गया था। प्रीतिलता कुछ दिन उस घर में रही और नेताओं से लम्बी बातचीत की। वो प्रतिष्ठित मास्टर दा

से थोड़ा डरती थी, लेकिन निर्मल दा से हंसने–बोलने में उसे कुछ परेशानी नहीं थी।[5] प्रीतिलता 14 जून को चिटगांव लौटी। दूसरे लोग भी दूसरी जगह चले गये। किसी एक जगह टिककर रहना बहुत सुरक्षित नहीं था।

13 जून की शाम को पटिया के फौजी कैम्प को खबर मिली कि सूर्य सेन और उसके साथी धालघाट के एक घर में छिपे हुए हैं। कैम्प के इन्चार्ज अंग्रेज अफसर कैप्टन कैमरोन ने फौरन धावा बोलने का फैसला किया। सूर्य सेन को पकड़ने में बहुत सा ईनाम और पदोन्नति मिलने की संभावना थी और जिले का हरेक पुलिस और फौजी अधिकारी, इस काम को अंजाम देना चाहता था। कैप्टन कैमरोन ने अपनी पूरी टुकड़ी के इकट्ठा होने का भी इन्तजार नहीं किया और शाम होते ही धालघाट की तरफ चल पड़ा। उसके साथ पटिया पुलिस स्टेशन के दो सब इन्सपैक्टर, सात सिपाही, एक हवलदार और दो कांस्टेबल थे। वे इस दो मंजिला पनाहगाह में रात को नौ बजे पहुंचे। घर की दीवारें मिट्टी की थीं और छत फूस की। सिपाहियों और कांस्टेबलों से घर को घेरने के लिए कहा गया और कैप्टन कैमरोन और सब–इंस्पैक्टर मनोरंजन बोस अन्दर घुसे।

कुछ ही मिनट पहले मास्टर दा और प्रीतिलता रसोई के फर्श पर खाना खाने के लिए बैठे थे। निर्मल सेन और भोला ऊपर वाले कमरे में थे। एक और नजदीकी साथी मनीलाल दत्त कुछ ही समय पहले वहां से गया था और वहां से अन्दाजन आधा मील दूर, जिस घर में रह रहा था लौट गया था। भोला को बुखार था और वो बिस्तर में ही लेटा था। उस दिन निर्मल सेन को भी कुछ ठीक नहीं लग रहा था, तो उसने भी खाना न खाने का फैसला किया था। प्रीतिलता ने काफी कोशिश की कि वो भी खाने के लिए चले क्योंकि उसे मास्टर दा के साथ अकेले खाने में कुछ अजीब लगता था। लेकिन निर्मल ने उसकी इस शर्मिंदा होने की आदत को हंस कर टाल दिया[6] और नीचे नहीं आया। जैसे ही उन्होंने खाना शुरू किया दरवाजे पर किसी के चलने की आवाज आयी। पलक झपकते ही उन्हें अन्दाज हो गया कि पुलिस वहां पहुंच गयी है। सूर्य सेन बांस की सीढ़ी चढ़कर ऊपर वाले कमरे में गये और निर्मल सेन को बताया कि पुलिस वहां पहुंच गयी है। (वो हमेशा बाहर बरामदे में मिट्टी के जीने का इस्तेमाल करने की बजाय सीढ़ी ही इस्तेमाल करते थे।) निर्मल और भोला एकदम उठे और अपनी रिवाल्वर निकालकर गोली चलाने को तैयार हुये। सूर्य सेन ने सारे जरूरी कागजात इकट्ठे कर उनका बंडल बनाया।[7]

तब तक कैप्टन कैमरोन, मनोरंजन बोस और हवलदार टीन के दरवाजे को धक्का देकर अन्दर आ गये थे। उन्होंने सावित्री देवी को अपने बेटा–बेटी के साथ नीचे की मंजिल के एक कमरे में बैठे देखा। मनोरंजन बोस के कहने के मुताबिक[8]

उसने उन्हें बिल्कुल न डरने को कहा और पूछा कि घर में और कौन है? 'उन्होंने कोई जबाब नहीं दिया।' तभी उन्हें ऊपर से 'पैरों की आवाज आई'। कैप्टन कैमरोन भागकर सीढ़ी तक पहुंचा और कुछ सीढ़ी चढ़ा। लेकिन वो जल्दी से वापिस आ गया और भागकर बाहर बरामदे में गया। और वहां उत्तरी दीवार के साथ वाले कच्चे जीने से ऊपर चढ़ने लगा। उसके हाथ में रिवाल्वर था और मनोरंजन बोस एक टार्च लिये था। जैसे ही वो जीने के ऊपर पहुंचा गोलियों की एक बौछार कमरे में से आयी। कैप्टन कैमरोन वहीं जीने से उतरने में जमीन पर लुढ़क गया। बांस की चारदीवारी भी उसके साथ गिरी। वो मर चुका था। मनोरंजन बोस और हवलदार वहां से भागे। गोली की आवाज सुनकर बाहर घेरा डाले सिपाहियों ने भी ऊपर के कमरे को निशाना बनाकर गोलियां चलाईं। जबाब में गोलियां चलायी गईं और मनोरंजन बोस ने किसी को कहते सुना 'गोली चलाओ और बम फेंको।' उसे बाहर दो गुरखा सैनिक मिले। वो उन्हें वहीं ठहरने को कहकर चार मील दूर पटिया से और बल लाने के लिए चला गया।

कैप्टन कैमरोन निर्मल सेन की दो गोलियों से मरा था। कुछ ही पल में दक्षिणी खिड़की से राईफल की एक गोली आई और उसके सीने से पार हो गयी। उसको बहुत चोट आयी लेकिन उसने खिड़की से गोली चलाना जारी रखा। उसने मास्टर दा से बिनती की कि प्रीतिलता और भोला को लेकर वहां से निकल जायें। जब तक वो गोली चलाता रहेगा पुलिस सोचेगी कि वो सब ऊपर के कमरे में फंसे हुए हैं। मास्टर दा को पता था कि उनका सबसे अच्छा दोस्त और साथी कुछ ही पलों का मेहमान है, उन्हें उसकी सलाह मान लेनी चाहिए। वो और भोला नीचे की तरफ भागे और प्रीतिलता को कहा कि उसे वहां से एकदम भागना है। लेकिन प्रीतिलता एक मरते हुए साथी को पीछे छोड़कर जाने को तैयार नहीं थी। उसने ऊपर से आती उसको बुलाने की आवाज सुनी। उसको ढाढ़स बंधाना मुश्किल हो गया और वो निर्मल दा को ऊपर जाकर देखने की जिद करने लगी। सावित्री देवी और उसकी बेटी स्नेहलता ने ऊपर जाने से उसे जबरदस्ती रोका।[9] मास्टर दा के आदेश पर उसने होश सम्भाला और वहां से चली गयी।

बाहर बहुत अंधेरा था। भोला रास्ता दिखा रहा था। झाड़ियों में से गुजरते हुए अचानक उसका पैर आम के पेड़ के नीचे सूखे पत्तों पर पड़ा। पत्तों की आवाज से सिपाही सतर्क हो गये और उन्होंने उस तरफ गोली चलाई। काफी सही निशाना लगाकर चलाई गई यह गोली भोला को लगी। वो मर गया। अन्धेरे में सूर्य सेन और प्रीति चुपचाप आगे बढ़े। गोलियों की आवाज आती रही और फिर बन्द हो गयी। वो उस घर में पहुंचे जहां मनीलाल दत्त रहता था। वो उस घर में मालिक के लड़के को पढ़ाता था। मनीदत्त को उसके शिष्य ने उठाया और

बताया कि मास्टर दा आये हैं। मास्टर दा ने उसे सब कुछ बताया और एक नयी सुरक्षित जगह ले चलने को कहा।[10] वो जंगल और दलदल में होता हुआ उन्हे जैसथपुरा के एक गांव में ले गया। यहां कुटीर नाम का एक घर काफी फरार लोगों के लिए भूमिगत रहने की जगह थी। यह जंगल की पहाड़ियों के किनारे अकेला घर था और सबसे सुरक्षित घरों में था। उन्हें पता था कि अगले दिन पुलिस मास्टर दा को घर–घर ढूंढेगी और अगर वो कुटीर तक पहुंच भी गये, तो जंगल में भागना आसान होगा। उस समय कुटीर में तीन और साथी––सुशील डे, कालीकिंकर डे और महेन्द्र चौधरी––छिपे हुए थे। सूर्य सेन ने प्रीतिलता को अगले दिन घर जाने को कहा क्योंकि पुलिस के उस पर शक करने की कोई वजह नहीं थी। अगर सावित्री देवी से मार–पीटकर कुछ उगलवा भी लिया गया तो उसे न तो उसका नाम पता था और न ही उसकी पहचान थी। सावधानी के तौर पर उन्होंने मनीदत्त को शहर जाकर देखने को कहा कि कहीं पुलिस प्रीतिलता के घर की निगरानी तो नहीं कर रही है। जब उसने बताया कि सब ठीक–ठाक है तो प्रीतिलता को लौटकर स्कूल में अध्यापक का काम फिर से शुरू करने का आदेश दिया गया।[11]

इसी दौरान जब एस आई मनोरंजन बोस पटिया में फौजी कैम्प के नजदीक पहुंच रहा था, उसे तीस सिपाही और एक हवलदार, लुईस गन के साथ आते मिले। वो कैप्टन कैमरोन के मरने के बाद भागा था। वो धालघाट के घर पर पहुंचे और घरवालों को बाहर निकलने की चेतावनी देकर गोली चलानी शुरू कर दी। मशीनगन ने कई बार गोलियां चलाईं जिससे फूस की छत वाला घर काफी बर्बाद हो गया। लेकिन अन्दर से कोई जवाब नहीं आया। सैनिक वहां सुबह तक जिला मजिस्ट्रेट और अधिकारियों के आने तक रहे। सावित्री देबी, उसके बेटे रामकृष्ण और बेटी स्नेहलता को फरार लोगों को पनाह देने के जुर्म में गिरफ्तार कर लिया गया। स्नेहलता कुल चौदह साल की थी और उसकी शादी हो चुकी थी। पुलिस ने उसके पति को अच्छी नौकरी का लालच देकर उसे पुलिस का गवाह बना लिया। उसकी गवाही पर धालघाट के तीन और नौजवान––दिनेश दास गुप्त, अजित विश्वास और मनीन्द्र डे––भी धालघाट में पनाह देने वाले मुकद्दमे में पकड़े गये। पांचों को फरार लोगों को पनाह और मदद देने के जुर्म में चार साल की कड़ी सजा हुई।

घर की पूरी तरह तलाशी ली गई। जो चीजें वहां मिली वे थीं: रिवाल्वर और कारतूस, रामकृष्ण बिश्वास के दो फोटो, एक किताब जिसका नाम था *लिओन ट्राट्स्की*, इसमें दो लड़कियों की एक फोटो (जिसमें से बाद में एक की पहचान प्रीतिलता वद्दार के रूप में हुई) तीन कापियां जिनमें से एक में गणेश घोष का

चिटगांव जेल में लिखा गया लेख, 'हिन्दुस्तान और क्रान्तिकारी' था। 22 जून को सब–इंसपैक्टर शैलेन्द्र सेन गुप्ता, अतिरिक्त एस पी स्ट्रैली के साथ धालघाट के घर पर गया और वहां 'जंगल काटकर और नालियों में से झाड़ियां निकालकर पूरी तरह तलाशी ली।'[12] पुलिस को तब तक अन्दाजा हो गया था कि सूर्य सेन फौजी घेरे के बावजूद 13 जून को भागने में कामयाब हो गया था। वे अब और सुराग ढूंढ रहे थे। सेनगुप्ता को एक झाड़ियों से भरी एक नाली में एक तौलिये में लिपटे कुछ कागज मिले। इन कागजों के बण्डल से कुछ सुराग मिला कि किस तरह भूमिगत रहकर क्रांतिकारी सारे खतरे और परेशानियां उठाकर, अपने विचार फैलाने का काम कर रहे थे। इस सामान में जो कापियां मिलीं उनमें थीं: डाइनामाईट केस के बारे में एक कापी और अनन्त सिंह के कारनामे; एक और कापी जिसमें चिटगांव ग्रुप की कामयाबी; एक कापी जिसमें बीना दास का बयान था (बीनादास को गवर्नर स्टनले जैक्सन को मारने की कोशिश करने के लिए उम्र कैद की सजा हुयी थी।); सोवियत व्यवस्था के बारे में जानकारी; एक हाथ से लिखा लेख पूर्ण स्वराज के असली मायने के बारे में; अखबार से काटा हुआ एक लेख आइरिश नेतृत्व के बदलने के बारे में; प्रीतिलता का रामकृष्ण बिश्वास से जेल में मिलने का ब्यौरा; एक कापी जिसमें कविता थी, उनमें एक का शीर्षक था जलालाबाद; और *स्वाधीनता* की कुछ प्रतियां।[13] इन चीजों के मिलने से साफ हो गया कि क्रांतिकारियों ने अपनी लड़ाई छोड़ी नहीं थी। वे अपनी जान बचाने के लिए भूमिगत नहीं थे बल्कि वे तो एक ऐसी वैचारिक और फौजी लड़ाई की तैयारी में थे, जो उनके मरने के बाद भी खत्म होने वाली नहीं थी।

25
पहारतली में बदला

चिटगांव और हिजली ने सारे देश में एक भयानक आग लगा दी है। एक लम्बे समय से चले आ रहे शोषण ने हिन्दुस्तान को तहस–नहस कर दिया है और इन अमानवीय हिंसा की घटनाओं ने देश को एक बड़ी उत्तेजना के कगार पर लाकर खड़ा कर दिया है। इस संकट की घड़ी में राष्ट्रीय भावनाओं का आदर करते हुए इंडियन रिपब्लिकन आर्मी आज खूनी बदला लेने के लिए आगे आ गयी है। और अंग्रेज शासकों को यह बता देना चाहती है कि चाहे कितना ही कमजोर और बेसहारा क्यों न हो जाये, हिन्दुस्तान इस किस्म की बबर्रता को तटस्थ और खामोश रहकर नहीं सहेगा।

– आई आर ए की चिटगांव शाखा द्वारा 24 सितम्बर 1932 के पहारतली के हमलों के बाद जारी पर्चे से।

धालघाट की लड़ाई के बाद काफी अनिच्छा से प्रीतिलता घर लौटी। लेकिन उसने सूर्य सेन से वादा लिया कि जल्द ही उसे किसी सीधे मुकाबले में हिस्सा लेने का मौका दिया जायेगा। आजादी के अमूर्त विचार ने उसे क्रांतिकारी आंदोलन की तरफ खींचा था। लेकिन दो साल के भीतर उन दो आदमियों की शहादत से जिन्होंने उसे प्रेरणा दी थी, अब यह जाती जोश में बदल गया था। अलीपुर जेल में रामकृष्ण बिश्वास से लम्बी बातचीत ने उसे उनके मकसद के बारे में मुतमईन कर दिया था और उसको फांसी मिलने के बाद वो भूमिगत आंदोलन में हिस्सा लेने के लिए बजिद थी। कई कोशिशों के बाद वो मई के शुरू में निर्मल सेन से मिली। उन्होंने उसे बंदूक चलाना सिखाया[1] और उसे चिटगांव के क्रांतिकारी ग्रुप में भर्ती किया। यह सब धालघाट में मिली उसकी कापी में दर्ज था। मई के आखिर में उसने सूर्य सेन के साथ उसकी एक मीटिंग कराई। वो 11 जून को उनसे मिलने धालघाट गयी और गोलीबारी में फंस गयी, जिसमें निर्मल सेन और भोला शहीद हो गये। फौज के साथ खूनी मुठभेड़, अपने सलाहकार की मौत, उस तूफानी रात

में बाल–बाल बचकर निकलने ने उसे हिलाकर रख दिया। लेकिन इसके बावजूद वो पढ़ाई–लिखाई और कामयाबी की मंजिल की तरफ नहीं बढ़ी। रामकृष्ण और निर्मल सेन की मौत ने उसे जाती तौर पर झकझोर कर रख दिया। लेकिन इससे उसके मन में बदले की भावना ने जोर पकड़ लिया। वो भी मरना चाहती थी लेकिन किसी एक कोने में चुपचाप नहीं लड़ाई के मैदान में, उन देशभक्तों की मौत का बदला लेने के बाद, जिन्होंने उसे अपने से बाहर की दुनिया के लिए जीना सिखाया था।

प्रीतिलता का यह निश्चय मास्टर दा के भीतर बदले की आग का एक हिस्सा बन गया। मास्टर दा के सारे हम–उम्र लोग अब तक शहीद हो चुके थे। चिटगांव में हुई लड़ाई बिल्कुल उसी तरह की थी जो हर जगह गुलाम लोग अपने से बड़े दुश्मन के खिलाफ लड़ते हैं। आई आर ए ने पहला धावा बोला था। इसका कारण कोई जाती बदले की भावना नहीं था बल्कि यह तो अंग्रेजी शासन के खिलाफ था क्योंकि उनका यकीन था कि अंग्रेजी राज ने हिन्दुस्तान और इसके लोगों को कुचलकर रख दिया है। 18 अप्रैल 1930 को आई आर ए द्वारा जारी किये गये पर्चे में अंग्रेजों के दमन का जिक्र किया गया था और 'कसम खायी गयी थी कि वो देश की सतायी गयी जनता के खून का बदला लेंगे।' अगले दो सालों में अंग्रेजी शासन ने काले कानूनों की भरमार कर दी और क्रूर दमन का सहारा लिया। हिन्दुस्तान के सताये हुए लोग अब गुमनाम लाखों लोग नहीं थे बल्कि वे लड़के थे जिन्हें मास्टर दा ने शिक्षा और प्यार दिया था। अंग्रेजों का निशाना सिर्फ आई आर ए के लड़ाके ही नहीं थे। एक जन–आंदोलन को कुचलने के लिए विदेशी शासक सक्रिय कार्यकर्ता और सहानुभूति रखने वाले में फर्क नहीं करता है और न ही वो लड़ने वाले और देखने वाले में फर्क करता है। तलाशी लेने के दौरान फौज और पुलिस ने बेकसूर नौजवानों और उनके परिवारों को तंग किया, गालियां दीं और उनके साथ मारपीट की। इससे उन लोगों की सहानुभूति क्रान्तिकारियों के साथ और बढ़ी। क्रान्तिकारियों के कारनामों से ज्यादा पुलिस की ज्यादतियों ने लोगों को देशभक्त बनाये रखा। दो घटनाएं, जिनमें पुलिस की ज्यादतियां सबसे ज्यादा सामने आयीं वे थीं असानुल्ला की हत्या के बाद चिटगांव के दंगे और 16 सितम्बर 1931 को हिजली के नजरबंदों के कैम्प में गोलीबारी। इसीलिये चिटगांव और हिजली आई आर ए के 24 सितम्बर 1932 के पर्चे में उदाहरण के तौर पर गिनाए गये थे।

एक और चीज जो इस दौरान देखने में आयी वह थी गैर–सरकारी यूरोपियन समुदाय का राष्ट्रीय आंदोलन कुचलने में सरकार का समर्थन। चिटगांव का यूरोपियन समुदाय इस काम में सबसे आगे था। उन्होंने उच्चाधिकारियों से––लन्दन

में हिन्दुस्तान के लिए राज सचिव तक––स्थानीय अधिकारियों की विद्रोहियों को दबाने में नाकामयाबी की शिकायत की थी। चिटगांव की यूरोपियन आबादी ज्यादातर आसाम–बंगाल रेल्वे में या बन्दगाह और तेल की कम्पनियों में काम करती थी। हमलों के समय से ही ये लोग जिला अधिकारियों के साथ मिलकर काम करते थे। और 30–31 अगस्त 1931 के दंगों में हमला करने में ये आगे–आगे थे। इसलिए सूर्य सेन ने आई आर ए की कार्यनीति में बदलाव किया। अभी तक आई आर ए अपने को एक अनुशासित फौज मानती थी, जो राज की फौज से लड़ाई लड़ रही थी। अभी तक सारी लड़ाइयां–शस्त्र भण्डार पर हमले, जलालाबाद, फेनी और कलारपोल–जुल्दा, हिन्दुस्तान में अंग्रेजों की वर्दीधारी फौज के खिलाफ थीं। जब वे गुरिल्ला नीति अपनाने पर मजबूर हुये और दूसरे विद्रोह की तैयारी कर रहे थे तब भी उन्होंने जेल, अदालत, जिले के दफ्तर उड़ाने की सोची थी क्योंकि ये अंग्रेजी साम्राज्य की निशानियां थीं। एक–दो व्यक्तियों की हत्याएं जैसे आई जी पुलिस क्रेग को मारने की नाकाम कोशिश या असानुल्ला की हत्या भी इसी श्रेणी में आती है। 1932 तक जब सूर्य सेन ने एक और बड़ी घटना को अंजाम देने की योजना बनायी, तब सारा गोरा समुदाय इसका निशाना था। सूर्य सेन बदला लेने के लिए और अंग्रेजी राज द्वारा लागू मार्शल ला की खिल्ली उड़ाने के लिए, यह कार्रवाई करना चाहता था।

मरने से पहले निर्मल सेन पहारतली में यूरोपियन इंस्टीट्यूट पर हमला करने का मुखिया था। इसको यूरोपियन क्लब के नाम से भी जाना जाता था। शहर में स्थिति यूरोपियन क्लब में जिले के उच्च–अधिकारी ही जा सकते थे जबकि इंस्टीट्यूट में रेलवे के लोग जाते थे। ये ए एफ आई के नजदीक था और पहाड़ियों से घिरा था। ये बहुत सख्त पहरे में रहता था। सफाई कर्मचारियों के अलावा किसी भी हिन्दुस्तानी को इसमें जाने की इजाजत नहीं थी। निर्मल सेन ने पटिया गांव में अपने छुपने की जगह से गांव के तीन साथियों––दिनेश दास गुप्ता, अजित बिश्वास और दिनेश मजूमदार––को जिम्मेवारी दी थी कि वो पहारतली क्लब के बारे में सारी जानकारी इकट्ठी करें। जरूरी जानकारी इकट्ठा करने में उन्हें तीन–चार महीने लगे।[2] निर्मल सेन को अपनी बेबी ऑस्टिन गाड़ी की बहुत याद आती थी जिसने आई आर ए के शानदार दिनों में बहुत काम दिया था। वो यहां भी सिर्फ क्रांतिकारियों के इस्तेमाल के लिए एक कार हासिल करना चाहता था। दिनेश दास गुप्ता ने उसे अपने एक मोटर ठीक करने वाले दोस्त से धालघाट में पहले से ही तय की गई जगह पर मिलवाया। उसने निर्मल सेन का परिचय एक चाय बगान के मैनेजर के रूप में दिया। मोटरवाले ने एक पुरानी गाड़ी लगभग 2000 रुपये में दिलवाने का वायदा किया। दिनेश दास गुप्ता के मुताबिक

धालघाट की पनाह में जून में वो सिर्फ गाड़ी लेने के लिए आया था। वो इसका इस्तेमाल पहारतली के हमले में करना चाहता था।[3] लेकिन वो 13 जून की गोलीबारी में शहीद हो गया। गाड़ी का कुछ नहीं हुआ।

लेकिन पहारतली क्लब पर हमले की योजना को छोड़ा नहीं गया। भूमिगत विद्रोहियों को एक बहुत ही माकूल सम्पर्क समुद्र के किनारे कतोली गांव में एक पनाह की जगह पर मिल गया। यह जगह क्लब से काफी नजदीक थी। उनको पनाह देने वाला एक 'क्लब बॉय' था। अंग्रेज क्लब में सेवा करने वाले आदमियों को कृपापूर्वक इसी नाम से बुलाते थे। उसका नाम जोगेश मजूमदार था और गुप्त नाम जयद्रथ था। उसने उन्हें क्लब के बारे में जानकारी दी, बताया कि चौकीदारी का समय क्या है; और हमला करने के लिए सही समय क्या है?[4] अगस्त में एक नाकामयाब कोशिश के बाद, फैसला किया गया कि हमला सितम्बर में होगा। पहले मास्टर दा महिलाओं के आंदोलन में हिस्सा लेने के बिल्कुल खिलाफ थे। लेकिन इस बार उन्होंने फैसला किया कि कल्पना और प्रीतिलता दोनों ही हमले में हिस्सा लेंगी और खास बात यह है कि प्रीतिलता को इसका नेता बनाया गया।

जिले की पुलिस को धालघाट में प्रीतिलता का फोटो मिलने के बाद उस पर शक हो गया था। 19 जून को उसके घर पर उसके साथ पूछताछ हुई। 30 जून को उसके घर से गानों की एक किताब जब्त की गयी। पुलिस उसकी लिखावट का मिलान धालघाट में मिली कापियों की लिखावट से करना चाहती थी। मास्टर दा ने उसे भूमिगत होने के लिए कहा। वो पांच जुलाई को अपने घर से गायब हो गयी। पुलिस ने उसको सब जगह ढूंढा, पर न तो पुलिस ने और न ही उसके घरवालों ने इसके बाद उसे जिंदा देखा। भूमिगत रहते हुए, मरने से पहले, प्रीतिलता ने एक खतरनाक काम में हिस्सा लेने की जिद की। 13 जून का दुःख अब तक एक खामोश गुस्से में बदल चुका था। मास्टर दा ने महसूस किया कि वो किसी सूरत में नहीं मानेगी। उनके नेतृत्व में चिटगांव ग्रुप को काफी अनोखी सफलताएं मिली थीं। यह भी पहली बार था कि एक महिला लड़ाई में पुरुषों का नेतृत्व करेगी।

प्रीतिलता तो पहले से ही भूमिगत थी, लेकिन कल्पना को घर रहने के लिए कहा गया था। उसे खबर मिली कि उसे भी हमले में हिस्सा लेना है। उसे कतोली गांव में पनाह की जगह आने को कहा गया। 17 सितम्बर को एक पुरुष की वेशभूषा में कल्पना ने दो साथियों के साथ एक टैक्सी ली और उसे पहारतली रेलवे स्टेशन चलने को कहा। टैक्सी में हो रही बातचीत से टैक्सी ड्राईवर ने अन्दाजा लगा लिया कि सवारियों में एक महिला है। उसने गाड़ी बेलुआरिफी नाम की जगह के पास एक स्टैण्ड पर रोकी। सवारियों के उतरने के बाद उसने यह

बात एक और ड्राइवर को बतायी। उसने उनका पीछा करना शुरू कर दिया।[5] उन्होंने भागना शुरू किया। कल्पना की पगड़ी गिर गयी। और कमर तक खुलते हुए बालों ने उसका राज भी खोल दिया। पुलिस को बुलाया गया और अगले दिन उसे गिरफ्तार कर लिया गया। पुलिस के पास उसको बी सी एल ए कानून के तहत नजरबंद करने के लिए काफी सबूत नहीं थे, इसलिए उसे दफा 109 में गिरफ्तार कर जेल में रखा गया। कल्पना को बहुत निराशा हुई। अपनी गिरफ्तारी से एक–दो दिन पहले वो प्रीतिलता को समुद्र के तट पर मिली थी और दोनों ने निशानेबाजी का अभ्यास किया था। वो तभी भूमिगत हो जाना चाहती थी लेकिन तारकेश्वर दस्तीदार ने, जो इस समय ग्रुप का मुखिया था, उसे एक बार फिर घर लौटने को कहा। उसने उसे बताया था कि हमले की तैयारी पूरी करने में अभी कुछ और वक्त लगेगा। और अगर वो घर न लौटी तो उस पर शक होगा क्योंकि उसकी आवा–जाही पर अभी तक रोक थी। प्रीतिलता ने भी कल्पना को बचपना छोड़कर घर जाने को कहा। कल्पना उससे 'बहुत नाराज थी कि वो उस पर बड़ी बहन की तरह रौब जमा रही थी।' और अगले सात दिन तक 'अपनी बदकिस्मती पर सोचती रही और प्रीति को मुझे नीचा दिखाने के लिए माफ नहीं किया'।[6] और 24 सितम्बर को उसने जे़ल में हमले के बारे में सुना और यह जानकर कि उसकी सबसे अच्छी दोस्त दुनिया में नहीं रही, दुःख में डूब गयी।

24 सितम्बर की रात को पहारतली क्लब में शोर–शराबा और हंसी–मजाक हो रहा था। और बड़े हॉल में करीब 40 औरत–मर्द ग्रुपों में बैठे थे। उनमें बहुत से लोग ताश खेल रहे थे। करीब पौने ग्यारह बजे हंसी की आवाजें अचानक चीखने–चिल्लाने की आवाजों में बदल गयीं। 'एक बम फटा और कमरे के तीनों तरफ के दरवाजों से हथियारबन्द आदमी, बन्दूकों और रिवाल्वरों से गोली चलाते हुए घुसे'।[7] एक और बम फेंका गया, वो भी फटा। डी एम की अगले दिन दाखिल की गयी रिपोर्ट के मुताबिक 'इंस्टीट्यूट के एक सदस्य ने कुछ बत्तियां बुझा दीं और वहां मौजूद लोग खिड़कियों के रास्ते भागने की कोशिश करने लगे'।[8] अन्दाजन उसी वक्त 'किसी और आदमी ने बाकी की बत्तियां बुझा दीं' और सब जगह अंधेरा छा गया और जो भी भाग सका वो बाहर अंधेरे में पहुंच गया। बत्तियों के बुझने पर हमलावर भी वापिस लौटे; कुछ मिनट बाद जब बत्तियां फिर जलाई गयीं तो एक एंग्लो–इण्डियन औरत मिसेज सल्वीयन मरी पायी गयी और चार औरतें और सात आदमी घायल हुए। इनमें इन्सपैक्टर मैक्डोनल्ड और उसकी बीबी और सार्जन्ट विलीस भी थे। पुलिस के सुपरिन्डैन्ट हिक्स को खबर दी गयी और वो 'कायदे के अनुसार कुछ हथियारबन्द आदमियों के साथ घटना की जगह के लिए चल पड़े'। उसके कुछ देर बार ही 2/8 गुरखा राइफल्स की चौकी भी वहां पहुंच गयी।

शहर में पुलिस और फौज के लोग महीनों से गश्त लगा रहे थे, लेकिन हमलावरों में से एक का भी सुराग नहीं मिला। इंस्टीट्यूट से 100 गज दूर रास्ते में एस पी को एक बंगाली की लाश मिली। जांच करने पर पता चला कि वो 'एक बंगाली औरत आदमी के कपड़ों में थी।'[9] बाद में उसकी पहचान प्रीतिलता वद्दार के रूप में हुई। उसके शरीर पर जो चीजें मिली वे थीं: 'क्रांतिकारी पर्चे, इंस्टीट्यूट पर हमले की योजना का खाका, . 450 की रिवाल्वर का असला, इंस्टीट्यूट का नक्शा, रामकृष्ण बिश्वास का एक फोटो और एक सीटी'। डी एम ने अपनी रिपोर्ट में कहा कि 'बिना शक यह लड़की ही हमले का नेतृत्व कर रही थी'।[10] अन्दर से एक यूरोपियन के द्वारा चलायी गयी गोली उसकी छाती के पास से गुजरी थी। इससे वो घायल हो गयी थी। चीरा–फाड़ी के बाद पता चला कि यह घाव सतही था और उसकी मौत पोटैशियम साइनाइड जहर से हुयी थी।

पहारतली का हमला प्रीतिलता के नेतृत्व में सात लोगों द्वारा अंजाम दिया गया था। वे थेः कालीकिंकर डे, सुशील डे, प्रफुल्ल दास, बीरेश्वर राय, शांति चक्रवर्ती, पन्ना सेन और महेन्द्र चौधरी।[11] प्रीति के सीटी बजाने के बाद तीन तरफ से वे क्लब में घुसे और मिनटों में हमला पूरा कर लिया। पहले बम के फटने की आवाज सुनते ही बाहर तैनात चार लोगों––दिनेश चक्रवर्ती, शान्तिसेन, पयोज चौधरी और नरेन दास––ने शहर के अलग–अलग हिस्सों में जाकर आई आर ए के पर्चे बांटे। उन्होंने कर्फ्यू और देखते ही गोली मारने के आदेश की परवाह नहीं की। इन पर्चों का लहजा 18 अप्रैल 1930 के पर्चों के मुकाबले ज्यादा हिंसात्मक और आतंकवादी था। यह अपने से बड़े दुश्मन से लड़ने के कारण कमजोर पड़ जाने की हताशा को दिखाता था। एक पर्चा प्रीतिलता के शरीर पर से मिला था और शहर में भी बांटा गया था। उसमें कहा गया था कि 'इन्डियन रिपब्लिकन आर्मी की चिटगांव शाखा यह घोषणा करती है कि सारे अंग्रेज और गोरी चमड़ी वाले एंग्लो इंडियनों की जिन्दगियां, जो हिन्दुस्तान की आजादी के रास्ते में रोड़ा हैं, जब्त की जाती हैं। और यह शाखा इन्डियन रिपब्लिकन आर्मी के सदस्यों और चिटगांव की जनता से अपील करती है कि इन लोगों को मारने के लिए आन्दोलन तेज करें। ये अपने पुरखों की हत्याओं का बदला लेने और अपने देश को इनके जहरीले शोषण से मुक्त करने के लिए जरूरी है।'[12] एक और पर्चे में जिसका लहजा ज्यादा राजनीतिक था, चिटगांव और हिजली का हवाला देते हुए आई आर ए ने लिखा थाः 'इन दुखद घटनाओं के मद्देनजर और यह ध्यान में रखते हुए कि ज्यादा से ज्यादा दमनकारी कानून यूरोपियन समुदाय के उकसाने पर ही बनाये जा रहे हैं, आई आर ए उनके खिलाफ एक आम लड़ाई का एलान करती है। अब तक हम हमले सरकारी बलों पर ही करते आये थे।'

एक और पर्चा हाई इंगलिश स्कूलों के अध्यापकों के लिए लिखा गया था। उनकी आलोचना करते हुये कहा गया था कि 'ये लोग देश के निर्माण का अपना फर्ज भूल रहे हैं। हर समय और हर देश में अध्यापक यह काम करते हैं।' और 'विदेशी सरकार के उकसाने पर और कुछ मामलों में खुद आप लोग, छात्रों में देशप्रेम को पनपने नहीं देते।' पर्चे कमाडिंग आफीसर आई आर ए की चिटगांव ब्रांच के नाम से जारी किये गये थे। इसमें आगे कहा गयाः 'क्या यह ताजुब्ब की बात नहीं है कि आप लोग इतनी जल्दी 31 अगस्त 1931 के भयानक सोमवार की शर्मिंदा करने वाली घटनाओं को भूल गये हैं? पुलिस और फौज ने जो जुल्म बेकसूर छात्रों पर ढाया है, क्या तुम उसे याद नहीं कर सकते?' इसके अलावा पुलिस को एक जाती बयान प्रीतिलता के हैंडबैग से मिला था, जिसमें उसने महिलाओं से आंदोलन में शामिल होने की अपील की थी।

अगले दिन सारे शहर में पर्चे बांटे गये। कुछ पर्चे कॉलेज और स्कूलों की दीवारों पर भी चिपकाये गये थे। अंग्रेज शासन को आई आर ए की यह आखिरी हथियारबन्द चुनौती थी। पहारतली का यह बदला उनके मुताबिक काफी कामयाब रहा था। अधिकारी आतंकित हुए और बड़े पैमाने पर दमन करके इन हमलों को खत्म कर दिया। न कोई देखा गया, न कोई पकड़ा गया। सिर्फ प्रीतिलता वद्दार ने मौत को चुना। रानी झांसी के बाद पहली महिला– जो हिन्दुस्तान की आजादी के लिए शहीद हुई।

हमले के बाद वो थोड़ी दूर अपने साथियों के साथ गयी और अपने हथियार उन्हें थमा दिये। इस ग्रुप के सबसे बड़े सदस्य कालीकिंकर डे का कहना है कि प्रीति ने उनसे पहले ही कह दिया था कि अगर वो कामयाब रहें तो अपने हिस्से का साइनाइड भी उसको दे दें। 'मैंने पूछा, क्यों? तुम अपने हिस्से का ले रही हो; मेरे पास अपना हिस्सा है। उसने कहाः नहीं, नहीं, अगर तुम्हें वापिस जाने का मौका मिला तो तुम्हें उसकी जरूरत नहीं होगी। तो तुम इसे मुझे दे दो, इससे मुझे जल्दी मरने में आसानी होगी।'[13] जब और लोग चले गये तो उसने कालीकिंकर डे से कहाः 'काली दा, आप वापिस जाओ, लेकिन अपना साइनाइड मुझे दे दो।' इस भयानक रात की बात को कई सालों बाद याद करते हुए काली डे ने कहाः 'वो मुझसे और कुछ न कह सकी और मैंने अपना साइनाइड निकालकर उसके मुंह में डाल दिया। मुझे लगता है कि साइनाइड ज्यादा समय नहीं लेता है। वो शायद अपने साइनाइड से ही मर गयी होती।'[14] उसने अपने शहीद साथियों–रामकृष्ण बिश्वास और निर्मल सेन– को दी गयी कसम पूरी की। वो भी एक शहीद की मौत मरी।

उस दुःखद दिन उसकी दोस्त कल्पना जेल की कोठरी में बन्द थी। उसे

अफसोस था कि वो उस दिन उसके साथ नहीं थी। आई आर ए के पुरुष साथी अन्तर्मुखी प्रीतिलता को न तो समझ पाये और न ही उसे मौत से मुंह मोड़ने के लिये तैयार कर पाये। मास्टर दा ने बाद में कल्पना को बताया कि प्रीति आत्महत्या करने के लिये बजिद थीः 'अपने लोगों को यह दिखाने के लिये कि औरतें भी पुरुषों की तरह देश के लिये लड़ सकती हैं और जान दे सकती हैं।' कल्पना इससे सहमत नहीं थी। अपने संस्मरणों में उसने लिखा हैः 'लेकिन मुझे यकीन है कि अगर वो वापिस आती तो और बहुत कुछ कर सकती थी। अगर इस काम में मैं उसके साथ होती तो कभी भी उसे आत्महत्या नहीं करने देती।'[15]

आखिरी पीछा

मुसीबतें जब आती हैं तो अकेले नहीं आती हैं बल्कि सैलाब की तरह आती हैं।

– शेक्सपीअर

26
चिटगांव का घेराव

सरकार के लिये चिटगांव लगातार चिन्ता का विषय बना हुआ है। और यहां कानून और व्यवस्था को बनाये रखने के लिये जो कदम उठाये गये हैं, राज्य में दूसरी जगहों में उठाये गये कदमों से ज्यादा और गहरे हैं।

– जी पी हॉग मुख्य सचिव, बंगाल सरकार[1]

1931 के आखिर से ही चिटगांव में एक किस्म का मार्शल लॉ लागू था। 'चिट फोर्स' फरार लोगों को पकड़ने की कोशिशों में प्रशासन का साथ दे रही थी। नये जिला अधिकारी ए एस हैन्ड्स को अपने ही जैसा उच्चाधिकारी, बंगाल का गर्वनर, जॉन एण्डरसन मिला। वो 'आयरलैंड में क्रूर ' शिक्षा लेकर आया था।[2] और इस सबक को पूर्वी कोने में राष्ट्रीय आंदोलन को दबाने में इस्तेमाल करने के लिये बेताब था। चिटगांव प्रशासन को फरार लोगों के साथ ताल्लुक रखने वाले लोगों को बेहिसाब गिरफ्तार करने, नजरबन्द करने या सजा देने की विशेष छूट दी गयी थी। यह छूट आर्डिनेंन्स–9 (1931) और आर्डिनेंन्स–10 (जून 1932) के तहत थी। पहारतली के धावे के बाद यह साफ हो गया था कि सारे दमन के बावजूद आई आर ए की हिम्मत और क्षमता बिल्कुल कम नहीं हुयी थी। इसी के बाद ऐसे बहुत सारे कदम उठाये गये, जिनसे चिटगांव का मुकम्मल घेराव हो गया।

आई आर ए के प्रतिबद्ध सदस्यों की चुनौती का सामना करने में नाकाम प्रशासन ने फैसला किया कि न सिर्फ उनके परिवारों और दोस्तों पर दमन करें बल्कि क्रान्तिकारियों से हमदर्दी रखने वाले पूरे समुदाय को तंग करें और सजा दें। खास तौर पर चिटगांव की हिन्दू आबादी पर इस दमन की सफाई देने के लिये चालाकी भरे तर्क का इस्तेमाल किया गया। (हालांकि मुसलमान भी इस घेराव से परेशान थे)

ए एस हैन्ड्स ने लिखा कि, 'क्योंकि आई आर ए के क्रान्तिकारियों ने वर्दी पहननी बन्द कर दी है, इसलिये यह जरूरी हो गया है कि आम आबादी के उस

तबके के खिलाफ कदम उठाये जाएं, जहां से इस संगठन में लोग भर्ती होते हैं।'[3] हैन्ड्स ने कहा कि यह तबका हिन्दू भद्रलोक नौजवानों का है। 'यानि 12 से 25 या 30 की उम्र के वे नौजवान जो सरकारी स्कूल या कॉलेजों में पढ़ते हैं। ये उन पढ़े–लिखे हिन्दुओं के बेटे हैं जिनको सरकारी दफ्तरों या यूरोपीय व्यापारिक संस्थानों और कचहरी में नौकरी मिल गयी है और ये अपने आप को भद्रलोक कहते हैं।'[4] अगले कुछ महीनों में प्रशासन ने आई आर ए को कुचलने के लिये बहुमुखी नीति अपनायी। यूरोपियन और एंग्लो–इन्डियन समुदाय के डर के पागलपन से सारे शहर की किलाबन्दी कर दी गयी। सुरक्षा के लिये उठाये गये कदमों के तहत काफी बड़ी तादाद में लोगों को लगाया गया: 2/8 गुरखा राइफल्स रात को पहारतली का गश्त लगाती थी, जबकि पुलिस और ई एफ आर को चिटगांव शहर की जिम्मेवारी सौंपी गयी थी। रेल्वे के अधिकारियों के बंगलों की सुरक्षा के लिये हथियारबन्द चौकीदार लगाये गये थे। हथियारबन्द गाड़ियों का गश्त शुरू हुआ और चाय बागानों के यूरोपियन मालिकों के घरों पर भी हथियारबन्द चौकीदार लगाये गये।[5] सुरक्षा के इन कदमों के साथ–साथ दमनकारी कदम भी उठाये गये। जैसे शहर और गांवों में दमनकारी तलाशियां, हिन्दू नौजवानों की आवाजाही पर रोक, सजा के लिये जुर्माने, नौकरियों से बर्खास्तगी और ऐसे ही दूसरे कदम ताकि आई आर ए के क्रान्तिकारियों को छिपने की जगहों से निकाला जा सके।

फौज सहित अंग्रेज अधिकारी पहारतली के हमले को रोकने में नाकामयाब रहे थे। लेकिन इस नाकामयाबी का ठीकरा उन्होंने चिटगांव के नागरिकों के सिर फोड़ दिया था। हमले के फौरन बाद डी एम ने प्रस्ताव रखा कि चिटगांव और कुछ आसपास के गांवों पर 80 हजार रुपये का सामूहिक जुर्माना किया जाये। प्रस्ताव मंजूर हो गया। इसको लागू करने के लिये एक महीने का समय दिया गया जिससे कि 'लोगों को हमला करने वालों को पकड़वाने के लिए जानकारी देने का मौका मिल सके।' पर किसी की भी राज के टकों में दिलचस्पी नहीं थी। डी एम ने काफी कड़वाहट के साथ लिखाः 'उस दिन से लेकर आज तक कोई भी जानकारी नहीं मिली है। 63 हजार 500 रुपये का जुर्माना इकट्ठा हो चुका है और अभी काम जारी है।'[6] 28 हजार रुपये की रकम हमले में घायल लोगों को भरपाई के तौर पर दी गयी।

जुर्माने का मतलब गुलाम लोगों को साम्राज्य के लिये वफादार बनाना था। इसके अलावा कुछ खास इलाकों में हिन्दू भद्रलोक के नौजवानों पर कर्फ्यू लागू कर दिया गया। इसके मुताबिक उन्हें सूरज छिपने के बाद से सूरज निकलने तक घरों से बाहर नहीं निकलना था। उनके साइकिल इस्तेमाल करने की भी मनाही

थी। 1932 के आर्डिनेंन्स–10 की दफा 4 में कहा गया था कि 'आम को लोगों को इस आदेश को न मानने वाले लोगों को पकड़कर पुलिस या फौज के हवाले करना चाहिये।' इसमें टैक्सी वालों, फैरी चलाने वालों, समपान वालों और मल्लाहों को भी चेतावनी दी गयी थी कि वे हिन्दू भद्रलोक के नौजवानों को शाम से सुबह तक न ले जायें।' इस आदेश को न मानने पर उनका 'लाइसेंस खारिज कर उन पर मुकद्दमा चलाया जायेगा।'[7] यूरोपियन और एंग्लो–इन्डियन लोगों के घर के पास यातायात की मनाही थी। आतिशबाजी और पटाखे छोड़ने के खिलाफ भी आदेश दिये गये थे। नौजवानों की आवाजाही पर इस पाबन्दी के अलावा प्रशासन ने 'लगभग 600 लोगों को, जिनका क्रान्तिकारी पार्टी से रिश्ता होने का शक था, आदेश दिया था कि वे एक महीने तक अपने घरों से बाहर न निकलें।'[8]

दिन बीतते गये लेकिन आबादी के किसी भी तबके से कोई खबर नहीं मिली। प्रशासन ने बिना रत्तीभर सबूत के छात्रों पर बन्दिशें और भी कड़ी कर दीं। 12 और 25 की उम्र के बीच के सभी भद्रलोक लड़कों के लिए पहचानपत्र लेकर चलना जरूरी था। यह पहचान पत्र तीन श्रेणियों में बंटे हुए थे–सफेद (कोई शक नहीं), पीला (थोड़ा शक) और लाल (बहुत ज्यादा शक)। शिक्षा संस्थानों पर भी बन्दिशें लगायी गयीं। लड़कों को अपने घर के पास वाले स्कूल के अलावा और किसी स्कूल में दाखिला लेने की इजाजत नहीं थी और चिटगांव कॉलेज में दूसरे जिलों से दाखिले पर नियंत्रण था। इससे पहले चिटगांव में शिक्षा निर्देशक ने आदेश दिया था कि 'जब तक निर्देशक सन्तुष्ट न हो जाये कि स्कूलों में गलत बच्चे नहीं हैं, तब तक सरकारी सहायता आधी कर दी जाये।'[9] 'पहचान पत्र की वजह से नागरिकों का जीवन एक कैंप में बन्द लोगों की तरह हो गया। हैन्ड्स खुश था कि पहचान पत्र क्रान्तिकारी पार्टी के सदस्यों पर नजर रखने में काफी मददगार हैं। और इनसे माता–पिता, अभिभावकों और स्कूल के अधिकारियों को भी, उन नौजवानों के बारे में जानकारी रहती है, जिनके साथ उनके बच्चे मिल–जुल रहे होते हैं।'[10]

सजायाफ्ता और शक के घेरे में आये विद्रोहियों के परिवार वालों को भी तंग किया गया। हैन्ड्स ने लिखा कि 'सजायाफ्ता और नजरबन्द क्रान्तिकारियों के नजदीकी रिश्तेदारों के बारे में, हालात को देखते हुये फैसला लिया जाता है और जो भी नौकरी उनके पास हो, उससे निकाला जाता है। और यह एक उसूल है कि क्रान्तिकारियों के रिश्तेदारों को कोई नौकरी न दी जाये।' उसने सुझाव दिया कि रिश्तेदारों पर ज्यादा दबाव बनाया जा सकता है 'यदि क्रान्तिकारियों से रिश्तेदारी की वजह से सरकारी या व्यापारिक संस्थान में नौकरी मिलने में अपने आप रोक लग जाये।'[11]

और इस घेराव का सबसे ज्यादा कठोर और दमनकारी पहलू, फरार लोगों को पकड़ने के लिये बेतहाशा तलाशी लेना था। मई के बीच तक जानकारी मिलते ही पुलिस और फौज तलाशी लेते थे। लेकिन 'कभी भी कोई नतीजा नहीं निकलता था।' प्रशासन ने जिले के गुप्तचर विभाग में लगे लोगों की संख्या और भत्ता बढ़ाने की अर्जी दी। उन्होंने यह फैसला भी किया कि कुछ इलाकों में सब घरों की 'नियमित और लगातार तलाशी' ली जाये। वे ऐसा फरार लोगों को पकड़ने की बजाय गांव वालों को डराने के लिये करना चाहते थे। मई 1932 से लेकर बीच फरवरी 1933 तक 'अन्दाजन 100 घरों की हर महीने तलाशी ली जाती थी।'[12] इस दौरान एक भी फरार आदमी नहीं पकड़ा गया।

तलाशी अक्सर हिंसात्मक, विध्वंसकारी और शर्मिन्दगी पैदा करने वाली होती थी। प्रशासन इन सब ज्यादतियों की कोई भी शिकायत सुनने को तैयार नहीं था। वह तो सारे हिन्दू घरों को दोषी मानता था। लेकिन उस जमाने के दमन की कुछ जानकारी मुसलमानों द्वारा दी गयी शिकायतों से मिल जाती है। जिला प्रशासन, सरकार की ही तरह, चिटगांव के हिंन्दुओं और मुसलमानों में लगातार फूट डालने की कोशिश में था। प्रशासन हिंन्दुओं को विद्रोही और मुसलमानों को वफादार मानता था। हालांकि चिटगांव के मुसलमान इस खाने में ठीक नहीं बैठते थे। उन्होंने क्रान्तिकारियों की बहुत बार कांटे की जगह पर मदद की। (इस का खुलासा बाद के अध्याय में होगा।) पहारतली में हमले के बाद चिटगांव के घेराव में हिन्दुओं को सरकारी तौर पर निशाना बनाया गया। लेकिन ज्यादतियों का असर मुसलमानों पर भी पड़ा। नवम्बर में खबर मिली कि एक महत्वपूर्ण फरार आदमी शहर में आया है। सदारघाट इलाके के एक हिस्से की नाकाबन्दी कर दी गयी और 2/8 गुरखा राइफल्स ने घर–घर की तलाशी ली। 'ये पुलिस और सैनिकों के लिये फिर निराशाजनक था, जिन्हें सात घंटे बिना खाये पीये, बिना कुछ पाये वापिस लौटना पड़ा।'[13] तलाशियों के दौरान सैनिक मुस्लिम घरों में भी घुसे। मुस्लिम समुदाय ने इसका कड़ा विरोध किया। समुदाय के महत्वपूर्ण लोगों ने, जिनमें म्यूनिसिपैल्टी और जिला बोर्ड के अध्यक्ष भी शामिल थे, औरतों के साथ हुयी बदसलूकी की शिकायत की।

ए स हैन्ड्स का मानना था कि ये आरोप 'झूठे और बेबुनियाद' हैं। लेकिन उसके पास इस बात का कोई जवाब नहीं था कि जो लोग क्रान्तिकारियों से नहीं जुड़े हैं वे ऐसी शिकायतें क्यों कर रहे हैं? हैन्ड्स अपनी रिपोर्टों में कहता रहा कि 'मोहमडन्स' आतंकवाद का मुकाबला करने में सरकार के साथ हैं। पुलिस ने इसकी तस्दीक नहीं की। शहर में नवम्बर में हुयी तलाशियों के हवाले से डी आई जी गोर्डन ने कहाः 'तलाशी से शहर में काफी हंगामा हुआ। और हमें यह देखकर

ताज्जुब हुआ कि बेचैनी मुसलमानों में थी। इससे साफ तौर पर जाहिर होता है कि उनकी हमदर्दी सरकार के साथ नहीं थी।'[14]

इन सब कदमों के बावजूद, क्रान्तिकारी अधिकारियों को अक्सर अंगूठा दिखा देते थे। कल्पना दत्त को पहारतली के हमले से एक हफ्ते पहले गिरफ्तार किया गया था। उसे 22 नवम्बर 1932 को जमानत पर छोड़ा गया। पुलिस के निगरानी करने वाले रात–दिन उसके घर को घेरे रहते थे। और इसके बावजूद वो 28 दिसम्बर को वहां से निकल गयी और उसकी जमानत जब्त हो गयी। वो जिले में सूर्य सेन और तारकेश्वर दस्तीदार के बाद सबसे ज्यादा महत्वपूर्ण फरार व्यक्ति मानी गयी। जिला मजिस्ट्रेट ने अप्रैल 1933 में रिपोर्ट किया कि 'अब मिली जानकारी से पता चलता है कि वो क्रान्तिकारी पार्टी की एक खतरनाक और सक्रिय सदस्य है।'[15] कल्पना का घर का और दोस्तों का नाम भुलू था। उसने अपनी योजना के बारे में घर में किसी को नहीं बताया था। वो तो एक दिन गायब हो गयी और मास्टर दा की भूमिगत पनाह की जगह पहुंच गयी। लेकिन उसके पिताजी को इसकी कीमत चुकानी पड़ी। एक गुप्त रिपोर्ट में हैन्ड्स ने चिटगांव के कमिश्नर को जनवरी में लिखा कि कल्पना के पिता ने उसके लिये एक हजार रुपये की जमानत दी थी। वो एक सब–रजिस्ट्रार थे। उन्हें इस पूरी रकम को जमा करने का आदेश दिया गया। 'पिछली मई से उसके पिता को उसके व्यवहार के बारे में बार–बार चेतावनी दी गयी। अब मैं उनको नौकरी से निकालने का प्रस्ताव भेज रहा हूं।'[16]

दो जनवरी 1933 को शस्त्र भंडार पर हमलों का पूरक मुकद्दमा अम्बिका चक्रवर्ती, हेमेन्दु दस्तीदार और सरोज कान्ति गुहा के खिलाफ शुरू हुआ। उसी दिन सारे शहर में एक छपा हुआ पर्चा बांटा गया। उसमें वही बातें कही गयी थीं जो प्रीतिलता के शरीर पर मिले पर्चे में थीं। पर्चे के शुरू में प्रीतिलता का फोटो था। एक नौजवान ने यह पर्चा गुप्तचर विभाग के एक इन्सपैक्टर के आंगन में फेंक दिया। उसका पीछा करके उसे पकड़ लिया गया। उसके पास से डाइनामाईट लगाने के 30 डेटोनेटर मिले। यह 'बम विभाग के इन्सपैक्टर के पास भेजे गये। उसने कहा कि ये इतने ताकतवर थे कि इनको चिटगांव वापिस नहीं भेजा जा सकता था।'[17] पर्चों के छापने और बांटने से साफ हो गया कि 'षड़यंत्र जारी है और संगठन कितना बढ़ गया है।'[18]

पहले मुकद्दमे के मुकाबले में पूरक मुकदमा जल्दी ही खत्म हो गया। 10 फरवरी 1933 को दिये गये फैसले में ट्रिब्यूनल ने हेमेन्दु दस्तीदार को बरी कर दिया, सरोज कान्ति घोष को उम्र भर के लिये देश निकाला दे दिया और अम्बिका चक्रवर्ती को फांसी की सजा दी। ध्यान देने की बात है कि यह फैसला

एक मत से नहीं हुआ था। तीन सदस्यों के ट्रिब्यूनल के दो सदस्यों–ए विलियम्स (अध्यक्ष) और एन एच मुखर्जी–ने कहा कि 'अम्बिका षड़यंत्र में पूरी तरह शामिल था और न्याय के लिये यह जरूरी है कि उसे फांसी दी जाये।' लेकिन तीसरे सदस्य ए एफ एम रहमान ने कहा कि हालांकि वो इसमें शामिल था लेकिन 'इस बात का कोई सबूत नहीं कि उसने षड़यंत्र को संगठित करने और हमलों में हिस्सा लिया।'[19] इसलिये फांसी की सजा की जरूरत नहीं है। अम्बिका चक्रवर्ती ने हाई कोर्ट में अपील की। 3 मई 1933 को हाई कोर्ट ने फांसी की सजा को उम्र भर के लिये देश निकाले में बदल दिया। अम्बिका भी फांसी के फन्दे से बच गया क्योंकि उसके हमले में शामिल होने का कोई सबूत नहीं था। वो भी अनन्त और गणेश के पास अण्डेमान पहुंच गया।

27
एक मुट्ठी चाय–पत्ती

गांव के सादे और गरीब लोगों को अपनी हैसियत के मुताबिक हमें खाना और पनाह देने में कोई झिझक नहीं थी। उनकी बेहिचक मेहमाननवाजी उनकी गर्मजोशी का सबूत थी।

– कल्पना दत्त[1]

कल्पना दत्त की अपने भूमिगत जीवन की एक पसन्दीदा कहानी एक खाने के बारे में है जो उसने चिटगांव के एक गांव में खाया था। उस जमाने में उसने अनगिनत जगहों पर पनाह ली थी। यह एक गरीब विधवा के घर की बात है। वो छिपकर भागते हुए क्रान्तिकारियों की मेहमाननवाजी कर के बहुत खुश थी। उसने कल्पना और उसके साथियों के लिये खाना परोसा और ध्यान से देखने लगी कि उन्हें खाना कैसा लगता है। दाल–चावल के अलावा एक अजीब सी तरकारी भी खाने में थी। विधवा का इसरार था कि वे इस तरकारी को जरूर खायें। कल्पना ने एक गस्सा खाया और उसे उल्टी आने को हुई। ये काली और कड़वी थी और स्वाद बहुत खराब था। लेकिन क्रान्तिकारियों को तो सिखाया गया था कि जो भी खाना उन्हें दिया जाये उसे स्वाद से खायें। कल्पना ने कुछ नहीं कहा और कुछ और गस्से खाये। बूढ़ी औरत बहुत खुश हुई। उसने डरते हुए पूछा 'तुम्हें पसन्द आयी, मैंने ठीक बनाया?' जब कल्पना ने कहा कि ये तो बहुत ही स्वादवाली थी तो औरत के चेहरे पर मुस्कान आयी और उसने कहा 'मुझे बहुत खुशी है कि यह ठीक बन गयी, ये पहली बार है कि मैंने चाय पकायी है। जब मुझे पता लगा कि तुम लोग यहां रहने के लिए आ रहे हो तो मैंने सोचा चाय लाना तो जरूरी है। मुझे पता है कि तुम शहरी लोग चाय बहुत पसन्द करते हो।' औरत बहुत गरीब और दूर–दराज के गांव की रहने वाली थी। उसने कभी चाय नहीं पी थी। उसने अपने बेटे को भेज कर मीलों दूर से थोड़ी चाय की पत्ती मंगवाई थी। उसे पता नहीं था कि चाय कैसे बनती है। उसने तो उसकी तरकारी बना

कर मेहमानों को परोस दी। इस कहानी को सुनाते हुए आखिरी दम तक कल्पना की आंखों में चमक और आंसू आ जाते थे।[2] इससे पता लगता है कि चिटगांव के लोग--आदमी और औरतें, बूढ़े और नौजवान, हिन्दू और मुसलमान --क्रान्तिकारियों पर कितना प्यार न्यौछावर करते थे। उन्हें वे बिल्कुल अपना मानते थे।

चिटगांव ग्रुप का शुरू से ही गांव के लोगों के साथ रिश्ता था। यह बात बंगाल के दूसरे क्रान्तिकारी ग्रुपों के साथ, जो जुगान्तर और अनुशीलन से जुड़े थे, नहीं थी। चिटगांव वाले काफी लोगों को गांवों से भर्ती करते थे। सूर्य सेन गांवों में संगठन की तरफ खास ध्यान देते थे और सदस्यों को अपने-अपने गांवों में इकाई बनाने को कहते थे। उदाहरण के लिये तारकेश्वर दस्तीदार ने अर्द्धेन्दु दत्ता जैसे दोस्तों की मदद से अपने गांव सराओतली में 1920 में एक लायब्रेरी--बीनापानि लायब्रेरी और व्यायामशाला खोली थी। अपने कालिज के दिनों में भी 'वो वहां जाकर उनको सलाह देता था।'[3] उन दिनों बहुत से लड़के चिटगांव में हाई स्कूल और कालिज में आने से पहले गांव के स्कूल में पढ़ते थे। उन्हें अपने गांव के स्कूलों से रिश्ता रखने के लिये कहा जाता था। वहां से वे नये सदस्य भर्ती कर सकते थे। गांवों में ये काम गांधी के गांव निर्माण की तरह का नहीं था। और न ही ये कम्युनिस्टों के गांवों में काम करने जैसा था। चिटगांव के क्रान्तिकारी पूरे तौर पर नौजवानों की शक्ति पर भरोसा रखते थे और गांवों में उनका काम गांवों के नौजवानों को भर्ती करना और उन्हें प्रशिक्षण देना था। क्योंकि भर्ती का यह काम सिर्फ स्कूलों के जरिये होता था, इसलिये पढ़े-लिखे लोगों (यानी भद्रलोक) के बच्चों को ही पकड़ा जाता था। इस कमजोरी के बावजूद, सूर्य सेन की गांवों से भर्ती की योजना की बदौलत विद्रोह को काफी समय तक चलाया जा सका।

जलालाबाद की लड़ाई के बाद क्रान्तिकारी गांवों में चले गये थे और इसी की बदौलत वे पुलिस से बच सके। वे सारे लड़के जो शहर वापस आये, पकड़े गये। लेकिन सूर्य सेन और दूसरे लोग जो गांवों में बने रहे, सालों नहीं पकड़े जा सके। हमले के बाद के पहले ही कुछ महीनों में सूर्य सेन ने गांवों में अपने केन्द्र बना लिये थे। विनोद बिहारी दत्ता के मुताबिक कुछ खास गांवों में एक-एक आदमी नियुक्त किया गया था 'जिसको गुप्त रहकर पार्टी के साथ सम्पर्क रखना था और बाकी लोगों को उसके कहने के मुताबिक काम करना था'।[4] उनमें से कुछ इस तरह हैं: क्यूपारा--बिनोय सेन; शिबपुर--मनीन्द्र मजूमदार, सुशील डे, द्विजेन पाल; सराओतली--सजीन सेन, अर्द्धेन्दु दत्ता; घालघाट--दिनेश दास गुप्ता, पुलिन डे; पराईकोरा--सुशील दास गुप्ता और बिरेश्वर राय। इनमें से बहुत से हमलों के पहले से ही या तो आई आर ए के सदस्य रहे थे या उससे गहरी सहानुभूति रखते थे। लेकिन शस्त्र भण्डार पर हमलों की सफलता के बाद नये लोग भी क्रान्तिकारियों

के नजदीक आये। चिटगांव के क्रांतिकारी सारे देश के राष्ट्रवादी लोगों के लिये हीरो बन गये थे। इससे चिटगांव वाले फक्र से सिर उठाकर क्रान्तिकारियों की मदद करते थे और उन्हें पनाह देते थे। शुरू के दिनों में आई आर ए के गांवों के सदस्य ही क्रान्तिकारियों को पनाह देते थे। लेकिन बाद के सालों में बढ़ते पुलिस दमन की वजह से क्रान्तिकारी ज्यादा अन्दर की तरफ खदेड़े गये। तब गांवों के अलग अलग तबकों के लोगों ने उनकी मदद की।

ऐसा नहीं है कि शस्त्र भण्डार पर हमला करने वालों को सिर्फ चिटगांव में ही मदद मिली हो। व्रिदोह के किसी भी आन्दोलन की सफलता उसे आम जनता से मिलने वाली मदद पर निर्भर करती है। और ये आम लोग इतिहास की किताबों में खो जाते हैं। अनन्त सिंह ने बेशुमार लोगों के बेहद त्याग और देशभक्ति को माना है 'जिन्होंने हमें चिटगांव और उसके बाहर पनाह दी।'[5] अनन्त को कोमिला के कांग्रेस नेताओं से बेशकीमती मदद मिली और तिपरा जिले के पहाड़ी इलाके के गांव वालों से भी मदद मिली।

कुछ इधर–उधर बिखरे हुए ब्यौरों के अलावा भूमिगत जीवन के बारे में ज्यादा जानकारी नहीं मिलती है। अक्सर क्रांतिकारियों को भी जिनके साथ वे रहते थे, उनका नाम पता नहीं होता था। और वे एक जगह ज्यादा दिन नहीं रहते थे। 1931 के आखिर में गांवों में फौजी चौकियां बढ़ाई गयी थीं। तभी से क्रान्तिकारियों को एक जगह टिकने में दिक्कत थी। कभी–कभी तो उन्हें रोज ही अपना ठिकाना बदलना पड़ता था। राज की फौजें लगातार क्रान्तिकारियों का पीछा कर रही थीं। इसकी वजह से उन्हें गांव वालों के बीच ज्यादा काम करने का मौका नहीं मिला। लेकिन चूंकि वो उनके बीच रहते थे, इसलिये छिपने और छिपाने वालों के बीच एक गहरा रिश्ता बन गया। जो भी लोग बचे, उन सबने अपने बाद के जीवन में जन–आन्दोलनों और वामपंथ के आन्दोलनों में हिस्सा लिया। इसकी शुरूआत उनके भूमिगत जीवन में ही हुयी थी। दोनों का ही एक दूसरे पर असर पड़ा। क्रान्तिकारी भी इस अनुभव से बिना सोचे–समझे भी प्रभावित हुए और चिटगांव की जनता भी अंग्रेजी शासन के खिलाफ एक मजबूत दीवार की तरह खड़ी हुई। चिटगांव की जनता ने सारे जिले में हुए दमन का सबसे ज्यादा समय तक विरोध किया। क्योंकि इस जिले के लोग न तो प्रलोभन में आये और न धमकियों से डरे। नागरिक समुदाय पर इतना बड़ा हमला किया गया जैसा कि पहले कभी नहीं किया गया था। इससे साफ पता चलता है कि 'आतंकवादियों' को जनसमर्थन मिला हुआ था और ऐसा समर्थन अंग्रेज के शासन काल में किसी दूसरी जगह या किसी और समय नहीं मिला था।

सूर्य सेन को इस मदद के महत्व का पता था और वो इसे बहुत आदर की

नजर से देखते थे। वे सारे लोग जो चिटगांव छोड़कर दूसरी जगह पनाह लेने गये थे, जल्द ही पकड़े गये। उनको भी एक सुरक्षित रास्ते से निकल जाने का सुझाव मिला था। 1930 में अनन्त सिंह और दूसरों के पहले शस्त्र भण्डार पर हमले के मुकद्दमे में बचाव के लिये शरतचन्द बोस कई बार चिटगांव आये थे। अनन्त सिंह के मुताबिक कानूनी बचाव के अलावा उन्होंने उनकी पैसे से भी मदद की और जेल तोड़ने के लिये असला पाने में भी मदद की। अर्द्धेन्दु गुहा, जेल में बन्द नेताओं और मास्टर दा के बीच का सम्पर्क सूत्र था। एक दिन शरत बोस अर्द्धेन्दु को एक तरफ ले गये और एक प्रस्ताव मास्टर दा के पास ले जाने को कहा। इस प्रस्ताव के मुताबिक बोस और दूसरे लोग यह समझते थे कि 'मास्टर दा जैसे महत्वपूर्ण नेता की जिन्दगी बचाना हम सब का फर्ज है'। इसलिये, अगर मास्टर दा मान जायें तो शरत बोस उन्हें हिन्दुस्तान से बाहर सुरक्षित भेजने का सब इन्तजाम कर देंगे। मास्टर ने, अर्द्धेन्दु के जरिए उनका शुक्रिया अदा किया और कहा कि उनका मकसद पूरा होने में अभी बहुत समय लगेगा और इसके लिये बहुत लोग अपने जीवन का बलिदान दे चुके हैं। अर्द्धेन्दु के मुताबिक मास्टर दा ने कहा 'ऐसे हालात में मेरे लिये चिटगांव छोड़ना नामुमकिन है। अपना काम छोड़कर अपनी सुरक्षा के लिये मैं कहीं और नहीं जा सकता। मैंने फैसला किया है कि मैं आखिरी दम तक इसके लिये लड़ता रहूंगा।'[6]

1932 के आखिर तक चिटगांव के गांवों में फौज और पुलिस का दमन चक्र और भी तेज हो गया। जून में हुई धालघाट की गोलीबारी के बाद प्रशासन ने फैसला किया कि 'किसी भी पनाह की जगह को घेरने के लिये एक प्लटून से कम से काम नहीं चलेगा।'[7] जो अधिकारी इसका संचालन कर रहा हो, उसको पूरा हक होना चाहिये कि वो जरूरत पड़ने पर गोली भी चला सकता है। ये अधिकार फौरन मांगे गये और मंजूर हो गये। ये बंगाल में आतंकवाद से निपटने के लिये बनाये गये एक्ट–1932 के रूल–11 के तहत दिये गये। लेकिन तलाशियों और धमकियों के बावजूद, गांव वालों ने फरार लोगों के बारे में कोई भी जानकारी नहीं दी। गांव में निगरानी रखने वाली कमेटियां बनाने से भी कुछ फायदा नहीं हुआ। तब गांवों में गुप्तचर विभाग को मजबूत करने का फैसला हुआ। इसके लिये दो अंग्रेज अधिकारी तैनात किये गये। स्प्रिंगफील्ड को नवम्बर में पुलिस का एडीशनल सुपरिन्टेंन्डेंन्ट बना कर गुप्तचर विभाग के मुखिया के तौर पर और कैप्टन स्टीवन्सन को फौज के गुप्तचर अधिकारी के तौर पर भेजा गया। उन्होंने गांवों का दौरा किया और गांवों के मुखियाओं को डराया–धमकाया। यह उन्होंने प्रचार और गुप्तचरी के काम को साथ मिलाने के नाम पर किया। और गुप्तचर विभाग को दुबारा व्यवस्थित किया, जिससे कि 'यह ज्यादा सुचारु और तेजी से

काम कर सके।'[8] चिटगांव के लोगों को इस तेजी को भुगतना पड़ा। फिर भी दूर–दराज के गांवों में औरतें अपनी थोड़ी सी आमदनी में से इन जन–नायकों के लिये चाय की पत्ती खरीद रही थीं। साम्राज्य के प्रचार का कोई असर नहीं था।

28
मास्टर दा की गिरफ्तारी

पिछले पखवाड़े की सबसे बड़ी घटना 17 फरवरी को चिटगांव शस्त्र भंडार पर हमले के आरोपी सूर्य सेन की गिरफ्तारी है। फरार लोगों के नेता और योजना बनाने वाले की हैसियत से वो पिछले तीन साल से लगातार सरदर्द बना हुआ था। ...ये अफसोस की बात है कि जब सूर्य सेन और उसके साथी पकड़े जा रहे थे तो चार लोग भागने में कामयाब हो गये। ...ऐसे कामों में तकदीर बहुत काम आती है। और बेशक हमारी तकदीर अच्छी थी कि सूर्य सेन पकड़ा गया।

– हर पखवाड़े भेजे जाने वाली दूसरे हफ्ते की रिपोर्ट। फरवरी 1933 में बंगाल के मुख्य सचिव द्वारा लन्दन में भारत के सचिव को भेजी गयी।[1]

हिन्दुस्तान की आजादी की लड़ाई में शायद ही ऐसा कोई और मौका रहा होगा जब सिर्फ एक आदमी को गिरफ्तार करने के लिये सरकार लगातार इतनी परेशान रही हो। यह आदमी चिटगांव का आरोपी सूर्य सेन था। 18 अप्रैल 1930 के बाद से उसे पकड़ने के लिये अंग्रेज शासक बेताब थे। पिछले महीनों और सालों में अधिकारीगण, कान्तिकारी ग्रुपों के सदस्यों को चिटगांव और उसके बाहर गिरफ्तार करने में कामयाब रहे थे। चिटगांव में अंग्रेजी राज ने फौज और अर्द्ध–सैनिक बलों की टुकड़ियां लगाकर और गुप्तचरों का जाल बिछाकर, चिटगांव के कान्तिकारियों को खत्म करने की कोशिश की। वे इनके नेताओं को पकड़ना चाहते थे। लेकिन इसके बावजूद तीन साल तक मास्टर दा को नहीं पकड़ सके। थोड़े समय के लिये तो अधिकारियों ने सोचा कि वो जिले से बाहर चले गये हैं। लेकिन धालघाट और पहारतली के बाद साफ हो गया कि वो अभी वहीं हैं। और जो लड़ाई उसने शुरू की है, उसे जारी रखने के लिये कृत संकल्प है। साम्राज्य की ताकतों ने भी दिलोजान से अपने को लड़ाई में झौंक दिया। सितम्बर के बाद से उन्होंने कानूनी आतंकवाद का सहारा लेकर उनके खिलाफ पूरी जंग छेड़ दी।

सूर्य सेन को अन्दाजा था कि समय कम है। वैसे तो वो अभी चालीस का

भी नहीं हुआ था लेकिन उसका जीवन बहुत ही कठिन और थकाने वाला था। वो अपने आइरिश हीरो की तरह चिटगांव के गणतन्त्र में एक सरकार, चाहे कुछ दिनों के लिये ही सही, बनाना चाहता था। ये सारे हिन्दुस्तान के लिये एक मिसाल होगी। ये सपना तो पूरा नहीं हुआ लेकिन उसने हिम्मत नहीं हारी। पूरे तीन साल तक नौजवान कान्तिकारियों के एक गुट ने, एक नाकामयाब कान्ति को एक सफल विद्रोह में बदल कर बनाए रखा। लेकिन इस सब में उसके बहुत से साथी शहीद हुए थे और उसके साथ के लोग अलग–थलग हो गये थे। संगठन अभी भी जिन्दा था। पर्चे अभी भी छप रहे थे और आई आर ए चिटगांव की मोहर लगे बम भी बनाये जा रहे थे। लेकिन सूर्य सेन का अन्दाजा था कि अब समय विद्राहियों के साथ नहीं था। नये हालात में पुराने किस्म की सेना बनाना मुमकिन नहीं था। जिले में पुलिस और फौज की मौजूदगी बहुत बढ़ गयी थी। अब सहानुभूति रखने वाले आम परिवारों के लिये भी इतने दमन को झेलना मुश्किल था। लेकिन उसे अब एक थकावट सी भी महसूस हो रही थी। इसकी वजह थी–लगातार छिपते रहने की कवायद, हमेशा चौकन्ना रहना, और नौजवान लोगों की आजादी के मकसद से दी गयी शहादत। उससे उम्र में छोटे साथियों ने मास्टर दा में यह बदलाव देखा। कल्पना दत्त के मुताबिक अपने भूमिगत जीवन के 'आखिरी दिनों में मास्टर दा भविष्य के लिये आशंकित थे। वो अक्सर कहते थे "मुझे लगता है कि आजकल मैं काफी नरग हो गया हूं।" हमने भी देखा कि अब वो लोगों से मिलने में ज्यादा सख्ती नहीं बरतते थे – जो भी आता था वो उससे मिल लेते थे।'[3]

इन आखिर के महीनों में सूर्य सेन ने कलम की तलवार उठा ली। वो अक्सर नये लोगों को कहते थे कि 'मेरा समय बीत गया है।' और 'उन लोगों के लिये जो उनके कामों को आगे बढ़ायेंगे,' उन्होंने अपनी आत्मकथा लिखनी शुरू कर दी ।[4] उनके ये लेख मुकद्दमे में उनके खिलाफ बड़े पैमाने पर इस्तेमाल किये गये। ये कभी भी प्रकाशन के लिये नहीं भेजे गये। इनमें एक लेख था 'बिजोय।' इसमें उन्होंने बड़े ही भावुक अन्दाज में उन सब नौजवानों को याद किया था जो शस्त्र भंडार के हमलों के बाद से देश की आजादी के लिये शहीद हुए थे। उनके मुकद्दमे के ट्रिब्यूनल के जजों ने इस लेख के बारे में लिखा थाः 'इससे पता चलता है कि लेखक उनके कितना करीब था, उनसे उसे कितनी सहानुभूति थी, और वो वास्तव में कितनी जिन्दगियों का 'बिजोय' था। उसी की वजह से लोग नजरबन्द हुए, जेलों में गये, उन्हें देश निकाला मिला।'[5] लेकिन यह लिखने के बाद कि कितनी मांओं ने उसकी वजह से अपने बेटों को खोया, मास्टर दा ने कोई अफसोस जाहिर नहीं किया। क्योंकि दूसरे देशों में तो लोगों ने इससे कहीं

ज्यादा त्याग किया था। आखिर तक उनका अडिग विश्वास था कि बिना हिंसा और खून–खराबे के साम्राज्य के शासन के खिलाफ कामयाबी हासिल नहीं की जा सकती है। यह शासन भी हथियारों के दम पर कायम था। उन्होंने एक और लेख लिखना शुरू किया था। इसमें चिटगांव के कान्तिकारी आंदोलन का इतिहास था और उसके साथ मास्टर दा के 1929–30 के षड़यंत्र से पहले के रिश्ते का ब्यौरा था।'[6] और शायद ये उनकी आत्मकथा की शुरूआत थी, जो पूरी नहीं हुयी।

1932–33 की सर्दियों के महीनों में मास्टर दा और उनके नजदीकी साथी लगातार छिपते फिर रहे थे। वे तीन–तीन, चार–चार के ग्रुपों में, एक घर से दूसरे घर जाते थे क्योंकि पुलिस और फौज उनके पीछे पड़ी थी। फौज के गुप्तचर विभाग का अफसर स्टीवन्सन जिले की गुप्तचर शाखा के साथ मिलकर काम कर रहा था। इससे उसे कान्तिकारियों की आवाजाही की सारी जानकारी रहती थी। कई बार यह खबर गलत भी होती थी। कुछ और मौकों पर जब तक पुलिस वाले घेरा डालते थे, कान्तिकारी भाग चुके होते थे। लेकिन 16–17 फरवरी 1933 की रात को फौज की तकदीर खुल गयी।

धालघाट से तीन मील दूर गैराला गांव में सूर्य सेन, कल्पना दत्त, शान्ति चकवर्ती और ब्रोजेन्द्र सेन अपने पनाह लेने की जगह से जाने ही वाले थे। आमतौर पर ये लोग रात के खाने के बाद ही निकलते थे और रात को खेतों और जंगलों से होते हुए, सुबह से पहले नई पनाह की जगह पहुंचते थे। इस रात को भी वे निरंजन बिश्वास के घर से निकल रहे थे, तब उन्हें अहसास हुआ कि बाहर फौज का घेरा है।

उस रात आठ बजे पुलिस के सब इन्सपैक्टर (पटिया पुलिस स्टेशन) ने 2/9 गुरखा राइफल्स के कैप्टन टी एच वौमस्ले को डी आई बी का एक संदेश दिखाया। उसमें कहा गया था कि सूर्य सेन और कल्पना दत्त 11 बजे तक गैराला के घर में होंगे। संदेश मिलने के आधे घण्टे के अन्दर वौमस्ले पटिया टुकड़ी के 35 सिपाहियों, तीन ए एस आई और तीन कांस्टेबुलों को लेकर गैराला के लिये चल पड़ा। 10 बजे से पहले उन्होंने तीन घरों पर घेरा डालना शुरू किया। वौमस्ले ने कहा है ' यहां बहुत घना जंगल था और बहुत अंधेरी रात थी।'[7] हवलदार मती लाल घेरा पूरा करने के लिये थोड़ी–थोड़ी दूर पर चुपचाप आदमी तैनात कर रहा था। उसे घेरे में एक जगह खाली लगी और वो उसे भरने की कोशिश कर रहा था, तभी उसे अपनी तरफ टार्च की रोशनी आती दिखी। तभी 'बांस के खेत में फुसफुसाहट' सुनाई दी और जहां वो खड़ा था उसके दक्षिण में रिवाल्वर की आवाज हुयी। उसने अपने आदमियों को गोली चलाने का आदेश दिया। जैसे ही

बांस के खेत की तरफ गोलियां चलनी शुरू हुयीं उसने 'एक चीख' सुनी और फिर 'किसी के नजदीक की पानी की टंकी में कूदने की आवाज' आयी।'[8] तभी दोनों तरफ से गोलीबारी बन्द हो गयी। हवलदार तब कम्पनी कमांडर के पास गया और टार्च और बम मांगे। 'साहब' उसके साथ वापिस आया, उन्होंने चुपचाप खड़े होकर इन्तजार किया, लेकिन उन्हें कुछ नजर नहीं आया। घुप अंधेरे की वजह से वो बिना हिले डुले चुपचाप खड़े थे क्योंकि 'कोई भी गलत कदम पड़ने से सब गड़बड़ होने का खतरा था और अपने ही लोगों पर गोली चल सकती थी।'[9] काफी समय बाद जब आधी रात बीत चुकी थी तो लांस नायक कनक बहादुर ने कैप्टन वौमस्ले को बताया कि दो आदमी पकड़े गये हैं। कैप्टन वौमस्ले जल्दी से उन्हें देखने गया और 'उनसे अंधेरे में बात करने की कोशिश की, लेकिन उधर से कोई जवाब नहीं मिला।'[10]

कल्पना अन्धेरे में मास्टर दा के कदम से कदम मिला कर चल रही थी तभी उसका पैर फिसला और वो एक तालाब में जा गिरी। उसे अहसास हुआ कि पानी में कोई और भी है। ये लम्बा और कम बोलने वाला मनिदत्त था। वो क्रान्तिकारियों में कल्पना दत्त के बाद शामिल हुआ था और मास्टर दा का बहुत वफादार था। उसने कल्पना की पानी में से निकलने में मदद की और दोनों बांस के खेतों की तरफ रेंगने लगे। लेकिन यह जगह सुरक्षित नहीं थी। वहां पास में ही सैनिक चलते हुए नजर आ रहे थे। मनिदत्त को एक तरकीब सूझी। उसने कल्पना को एक दिशा में गोली चलाने को कहा और खुद दूसरी दिशा में गोली चलाई। सैनिकों ने थोड़ी देर के लिये गोली चलानी बन्द कर दी और ये दोनों वहां से निकल कर भागे। जैसे ही गोलीबारी फिर से शुरू हुयी, वो एक टैंक के नजदीक थे। उन्होंने उसमें छलांग लगा दी। वो टैंक की घास और सरकंडों में फंसे रहे। कल्पना दत्त ने लिखा है कि उन्होंने अपनी नाक पानी के ऊपर रखी और मुंह से सांस लेते रहे। वे एक घण्टे पानी में रहे, उसके बाद उन्होंने 'भागने की आखिरी कोशिश की।'[11] वे जमीन पर रेंग कर घेरे से बाहर निकल गये। अपने आप को सुरक्षित पाकर मनिदत्त को बहुत बुरा लगा। वो तो मास्टर दा को अकेले सैनिकों से घिरा छोड़कर आ गया था। वो वापिस जाना चाहता था लेकिन कल्पना ने कहा कि ऐसा करना नामुमकिन है। मनिदत्त हमेशा अपने आप को मास्टर दा को न बचा पाने के लिये कोसता रहा। कल्पना के मुताबिक वो हमेशा कहा करता था 'ये तो ठीक है कि हम सब निकल आये। लेकिन वो जिसको बचना चाहिये था, उसे नहीं बचा पाये।'[12]

उस अमावस्या की अंधेरी रात में सूर्य सेन तो गुरखा सिपाहियों के हाथों में खुद ही चला गया। कल्पना के तालाब में गिरने के बाद वे भी घनी घास पर रेंगते

रहे। नौजवान ब्रजेन्द्र सेन उनके साथ था। वो गांव में उनका सम्पर्क था। उन दोनों ने तयं किया कि वे घेरा तोड़ कर भागेंगे। ब्रजेन्द्र सेन ने अपनी रिवाल्वर से कुछ गोलियां चलाईं। सिपाही ने जवाब में गोलियां चलाईं। कुछ समय के लिये बिल्कुल खामोशी छा गयी। सारा इलाका बांस के खेतों से घिरा था। मन बहादुर खत्री ने (न० 7637 राइफल मैन) बांस के पत्तों की खड़खड़ाहट सुनी। आवाज पास से ही आ रही थी। वो धीरे से उस तरफ गया और एक पतले–दुबले छोटे आदमी को पकड़ लिया। उसी समय नरसिंह खत्री (लांस नायक न० 6805) और केश बहादुर खत्री (राइफल मैन न० 7979) 'दोनों ने मिलकर ब्रजेन्द्र सेन को पकड़ लिया। ज्यादातर गोलीबारी उसने ही की थी।'[13] धालघाट के अनुभव के बाद किसी भी अंग्रेज अफसर ने क्रान्तिकारियों को पकड़ने के लिये अपनी जान –जोखिम में नहीं डाली। आखिर में एक मजबूत गुरखा सिपाही ने मास्टर दा को पकड़ कर बांधा। शैलेन्द्र कुमार सेन गुप्ता ने इस साधारण से खामोश कैदी को बेशक सूर्य सेन के रूप में पहचाना। सेन गुप्ता पटिया पुलिस स्टेशन का सब इन्सपैक्टर था और फौज के दस्ते के साथ आया था। वे पौ फटने तक वहीं रहे। तब उनके घेरे ने 'धीरे–धीरे आगे बढ़ना शुरू किया। घने जंगल का उन्होंने चप्पा–चप्पा छाना। वे आड़ लेकर आगे बढ़े और घरों के दरवाजों और खिड़कियों पर कड़ी नजर रखी।'[14] इन घरों में रहने वालों को पकड़ लिया गया। दोनों कैदियों को पटिया होते हुये चिटगांव जेल में ले जाया गया। अपनी गिरफ्तारी से पहले सूर्य सेन ने अपनी काफी किताबें टैंक में डाल दीं। अगले दिन तलाशियों के दौरान टैंक को भी खाली किया गया और कुछ भीगी हुयी कापियां उसमें से निकाली गयीं। इसमें सूर्य सेन के कुछ लेख थे और कुछ किताबें थीं 'जिनमें बम बनाने और विस्फोटकों के इस्तेमाल के तरीकों पर हाथ की लिखी टिप्पणियां थीं।'[15] बाद में पता चला कि यह कल्पना दत्त की लिखाई थी। जब मैदान में तलाशी ली गयी तो एक नाली में खून से सनी चादर मिली। ये 'घर के उत्तर में स्थित टैंक के उत्तर–पश्चिम में' बांसों की झाड़ी में मिली थी। इससे जाहिर हुआ कि यहां से कोई घायल आदमी भागा था। घायल आदमी शान्ति चक्रवर्ती था, जो रात को भाग कर निकलने में कामयाब हो गया था। एक पुलिस वाले ने खून की लकीर का अन्दाजन एक मील तक पीछा किया, जो एक खाल के किनारे पहुंच कर गायब हो गयी। एक बर्मी औरत के जूतों की एक जोड़ी भी बांस के खेतों में मिली।'[16]

सूर्य सेन की गिरफ्तारी से अंग्रेजों और फौज के अधिकारियों में खुशी और बधाई लेने–देने की लहर दौड़ गयी। अंग्रेजों की नजर में सूर्य सेन की हैसियत क्या थी, इसका अन्दाजा अधिकारियों के आपस के झगड़ों से लगाया जा सकता

है। उनके पकड़े जाने को लेकर नागरिक अधिकारियों और फौज के अधिकारियों के बीच एक होड़ छिड़ गयी। 18 फरवरी को जिला मजिस्ट्रेट ने बंगाल के मुख्य सचिव को लिखा कि आपका ध्यान इस ओर दिलाना चाहता हूं कि 'दो राइफल वालों ने सूर्य सेन और उसके साथियों को पकड़ने में कितनी हिम्मत और सूझ–बूझ दिखाई।'[17] कैप्टन वौम्सले ने भी 2/9 गुरखा राइफल वालों की तारीफ की। लेकिन सारी बातों की जानकारी मिलने पर चिटगांव के आई सी एस अधिकारियों ने बात बदल दी। एक हफ्ते बाद मुख्य सचिव को लिखे गये खत में कमिश्नर ए जे डैश ने लिखा कि 'डी एम् ने दो राइफल वालों– मन बहादुर खत्री और लांसनायक नरसिंह खत्री–के काम के बारे में अपनी राय बदल दी है। सूर्य सेन और ब्रजेन्द्र गोलियों के चलते घेरे को तोड़ने की कोशिश नहीं कर रहे थे। वो बहुत होशियारी से पकड़े गये थे। घेराबन्दी का काम इस दल ने बखूबी किया था। ऐसा नहीं लगता है कि इन गिरफ्तारियों के लिये कुछ खास व्यक्तियों की तारीफ की जानी चाहिए।' 'सूर्य सेन का पकड़े जाना' तकदीर की बात थी क्योंकि फौज बिल्कुल सही समय पर पहुंच गयी। एक–दो मिनट की देरी से भी पनाह लेने की जगह पर उसका मिलना मुश्किल होता।'[18]

फौज इससे खुश नहीं थी। केन्द्र सरकार के गृह सचिव को फौज के जनरल स्टाफ के मुखिया कैनथ विग्राम ने एक नोट लिखा। इसमें कहा गया कि 'हम मौके पर मौजूद अंग्रेज अधिकारी की रिपोर्ट को मंजूर करना पसन्द करेंगे बनिस्बत जिला मजिस्ट्रेट की रिपोर्ट के जो बाद की खोज–बीन की बिना पर बनाई गयी है।' जहां तक डी एम के फौज की भूमिका को नकारने की बात थी, जनरल ने लिखा कि:' यह अजीब बात है कि डी एम इस कामयाबी को "तकदीर" से जोड़ रहे हैं", खासतौर पर यह ध्यान में रखते हुए कि केन्द्र सरकार ने, बंगाल की सरकार ने, पुलिस ने और हमने कितनी कोशिश की है। इसके लिये हमने आतंकवाद से लड़ने के लिये एक संगठन बनाया था। इससे कोई फर्क नहीं पड़ता है कि फौज बिल्कुल सही समय पर पहुंची या समय से पहले। लेकिन इस बात से फर्क पड़ता है कि वे चिड़िया को उड़ने से पहले पकड़ने की सही स्थिति में थे।' फिर नागरिक अधिकारियों पर व्यंग्य करते हुये जनरल विग्राम ने लिखा 'मुझे लगता है कि जिला मजिस्ट्रेट और कमिश्नर को इस बात का डर है कि फौज सूर्य सेन को पकड़वाने का इनाम लेना चाहती है या ये फौज को दिया जायेगा। आप उनको साफ कर दें कि फौज अपनी डयूटी करने के लिये न तो इनाम की उम्मीद करती है न ही इन्हें मंजूर करती है। कुछ मौकों पर स्थानीय सरकारें, फौज के खास व्यक्तियों के काम की तारीफ करती हैं और उनका शुक्रिया करने के लिये उन्हें कुछ तोहफे जैसे घड़ी वगैरा देती हैं। लेकिन हमारे विचारों, पृथा और

काम में, पैसों के इनाम को मंजूर करने का ख्याल भी नहीं आ सकता। जहां तक इस इनाम की बात है, तो वो गर्वनर की मर्जी पर है कि वो किस तरह उसे नागरिक अधिकारियों में बांटे।'[19]

शायद जानबूझ कर व्यंग्य की अनदेखी करते हुए गृह सचिव ने इस नोट की एक प्रति बंगाल के मुख्य सचिव को भेज दी। मुख्य सचिव आर एन रीड ने जवाब दिया कि सरकार के पास न तो कोई सुझाव आया है और न ही इस पर विचार हो रहा है' कि सूर्य सेन को पकड़ने के लिये 10 हजार रुपये का इनाम फौज के लोगों को दिया जाये।[20] यह बात फौज के मुखिया को भी बता दी गयी। उसने अपने हाथ से एक नोट लिखा जिसमें जिला अधिकारियों की एक बार फिर खिल्ली उड़ाई गयी। उसने कहा: 'कोई बात नहीं बिगड़ी। मुझे लगता है कि हमारा अन्दाजा ठीक था कि मौके पर मौजूद लोगों को डर था कि इनाम फौज के आदमियों को दे दिया जायेगा।'[21]

इसी दौरान सत्ता के गलियारों में हिप्प–हिप्प हुर्रे गूंज रहा था। गुप्तचर विभाग के मुखिया एच विलियम्सन का विचार था कि फौज ने शानदार काम किया है। चिटगांव में उनको 'अनेक बार निराशा हाथ लगी है लेकिन उनके लगातार और कौशल से काम करने से, आखिरकार उनको कामयाबी मिली है।'[22] गृह सचिव हैलेट ने कहा कि सरकार 'सभी लोगों, अधिकारियों और पुलिस की, जिन्होंने इस काम में हिस्सा लिया, प्रशंसा करती है।'[23] सरकार के गृह सदस्य एच जी हेग ने माना कि 'यह एक अच्छा काम था।'[24] और महामहिम वाइसराय लार्ड विलिंगडन 'इस शानदार काम से' बहुत खुश थे।[25] वाइसराय ने फौज और बंगाल पुलिस को बधाई के जाती खत भेजे ताकि सूर्य सेन को वास्तव में जिन्होंने पकड़ा था उन तक संदेश पहुंचे। इतना शोर–शराबा सिर्फ दो आदमियों को पकड़ने पर, वो भी तकदीर से और चालीस आदमियों द्वारा। और इसमें भी एक क्रान्तिकारी महिला भागने में कामयाब रही, बर्मी चप्पलों का एक जोड़ा छोड़कर।

29
सुबह सबेरे गोलीबारी

कल रात चिटगांव से 13 मील दूर अनवारा गांव में कल्पना दत्त पकड़ी गयी। उसके साथ चिटगांव शस्त्र भण्डार पर हमले में शामिल तीन फरार लोग भी थे। विस्तृत ब्यौरा हासिल नहीं है।

– *अमृत बाजार पत्रिका* में 20 मई 1933 को छपी खबर

सूर्य सेन की गिरफ्तारी के बाद भी चिटगांव जिले में फौज और पुलिस के कामों में कोई ढ़िलाई नहीं आयी। उल्टे उन अधिकारियों में जो मास्टर दा को पकड़ने से फूले नहीं समा रहे थे, नयी जान पड़ गयी। जिला मस्जिट्रेट ने लिखा कि उसकी गिरफ्तारी 'जुगान्तर पार्टी के लिये एक बड़ा धक्का है। ...और इसकी वजह से हिंसात्मक घटनाओं को अंजाम देने की उनकी ताकत कम हुई है। इससे उन्हें नई भर्ती करने में परेशानी होगी।' पार्टी में अपने जाती असर के अलावा सूर्य सेन का 'बेशक, काफी लोगों में रौब था और आम जनता उससे बहुत प्रभावित थी। आम तौर पर लोगों को यकीन था कि वो कभी भी नहीं पकड़ा जायेगा।'[1]

इस कामयाबी से बल पाकर गांवों फौजी गतिविधियां में बढ़ा दी गयीं। उनका मकसद फरार लोगों को पकड़ना था। इनमें दो महत्वपूर्ण लोग थे–तारकेश्वर दस्तीकार (फूटू) और कल्पना दत्त। सूर्य सेन की गिरफ्तारी के बाद तारकेश्वर दत्त को चिटगांव की आई आर ए शाखा का अध्यक्ष बनाया गया था। कुछ और महत्वपूर्ण सदस्य – जैसे कालीकिंकर डे, बिनोद बिहारी दत्ता, शान्ति चक्रवर्ती और मनिदत्त अभी पकड़े नहीं जा सके थे। इनमें से काफी कल्पना से बड़े थे और उन्होंने शस्त्र भण्डार पर हमलों और जलालाबाद की लड़ाई में हिस्सा लिया था। लेकिन कल्पना का नाम चिटगांव के घर–घर में फैल गया था। उसे बंगाल की अग्नि कन्या के तौर पर जाना जाता था। प्रशासन उसको बहुत 'खतरनाक' फरार लोगों में मानता था। ये उसकी बम बनाने की काबलियत की वजह से तो था ही, लेकिन उसका फरार रहना सारे प्रशासन तन्त्र का मखौल उड़ाने जैसा

था। वो 18 साल की एक भद्रलोक परिवार की लड़की थी। पढ़ाई में अव्वल रहने वाली ये लड़की, पढ़ाई छोड़कर क्रान्तिकारियों में शामिल हो गयी थी। लम्बे चमकदार बालों वाली यह लड़की बहुत खूबसूरत थी। हफ्तों और महीनों उसका कोई सुराग नहीं मिला था और कई बार वो फौजी घेरे को झांसा देकर निकलने में कामयाब हो गयी थी।

फरार लोगों को पकड़ने के लिये कैप्टन स्टीवन्सन शहर से बाहर जाकर 'प्रभावित इलाके के अन्दर' रहने लगा। उसके साथ डी आई बी के अधिकारियों की एक टीम थी। उन्होंने वहां 'बहुत अच्छा प्रचार का काम किया और फरार लोगों की आवाजाही की जानकारी इकट्ठी की।'[2] फौजी अधिकारी--खासतौर पर जनरल सर नॉरमन मैक्मुलन और ब्रिगेडियर डॉड 'बहुत मददगार' थे।[3] 2/8 गुरखा राइफल्स सूर्य सेन को पकड़वाने के बाद जोश में थी। उसका जल्द ही तबादला हो गया और उसकी जगह 1/9 गुरखा राइफल्स लगायी गयी। (2/9 के कुछ लोग वहां पहले से मौजूद थे)। बाद में 1/9 रायल जाट की एक कम्पनी भी वहां आ गयी। फौज के दस्तों ने पटिया और बोलखली के गांवों में बेरहमी से तलाशियां लीं। लेकिन मार्च और अप्रैल के महीनों में उन्हें कोई कामयाबी नहीं मिली। दरअसल, मार्च के महीने में कई ऐसी घटनाएं हुईं जिनसे प्रशासन घबरा गया।

सात मार्च को एक फौजी गश्ती दस्ता रौजान पुलिस स्टेशन के इलाके में क्यूपारा गांव से नदी के किनारे बागांवों गांव के पास गश्त लगाने गया। उसको आदेश था कि रात को हर आने-जाने वाले से रोककर पूछताछ करे ताकि फरार लोगों को पकड़ा जा सके।'[4] जैसे ही वे बागांवों में एक घाट के पास पहुंचे उन्होंने दो लोगों को एक समपान से उतरते देखा। उन्होंने उन्हें टोका तो वो 'दोनों गांव से होकर भागने लगे'। सैनिक पीछा करते हुए उन्हें गांव के किनारे एक खुले मैदान में ले गये। 2/9 गुरखा के सैनिकों ने बिना इन आदमियों की पहचान किये, गोलियों की बौछार कर दी। दोनों लोग मरकर गिर पड़े। बाद में उनकी पहचान अब्दुल मियाँ और अब्दुल कादिर के रूप में हुई। ये दोनों बेकसूर नाव चलाने वाले थे। अंग्रेज अधिकारी हमेशा दावा करते थे कि मुसलमान आबादी उनके साथ है। उन्होंने एक बार फिर मुसलमानों को ही अपनी बेहिसाब तलाशी और हमले का निशाना बनाया था। इन हत्याओं को लेकर दूर दिल्ली में लेजिस्लेटिव एसेंबली में हंगामा हुआ। इस गोलीबारी को लेकर सदस्यों के सवालों के जबाव देने में गृह सदस्य सर हैरी डेग को काफी परेशानी हुई।[5] उसने सफाई में कहा कि गांव वाले सैनिकों के टोकने पर नहीं रुके थे। एक सदस्य पी मोदी ने सवाल किया कि 'क्या अब ऐसे हालात पैदा नहीं हो गये हैं कि दोबारा आदेश दिया जाये कि यदि कोई

प्रतिरोध न करे तो गोली नहीं चलायी जाये?' हेग ने जबाव दिया ...'बेशक यह मामला बंगाल सरकार और फौजी अधिकारियों के साथ उठाना चाहिये और देखना चाहिये कि क्या अब तक के आदेशों को बदलने की जरुरत है?' एक दूसरे सदस्य जियाउद्दीन अहमद ने सवाल उठाया कि बेकसूर लोगों के मारे जाने के मद्देनजर 'क्या चिटगांव से फौज को वापिस नहीं बुलाना चाहिये?' गृह सदस्य ने इस सुझाव को नहीं माना और कहाः 'फौज वहां एक बहुत जरूरी काम कर रही है', लेकिन मरने वालों के घरवालों को मुआवजा देने की पेशकश की। जागिर मियां के दो बेटों को 16 साल की उम्र तक साढ़े तीन रुपये महीना और अब्दुल कादिर की मां को मरने या दुबारा शादी करने तक 8 रुपये महीना का मुआवजा दिया गया।

दो हफ्ते के भीतर ही एक और घटना हुयी, जिससे जाहिर हुआ कि चिटगांव के गांव वाले फरार लोगों का कितना समर्थन करते थे। 19 मार्च को उसको मिली जानकारी की बिना पर कैप्टन स्टीवन्सन, तारकेश्वर दस्तीदार को सूरज छिपने से घण्टा भर पहले 'देखने और उसका पीछा करने में कामयाब हुआ।'

तारकेश्वर को एक खुले मैदान में टैंक के किनारे कुछ नौजवानों से बातचीत करते देखा गया था। जैसे ही 250 गज की दूरी पर कैप्टन स्टीवन्सन अपने सादीवर्दी पुलिसवालों के साथ नजर आया, तारकेश्वर बिदग्राम गांव की तरफ भागा। कैप्टन स्टीवन्सन और उसके लोगों ने उसका पीछा किया, लेकिन वो गांव में गायब हो गया। 'हालांकि गांव वालों ने अपने घरों से निकल कर कैप्टन स्टीवन्सन को पीछा करते गांव में घुसते देखा था, लेकिन उन्होंने तारकेश्वर के बारे में कोई भी जानकारी होने से इन्कार कर दिया'।[7] गांव के आम बाशिन्दों ने–महिलाएं, पुरुष और बच्चों–एक भी लफ्ज बोलने से मना कर दिया। उन्हें लालच और धमकियां भी दी गयीं और उन्हें यह भी पता था कि उन्हें खामोश रहने की कड़ी सजा दी जायेगी। निराश जिला मजिस्ट्रेट ने बिदग्राम के सारे निवासियों पर 'एक फरार आदमी को पनाह देने और जानकारी न देने' के लिये इकट्ठा जुर्माना किया।

बिदग्राम में नाकामयाबी की थोड़ी बहुत भरपाई शहर में एक लड़के के पकड़े जाने से हुई। यह जेल से सूर्य सेन को छुड़ाने की योजना का हिस्सा था। सूर्य सेन को 20 फरवरी 1933 से चिटगांव की जेल में अकेली कोठरी में रखा गया था। जेल के चौकीदार 24 घंटे उसपर पहरा रखते थे। इसके बावजूद वो जेल में दूसरे कैदियों और बाहर भूमिगत संगठन से सम्पर्क करने में कामयाब रहा था। हालांकि उसने यह कैसे किया, इसकी कोई ज्यादा जानकारी नहीं है, लेकिन इसमें जेल के चौकीदारों की भूमिका थी। 20 मार्च की शाम को डी आई बी का सब–

इन्सपैक्टर उमेश चन्द डे, गुप्त तौर पर जेल के पास नजर रखने की ड्यूटी पर था। उसने 'पब्लिक लायब्रेरी के दक्षिणी–पूर्वी कोने पर एक लड़के को आवारागर्दी करते देखा।'[9] दस मिनट बाद एक आदमी जेल से निकला और लायब्रेरी के नजदीक लाल डिग्गी के किनारे पर बैठ गया। वो लड़का भी उसके पास जाकर बैठ गया। निगरानी रखने वाले को शक हो गया और उसने अपने उच्चाधिकारियों को खबर दी। वो लोग मिलकर उस लड़के और आदमी के सामने आये, जो आपस में धीमी आवाज में बात कर रहे थे। लड़का चिटगांव कालिज का छात्र शैलेश रे था और आदमी जेल का चौकीदार फज्लुर्रहमान था। जब पुलिस वाले शैलेश की तलाशी लेने लगे तो उसने जेब से एक कागज निकाल कर उसे निगलने की कोशिश की, लेकिन उन्होंने कागज जबर्दस्ती उगलवा लिया। उस कागज में सूर्य सेन को जेल से छुड़ाने की योजना का ब्यौरा था। ये पता लगने पर कि शैलेश एक लड़के को निजी तौर पर पढ़ाता था, पुलिस ने उस लड़के को स्कूल से छुट्टी दिलवायी और उसे जाने दिया। 'बिना उसको पता लगे पुलिस ने उसका पीछा किया।'[10] वो शहर में एक गोदाम में गया। उसे दो बम और एक कारतूस से भरी प्वाइंट–450 की रिवाल्वर छिपाते पकड़ा गया। इससे साफ था कि सूर्य सेन की गिरफ्तारी के बाद भी, उसके संगठन के बाकी सदस्य अभी सक्रिय थे। तारकेश्वर दस्तीदार के नेतृत्व में वो 'मास्टर दा को छुड़ाने या कोई शक्ति प्रदर्शन' करने की योजना बना रहे थे।[11] उनका मकसद अपने नेता की गिरफ्तारी का विरोध करना था। बौखला कर जिला प्रशासन ने फज्लुर्रहमान को नौकरी से निकाल दिया और सूर्य सेन को फौज की निगरानी में रखा। फौज का एक सिपाही 24 घण्टे उसकी कोठरी के बाहर रहता था और उसके ऊपर फौजी चौकीदार होते थे। इनके रहने के लिये जेल के आंगन में नयी झोपड़ियां बनाई गयीं थीं।[12]

बिदग्राम के गांव वालों के प्रतिरोध से कैप्टन स्टीवन्सन को बहुत गुस्सा आया। उसने गुरखा राइफल्स और रॉयल जाट की टुकड़ियों को लेकर गांव के इलाकों में लगातार तलाशियों से आतंक फैलाया। इससे फरार लोगों को अपने मजबूत इलाकों, पटिया और बोलखली पुलिस स्टेशन के पास के गांवों को छोड़ कर जाना पड़ा। वो समुद्र की ओर अनवारा पुलिस स्टेशन की तरफ गये। लेकिन मार्च से मई के बीच के महीनों में जब बहुत से हिन्दू घरों को आतंकित किया जा रहा था, आई आर ए के पुरुष और महिलाओं को बहुत से मुस्लिम घरों में पनाह मिली। वो महिला जिसने इतने प्यार से कल्पना दत्त के लिये चाय की पत्तियों की तरकारी बनायी थी, शायद मुसलमान थी। और एक और मुस्लिम महिला ने उसे भूमिगत रहने के आखिरी दिनों में मुर्गे की बहुत जायकेदार करी खिलाई थी।[13] लेकिन फौज उनके पीछे पड़ी थी। कैप्टन स्टीवन्सन को सारे क्रान्तिकारियों

की आवाजाही की जानकारी मिलती रहती थी। और इसलिये वो 'उन्हें थाने से थाने और गांव से गांव भगाता रहा।'[14]

मई के दूसरे हफ्ते में शक के दायरे में आये चालीस घरों की सूची मेजर कीन को दी गयी। मेजर कीन 1/9 रायल जाट रेजीमेन्ट का मुखिया था। उसने अनवारिया थाने के इलाके के इन घरों में बाकायदा एक–एक घर की तलाशी ली। 18 मई की शाम को उसने नं0 चार प्लटून के जमादार मोहमद हुसैन को गोहिरा गांव के पूर्ण तालुकदार का घर घेरकर उसकी तलाशी लेने को कहा। वे रात को उस घर की तरफ चले और सुबह सवा चार बजे घेराबन्दी पूरी की। सूरज निकलने को था।

इस घर में दो बारियां थीं। दोनों को प्लटून के दो हिस्सों ने घेर लिया। हुसैन दक्षिणी बारी का घेरा ठीक पाने के बाद उत्तरी बारी की तरफ जाकर वहां के घेरे को देखने के लिये बढ़ा। तभी उसे उत्तरी बारी से एक गोली चलने की आवाज आयी। उसने अपने सहयोगी सब–इन्सपैक्टर से पूछा कि गोली चलने की आवाज किस तरफ से आयी है? उसने जबाव दिया कि उसे तो यह आवाज 'टीन की छत पर आम गिरने की आवाज लगती है।'[15] हुसैन को अपने फौजी प्रशिक्षण की वजह से पता था कि आवाज गोली की ही है। वो आवाज की तरफ बढ़ा। रास्ते में उसका एक सैनिक एक आदमी से पूछताछ कर रहा था। उस आदमी का नाम मनोरंजन डे था और उसने माना कि उत्तरी बारी के अन्दर फरार लोग हैं। उसे फौरन गिरफ्तार कर लिया गया। घर के अन्दर कल्पना, तारकेश्वर, सुधीन्द्र दास और मनोरंजन दास मौजूद थे। जब घर में एक आदमी ने चिल्ला कर बताया कि पुलिस आ गयी है तो वो सो रहे थे। उन्होंने अपने कागज और हथियार सम्भाले और वो घेरे को तोड़ कर जाने की कोशिश करने लगे। मनोरंजन दास सबसे आगे था, उसने अपनी रिवाल्वर से गोली चलाई। इसी गोली की आवाज टीन की छत पर आम टपकने की आवाज जैसी थी। सैनिकों ने फौरन जवाब में गोली चलाई। वो चारों पलटकर उत्तरी और दक्षिणी बारी के बीच एक मिट्टी की दीवार वाले घर में घुस गये। उन्होंने कुछ देर वहां इन्तजार किया और दुबारा निकलने की कोशिश की। वो इस घर में नहीं रहना चाहते थे क्योंकि उनको पनाह देने वाले पुरना तालुकदार और उसके परिवार ने, जो वहां रहता था, इनको पनाह के लिये दूसरा घर दिया था। लेकिन भागने की दूसरी कोशिश भी नाकामयाब रही। सैनिकों ने ताबड़तोड़ गोली चलानी शुरू कर दी। और दरवाजे पर मनोरंजन दास को गोली लगी और वो वहीं गिर गया। उसकी लाश आधी दरवाजे के अन्दर और आधी बाहर पड़ी थी। बाकी लोग अन्दर चले गये।

जब तारकेश्वर, सुधीन्द्र और कल्पना पहली बार भागने की कोशिश कर रहे

थे, तब जमादार हुसैन दक्षिण की बारी की तरफ भागा। उसने वहां तैनात लोगों को उत्तरी बारी की तरफ जाकर वहां के घेरे को मजबूत करने को कहा। मनोरंजन की मौत के बाद बाकी लोगों ने अन्दर जाकर राइफल से निकली रोशनी की तरफ गोलियां चलाईं। लेकिन इनके रिवाल्वर, सैनिकों की बन्दूकों के सामने कुछ नहीं थे। बाहर से सैनिकों ने फिर से गोलियों की बौछार की। दो गोलियां खिड़की से आकर पूरना तालुकदार और उसके छोटे भाई प्रसन्ना तालुकदार को लगीं। पूरना फौरन मर गया और उसका भाई काफी घायल हुआ।[16] घर के अन्दर उनका परिवार बुरी तरह डरा हुआ था। वो घर के अलग–अलग कोनों में दुबक रहे थे और गोलियां उनके आस–पास से गुजर रही थीं। कल्पना और तारकेश्वर समर्पण से ज्यादा मरना पसन्द करते। लेकिन उन्होंने महसूस किया कि वो उन्हें पनाह देने वाले बेकसूर परिवार की जिन्दगियों को दांव पर नहीं लगा सकते। वैसे ही, उनको पनाह देने वाला उनकी वजह से मर चुका था।

.303 की बन्दूक से 25 गोलियां चलाने के बाद सैनिकों को रुकने के लिये कहा गया 'जब तक घर के भीतर से कोई रिवाल्वर के साथ न निकले।'[17] सुबह के पांच बज चुके थे और रोशनी फैलने लगी थी। जमादार हुसैन ने दक्षिणी बारी से एक आदमी को बुलाया और उसे घर के अन्दर जाकर क्रान्तिकारियों से हथियार डालने के लिये कहने को कहा। इस आदमी का नाम प्रसन्न तालुकदार था। उसने वापिस आ कर कहा कि क्रान्तिकारी सिर्फ अंग्रेज अफसर के सामने ही समर्पण करेंगे। हुसैन ने फौरन अनवारा में मेजर कीन को सन्देश भेजा। और यह चेतावनी देने के लिये प्रसन्न तालुकदार को दुबारा अन्दर भेजा अगर विद्रोहियों ने हथियार नहीं डाले तो वो घर को आग लगा देगा। 'इस चेतावनी की गम्भीरता दिखाने के लिये उसने .303 की एक गोली 'फूस की छत की तरफ चलाई।'[18] अन्दर विद्रोहियों को पता था कि वो खराब हालत में थे। जब प्रसन्न तालुकदार दुबारा अन्दर आया तो उसे उन्होंने तीन रिवाल्वर थमाये। उसे फिर अन्दर भेजा गया। इस बार आदेश था कि फरार लोग हाथ ऊपर उठाकर एक एक करके बाहर आयें और कमर से ऊपर कोई कपड़ा न पहने हों । उसी समय कल्पना ने दरवाजे पर आकर पूछा कि 'क्या उसे भी कमर तक कपड़े उतारने होंगे।'[19] जब जवाब नहीं में मिला तो वो बाहर आयी और गिरफ्तार कर ली गयी। तारकेश्वर दस्तीदार और सुधीन्द्र दास उसके पीछे बाहर आये। जब मेजर कीन वहां पहुंचा तो जमादार ने उसे सारी बातें तफसील से बतायीं, लेकिन एक बात छुपा गया। जब कल्पना घर से बाहर निकली थी तो उसने उसके ग़ाल पर एक जोरदार तमाचा मारा था। लेकिन कल्पना ने लिखा है कि इससे पहले कि वो सोचती कि क्या हुआ है 'मैंने देखा कि सूबेदार के चारों ओर के सिपाही उससे

कह रहे थे, "उसके हाथ मत लगाना। अगर तुमने उसे छुआ तो हम तुम्हारा हुक्म नहीं मानेंगे"। यह अजीबो–गरीब दृश्य था। मेरी वेदना गायब हो गयी और आंखें खुशी के आंसुओं से भर आईं। चिटगांव के क्रान्तिकारियों की पिछले चार साल की लड़ाई और त्याग बेकार नहीं गये थे। इसने उन सैनिकों के दिल पर भी असर किया था, जो मशीनों की तरह समझे जाते हैं।'[20]

गोहिरा में हुयी गोलीबारी की खूब चर्चा हुई। सरकार दिखाना चाहती थी कि वो कामयाब हुयी है। लेकिन इससे और सवाल खड़े हो गये। क्या फौज को मुट्ठी भर विद्रोहियों, (जिनमें एक औरत भी थी) को पकड़ने के लिये इतनी गोलियां चलानी चाहिये थीं? जिला मजिस्ट्रेट ने इसकी जांच की और कहा कि 'सैनिकों द्वारा गोली चलाया जाना बिल्कुल जायज था।' उसने लिखा कि यह कामयाबी 'हमारी फौज और पुलिस की 2 मार्च 1933 से आतंकवादी इलाके में की गई गतिविधियों का नतीजा है। यह काम कैप्टन स्टीवन्सन की निगरानी और आदेशों के अनुसार हुआ है। ये बहुत संतोष की बात है कि पिछले तीन महीने की गतिविधियों को सफलता मिली है।'[21] सूर्य सेन की गिरफ्तारी की तरह गोहिरा की गिरफ्तारियों की भी फौज के मुखिया, वाइसराय और लन्दन में राज के सचिव के द्वारा खूब तारीफ की गयी।[22]

ए एस हैन्ड्स की रिपोर्ट, जिसकी इतनी तारीफ हुई, एक उदाहरण है कि कैसे शब्दों को तोड़–मरोड़ कर किसी भी घटना का दूसरा ही रूप पेश किया जा सकता है। मेजर कीन की रिपोर्ट के मुताबिक कल्पना ने पूछा था कि क्या बाहर आने से पहले उसे भी कमर तक कपड़े उतारने होंगे? हैन्ड्स की रिपोर्ट में इस घटना को इस तरह बयान किया गया है : 'कल्पना दत्त ने पूछा कि क्या वो अपनी साड़ी पहने रह सकती हैं और हमने उनको इसकी इजाजत दे दी।' पहली रिपोर्ट सही तौर पर दिखाती है कि लड़ाकू विद्रोही किस तरह प्रतिरोध कर रहे थे और फौज के आदेशों की खिल्ली उड़ा रहे थे। दूसरी में वह सिर्फ शर्मीली हैं। केंद्र सरकार ने बंगाल सरकार की इस गिरफ्तारी के लिये तारीफ की और कहा कि इसकी खूब चर्चा होनी चाहिए। लेकिन उन लोगों के लिये जिन्होंने अखबारों में इस घटना का ब्यौरा पढ़ा, असली हीरो वो महिला व पुरुष थे जिन्होंने उस सुबह लड़ाई लड़ी और सिर्फ बेकसूर लोगों की जिन्दगी बचाने के लिये समर्पण कर दिया––न कि सैनिकों की टुकड़ी के कारण।

30
आधी रात को फांसी

मौत को एक दोस्त की तरह गले लगाने का समय आ गया है और यह समय दूसरे दिनों की रौशनी को याद करने का भी है। इस पवित्र क्षण में, मैं तुम्हारे लिये क्या छोड़ कर जा सकता हूं? सिर्फ एक चीज––जो मेरा सपना है, सुनहरा सपना––आजाद हिन्दुस्तान का सपना। वो कितना पुण्य समय था जब मैंने उसे पहली बार देखा था। अपनी सारी जिन्दगी में पूरी आत्मीयता के साथ, बिना थके, मैंने पागलों की तरह इसका पीछा किया है। ...आगे चलो, मेरे साथियों आगे चलो ...कभी पीछे मत हटना। गुलामी के बादल छंट रहे हैं और आजादी का सवेरा दस्तक दे रहा है।

– सूर्य सेन के अपने साथियों के नाम आखिरी संदेश से[1]

पहले सूर्य सेन का मुकद्दमा 22 मई 1933 को शुरू होना था। सरकारी वकील रायबहादुर नगेन्द्र नाथ बनर्जी थे। पुलिस के डी आई जी गोर्डन ने उनके साथ 'काफी समय लगाकर' तय किया कि अदालत में सूर्य सेन के खिलाफ कौन सी गवाहियां पेश की जायेंगी। तारकेश्वर दस्तीदार और कल्पना दत्त की गिरफ्तारी के बाद प्रशासन इस सशोपंज में था कि उन पर मुकद्दमा सूर्य सेन के साथ चलाया जाये या अलग से। आखिर में तय हुआ कि तीनों पर मुकद्दमा एक साथ एक विशेष ट्रिब्यूनल के सामने लाया जायेगा। इसका नाम चिटगांव सैकेंड सप्लीमैन्ट्री आर्मरी रेड केस पड़ा। इसके तीन सदस्य थे: डब्ल्यू मैंक शार्प (अध्यक्ष), आर के घोष अैर खोन्दकर अली तैयब। मुकद्दमा 15 जून को शुरू हुआ। हालांकि उसके सामने 170 गवाह पेश किये गये, फिर भी ट्रिब्यूनल ने दो महीने के भीतर फैसला सुना दिया। इस दौरान गांवों में तलाशियां जारी रहीं। जोहिरा में हुयी गिरफ्तारियों के बाद दूसरे महत्वपूर्ण नेता––शान्ति चक्रवर्ती, मनिदत्ता और कालीकिंकर डे भी पकड़े गये। तारकेश्वर की गिरफ्तारी के बाद

विनोद बिहारी दत्ता को आई आर ए का अध्यक्ष बनाया गया। निडर नौजवान घेराव की हालत का विरोध करने के लिये आगे आते रहे। लेकिन सबसे बड़े नेता की गैरहाजिरी में आंदोलन के अन्त की शुरूआत हो चुकी थी।

साम्राज्य के खिलाफ सूर्य कुमार सेन, तारकेश्वर दस्तीदार और कल्पना दत्त का मुकद्दमा शुरू हुआ। शस्त्र भंडार पर हमलों और उसके बाद की घटनाओं पर पहले दो मुकद्दमे चल चुके थे। इस नये मुकद्दमे की तैयारी के लिये पहले मुकद्दमों के दावों को फिर से पढ़ा गया। निगरानी रखने वाले की डायरी इस्तगासे के लिये सबसे मुख्य गवाही थी। हालांकि सूर्य सेन ने अंग्रेजी साम्राज्य के खिलाफ इस शताब्दी की सबसे बड़ी हथियारबंद लड़ाई लड़ी थी, लेकिन उनके खिलाफ आखिर तक कोई सीधा सबूत नहीं था। 287 पृष्ठ के अपने फैसले में ट्रिब्यूनल ने माना कि '18–4–30 से पहले सूर्य सेन के षड़यंत्र में शामिल होने का सीधा सबूत नहीं है। सबूत सिर्फ उसका और लोगों से जुड़े रहने का है। हम इस सबूत पर ज्यादा गौर नहीं करते, अगर यह निगरानी रखने वालों की गवाही से पुख्ता नहीं होता। बहुत सारे निगरानी रखने वालों ने अपनी लिखित रिपोर्ट में इसकी तस्दीक की है और हम इसकी सच्चाई के बारे में मुतमइन हैं।'[2]

ट्रिब्यूनल ने यह भी माना कि 'इस बात की कोई जुबानी गवाही भी नहीं है कि सूर्य सेन ने चिटगांव या जलालाबाद के हमलों में हिस्सा लिया था।' फिर भी 'हम बेशक कह सकते हैं कि वो लड़ाई जारी रखने के षड़यंत्र में शामिल था। और वो हमलों के बाद अचानक गायब हो गया, जिसकी माकूल वजह का कोई पता नहीं है। इससे यह नतीजा निकाला जा सकता है कि वो चिटगांव के हमलों और उसके बाद जलालाबाद की लड़ाई में शामिल था।'[3]

शुरू के दौर में उनके जुर्म को साबित करने के लिये निगरानी रखने वालों की गवाही का इस्तेमाल किया गया। बाद में साम्राज्यवाद के खिलाफ लड़ाई जारी रखने के जुर्म को साबित करने के लिये सूर्य सेन के अंग्रेजी और बंगाली के लेखों का इस्तेमाल किया गया। इसके अलावा कल्पना दत्त की चिट्ठियां और उसके पकड़े जाने के समय उसके पास से पाये गये फटे हुए कागज पर बयान को, फैसलाकुन सबूत माना गया। इस तरह लिखाई को पहचानने में माहिर एच एफ बैनट इस्तेगासे का सबसे जरूरी गवाह बन गया। वो बारह साल से यह काम कर रहा था और अब तक 'हिन्दुस्तान और बर्मा में अन्दाजन 300 मुकद्दमों में गवाही दे चुका था'।[4] उसकी फीस भी ज्यादा थी। डी आई जी, ए जी गोर्डन ने अपनी गुप्त रिपोर्ट में बताया था कि सरकारी वकील और स्थानीय पुलिस ने सूर्य सेन के खिलाफ काफी मजबूत मुकद्दमा बनाया था। यह गोहिरा और गैराला में मिले

'लिखित सबूतों' की बिना पर था। 'इसमें काफी हद तक लिखाई पहचानने की जरूरत थी इसलिये बैनट को इस काम में लगाना जरूरी था। इसमें फोटो खींचने और उसकी फीस देने में काफी खर्चा होना था।'

बैनट की गवाही 170 गवाहियों में सबसे लम्बी थी। ये अन्तिम फैसले में 13 छपे हुये पृष्ठों में आयी। इसमें आरोपियों की लिखाई की तफसील से छानबीन की गयी थी। यह बहुत दिलचस्प दस्तावेज है। जो दस्तावेज गैराला में झाड़ियों से भरी नाली में मिले थे, उनकी लिखावट को पुलिस के पास मौजूद सूर्य सेन की लिखावट से मिलाया गया। यह कहा गया कि दोनों एक ही आदमी की लिखावट हैं। लगता था कि यह छानबीन सूर्य सेन के चरित्र के बारे में भी उतनी ही थी जितनी उसकी लिखावट के बारे में। बैनर ने कहा कि 'लिखाई के दौरान शब्दों और लाइनों के बीच काफी जगह छोड़ी गई है।' 'लिखने के दौरान लाइनें एक दूसरे के समानान्तर हैं' और 'लेखन के दौरान कागज पर कलम का दबाव एक बराबर है।' और यह इतना थोड़ा है कि सिर्फ कलम को कागज के साथ रखता है बिना लाइनों की चौड़ाई बढ़ाये' और सारी लिखाई सीधी है।' कल्पना दत्त के मामले में लिखावट के दौरान 'कलम का कागज पर दबाव ज्यादा है' और उसकी लिखाई सीधी तो है लेकिन 'कई बार वो बायें को झुकती है।'[6]

मास्टर दा के जो लेख मुकद्दमे के दौरान इस्तेमाल किये गये वो हैं: चिटगांव के विद्रोह के बारे में उनका ब्यौरा, उनकी आधी लिखी आत्मकथा, एक लेख जिसमें क्रांतिकारी आंदोलन में महिलाओं की भर्ती के बारे में उनके विचार थे और प्रीतिलता के बयान की एक प्रति, जिसमें उन्होंने अपने हाथ से कुछ कांट–छांट की हुयी थी। कल्पना दत्त के मामले में जिन दस्तावेजों को इस्तेमाल किया गया उनमें से एक उनकी मां को लिखा पत्र था। 'इसमें वो बहुत ही दर्द भरे लफ्जों में अपने अकेलेपन की बात करती है। और दूसरे को दुःख पहुंचाने पर अफसोस जाहिर करती है। लेकिन यह भी जोर देकर कहती है कि वो घर वापिस नहीं लौटेगी। और वो यह भी सोच रही है कि मातृभूमि के लिये अपना जीवन न्यौछावर कर दे।' दूसरा दस्तावेज एक बयान था जो छोटे–छोटे टुकड़ों में फटा हुआ था। इसे पुलिस ने जोड़ रखा था। ये दस्तावेज, जिसका शीर्षक था 'इन्कलाब जिन्दाबाद' एक आत्म वक्तव्य की तरह था। यह बिल्कुल उसी तरह का था जैसा पहारतली में प्रीतिलता के पास से मिला था और बाद में उसे पर्चे के तौर पर बांटा गया था। इसका पहला वाक्य था: 'मैं खुले आम अपने आपको क्रांतिकारी घोषित करती हूं। मेरा उद्देश्य अपनी मातृभूमि हिन्दुस्तान को अंग्रेजों से मुक्त कराना है।' इन लोगों ने अपना जीवन बम बनाने और गोली चलाने में लगाया। लेकिन यह एक विडम्बना ही है कि इनको सजा अपने लिखे के आधार पर मिली। अगर सूर्य

सेन कम्प्यूटर के युग में रह रहे होते तो शायद उनको फांसी नहीं होती।

पर लगता है कि इस किस्म की गवाहियों को इकट्ठा करना सिर्फ तथाकथित अंग्रेजी न्याय व्यवस्था को ठीक साबित करने के लिये एक दिखावा था। प्रशासन ने तो पहले ही तय किया हुआ था कि विद्रोहियों को बेदर्दी से कुचलना है। 1932 में जजों ने शस्त्र भंडार पर हमले के आरोपियों की तरफ नरमी दिखाई थी, हालांकि उनके खिलाफ काफी सबूत थे। इसकी वजह उनका डर था। सूर्य सेन को पकड़ा नहीं जा सका था, भूमिगत संगठन सक्रिय था, और सरकार सारे प्रान्त में फैली विद्रोह की भावना का मुकाबला करने में नाकामयाब रही थी। लेकिन 1933 के मध्य में हालात बदल चुके थे। साम्राज्य की ताकतें बेहतर हालात में थीं और वे इसका पूरा फायदा उठाना चाहते थे। किसी भी किस्म की नरमी दिखाने का सवाल ही नहीं था। मास्टर दा के डर की वजह से अनन्त सिंह, गणेश घोष और लोकनाथ बाल फांसी के फन्दे से बच गये थे। अम्बिका चक्रवर्ती की फांसी की सजा हाई कोर्ट ने बदल दी थी। हाई कोर्ट ने इसकी वजह दी थी कि जिस जुर्म में उसके शामिल होने का सीधा सबूत नहीं है और दूसरे लोगों को फांसी की सजा नहीं दी गई है, उसे फांसी की सजा देना गलत है।[8] लेकिन जब सूर्य सेन का मुकद्दमा चल रहा था तो ऐसे कोई कारण नहीं थे। इसमें ताज्जुब की बात नहीं है कि अंग्रेजों ने उन्हें अपने शासन के खिलाफ लड़ाई करने के जुर्म में फांसी की सजा दी। लेकिन तारकेश्वर दस्तीदार को भी कमीशन ने फांसी की सजा दी। इससे यह साफ हो गया कि यह फैसला बदले की भावना से किया गया था न कि न्याय के उसूलों पर। तारकेश्वर दस्तीदार ने न तो शस्त्र भंडार के हमलों में भाग लिया था और न ही जलालाबाद की लड़ाई में, हालांकि वो ग्रुप के दूसरी कतार के नेताओं में था। मार्च 1931 में जब बरामा गांव में कुछ पुलिस वाले उसका पीछा कर रहे थे, तो उसने अपनी रिवाल्वर से गोली चलाई थी। उसमें सब इस्पेंक्टर शशांक मोहन भट्टाचार्य घायल हुआ था। क्रांतिकारियों के साथ आम तौर पर उसके सम्पर्क के अलावा उसके खिलाफ सिर्फ यही सबूत था। 1931 में हरिपद भट्टाचार्य ने खुलेआम भीड़ के सामने इन्सपैक्टर असानुल्ला को मार गिराया था। चिटगांव ग्रुप के प्रभाव की वजह से ज्यूरी ने उसे बेकसूर ठहराया। इसकी वजह से हाई कोर्ट उसे सिर्फ उम्र भर के लिये देश निकाले की सजा दे पायी। तारकेश्वर दस्तीदार का जुर्म इससे बहुत कम था, लेकिन वो गलत समय पर पकड़ा गया था––अब विद्रोह पूरे उभार पर जो नहीं था।

14 अगस्त 1933 को ट्रिब्यूनल ने अपना फैसला सुनाया। सारी गवाहियों की पूरी जांच के बाद कमिश्नरों ने एक मत से तीनों आरोपियों को दोषी करार दिया।

उनके खिलाफ सारे आरोप मान लिये गये। यह मानते हुये कि 'सूर्य कुमार सेन बेशक संगठन का नेता है' उन्होंने कहाः 'हम उसे आई पी सी की दफा 121 के तहत दोषी पाते हैं। इस दफा में साम्राज्य के खिलाफ लड़ाई और ऐसी लड़ाई को बढ़ावा देना शामिल है। हम उसे फांसी से लटकाये जाने की सजा देते हैं।'

तारकेश्वर दस्तीदार के बारे में ट्रिब्यूनल ने कहा कि 'उसका दोष सूर्य सेन के बराबर नहीं है और सामान्य हालात में उसे कम सजा काफी होती।' फिर भी उन्होंने एक मत से फैसला किया कि 'उसके मामले में भी उसकी गतिविधियों के मद्देनजर और जनता की सुरक्षा के लिये, उसको भी सबसे ज्यादा सजा देना जरूरी है।'[9]

कल्पना दत्त को भी दफा 121 के तहत दोषी पाया गया। फैसले में कहा गयाः 'हमें यकीन है कि वो इस षड़यंत्र में शामिल थी। और वो षड़यंत्रकारियों के लिये प्रेरणा थी। लेकिन उसकी उम्र (19 साल) का और उसके महिला होने का लिहाज करते हुये, हम समझते हैं कि अगर उसे कम सजा दी जाये तो भी न्याय हो जायेगा। इस बिना पर हम उसे उम्र भर के लिये देश–निकाले की सजा देते हैं। यह देखते हुये कि वो इतनी कम उम्र में क्रांतिकारियों के प्रभाव में आ गयी थी, अगर स्थानीय सरकार उसे माफी देना चाहे, तो यह उस पर निर्भर है।'[10]

सरकार तो माफी के बारे में सोच भी नहीं सकती थी। तीनों आरोपियों ने इस फैसले के खिलाफ हाई कोर्ट में अपील की। स्थानीय अधिकारी इस सजा से बहुत खुश थे। लेकिन उन्हें डर था कि हाई कोर्ट ट्रिब्यूनल के फैसले में मीन–मेख न निकाले। गोर्डन ने अपने उच्च–अधिकारियों को जो टिप्पणी लिखी उसमें यह डर साफ झलकता है। 'हम उम्मीद करते हैं कि सरकार हाई कोर्ट में इस सजा को बहाल रखवाने में कामयाब होगी। अम्बिका चक्रवर्ती की सजा में बदलाव बहुत ही बदकिस्मती की बात है। लेकिन सरकारी वकील ने भी मुकद्दमा काफी कमजोर तरीके से पेश किया था'।[11] बंगाल सरकार ने सुनिश्चित किया कि हाईकोर्ट के जज ऐसी गलती नहीं दोहराएं। अपील हाई कोर्ट के तीन जजों ने सुनी। ये थेः एच आर पैनक्रिज, तारिक अमीर अली और एम सी घोष। 14 नवम्बर 1933 को हाई कोर्ट का फैसला आया। इसमें सूर्य सेन और तारकेश्वर दस्तीदार को मौत की सजा और कल्पना दत्त को उम्र भर के लिये देश निकाले की सजा की पुष्टि की गयी। कल्पना को उत्तरी बंगाल की राजशाही जेल में ले जाया गया। मास्टर दा और तारकेश्वर को फांसी की सजा के लिये चिटगांव में रखा गया।

बाहर तलाशियों और दमन में कोई कमी नहीं आयी। वे चिटगांव के क्रांतिकारी आंदोलन के बचे हुये हिस्सों को भी कुचल देना चाहते थे। ज्यादातर बड़े नेता 1933 के आखिर तक पकड़ लिये गये। संगठन में कोई नेता नहीं रहा–वो

टूट गया लेकिन हारा नहीं। आई आर ए के नौजवान सदस्य अब भी मास्टर दा की मौत की सजा का बदला लेने की योजना बना रहे थे। 7 जनवरी 1934 की शाम को चिटगांव के टैनिस क्लब मैदान के पास एक क्रिकेट मैच खत्म हुआ। खिलाड़ी चालीस पचास यूरोपियन पुरुष और महिला दर्शकों से मिलने एक पहाड़ी पर ऊपर गये। पुलिस का सुपरिन्टेंन्डैन्ट किलयरली तभी वहां अपनी कार में पहुंचा। उसने दो नौजवानों को सड़क पर देखा और अपने मातहत से उनकी तलाशी लेने को कहा। जब एक की तलाशी हो रही थी तो दूसरे ने एक बम फेंका। वो 'किलयरली के पास फटा लेकिन ताज्जुब है कि उसे कोई नुकसान नही पहुंचा।'[12] उसके ड्राइवर ने गोली चलाई और उस नौजवान को मौत के घाट उतार दिया। उसका नाम नित्य सेन था। दूसरे लड़के, हिमांशु बिमल चक्रवर्ती पर हथियारबंद मातहत ने गोली चलायी और उसे घायल कर दिया। वो अस्पताल पहुंचकर मर गया। इसी दौरान दो और नौजवानों ने पहाड़ी पर चढ़कर कुछ गोलियां चलाई और बम फेंके। इनके नाम थे––हरेन्द्र लाल चक्रवर्ती और कृष्णा लाल चौधरी। किसी भी यूरोपियन को चोट नहीं आयी। एक स्पेशल ट्रिब्यूनल ने दोनों को मौत की सजा सुनायी। इस नाकामयाब हमले से चिटगांव के गोरे लोगों में फिर से घबराहट फैल गयी और उनकी सुरक्षा के लिये फिर से कदम उठाये गये। जिला मजिस्ट्रेट ने चिटगांव के सभी हिन्दू भद्रलोक के 25 साल से कम उम्र के लोगों को घरों के अंदर रहने को कहा। जब इस आदेश की मियाद खत्म हो गयी तो 170 नौजवानों के लिये नया आदेश दिया गया। इसके मुताबिक जिन 'नौजवानों के क्रांतिकारी संगठन के साथ सम्पर्क की जानकारी थी, उन्हें एक महीने के लिये अपने घरों में रहना था।'[13]

क्रिकेट मैच का हमला नाकामयाब रहा। लेकिन आई आर ए ने बदले की एक आखिरी कार्यवाही को अंजाम दिया। मास्टर दा के लोगों को पता चल गया था कि उस अमावस्या की रात को जब मास्टर दा पकड़े गये थे तो पुलिस को गैराला में उनके छिपने की जगह की जानकारी, एक छोटे भूमिपति नेत्र सेन ने दी थी। उस पनाह की जगह के मालिक क्षिरोद बाला बिश्वास और भरोसेमन्द साथी ब्रजेन्द्र सेन को यकीन था कि नेत्र सेन ने ईनाम के लालच में यह विश्वासघात किया था।[14] जब मास्टर दा की फांसी की सजा को हाई कोर्ट ने बहाल कर दिया तो उन्होंने इसका बदला लेने का फैसला किया।

आठ जनवरी 1934 की अंधेरी रात थी। नेत्र सेन सारा दिन शहर में गुजार कर अपने गांव गैराला पहुंचा था। साढ़े आठ बज चुके थे। उसकी पत्नी ने रसोई के बराबर वाले बरामदे में उसका खाना परोस दिया था। नेत्र सेन खाने के लिए फर्श पर बैठा और उसकी पत्नी ने उसे खाना देना शुरू किया। अचानक उसकी

पत्नी की चीख से सारे गांव की खामोशी भंग हो गयी। पड़ोसी भाग कर आये और अंदर का दृश्य देखकर भयभीत हो गये। नेत्र सेन का कटा हुआ सिर उसकी थाली के पास पड़ा था और उसका बिना सिर का शरीर एक तरफ लुढ़का हुआ था। दो कातिल, किरन सेन और खोका नन्दी रसोई के पास अंधेरे में इन्तजार कर रहे थे। जब नेत्र सेन की पत्नी रसोई में कुछ सामान लेने गयी थी, उन्होंने बरामदे में घुस कर गद्दार का सिर दाओ से उड़ा दिया था।[15] उन दोनों का कुछ पता नहीं चला। सूर्य सेन ने खुद ही बदले की हत्याओं के लिए मना किया था। और उनका सारा ध्यान अंग्रेजी राज पर हमला करने में था। लेकिन उनकी मौत को सामने देखकर उसके नौजवान समर्थक अपने गुस्से पर काबू नहीं रख पाये। अंग्रेज दुश्मन थे और उनको दुश्मनों जैसी इज्जत दी जाती थी। लेकिन नेत्र सेन तो घृणित विश्वासघाती था, उसको क्रूरता और बेइज्जती के साथ मारा जाना था। अंग्रेजों ने इस घटना की तरफ ज्यादा ध्यान नहीं दिया। लेकिन बिनोद बिहारी दत्ता के मुताबिक 'चिटगांव के सारे लोग इस हत्या से खुश थे।'[16]

अपने आखिरी दिनों में अपनी कोठरी में अकेले रह कर सूर्य सेन ने एक आखिरी सन्देश लिखा। यह उनकी मौत के बाद उनके साथियों को मिला। उसमें उन्होंने लिखा 'आदर्श और एकता मेरा विदाई संदेश हैं।' उन्होंने ध्यान दिलाया कि कैसे पागलों की तरह उन्होंने अपने आजाद हिन्दुस्तान के सपने के लिये काम किया और उन्हें यकीन था कि उन सबका त्याग बेकार नहीं जायेगा। आजादी जरूर मिलेगी। इस छोटे से संदेश के आखिर में लिखा थाः '18 अप्रैल 1930 के ईस्टर विद्रोह को कभी मत भूलना। जलालाबाद, जुलदा, चन्दरनगर और धालघाट की लड़ाई को हमेशा याद रखना। अपने दिलों में उन सारे देशभक्तों के नाम खून से लिख लो जिन्होंने देश की आजादी के लिये अपना जीवन कुर्बान कर दिया है। मेरी दिली अपील है कि संगठन के टुकड़े मत होने देना। मेरा जेल और बाहर के सभी साथियों के लिये आशीर्वाद। मैं विदाई लेता हूं। इन्कलाब जिन्दाबाद, वंन्दे मातरम।'[17]

बारह जनवरी की आधी रात को 'सारी परम्पराओं को ताक पर रखकर' सूर्य सेन और तारकेश्वर दस्तीदार को चिटगांव जेल में फांसी दे दी गयी।[18] फांसी चुपचाप दी गयी और रिश्तेदारों को भी कई दिन बाद बताया गया। लाशें न तो परिवारवालों को दी गईं और न ही उनका अंतिम संस्कार किया गया। उनकी लाशें लड़ाई के एक जहाज 'रिनाउन' में ले जाकर, सैकड़ों मील दूर बंगाल की खाड़ी में फेंक दी गयीं।[19] राजशाही जेल में कल्पना दत्त को इसकी जानकारी काफी बाद में मिली। मई 1939 में जब दो जेल से अपने घर लौटी तो एक रेढ़ी वाले ने उसे बताया, 'जिस दिन सूर्य सेन को फांसी हुई थी उस दिन सूरज नहीं निकला था।'[20]

भाग तीन

एक विद्रोह का शोक गीत

जिन्दगी मौत से फूटती है और जिन्दा कौमें देशभक्तों की शहादत से

— पैट्रिक पीयर्स

31
योद्धा, न कि आतंकवादी

क्रान्तिकारी आंदोलन अराजकता का आंदोलन नहीं है, न ही यह सिर्फ आतंकवादी आंदोलन है। क्रान्तिकारियों का उद्देश्य अराजकता या गड़बड़ी फैलाना नहीं है। यह सही है कि कभी –कभार उन्हें आतंक का सहारा लेना पड़ता है लेकिन उनका आखिरी मकसद आतंक नहीं बल्कि क्रान्ति है। और उस क्रान्ति का उद्देश्य राष्ट्रीय सरकार की स्थापना है।

– सुभाष चन्द्र बोस[1]

सूर्य सेन की शहादत सिर्फ चिटगांव विद्रोह का अन्त नहीं था बल्कि (इतिहासकारों के शब्दों में) क्लासिकी क्रान्तिकारी आतंकवाद के युग का भी अन्त था।[2] 19वीं सदी के शुरू के सालों से लेकर 1930 के मध्य तक के तीन दशकों में, गुलाम हिन्दुस्तान के हजारों नौजवानों ने देश की आजादी के लिये अपनी जवानी और जानें कुर्बान की थीं। जब खून–खराबे और दंगो के बीच आजादी आयी तो उनकी कुर्बानी को अन्दाजन भुला ही दिया गया, क्योंकि नई पीढ़ियों को बताया गया कि सत्ता सिर्फ अहिंसा पर आधारित सत्याग्रह की वजह से मिली थी। कभी–कभार कुछ शानदार शख्सियतों–खासतौर पर भगतसिंह–को याद भी कर लिया जाता है और उनकी चर्चा होती है। लेकिन आमतौर पर क्रान्तिकारी रुझान की अनदेखी की जाती है। कम से कम आम जनता की चेतना में तो उसकी मौजूदगी नहीं के बराबर है। कुछ लोग इस शानदार कुर्बानी के कायल हैं कि ये अपने थोड़े से हथियारों की मदद से, अंग्रेजी शासन से लड़े। लेकिन यह भी मानते हैं कि इनका नजरिया सीधा–सादा था, इनकी नीति बचकानी थी और ये लोग आजादी की लड़ाई के हाशिये पर ही थे। राष्ट्रीय आंदोलन में इस रुझान की गहराई से जांच–पड़ताल तो इस किताब में नहीं की जा सकती, लेकिन चिटगांव के अनुभव के सन्दर्भ में कुछ बातें कहना ठीक रहेगा।

हथियारबन्द लड़ाकों को लगातार आतंकवादी कहकर उनकी भूमिका को

नकारा गया और कम करके आंका गया। आम तौर पर समझा जाता है कि सिर्फ अंग्रेज ही इस शब्द का इस्तेमाल करते थे। लेकिन असलियत यह है कि कांग्रेस और वामपंथ के लोग भी यही शब्द इस्तेमाल करते थे, जिसकी वजह से इन लड़ाकों ने भी अपने बारे में इसी शब्द का इस्तेमाल शुरू कर दिया। इस समय के सरकारी दस्तावेजों, पत्रों और बयानों से जाहिर होता है कि अंग्रेज अधिकारी बिना सोचे–समझे, इन शासन से लड़ने वालों को 'क्रान्तिकारी' कहते थे। जैसे चिटगांव के मामले में अधिकारियों ने हर स्तर पर क्रान्तिकारी शब्द का इस्तेमाल किया। दोनों शब्द क्रान्तिकारी और आतंकवादी, एक ही दस्तावेज में अदल–बदल कर इस्तेमाल किये जाते थे। अंग्रेज इस बारे में साफ थे कि ये लड़ाके उनके राज को खत्म करना चाहते थे। उनका उद्देश्य क्रान्तिकारी था, लेकिन वो शासकों के खिलाफ कभी–कभी आतंक का सहारा भी लेते थे।

अंग्रेजों के बरक्स राष्ट्रवादी नेता हमेशा आतंकवादी शब्द का इस्तेमाल करते थे। आजादी के बाद, आजादी के हथियारबन्द लड़ाकों को ज्यादा अच्छी नजर से देखा जाने लगा। लेकिन विद्वान लोग इन्हें अब भी या तो क्रान्तिकारी आतंकवादी या सिर्फ आतंकवादी कहते हैं। इसकी वजह उनके अनुसार यह है कि हिंसा का इस्तेमाल करने वाले ये लोग व्यक्तियों की हत्याएं करते थे, हथियारबन्द डाकेजनी करते थे और छोटे हथियार और विस्फोटक बनाते थे। हालांकि आतंकवाद पर काफी कुछ लिखा गया है, फिर भी विद्वानों का कहना है कि 'आतंकवाद के बारे में कोई वैज्ञानिक दृष्टिकोण नहीं है, और सब लोग इसके बारे में एकमत रखें इसका तो सवाल ही नहीं उठता, क्योंकि यह तरह–तरह से पैदा होता है और तरह–तरह से काम करता है।'[3] जो विद्वान इससे सहानुभूति रखते हैं वे भी यह मानते हैं कि 'छोटे पैमाने पर हिंसा की ये घटनाएं' जो इस शताब्दी के पहले साढ़े तीन दशकों में हिन्दुस्तान में हुईं, उन्हें आतंकवाद का ही नाम दिया जा सकता है।[4]

विद्वानों के मत में कितनी सच्चाई है अगर इसको एक तरफ छोड़ दें तो आतंकवाद आम आदमी की नजर में एक नकारात्मक और हीन कार्य–विधि है। और इसके इस्तेमाल से हम हिन्दुस्तान की आजादी के लिये हथियारबन्द लड़ाई करने वालों के साथ, इन्साफ नहीं करते हैं। आज के हालात में आतंकवाद का मतलब है व्यक्तियों के खिलाफ बेतरतीब हिंसा। और इस हिंसा का निशाना बेकसूर लोग बनते हैं, जिनसे जबर्दस्ती पैसे लिये जाते हैं या उन्हें मारा जाता है। इसके अलावा यह किसी छोटे और संकीर्ण उद्देश्य के लिये की जाती है। इसके बारे में यह भी समझा जाता है कि इसका कोई खास नजरिया या विचारधारा नहीं होती है सिवा सिर्फ मारो या मरो की मर्दानगी के।

लेकिन हथियारबन्द क्रान्तिकारी धारा का अपना एक इतिहास है। इसमें आजादी के लिये मुख्य धारा की लड़ाई, जो कांग्रेस के नेतृत्व में लड़ी गयी, के साथ एक मत होना, विरोध और इन रिश्तों में बदलाव वगैरह शामिल हैं। यह आंदोलन अंग्रेजों के साम्राज्यवादी शासन के खिलाफ, देसी और स्वाभाविक जवाब था।[5] यह बीसवीं शताब्दी के शुरू के सालों में कांग्रेस की अंग्रेजी शासन से मांग करने और समझौता करने की राजनीति की नाकामयाबी का नतीजा था। सुभाष चन्द्र बोस के शब्दों में 'यह आंदोलन इस विश्वास के साथ पैदा हुआ था कि पश्चिम के लोग हिंसा की भाषा के अलावा कोई और भाषा नहीं समझते हैं।'[6] और यह विश्वास उनके रोजमर्रा के जीवन के अनुभव से पुख्ता हुआ था। 'रेल में, ट्राम में, सार्वजनिक जगहों और कार्यक्रमों में, यानि हर जगह अंग्रेज चाहता था कि देसी लोग उनको तरजीह दें और अगर वो ऐसा नहीं करते थे, तो उन पर हमला किया जाता था।' और जब वे पलट कर हमला करते थे तो 'असर फौरन और जोरदार होता था।' जितनी तादाद में वे हमला करते थे, उसी तादाद में 'वे अपने ही देश में आत्मसम्मान से जी सकते थे।'[7]

लेकिन ऐसा नहीं था कि ये सिर्फ बंगाली भद्रलोक के आत्मसम्मान की तलाश थी। इसके पीछे दूसरे गुलाम देशों का अनुभव भी था, जहां ताकत के दम पर कायम हुये साम्राजी शासन को ताकत के दम पर ही हटाया जा सका था। हिन्दुस्तान में ज्यादातर आबादी सोयी, पिसी हुयी और कमजोर थी। इसलिये,फौरन जनक्रान्ति होना मुमकिन नहीं था। उन्हें जगाना होगा, उनमें जोश भरना होगा और इसके लिये शब्दों से प्रचार के साथ–साथ कार्रवाइयों से भी प्रचार करना होगा। नौजवानों की कई पीढ़ियों का मानना था कि उनकी जिम्मेवारी 'अपने कामों से प्रचार' करने की थी, जिसके लिये उन्होंने अंग्रेज शासन के ठिकानों और निशानों पर हिंसात्मक हमला करके शहादत पायी। दूसरे लोग शब्दों से प्रचार करते रहे।

शुरू से ही गुप्त क्रान्तिकारी संस्थाओं के नेता, पूरे देश के पैमाने पर हथियारबन्द क्रान्ति का सपना देखते थे, जिससे साम्राज्यवादी शासन का खात्मा हो। अरबिन्दो घोष के नेतृत्व में बंगाल के अतिवादियों ने *जुगान्तर* और *बन्देमातरम्* के अपने लेखों में साफ कर दिया था कि 'आजादी हिन्दुस्तान की सबसे अहम जरूरत थी। इसके बिना न तो राष्ट्रीय एकता बन सकती थी और न ही आर्थिक और सामाजिक विकास हो सकता था।'[8] कांग्रेस की 'पूर्ण आजादी' की मांग से बहुत पहले ही क्रान्तिकारियों ने इसे अपना ध्येय घोषित कर दिया था। सवाल था कि इसे हासिल कैसे किया जाए?

बंगाल के क्रान्तिकारी आंदोलन में गुटबन्दी के बारे में बहुत बात की गयी

है। यह भी कहा गया है कि 'बंगाल में क्रान्तिकारी आतंकवाद का इतिहास काफी हद तक दो मुख्य क्रान्तिकारी ग्रुपों–अनुशीलन और जुगान्तर–में प्रतिद्वन्द्विता का इतिहास है...।[9] व्यक्तिगत अहम और प्रतिद्वन्द्विता की हर राजनीतिक आंदोलन में भूमिका होती है। लेकिन इसके पीछे सोचने, समझने और काम करने के तरीकों से संबंधित मतभेद होते हैं। बंगाल के क्रान्तिकारी आंदोलन के भीतर और आपस के मतभेद भी काम के तरीकों को लेकर थे–क्रान्ति या विद्रोह। क्रान्ति वाले सोचते थे कि धीरे–धीरे तमाम परेशानियां उठा कर सारे देश के पैमाने पर विद्रोह किया जाये। इसके लिये हथियार इकट्ठे करने चाहिये, कैडर भर्ती करना चाहिये और अंग्रेजी फौज में हिन्दुस्तानी सिपाहियों में बेचैनी पैदा करनी चाहिये। 1915 की नाकामयाब कोशिश के बाद, बहुत से नेता जो लम्बी सजा काट कर जेल से छूटे (1919 में और 1927–28 में) इस विचार के थे। लेकिन, 'विद्रोह' की विचारधारा के लोगों का मानना था कि लम्बे समय के लिये बनायी गयी योजनाओं का नाकामयाब होना लाजमी था। हिन्दुस्तान जैसे बड़े देश में एक साथ सब जगह विद्रोह कर पाना मुमकिन नहीं था। छोटे–छोटे विद्रोहों पर ध्यान देना ज्यादा कारगर होगा क्योंकि इनके सामूहिक प्रभाव से, देश की जनता की चेतना जगायी जा सकेगी। जुगान्तर नेता जतिन मुखर्जी, जो 1915 की पुलिस के साथ हुयी मुठभेड़ में मारा गया था, इसी विचारधारा का था। भूपेन्द्र दत्ता (छोटा)ने आजादी के कई साल बाद 1914 में जतिन मुकर्जी से हुयी अपनी बातचीत का ब्यौरा दिया है, जिसमें इस विचारधारा को साफ किया गया था। जतिन ने उनसे कहा था: 'मेरी समझ में छोटे–छोटे विद्रोहों से देश में चेतना फैलेगी। हमारी शहादत से बहुत लोग जागेंगे। और यह प्रक्रिया तब तक चलेगी जब तक सारे देश के लोग एक आखिरी लड़ाई देश की आजादी के लिये लड़ेंगे। *आमरा मरबो, देश जागबे* (हम मरेंगे, देश जागेगा)।'[10] दोनों विचारधाराओं के बीच यह बहस 1920 में जारी थी। चिटगांव ग्रुप पूरे तौर पर 'विद्रोह' की विचारधारा के साथ था।[11]

सारे ही क्रान्तिकारी ग्रुपों का उद्देश्य विदेशी गुलामी से आजादी पाना था। यह माना जाता है कि उनके पास आजाद भारत का कोई नक्शा नहीं था। लेकिन जो भी दस्तावेज पुलिस ने बरामद किये हैं उनसे पता चलता है कि वे एक उदार, प्रगतिशील और बराबरी वाला गणतन्त्र बनाना चाहते थे। एक चार पृष्ठ का पर्चा जिसका शीर्षक था *रेवोल्यूशनरी* ,1925 के शुरू में बड़े पैमाने पर बांटा गया था। यह माना जाता है कि इसे शचीन्द्र नाथ सान्याल ने लिखा था।[12] सूर्य सेन ने इनके साथ हिन्दुस्तान रिपब्लिकन एसोसिएशन बनाने में हिस्सा लिया था। पर्चे में घोषणा की गयी थी कि रेवोल्यूशनरी पार्टी का ध्येय 'फेडरल रिपब्लिक आफ यूनाइटेड स्टेट्स आफ इन्डिया' की स्थापना था। यह एक हथियारबन्द क्रान्ति

के द्वारा किया जाना था। इस गणतन्त्र के मूलभूत सिद्धान्त होंगे 'हर एक को वोट का अधिकार, और ऐसी सभी व्यवस्थाओं को खत्म करना, जिनसे आदमी आदमी का शोषण करता हो।' इसमें यह भी कहा गया थाः 'हमारा उद्देश्य मानवता की सेवा करना है। और यह उद्देश्य हिन्दुस्तान तब तक कभी पूरा नहीं कर सकता है, जब तक उसे गुलामी में जकड़े रखा जाता है, जब तक हिन्दुस्तान ब्रिटिश हिन्दुस्तान है।' दो और पर्चे 1925 में कलकता के पुलिस धावों में मिले थे–*फॉर्मेशन आफ यंग इन्डिया* और *हाऊ टू राईज*[13]। इनमें बताया गया था कि 'देश की आजादी के लिये संगठन कैसे बनाना है' और इसके लिये सब मुमकिन तरीके– हथियारबन्द क्रान्ति–इस्तेमाल करने हैं। पहले पर्चे में कहा गया था कि आंदोलन का उद्देश्य 'देश की सेवा करना है जिससे मानवता की सेवा की तरफ बढ़ा जा सकता था।' फौरी ध्येय देश को आजाद कराना था।

उन्होंने आतंकवाद की तोहमत को भी नकारा। *रेवोल्यूशनरी* में कहा गया था कि हिन्दुस्तानी क्रान्तिकारी न तो आतंकवादी हैं और न ही अराजकतावादी। 'आतंकवाद उनका मकसद नहीं है और उनको आतंकवादी नहीं कहा जा सकता। उनका यकीन इस बात में नहीं है कि सिर्फ आतंकवाद से आजादी हासिल की जा सकती है। और वे आतंकवाद सिर्फ आतंकवाद के लिये नहीं चाहते हैं, हालांकि वे कभी–कभी इसका सहारा बदला लेने के लिये लेते हैं। आज की सरकार इसलिये चल रही है कि उन्होंने हिन्दुस्तान के आवाम को आतंक से डरा कर रखा है। सरकारी आतंकवाद का मुकाबला पलट कर आतंकवाद से करना होगा।'[14]

इस तरह आतंकवाद हमेशा सिर्फ काम करने का एक तरीका था। हमेशा पुलिस से बचते रहने की कोशिश में तथा पुलिस के भेदियों से संगठन के छिन्न–भिन्न होते रहने के चलते और बिना मुकद्दमों के जेलों में ठूंसे जाने से, क्रान्तिकारियों के लिये विद्रोह की योजना को अंजाम देना आसान नहीं था। वे निराशा और गुस्से में व्यक्तियों पर हमला करते थे। वे हमला करते थे सरकार की खिल्ली उड़ाने के लिये और हमला करते थे यह दिखाने के लिये कि उनका संगठन, उनको कुचलने की सारी कोशिशों के बावजूद अभी भी जिन्दा है। जिस तरह धरना देने को नागरिक अवज्ञा आंदोलन में एक कार्यनीति की तरह इस्तेमाल किया गया, उसी तरह आतंक भी हथियारबन्द लड़ाई में इस्तेमाल किया गया। इसलिये, आजादी के लिये लड़ने वालों को धरना देने वाला या आतंकवादी कहना बिल्कुल ठीक नहीं है। वे लोग जो हथियारों से लड़े या जिन्होंने हथियारों से लड़ने की योजना बनायी, उन्हें साम्राज्य के खिलाफ युद्ध छेड़ने के लिये फांसी चढ़ाया गया। उन्हें कामयाबी तो बहुत कम मिली, लेकिन वे योद्धा जरूर थे। चिटगांव की घटना विद्रोह के सपने की पूर्ति के सबसे करीब थी। विद्रोह का मतलब कुछ बम

फेंकना या कुछ एक अधिकारियों को मारना नहीं था। सूर्य सेन को यकीन था कि आजादी की लड़ाई लम्बी और कठोर होगी और अपनी जान न्यौछावर करने को तैयार नौजवान व्यक्तिवादी आतंकवाद की जगह, संगठित हथियारबन्द लड़ाई का रास्ता दिखायेंगे।'[15] गणेश घोष ने कहा कि चिटगांव का विद्रोह 'सारे हिन्दुस्तान को या सारे बंगाल को भी मुक्त नहीं करा सकता था। लेकिन उन्होंने तो ऐसा कभी सोचा भी नहीं था',[16] उनका इरादा तो एक उदाहरण पेश करना था। यह दिखाना था कि मुट्ठी भर नौजवान एक सेना बनाकर अपने से बेहतर ताकत से लोहा ले सकते हैं। अंग्रेजों के दस्तावेज, उनकी कामयाबी का सबसे बड़ा सबूत हैं। अंग्रेज शासक, राष्ट्रवादी नेताओं से ज्यादा, क्रान्तिकारी आंदोलन को इज्जत देते थे और उससे डरते थे। चिटगांव में उन्होंने अपने दुश्मनों से एक सेना के सैनिकों की तरह बर्ताव किया न कि सिर्फ हत्यारों की तरह। और उनको पता था कि इस राष्ट्रीय सेना के पीछे, शहरों और गांव के अनगिनत लोगों का समर्थन था। पुलिस उनकी घेराबन्दी करती थी, ब्रिटिश फौज की टुकड़ियां बार–बार बुलायी जाती थीं, उनका पता लगाने के लिये हवाई जहाजों का इस्तेमाल किया जाता था और नौसेना को भी तैयार रखा जाता था। गोर्डन ने चिटगांव के बारे में अपनी रिपोर्ट में लिखा थाः 'फौज के अधिकारियों ने बहुत मुस्तैदी से हमारी परेशानी में हमारा साथ दिया। इसके लिये हम उनके शुक्रगुजार हैं। फौज के कमांडर से लेकर नीचे तक उन्होंने हमारा हौसला बढ़ाया है और मदद की है। इसमें नौसेना भी पीछे नहीं रही है। जनवरी और अप्रैल 1932 में और फिर इस साल जनवरी में, उनके जहाज चिटगांव आये।'[17] तीसरी बार आने पर नौसेना के मुख्य कमांडर ने यह इच्छा जाहिर की कि उसके जहाज *'एन्टर प्राइज'* को' 'चिटगांव के हालात का जायजा लेने का मौका दिया जाये जिससे कि वे समझ सकें के आपात स्थिति में वे कैसे मददगार हो सकते हैं।'[18]

अंग्रेजों को इस आंदोलन को कुचलने में चार साल लगे। सारे जिले में हजारों लोगों को जेल में डाला गया ताकि वे चिटगांव को कहीं और न दोहरा पायें। इतने बड़े पैमाने पर गिरफ्तारियों और सारे जिले में दमन का मकसद, मुट्ठी भर अंग्रेज अधिकारियों और गैर–अधिकारी यूरोपियनों की जिन्दगी की रक्षा करना था। इसकी कीमत हिन्दुस्तानियों को चुकानी पड़ी। मिसाल के तौर पर चिटगांव का यूरोपियन समुदाय हमेशा लन्दन में उच्च–अधिकारियों से अपनी हालत के बारे में शिकायत करता था। इससे परेशान होकर बंगाल के मुख्य सचिव ने केन्द्र सरकार के गृह सचिव को लिखाः 'आखिरी जनसंख्या की गिनती के मुताबिक सारे चिटगांव जिले में 20 मील के दायरे में यूरोपियनों की आबादी कुल 1257 है और शहरी इलाके की कुल आबादी 50,000है।'[19] उनमें से हर एक को पुलिस का

चौकीदार नहीं दिया जा सकता था, लेकिन पुलिस पूरी तरह मुस्तैद थी। लगभग 270 हथियारबन्द आदमी 'या यूरोपियन और एंग्लो–इन्डियन समुदाय के हर 14 आदमियों के पीछे, तीन लोगों की जिम्मेवारी इनकी रक्षा करने की है।'[20] जब सारा जिला आतंक की लहर झेल रहा हो तो सिर्फ 1257 लोगों के लिये ही सब कुछ करना मुमकिन नहीं था।

हथियार उठाने के लिये तैयार इन नौजवानों के बारे में यह भी कहा जाता है कि वे इस काम में होशियार नहीं थे। कहा जाता है कि 'वे आदतन अंग्रेजों को निशाना बनाने में चूक जाते थे।'[21] या 'अक्सर अपने निशाने वाले आदमी के पास खड़े बेकसूर आदमी को मार देते थे।'[22] यह कुछ हद तक सही है, लेकिन सरकारी फाइलों में एक गुप्त टिप्पणी से इसको ठीक नजरिये से देखा जा सकता है। 1931 में अंग्रेजी राज के अधिकारियों पर हमले ज्यादा और खतरनाक होने लगे। इससे परेशान होकर दिल्ली ने सुझाव दिया कि बंगाल को रिवाल्वर की शिक्षा देने के लिये एक केन्द्रीय स्कूल खोलना चाहिये जिससे कि सुरक्षा की ड्यूटी पर तैनात हर आदमी को गोली चलाने की शिक्षा मिल सके।[23] गुप्तचर विभाग के मुखिया ने इस सुझाव का स्वागत किया और सुझाव दिया कि 'हर सुरक्षा कर्मचारी को पूरा प्रशिक्षण दिया जाये और साल में कम से कम तीन बार उनको दुबारा शिक्षा दी जाए। कोई भी आदमी बिना 500 बार गोली चलाये ठीक से गोली नहीं चला सकता है और अच्छा निशानेबाज बनने के लिये 2000 बार गोली चलाना जरूरी है।'[24]

हिन्दुस्तानी लड़कों (बाद में लड़कियों को भी) को कभी भी लड़ाई में जाने से पहले पांच बार भी गोली चलाने का मौका नहीं मिला होगा। ताज्जुब यह नहीं है कि उनकी गोली कितनी बार निशाने पर नहीं लगी बल्कि ताज्जुब यह है कि उनकी गोली कितनी बार निशाने पर लगी। जलालाबाद की लड़ाई में फौजी यूनीफार्म पहन कर नौजवान लड़कों ने मस्कट हाथ में लेकर पूरी हथियारबन्द सेना से लड़ाई लड़ी। वे शायद बहुत होशियार सिपाही नहीं थे, लेकिन उनको आतंकवादी कहना सच नहीं है और उनकी याद को कलंकित करना है।

32

चरखा और बन्दूक

मुझे पता है कि हमारे बीच हिंसा का भी एक नजरिया है। मैंने कोशिश की है और मेरे साथियों ने भी कोशिश की है कि हम उन्हें इस रास्ते से, जिसे हम गलत समझते हैं, हटा पायें। लेकिन इसके साथ ही मुझे यह भी पता है कि उनका और हमारा मकसद एक है। वे भी आजादी हासिल करने की आग में जल रहे हैं, जो हिन्दुस्तान का हक है, उसका जन्मसिद्ध अधिकार है।

– महात्मा गांधी[1]

महात्मा गांधी के महान व्यक्तित्व, उनके अहिंसा में अटूट विश्वास और आजादी की लड़ाई मे लाखों लोगों को जोड़ने में उनकी कामयाबी की वजह से, क्रान्तिकारी रुझान का महत्व कम करके आंका जाता है। लेकिन कई ऐसे कांटे के क्षण भी आये जब दोनों रुझान एक ही रास्ते पर आये, साथ रहे और दोनों ने एक दूसरे को नई ऊंचाई पर पहुंचाया। अपनी गुप्त संस्थाओं और योजनाओं के बावजूद, हथियारबन्द क्रान्तिकारी राष्ट्रीय आंदोलन से कट कर काम नहीं करते थे। और कांग्रेस को भी इस लड़ाकू रुझान के मौजूद होने से फायदा होता था।

गांधी के हिन्दुस्तान आने के बहुत पहले से ही राष्ट्रीय क्रान्तिकारियों ने पूर्ण आजादी और हिंसात्मक गतिविधियों के लिये प्रचार शुरू कर दिया था। महाराष्ट्र में गुप्त संस्थाएं, बंगाल में राष्ट्रवादी आंदोलन का उभार, पंजाब में गदर आंदोलन और विदेशों में अंग्रेजों के खिलाफ कार्रवाइयां, बहुत पहले से शुरू हो चुकी थीं। तब कांग्रेस के आंदोलन का नामोनिशान भी नहीं था। इस नजरिये से देखें तो क्रान्तिकारी रुझान आजादी के आंदोलन का अगुआ है, हालांकि कांग्रेस की स्थापना 1885 में ही हो चुकी थी। शुरू के सालों में भी इस आंदोलन की विचारधारा के नेता–तिलक, लाजपत राय, विपिन चन्द्र पाल, अरबिन्दो घोष–कांग्रेस के भी बड़े नेताओं में थे। दिसम्बर 1906 में कांग्रेस का अधिवेशन कलकत्ते में हुआ। 'उसी समय बंगाल की क्रान्तिकारी पार्टी ने अपनी जिले की कन्वेंन्शन की'।[2]

कांग्रेस की सिर्फ प्रस्ताव पास करने की नीति से तंग आकर नौजवान लोग हिंसा की कार्यवाहियों की तरफ बढ़े। इसे अधिकारियों ने आतंकवादी आंदोलन का पहला चरण करार दिया। आंदोलन को कुचलने के लिये बहुत से दमनकारी कानून बनाये गये, जिनके जरिए सैंकड़ों लोगों को जेल में ठूंसा गया। 1908 में हुये बम के हमलों से अंग्रेजों की नीति में बदलाव आया। खुदी राम बोस को बम फेंकने के जुर्म में फांसी हुयी। राज सचिव जॉन मार्ले ने माना कि इससे 'जान बुल की आंखें खुल गयीं।'[3] कुछ लोगों का मानना है कि मिन्टो–मोर्ले सुधार इसी हिंसात्मक घटना का नतीजा थे। सरकार ने कभी 'यह नहीं माना कि आतंकवाद की वजह से कुछ छूट दी गयी है। लेकिन यह तय है कि वो इसके बाद समझौते के लिये ज्यादा तैयार थी क्योंकि आतंकवाद ने, अड़े रहने के खतरों को दिखा दिया था।'[4]

कुछ छोटी–मोटी छूट देने के बाद सरकार ने 'देशद्रोह' के खिलाफ ज्यादा कड़ा रुख अपनाया। लेकिन गिरफ्तारियों और दमन के बावजूद, हिंसा का खतरा मंडराता रहा। राजनीतिक विरोध को खत्म करने के लिये अंग्रेज सरकार एक पक्का कानून चाहती थी। 'कान्तिकारी आंदोलन के साथ जुड़े गैर–कानूनी षड़यन्त्रों की पहुंच और विचारधारा को समझने के लिये' रौलट कमेटी बनाई गयी। इसका काम ऐसे कानून सुझाना था जिनसे इन षड़यन्त्रों का खात्मा किया जा सके। इस कमेटी के सुझावों के आधार पर रेवोल्यूशनरी एन्ड एनार्किकल काईम्स एक्ट–1919, दिल्ली में लेजिस्लेटिव एसेंबली में पास किया गया। यह ध्यान देने वाली बात है कि महात्मा गांधी ने सारे हिन्दुस्तान के पैमाने पर पहला विरोध आंदोलन, इसी कानून के खिलाफ आयोजित किया जोकि कान्तिकारियों को कुचलने के लिये लाया गया था।

शुरू से ही महात्मा गांधी ने अहिंसा में विश्वास जताया था। हालांकि उनके लिये अहिंसा विश्वास की बात थी, लेकिन बंगाल के कान्तिकारियों से उन्होंने इसे एक नीति के तौर पर अपनाने को कहा। दिसम्बर 1920 में कलकत्ते में एक भाषण में उन्होंने कहा: 'मेरे लिये तो अहिंसा मेरा धर्म है, सिद्धांत की बात है। लेकिन चाहे यह सिद्धांत हो या नीति, अहिंसा की जरूरत को समझे बिना हिन्दुस्तान के करोड़ों लोगों को सशक्त करने का कार्यक्रम सफल नहीं हो सकता। हिंसा कुछ समय के लिये थोड़ी कामयाबी दिला सकती है, लेकिन लम्बे समय में इसका कोई खास नतीजा नहीं निकल सकता।'[5] इस बात को वो बार–बार दोहराते हैं, खास तौर पर 1930 के दशक में जब हिंसा और नागरिक अवज्ञा आंदोलन ने मिलकर अंग्रेजी शासन की नींव हिला दी थी।

कान्तिकारियों ने अहिंसा को एक मौका देने का गांधी जी का सुझाव मान

लिया। चिटगांव में, जैसा कि हम देख चुके हैं, सूर्य सेन और उसके साथी 1920–21 में पूरी तरह असहयोग–खिलाफत आंदोलन में जुट गये थे। यही सारे प्रान्त में हुआ। कान्तिकारी उद्देश्य को मानने वाले और उससे हमदर्दी रखने वाले दर्जनों कार्यकर्ताओं ने गांधीजी के कार्यकमों में हिस्सा लिया। और जो इसमें विश्वास भी नहीं करते थे, उन्होंने भी हिंसा की कोई घटना नहीं की। फरवरी 1922 में जब गांधीजी ने आंदोलन वापिस ले लिया तो ये कान्तिकारी बहुत निराश हुये, लेकिन कांग्रेस से उनके रिश्ते पूरी तरह नहीं टूटे। 1924 के बंगाल आर्डिनेन्स के बाद जो लोग नजरबन्द हुये थे, उन्होंने 1920 के दशक में स्वराज पार्टी और कांग्रेस की सदस्यता ले ली। सर चार्ल्स टेगार्ट ने आंदोलन के बारे में एक सटीक टिप्पणी में लिखा है कि बंगाल के आतंकवादियों ने एक महत्वपूर्ण चाल में 'अन्दरूनी तौर पर भर्ती और संगठन बनाने का और बाहरी तौर पर हमदर्दी हासिल कर कांग्रेस के संगठन में घुसकर कार्यकारिणी और कांग्रेस कमेटी की सीटों पर कब्जा करने का काम किया।'[6] यह चिटगांव में साफ तौर पर देखने को मिलता है। यहां सूर्य सेन और उनके साथियों ने कांग्रेस की गतिविधियों में हिस्सा लिया और विद्रोह की योजना भी बनाते रहे। और जब हजारों लोग शस्त्र भंडार पर हमलों के बाद बी सी एल ए एक्ट के तहत गिरफ्तार हो गये थे, उसके बाद भी कान्तिकारियों से हमदर्दी रखने वाले हजारों लोगों ने नागरिक अवज्ञा आंदोलन में भाग लिया।

कान्तिकारियों का यह फैसला कि वे कांग्रेस की गतिविधियों में हिस्सा लेंगे और इसकी कमेटियों में जायेंगे, कांग्रेस संगठन को नुकसान पहुंचानेवाला फैसला नहीं था। यह तो आजादी की लड़ाई के लिये एक सम्पूर्ण दृष्टिकोण था।

हिंसा, महात्मा गांधी को बिल्कुल पसन्द नहीं थी। लेकिन इसका उल्टा सही नहीं था। अहिंसा से उन्हें परहेज नहीं था, हालांकि उनका विश्वास था कि अंग्रेजों को सिर्फ अहिंसा से नहीं भगाया जा सकता। कान्तिकारियों ने अहिंसात्मक गतिविधियों में हिस्सा लेने को एक नीति की तरह इस्तेमाल किया। इससे वे आम जनता में आजादी के उद्देश्य का प्रचार कर सकते थे। गांधीजी के आने के पहले भी कान्तिकारी जनता की भलाई के कामों में लगे रहते थे। जैसे रात के स्कूल खोलना, बाढ़ पीड़ितों की सहायता, वगैरह।[7] 1920–21 में सूर्य सेन और उनके साथियों ने जे एम सेनगुप्ता के नेतृत्व में हुयी हड़तालों में हिस्सा लिया। उन्होंने सोचा था कि शायद गांधीजी ने वास्तव में अंग्रेजों को हराने के लिये कोई नया रास्ता ढूंढ निकाला है। जुगान्तर के एक नेता कहते हैं कि ग्रुप को 'इसकी परवाह नहीं थी कि रास्ता हिंसा का है या अहिंसा का, बशर्ते इससे बड़े पैमाने पर जन आंदोलन बढ़े।'[8] कहा जाता है कि सूर्य सेन को भी विश्वास था कि 'आजादी

की लड़ाई में हिंसा या अहिंसा के सवाल का कोई महत्व नहीं था बल्कि ये बिल्कुल गैर–जरूरी था।'[9] अनन्त सिंह ने लिखा है कि 'गांधीजी से हमारे मतभेद होने के बावजूद हम आजादी की लड़ाई में गांधीजी के अहिंसात्मक आंदोलन की भूमिका को समझते थे।'[10] कालीकिंकर डे ने कहा कि 'गांधी जी का आंदोलन और हमारा आंदोलन अलग नहीं किये जा सकते हैं।'[11]

इस तरह क्रान्तिकारी ग्रुपों को गांधीवादी आंदोलन न तो मंजूर था और न ही वे इसका विरोध करते थे। वे तो समझते थे कि यह उनकी गतिविधियों का पूरक है। उनका विश्वास था कि अहिंसात्मक सत्याग्रह एक महत्वपूर्ण भूमिका निभाता है, लेकिन हथियारबन्द लड़ाई भी इसके साथ–साथ जारी रखनी चाहिये। सूर्य सेन का विश्वास नौजवानों की शक्ति में था क्योंकि उनका मानना था कि आदर्शवादी नौजवान ही, जिन पर परिवार की जिम्मेवारी नहीं है और जो नौकरियां नहीं ढूंढ रहे हैं, देश के लिये जीवन की बलि दे सकते हैं। दूसरे लोग भी आंदोलन में हिस्सा लेंगे, लेकिन नौजवान इसके अगुआ होंगे। आजादी के आंदोलन के प्रति यह समग्र समझ हमें साफ तौर पर भगत सिंह के हिन्दुस्तान सोशलिस्ट रिपब्लिकन एसोसियेशन के घोषणा पत्र *बम का दर्शन* में मिलती है। गांधीजी की क्रान्तिकारियों की आलोचना का जवाब देते हुये इसमें कहा गया है कि 'आजादी हासिल करने के लिये क्रान्तिकारी सभी ताकतों–शारीरिक और नैतिक–का इस्तेमाल करना चाहते हैं। लेकिन आत्म–शक्ति की वकालत करने वाले शारीरिक ताकत के इस्तेमाल के खिलाफ हैं। सवाल यह नहीं है कि आप हिंसा चाहते हैं या अहिंसा चाहते हैं, बल्कि यह है कि क्या आप आत्म–शक्ति के साथ शारीरिक शक्ति भी चाहते हैं या सिर्फ आत्म–शक्ति।'[12]

कांग्रेस की गतिविधियों से क्रान्तिकारियों के प्रभाव का दायरा बढ़ता गया और गांधी जी के बार–बार आंदोलन वापिस लेने से, उनकी गतिविधियों को सीधे बढ़ावा मिला। जब महात्मा गांधी ने 1922 में असहयोग आंदोलन वापिस लिया तो सूर्य सेन जैसे लोगों को लगने लगा कि अहिंसा से कुछ हासिल होने वाला नहीं है। 1928 में जब जनता का विरोध अपने उभार पर था, तब गांधीजी ने आंदोलन शुरू करने का फैसला नहीं किया। इससे हथियारबन्द हमले फिर शुरू हुये। उत्तरी भारत में भगतसिंह और उनके साथियों द्वारा और दो साल चुप रहने के बाद, बंगाल में चिटगांव ग्रुप के द्वारा बढ़ते हुये हिंसात्मक हमलों की वजह से गांधीजी ने 1930 में नागरिक अवज्ञा आंदोलन शुरू करने का फैसला किया। उन्होंने लिखाः 'नागरिक अवज्ञा ही देश को अराजकता और गुप्त अपराधों से बचा सकती है क्योंकि देश में हिंसा की पार्टी भाषणों, प्रस्तावों और सम्मेलनों की बात नहीं सुनती और सीधा हमला करने में यकीन रखती है।'[13]

हालांकि क्रान्तिकारी महात्मा गांधी को राष्ट्रीय आंदोलन का सबसे बड़ा नेता मानते थे लेकिन गांधीजी हमेशा उन्हें आजादी के उद्देश्य के लिये नुकसानदायक समझते थे। गांधीजी को उनकी देशभक्ति पर शक नहीं था, लेकिन उनका मानना था कि हिंसा से आजादी की लड़ाई आगे नहीं बढ़ सकती है। 1930–31 में जब नागरिक अवज्ञा आंदोलन अपने उभार पर था, तब गांधीजी ने 'आतंकवाद' पर हमला तेज कर दिया। मुमकिन है कि यह इसलिये भी हुआ हो कि अवज्ञा करने वाले नागरिकों को जेल में बुरी तरह पीटा जा रहा था और यह संभव था कि वे बदले में हिंसा की कार्यवाही करें। इस संभावना को गांधीजी हर कीमत पर टालना चाहते थे। राष्ट्रीय क्रान्तिकारियों की तरह अंग्रेज सरकार भी आजादी के आंदोलन को समग्र रूप में देखती थी। पुलिस अहिंसात्मक सत्याग्रहियों को भी उतनी ही बेदर्दी से पीटती थी, जितनी बेदर्दी से हिंसा का इरादा रखने वालों को। इसलिये गांधी जी के लिये दोनों में फर्क करना जरूरी हो गया था ताकि जन–आंदोलन उनके काबू से बाहर न हो जाये। चिटगांव की घटनाओं पर टिप्पणी करते हुये अप्रैल 1930 में गांधी जी ने लिखाः 'इसी दौरान सत्याग्रहियों को अपनी गतिविधियां दुगनी ताकत से करनी चाहिये। हमें दुधारी हिंसा का सामना करना है। मुझे जनता की हिंसा के खिलाफ उतनी मदद नहीं मिलेगी जितनी सरकारी हिंसा के खिलाफ। दूसरी तरफ जनता की हिंसा का ध्येय भी उतना ही आदरणीय है, जितना कि सत्याग्रहियों का। इसलिये, उसके खिलाफ जो तरीका इस्तेमाल किया जायेगा, वह सरकार की हिंसा के विरोध के तरीके से अलग होगा।'[14]

गांधी और क्रान्तिकारियों के बीच की खाई फरवरी 1931 में हुये गांधी–इरविन समझौते की वजह से और बढ़ गयी। जनता के प्रतिरोध की गहराई और फैलाव से घबराकर, लार्ड इरविन ने गांधीजी से समझौते की पेशकश की। गांधीजी ने शर्त रखी कि अगर जेल में बन्द सत्याग्रहियों को छोड़ दिया जाये तो वो नागरिक अवज्ञा आंदोलन वापिस ले लेंगे। इरविन ने इसे नहीं माना। और गांधीजी ने शान्ति प्रस्तावों के हिस्से के तौर पर बंगाल के नजरबन्दियों को छोड़ने की मांग पर इसरार नहीं किया। न ही उन्होंने भगतसिंह, राजगुरू और सुखदेव की फांसी की सजा को रद्द करने पर इसरार किया, हालांकि काफी कांग्रेस वाले ऐसा चाहते थे। एक लम्बे और कड़वाहट भरे खत में चिटगांव के एक कैदी ने गांधी जी को लिखाः 'आप इस बात से इनकार नहीं कर सकते कि सभी प्रान्तों में कांग्रेस का कार्यक्रम उन्हीं लोगों ने चलाया है, जो दिल से हिंसा की नीति में विश्वास रखते हैं। खासतौर पर बंगाल में जहां अवज्ञा आंदोलन को सबसे ज्यादा कामयाबी मिली है, 90 प्रतिशत कांग्रेस कार्यकर्ता खुले आम क्रान्तिकारियों के

साथ हैं। उन्हीं को इसका श्रेय जाता है।' फिर भी गांधी ने उनका मसला नहीं उठाया। 'हमारी जिन्दगियां एक धागे से लटकी हुयी हैं, हम में से हजारों लोग जेलों में सड़ रहें हैं। ...हमें ताज्जुब है कि समझौते की बातचीत के दौरान हमारे बारे में बात भी नहीं की गयी। तो फिर क्यों हम अपनी सही लड़ाई छोड़ें ? सिर्फ इससे ही हमें आजादी मिलेगी। अगर हम सदियों तक भी बायकॉट या अवज्ञा आंदोलन करते रहें, तो हमें आजादी मिलने वाली नहीं है। हम अपनी लड़ाई और हिंसात्मक गतिविधियां छोड़कर आपके कार्यक्रम पर काम कर सकते हैं, जिससे वो ज्यादा असरदार बन सकता है, बशर्ते हमारे सारे कैदियों को, जो हिंसा की घटनाओं के लिये कैद में हैं, छोड़ दिया जाये, और ऐसे सारे मुकद्दमे वापिस लेकर लोगों को फौरन 'रिहा किया जाये।' उसने गांधीजी से प्रार्थना की कि वो वाइसराय से इन मांगों के साथ दुबारा मिलें; 'नहीं तो हमारा रास्ता अलग है और आपका, अपनी कार्यसमिति के साथ अलग। हम एक ही ध्येय के लिये काम कर रहे हैं, लेकिन एक दूसरे के प्रति हमारी कोई जिम्मेवारी और कर्त्तव्य नहीं है।'[15] गांधी ने उनकी आम रिहाई की मांग को नहीं उठाया और न ही खत का जवाब दिया। पुलिस और गुप्तचर विभाग के अधिकारी इसका बहुत बार हवाला देते थे। अनन्त सिंह का मानना था कि गांधीजी की मार्फत यह खत पुलिस तक पहुंचा। और इसके जो हिस्से पुलिस की फाइलों में दिये गये उनमें जानबूझ कर, भगतसिंह की फांसी की सजा को रद्द करने की मांग का जिक्र नहीं किया गया।[16]

हालांकि महात्मा गांधी का मानना था कि हथियारबन्द लड़ाई की हिन्दुस्तान में कोई भूमिका नहीं है, फिर भी उन्होंने बहुत कौशल से 'आतंकवाद' की धमकी को अंग्रेज सरकार से बातचीत में सौदा करने के लिये इस्तेमाल किया। 1 दिसम्बर 1931 को लन्दन में हुयी गोलमेज कांन्फ्रेंस के मौके पर अपने उद्घाटन भाषण में गांधी ने कहा: 'जो समझौता दिल्ली में हुआ था, मैं उसको पक्के समझौते में बदलना चाहता हूं। लेकिन भगवान के लिये मेरे जैसे 62 साल के कमजोर आदमी को कुछ मौका तो दें। उसके लिये और उसकी संस्था के लिये, एक कोने में जगह दे दें। अगर आप कांग्रेस के साथ काम करेंगे, तो आप आतंकवाद से छुट्टी पा लेंगे। तब आतंकवाद की जरूरत खत्म हो जायेगी। आज आपको आतंकवादी रुझान से, अपने अनुशासित और व्यवस्थित आतंकवाद के जरिए लड़ना पड़ रहा है क्योंकि आप तथ्यों की अनदेखी कर रहे हैं। क्या आपको नजर नहीं आ रहा है कि हमें आटे की रोटी नहीं चाहिये बल्कि आजादी की रोटी चाहिये और हजारों लोगों ने कसम खाई है कि इस आजादी के बिना वे चैन से नहीं बैठेंगे और न ही देश को चैन से रहने देंगे?'[17]

आतंकवादी जेलों में सड़ते रहे या उनको फांसी हो गयी। नागरिक अवज्ञा

आंदोलन भी 1934 तक खत्म हो गया। 1935 के संवैधानिक सुधारों से दोनों किस्म की लड़ाई –हथियारबन्द और बिना हथियारों के– कुन्द पड़ गयी। 1937 में क्रान्तिकारियों का जोर कम हो गया। उस समय महात्मा गांधी ने उनकी तरफ से प्रान्तीय सरकारों से बातचीत की, जिससे गिरफ्तार–नजरबन्द लोगों को रिहा किया गया और देश निकाला दिये गये लोगों को अण्डमान से हिन्दुस्तान की धरती पर ले आया गया। ऊपरी तौर पर यह गांधी के सिद्धांत की जीत थी। लेकिन जीत और हार का सवाल, इतना सीधा नहीं है।

नीति में मतभेद होने के अलावा गांधी और क्रान्तिकारियों में हिन्दुस्तान के लोगों और उपनिवेशी राज के चरित्र को लेकर भी मतभेद थे। गांधी का विश्वास था कि आखिरकार हिन्दुस्तान कमजोर लोगों की ही विरासत है। गरीब, गुलाम और बिना हथियार के लोगों के लिये, दुनिया की सबसे साम्राजी ताकत से हिंसात्मक लड़ाई लड़ना मुमकिन नही है। ऐसी लड़ाई लाजिमी तौर पर नाकामयाब होगी। इसलिये, गांधी ने अहिंसा के द्वारा जनता की कमजोरी को ताकत में, कायरता को हिम्मत में और सहनशीलता को विरोध में बदलना चाहा। इससे लोगों में जागृति आयेगी और शासक शर्मिन्दा होकर देश छोड़ देंगे। 1921 में जब गांधी ने नागरिक अवज्ञा आंदोलन शुरू किया तो लिखाः' नागरिक अवज्ञा का मतलब है, अकेले बिना हथियार वाले सिपाही के सामने भी समर्पण की इच्छा। हमारी जीत इसमें है कि हम हजारों की तादाद में जेल में जायें जैसे कि बकरी बूचड़खाने में जाती है। अगर दुनिया की बकरियां खुशी से नेतृत्व मानतीं तो बहुत पहले ही कसाई की छुरी से बच जातीं।'[18] दस साल बाद और भगतसिंह को फांसी होने के तीन दिन बाद उन्होंने दोहरायाः 'दूसरों की बात कुछ भी हो, इस देश में जहां लाखों लोग भूख से मर रहे हैं, हिंसा का कोई मतलब नहीं है। इस देश में, जहां अपने को इस हद तक दबा कर रखना कि कमजोरी ही कायरता बन जाये, आम बात है, हम बहुत बहादुरी या त्याग की बात नहीं कर सकते हैं।'[19]

क्रान्तिकारी इससे सहमत नहीं थे। उनका मानना था कि बकरियों को बकरियां होना बन्द करना पड़ेगा, अगर वे कसाई की छुरी से बचना चाहती हैं। हिन्दुस्तान की जनता की कमजोरी कोई खास हिन्दुस्तानी चीज नहीं है, जो बदली न जा सके। यह तो उस पर हालात ने थोपी थी। वह त्याग और बहादुरी के कारनामे देखकर कसाई का विरोध करेगी और उसकी छुरी छीन लेगी। महात्मा गांधी इन्हीं कमजोर लोगों को आजादी की लड़ाई में आगे लाने में कामयाब हुये, लेकिन क्रान्तिकारी जज्बे ने उनमें बार–बार जान फूंकी। 1942 के भारत छोड़ो आंदोलन में जो बहुत छोटा लेकिन मजबूत उभार आया 'उसमें दोनों चीजें मिली हुयी थीं–क्रान्तिकारी हिंसा और गांधी द्वारा पनपाया गया अहिंसात्मक

प्रतिरोध।'[20] आई एन ए का गठन, नौसेना का विद्रोह, देश के विभिन्न भागों में किसानों का विद्रोह–ऐसी घटनाएं थीं जिनसे अंग्रेजों को अपने साम्राज्य के सबसे कीमती हीरे को छोड़कर जाना पड़ा। दूसरे विश्व युद्ध के बाद वैसे भी ब्रिटेन पिट कर कमजोर हो गया था। किसी एक नेता, आंदोलन या विचारधारा को अकेले ही, हिन्दुस्तान को आजादी दिलाने का श्रेय नहीं दे सकते हैं। ब्रिटिश साम्राज्य की ताकत एक लम्बी लड़ाई में कमजोर पड़ गयी थी। इसमें चर्खे और बन्दूक दोनों की भूमिका थी।

33
औरतें लाम पर

महिलाओं ने तय कर लिया है कि वे अब पीछे नहीं रहेंगी। और चाहे कितना भी खतरा या मुश्किल हो अपने भाइयों के कन्धे से कन्धा मिला कर चलेंगी। मैं उम्मीद करती हूं कि मेरी बहनें अब अपने आप को कमजोर नहीं समझेंगी और सारे खतरे और मुश्किलें उठाने के लिये तैयार रहेंगी। और हजारों की तादाद में कान्तिकारी आंदोलन में शामिल होंगी।

— प्रीतिलता वद्दार[1]

चिटगांव के विद्रोह के साथ आजादी की लड़ाई में महिलाओं की हिस्सेदारी एक नये चरण में पहुंच गयी। अब औरतों की भूमिका मां और बहन के रूप में मदद करने के साथ–साथ, सकिय साथी की भी हो गयी। औरतों ने हिम्मत और त्याग के तारों से एक ऐसा भावनात्मक और दुःखद ताना–बाना बुना कि रोमानी कथाएं भी उसके सामने फीकी पड़ गयीं।

औरतों को आजादी की लड़ाई में लाने की छोटी–मोटी कोशिशें तो 1920 में ही शुरू हो गयी थीं। सी आर दास ने 1921 में नारी कर्म मन्दिर शुरू किया था। इसका मकसद 'देश की सेवा के लिये औरतों को प्रशिक्षित करना था।'[2] सुभाष चन्द्र बोस ने 1928 में एक राजनीतिक संस्था, महिला राष्ट्रीय संघ के नाम से कलकत्ता में शुरू की थी। इसी साल ऑल बंगाल यंग मैन्स एसोसियेशन का नाम बदल कर ऑल बंगाल यूथ एसोसियेशन कर दिया गया 'जिससे कि महिलायें भी इसकी सदस्य बन सकें।'[3] लेकिन एक बार फिर महात्मा ने इस छोटी नदी को सैलाब में बदला। 10 अप्रैल 1930 को उन्होंने महिलाओं का आह्वान किया कि वे नागरिक अवज्ञा आंदोलन में सकिय हिस्सा लें, खास तौर पर शराब और विदेशी कपड़ों की दुकानों पर धरना देकर। इस आह्वान का बहुत असर हुआ। हजारों की तादाद में महिलायें सड़कों पर आयीं और पुलिस की लाठी–गोली का सामना करते हुये जेलों में गयीं। इस लड़ाकू वातावरण में चिटगांव के हमले हुये

जिससे बंगाल के नौजवानों में बिजली जैसी लहर दौड़ गयी। मिसाल के तौर पर शांति घोष ने, जो जिला छात्र एसोसियेशन के सचिव थे, धरनों और प्रदर्शनों में बढ़–चढ़ कर हिस्सा लिया। शांति घोष ने सुनीति चौधरी के साथ मिलकर 14 दिसम्बर 1931 को तिपरा के जिला मजिस्ट्रेट स्टीवन्स की हत्या की थी। 'उसी समय चिटगांव शस्त्र भंडार पर हमलों की खबर आई। चिटगांव कई दिनों तक क्रान्तिकारियों के कब्जे में था। हमारे साथियों के इस कारनामे से नई उम्मीद जागी और बढ़ावा मिला। हममें भी बेचैनी पैदा हुयी और हम दिखाना चाहते थे कि औरतें भी अपने पुरूष साथियों से किसी भी तरह पीछे नहीं हैं।'[4] सर चार्ल्स टेगार्ट ने 1932 में कहा कि 'अब महिलायें भी आतंकवादी बन रही हैं। नागरिक अवज्ञा आंदोलन में धरने देने में महिलाओं ने बढ़–चढ़ कर हिस्सा लिया। और हिन्दुस्तान में अहिंसा और हिंसा के बीच ज्यादा फासला नहीं है।'[5]

गांधीजी ने औरतों को आंदोलन में इसलिये शामिल किया कि वो मानते थे कि अहिंसात्मक आंदोलन में औरतें आदर्श भागीदार हैं। क्रान्तिकारी ग्रुपों ने उनकी हिस्सेदारी को इसलिये जरूरी समझा कि इससे काम निकालने में आसानी हो सकती थी। गांधीजी के हिसाब से औरतों में वे सारे गुण थे जिन्हें वो अच्छा समझते थेः 'अगर ताकत से हमारा मतलब नैतिक शक्ति है तो, औरतें आदमियों से बेहतर हैं। उनके पास ज्यादा सहज ज्ञान है, वे ज्यादा त्याग करती हैं, उनमें बर्दाश्त करने की ज्यादा शक्ति है और उनमें ज्यादा हिम्मत है। अगर अहिंसा हमारे जीवन का नियम है, तो भविष्य औरतों के हाथ में है।'[6] क्रान्तिकारी ग्रुप भी औरतों की इस 'पोषण' करने की ताकत पर भरोसा रखते थे, लेकिन इस बात पर बजिद थे कि उन्हें सक्रिय हिस्सेदारी नहीं करने देंगे। मिसाल के तौर पर चिटगांव में भी माएं और बहनें शुरू से ही बाहर से मदद कर रही थीं। रजत सेन की मां विनोदिनी सेन और आनन्द तथा देबा गुप्ता की मां मनोरमा गुप्ता को आई आर ए के सारे लोग मासी मां कहते थे। उन्होंने हमलों से पहले और बाद में भी उनकी मदद की। मई 1929 में सूर्य सेन ने महिलाओं की एक कांन्फ्रेंस का आयोजन किया था ताकि महिला छात्र भी खुले आम राष्ट्रीय आंदोलन में हिस्सा ले सकें। अनन्त सिंह की बड़ी बहन इन्दुमती अपने भाई की गतिविधियों में मददगार थी और इस बात से बहुत नाराज थी कि उसे 18 अप्रैल के काण्ड में शामिल नहीं किया गया। उसने अपने भाई से कहाः 'मैं लड़कों से किसी तरह कम नहीं हूं–मैं कुश्ती लड़ सकती हूं, गोली चला सकती हूं और गाड़ी चला सकती हूं। क्या मैं सिर्फ इसलिये कमतर हूं कि मैं एक लड़की पैदा हुयी थी।'[7] उसने मास्टर दा को इसकी शिकायत की चिट्ठी भी लिखी। हमलों के बाद उसने विद्रोह

के दूसरे चरण के लिये हथियार इकट्ठे करने में मदद की और आरोपियों के बचाव के लिये धन भी इकट्ठा किया।

लेकिन गुप्त क्रान्तिकारी ग्रुपों के नियमों के मुताबिक महिलाओं को भीतरी नेतृत्व में आने की इजाजत नहीं थी। यह इसलिये नहीं था कि वे महिलाओं को कमजोर समझते थे बल्कि अचेतन के डर की वजह से था। औरतें वो इच्छाएं जाहिर करती थीं जो वे बिल्कुल नहीं चाहते थे। इससे उनके आदमियों के आपस के रिश्तों के टूटने का खतरा था, जिनको वो महत्वपूर्ण मानते थे और जिसकी बदौलत उनकी एक सुरक्षित दुनिया बनी हुयी थी, जिसमें उन्होंने बहुत सी आम फहम खुशियों को त्याग दिया था। इस मामले में वे धार्मिक संस्थानों की तरह थे, जहां औरतों का आना मना था। कल्पना दत्त ने लिखा है कि अनन्त सिंह 'लड़कियों के क्रान्तिकारी संगठन में आने के सख्त खिलाफ था–वो हम में विश्वास नहीं करता था। इतना ही नहीं वो तो उस आदमी का भी विश्वास नहीं करता था, जिसके किसी लड़की से सम्बन्ध होते थे।'[8] ज्यादातर क्रान्तिकारी सारे जीवन कंवारे रहे। सूर्य सेन इनसे हटकर था। 1918 में उसकी शादी हुयी थी। उसके बारे में सिर्फ इतना पता है कि 'उसके गुरु शादी की रात उसके साथ थे और वो अगले दस साल अपनी पत्नी के साथ नहीं रहा। वो 1928 में मर गयी।' और 'क्रान्तिकारियों के लिये यह एक कड़ा नियम था कि उन्हें औरतों के साथ नहीं रहना चाहिये।'[9]

1930 में सरकार द्वारा बड़े पैमाने पर किये गये दमन की वजह से सब कुछ बदल गया। क्योंकि हर हिन्दू नौजवान को शक की नजर से देखा जा रहा था और उनमें से हजारों जेल में थे, क्रान्तिकारी नेताओं ने महिलाओं की तरफ रुख किया। स्वदेशी विचारों से प्रभावित लड़कियों ने अपने स्वायत ग्रुप और शारीरिक व्यायाम क्लब बना लिये थे। कल्पना दत्त कलकत्ता में लड़कियों की छात्रसभा में शामिल हो गयी थी और 'लाठी और तलवार चलाने' की शिक्षा बैथ्यून कॉलेज के पास की एक व्यायामशाला में लेने लगी थी। यह व्यायामशाला कल्याणी दास ने शुरू की थी। वो बीना दास की बड़ी बहन थी। बीना दास ने 6 फरवरी 1932 को कलकत्ता यूनिवर्सिटी के दीक्षान्त समारोह में गवर्नर स्टेनले जैक्सन की हत्या करने की कोशिश की थी। प्रीतिलता, जिसने अपनी इंटरमीडियेट की शिक्षा ईडन कालिज से पायी थी दूसरी महिला देशभक्तों, जैसे लीला राय, के सम्पर्क में थी। उसने मार्शल आर्ट्स में शिक्षा भी ली थी। लेकिन चिटगांव के हमलों के बाद ही कल्पना, प्रीतिलता, शान्ति, और सुनीति, कमला मुखर्जी और दास बहनें, आंदोलन में सक्रिय हुयी।

चिटगांव का अनुभव औरतों के लिये सिर्फ बम बनाने और गोली चलाने तक सीमित नहीं था। ये तो पहला और शायद अकेला मौका था, जब औरतों ने वह लक्ष्मण रेखा पार की जिससे वे परिवार और घर से बंधी थीं। पूरे खतरे उठाते हुये वे उन आदमियों के साथ भूमिगत रहीं, जिन्हें वे जानती भी नहीं थीं। वे उस रास्ते पर चल रही थीं जो मुश्किल था और उस पर पहले कोई नहीं चला था। यह रास्ता ऐसी बारूदी सुरंगों से पटा पड़ा था, जिसमें बाहर के खतरों और भीतर की उथल-पुथल की चुनौती थी। उनकी संख्या इतनी कम थी कि उनसे मौजूदा सामाजिक हालात में बदलाव नहीं आ सकता था। लेकिन इन अगुआ औरतों ने बहुत बड़ी कीमत चुका कर, एक पोंगापंथी समाज में औरतों की पारम्परिक भूमिका में बदलाव ला दिया। यह क्रान्तिकारी रास्ता था। इन्होंने अपने पीछे छोड़े हुये कदमों के निशानों से आने वाली पीढ़ियों के लिये रास्ता आसान बनाया।

सुहासिनी गांगुली ने एक अनजान आदमी की पत्नी का रूप धारण किया, वह भी ऐसे समय में जब औरतें करीबी रिश्तेदारों के अलावा गैर-मर्दों से बात तक नही करती थीं। चन्दरनगर की गिरफ्तारियों के बाद उस पर पुलिस द्वारा अत्याचार किए गए, उसके नाखूनों को उखाड़ दिया गया, लेकिन उसने फरार लोगों के बारे में एक लफ्ज भी नहीं बोला।[11] वो कम बोलने वाली गरिमाशाली महिला थी, जिसने अपने करीबी मित्रों से भी कभी अपने अनुभवों का जिक्र नहीं किया। हिजली के नजरबन्दी कैम्प में और उसके बाद उन्हें पुटु दी के नाम से जाना जाता था। वो सभी नौजवान महिला कैदियों की बड़ी बहन की तरह थीं। वो उस समय का काफी महत्वपूर्ण, लेकिन कम जाना जाने वाला व्यक्तित्व हैं।

अगर सुहासिनी गांगुली में पारंपरिक रुकावटों को तोड़ने की ताकत थी तो प्रेमलता डे की दुःखद कहानी हमें दिखाती है कि किस तरह क्रान्तिकारी आंदोलन से पारंपरिक जीवन में बदलाव आया। कालीकिंकर डे 25 अप्रैल 1930 को जलालाबाद की लड़ाई के बाद घर वापिस लौटा। पुलिस को उस पर शक नहीं था। इसी दौरान उसके माता-पिता ने उसकी शादी प्रेमलता से तय कर दी। प्रेमलता एक गरीब अनाथ और बहुत कम पढ़ी-लिखी लड़की थी जिसके चाचा, चाची ने उसे पाला था। काली शुरू में शादी के लिये तैयार नहीं था। लेकिन लड़की के चाचा-चाची काली के माता-पिता को कोस रहे थे कि उन्होंने उनकी भतीजी का विवाह और भी मुश्किल कर दिया था। काली मान गया। लेकिन उसने लड़की के परिवार वालों को बता दिया कि वो क्रान्तिकारी जीवन नहीं छोड़ेगा, शादी हो या न हो और न ही परिवार चलायेगा। वे फिर भी मान गये। काली का घर आई आर ए का एक गुप्त केन्द्र बन गया और प्रेमलता एक सक्रिय कार्यकर्ता। डाइनामाईट षड़यन्त्र से पहले के दौर में उसने गनकॉटन और बम

बनाने में मदद की। और कल्पना के साथ चिटगांव के तटों पर हथियार चलाने का प्रशिक्षण लिया। एक बार मास्टर दा तारकेश्वर दस्तीदार को एक महत्वपूर्ण काम से कलकत्ता भेजना चाहते थे, लेकिन उसका अकेले जाना सुरक्षित नहीं था। प्रेमलता बेहिचक उसके साथ उसकी पत्नी की तरह जाने को तैयार हो गयी। हालांकि यह सफर किसी वजह से रद्द हो गया, लेकिन प्रेमलता तब तक भूमिगत संगठन की सक्रिय सदस्य बन चुकी थी। जब कालीकिंकर डे 1931 में फरार हो गया तो वो क्रान्तिकारियों के सम्पर्क में रही। यह सम्पर्क मास्टर दा द्वारा तय किये गये पुरूष साथी–शान्ति चक्रवर्ती–के माध्यम से रखा गया। 1932 में निर्मल सेन ने आखिरकार मास्टर दा को इस बात के लिये मना लिया कि लड़कियों को भी गतिविधियों में हिस्सा लेने दिया जाये।

शुरू की योजना के मुताबिक प्रेमलता, कल्पना और प्रीतिलता, सभी को पहारतली के हमले में शामिल रहना था। प्रेमलता हमले से पहले के दिनों में घर छोड़कर एक भूमिगत पनाह की जगह पर चली गयी। जब सितम्बर 1932 में कल्पना एक आदमी के कपड़े पहने पकड़ी गयी तो मास्टर दा ने सोचा कि यह योजना खतरे से खाली नहीं है। पुलिस को प्रेमलता के आई आर ए के साथ सम्बन्धों के बारे में कुछ पता नहीं था, इसलिये ये बेहतर समझा गया कि वो घर पर ही रहे। जब शान्ति चक्रवर्ती उसे घर छोड़ने गया तो उसने बहुत एतराज जताया। वो अकेले घर के काम में पिसना नहीं चाहती थी। उसने जिद की कि उसे पनाह की जगह ले जाया जाये। शान्ति चक्रवर्ती उसे समझा नहीं पाया। वो उसे वापिस मास्टर दा के पास ले गया। उन्होंने उसे घर जाने के लिये राजी कर लिया और वायदा किया कि भविष्य के किसी कार्यक्रम में उसे शामिल किया जायेगा। लेकिन पहारतली के हमले के बाद फौजी शिकंजा कसता गया और एक के बाद एक सारे नेता गिरफ्तार हो गये, जेल में डाल दिये गये या फांसी चढ़ा दिये गये। प्रेमलता बिल्कुल निराश हो गयी। शादी उसके लिये जेल नहीं बल्कि आजादी साबित हुयी। इससे उसके लिये साथी बनाने, गतिविधियों में शामिल होने, लड़ाई और त्याग के नये रास्ते खुले, जिनके बारे में वो पहले कुछ नहीं जानती थी। उसका सपना एक शहीद की मौत मरना था, बनिस्बत इसके कि वो चिटगांव में आई आर ए के तहस–नहस होने के बाद, फिर से घर की चारदीवारी में बन्द हो जाये। जब काली डे को दस साल की सजा काटने के लिये चिटगांव से अंडमान भेजने के लिए कलकत्ता ले जाया गया, तो प्रेमलता से और नहीं सहा गया। उसने पति को चिट्ठी लिख कर 'मरने की इजाजत मांगी।'[14] और 1935 में एक रात को आत्महत्या कर ली। क्रान्ति की लहर जब ढलान पर होती है, तो अपने पीछे शानदार कथाएं छोड़ने के साथ–साथ, टूटी हुयी जिन्दगियों की दुःखद कथाएं भी छोड़ जाती है।

प्रीतिलता, प्रेमलता के मुकाबले पढ़ी–लिखी और आजाद ख्याल थी। लेकिन उसने भी आत्महत्या का रास्ता चुना। देश के लिये मरने की इच्छा उसका जाती जज्बा बन गया था। प्रीतिलता एक गम्भीर और अपने में खोये रहने वाली लड़की थी, जिसने जीवन में काफी संघर्ष किया था। यह उसकी दोस्त कल्पना के खुशी से भरपूर बचपन के बिल्कुल विपरीत था। हालांकि यह उसके पिता के लिये मुश्किल था, फिर भी उन्होंने प्रीतिलता को 'उसकी प्रतिभा को ध्यान में रखते हुये' अच्छी शिक्षा दिलवाई।[15] जब उनकी नौकरी खत्म हो गयी तो प्रीति ने एक अध्यापक की नौकरी कर और बच्चों को पढ़ा कर, अपने बड़े परिवार का बोझ उठाया। वो अपनी गरीबी के बारे में सचेत थी। एक बार जब आई आर ए को धन की जरूरत थी, तो अपने पिता द्वारा घर चलाने के लिये दी गयी सारी राशि प्रीति ने संगठन को देने की पेशकश की। उसके साथियों ने असली हालात की जानकारी होने की वजह से यह धन लेने से इन्कार कर दिया। वो एकदम रो पड़ी और उसने कहा कि 'आप हमारा पैसा इसलिये नहीं लोगे कि हम गरीब हैं। क्या आप हमें उद्देश्य के लिये अपनी वफादारी दिखाने का मौका भी नहीं देना चाहते?'[16] एक और कहानी, जिससे यह समझ आता है कि निर्मल सेन की मौत से उसे क्यों इतना बड़ा धक्का लगा था, हालांकि मौत तो कान्तिकारी अनुभव का केन्द्रीय लक्षण है। 1930 की पूजा की छुट्टियों में कल्पना और प्रीति बात कर रहे थे कि क्या उनमें से कोई बकरी को मार सकता है। कल्पना ने कहा कि उसे ऐसा करने में कोई परेशानी नहीं होगी। लेकिन प्रीति ने कहा कि, 'इसमें डरने की तो कोई बात नहीं है, लेकिन मेरे लिये एक बेकसूर, निरीह जानवर को मारना मुश्किल होगा।'[17] जब किसी ने कहा फिर वो हथियारबन्द कान्तिकारी कैसे बन सकती है, तो उसने जवाब दियाः, 'जब मैं देश की आजादी के लिये अपनी जान देने को तैयार हूंगी, तो जरूरत पड़ने पर मुझे किसी और की जान लेने में जरा भी झिझक नहीं होगी। लेकिन मैं एक निरीह जानवर को ऐसे ही नहीं मार सकती।'[18]

उसकी जिन्दगी, उसके और साथियों की तरह दुविधाओं से भरी हुयी है, जिससे उसका व्यक्तित्व और भी जटिल और मानवीय हो जाता है। ये किसी शहीद की एकतरफा किताबी छवि नहीं है। वो अपने पिता को बेहद प्यार करती थी और अपने परिवार का केन्द्र थी। लेकिन जब भूमिगत रहकर प्रतिरोध करने का समय आया, तो उसने उन्हें छोड़ने में कोई हिचक नहीं दिखाई। उसने उस हमले की अगुवाई की, जिसमें बहुत सी जानें जा सकती थीं। लेकिन वो एक जानवर को मारने में हिचकिचाती थी। उसकी कान्तिकारी प्रतिबद्धता मजहबी जज्बे के बराबर थी, लेकिन वो उन भावनाओं से टूट भी गयी जो इन्सानी थीं, दैवीय नहीं।

प्रीतिलता और कल्पना के पुरूष साथी उनकी इज्जत करते थे। उन्होंने परम्पराओं को तोड़ा था, इसके बावजूद चिटगांव के आम लोग उनकी हिम्मत की दाद देते थे। उन्हें सिर्फ क्रान्तिकारी समझा जाता था। शायद इसीलिये, गांव वाले उन्हें अपने पुरुष साथियों के साथ पनाह देते हुये, उनके चरित्र के बारे में सोचते भी नहीं थे। ये सरकारी तन्त्र की घटिया मनोवृति से बिल्कुल उलट है। फौज के मुखिया को पहारतली की घटना पर अपनी रिपोर्ट में आसाम और बंगाल के जिला अधिकारी ब्रिगेडियर ने प्रीति वद्दार के बारे में लिखा कि' कहा जाता है कि वो निर्मल सेन की प्रेमिका थी।'[19] इसका सबूत सिर्फ वो फोटो था जो धालघाट में निर्मल सेन के गोली लगने के बाद मिला था। बंगाल का मुख्य सचिव तो इससे भी घटिया निकला। अपनी हर पखवाड़े की रिपोर्ट में उसने लिखा कि प्रीतिलताः' आतंकवादी बिश्वास की रखैल नहीं तो उसके साथ गहरे तौर पर सम्बद्ध थी। बिश्वास को इन्सपैक्टर तरनी मुखर्जी की हत्या के लिये फांसी की सजा हुयी थी। और कुछ रिपोर्टों में यह भी कहा गया है कि वो निर्मल सेन की पत्नी थी। निर्मल सेन धालघाट में गिरफ्तारी से बचते हुये मारा गया था। यहीं कैप्टन कैमरोन की मौत हुयी थी।'[20] प्रीतिलता, रामकृष्ण बिश्वास से जेल में मिली थी। उसे फांसी की सजा सुनायी गयी थी। वहां हमेशा चौकीदारों की निगरानी रहती थी। उसे किस तरह रखैल कहा जा सकता है, यह समझ नहीं आता। अपने शासन के खिलाफ देशभक्ति के जज्बे के फैलाव से अंग्रेज बहुत घबरा गये थे। इसलिये वे यह मंजूर करने के लिये तैयार नहीं थे कि पारम्परिक घरों की औरतें भी, खूनी क्रान्ति में शामिल हो रही थी। वे उन्हें आजाद साथियों की तरह नहीं बल्कि आदमियों के पिछलग्गू की तरह दिखाना चाहते थे।

यह सही है कि रामकृष्ण बिश्वास ने प्रीति पर बहुत गहरा असर डाला था। उसने लिखा है कि उसका 'मौत के सामने शांत रहना, भगवान में विश्वास और उसकी बच्चों जैसी सादगी ने मुझ पर गहरा असर डाला' और उसको फांसी होने के बाद 'किसी क्रान्तिकारी काम में भाग लेने की मेरी तमन्ना और भी तेज हो गयी।'[21] अगर रामकृष्ण बिश्वास भगवान के बराबर था, तो निर्मल सेन ज्यादा मानवीय था। खराब से खराब हालत में भी हंसी–मजाक की उसकी आदत को सब जानते थे। हालांकि वो सूर्य सेन के बाद सबसे बड़ा नेता था, लेकिन उसके साथ काम करना आसान था। जब निर्मल सेन धालघाट में ऊपर के कमरे में मरने की हालत में पड़ा था, तो प्रीति उसके पास रूकना चाहती थी। मास्टर दा उसे वहां से जबरदस्ती ले गये। इस बात की तारीफ करनी चाहिये कि मास्टर दा ने प्रीति की भावनाओं को कमजोरी नहीं माना। और न ही इसको औरतों को ग्रुप में लेने की गलती समझा। उन्होंने खुद बहुत सी मौतों का शोक मनाया था,

इसलिये वह प्रीति का व्यवहार समझ सकते थे। जब उन्हें लगा कि प्रीति का उस घर में रहना सुरक्षित नहीं है तो उन्होंने उसे वहां से हटने के लिये कहा और सीधी कार्यवाही का जिम्मा दिया।

प्रीति ने कामयाब हमले के बाद शहादत की ठानी। उसने अपने आखिरी बयान में कहा कि वो ऐसी मिसाल कायम करना चाहती है, जिस पर हिन्दुस्तान की महिलायें चलें। उसने लिखाः 'अगर बहनें सत्याग्रह आंदोलन में भाइयों के साथ कंधे से कंधा मिलाकर खड़ी हो सकती हैं, तो उन्हें क्रान्तिकारी आंदोलन में यह करने का हक क्यों नहीं है? क्या यह इसलिये है कि ये तरीके अलग–अलग हैं या इसलिये कि वे इस काबिल नहीं है? जहां तक तरीके का सवाल है यानि हथियारबन्द क्रान्ति, तो ये कोई नई बात नहीं है। इसे कई देशों में अपनाया गया है और औरतों ने सैंकड़ों की तादाद में इसमें हिस्सा लिया है। तो फिर हिन्दुस्तान ही क्यों इस तरीके को नापसन्द करता है? जहां तक ताकत का ताल्लुक है तो क्या यह नाइंसाफी नहीं है कि आजादी की लड़ाई में औरतों को हमेशा कमजोर समझा जाये? अब समय आ गया है कि इस बात को नकारा जाये। अगर वे कमजोर हैं तो इसलिये कि उन्हें पीछे छोड़ दिया गया है।' और इन साहसी शब्दों के बावजूद, उसने ऐसी भावनाओं में बहकर जिन्हें उसने खुद भी न समझा हो और न मंजूर किया हो, अपनी जिन्दगी खत्म करने का फैसला किया। इन अनसमझी भावनाओं को उसने धार्मिक जज्बे का रूप दिया, जिसकी चिटगांव आंदोलन में कोई जगह नहीं थी। उसका बयान इतिहास और क्रान्ति की बात करता है; बराबरी और संघर्ष की बात करता है। लेकिन एक जबरदस्त धार्मिक नुक्ते पर खत्म होता हैः 'परमपिता परमात्मा में मुझे पूरा विश्वास रहा है और उसके प्रति भक्ति ही बचपन से मेरे लिये सबसे मूल्यवान रही है। आज मैं उसके चरणों में विलीन होने को तैयार हूं। अगर मेरा क्रान्ति का आदर्श मेरी सर्वशक्तिमान की भक्ति का पूरक नहीं होता, तो मैं कभी भी क्रान्तिकारी नहीं होती।'

कल्पना जिन्दगी के लिये उत्साह से भरी हुयी थी। और उसको जानने वालों के लिये यह ताकत और ताज्जुब का स्रोत था। वो इस दुखद अन्त से बच गयी जो उसकी दोस्त को देखना पड़ा। अपनी जिन्दगी के आखिरी सालों में उन्हें अपनी प्यारी कर्नफूली नदी के थपेड़ों की तरह, यादें आती थी। तब वो एक अभिशप्त प्यार की बातें करती थीं। वो बचपन से ही टॉम बॉय की तरह थीं–पेड़ों पर चढ़ती और अपने भाई–बहनों और चचेरे रिश्तेदारों के साथ, पहाड़ियों पर ऊपर–नीचे जाती थीं। उन्हें पुरुषों के साथ रहने में कोई झिझक नहीं थी और इसीलिये भूमिगत जीवन में कोई तकलीफ नहीं हुयी। वो कुल 18 साल की थी–खूबसूरत और जिन्दगी से भरपूर। वो भूमिगत पनाहगाहों को अपनी जीवन्त

बातों से भर देती थी। इस दौरान मिले सभी साथियों में वो लम्बे और मितभाषी तारकेश्वर दस्तीदार की तरफ आकर्षित हुयी। वो उसको फूटू दा कहती थी। 1991 में एक इन्टरव्यू में कल्पना ने याद करते हुये बताया कि वो हमेशा किस तरह चों–चों करती रहती थी, जबकि फूटू दा एक लफ्ज भी नहीं बोलते थे।[22] एक बार उन्होंने कहा कि वो उनके चुप रहने का बुरा न माने, वो बोलने की बजाय सुनना पसन्द करते थे। मास्टर दा ने ये बात देखी कि फूटू दा की मौजूदगी में कल्पना खुले तौर पर जीवन्त हो उठती है। उन्हें यह बिल्कुल पसन्द नहीं था। कल्पना ने याद करके बताया कि वो तारकेश्वर के साथ उसकी बातचीत में गैर–जरूरी दिलचस्पी लेते और नाराजगी दिखाते थे। कल्पना भी नेता के इस रवैये से नाराज थी। इसकी वजह से दोनों में कुछ तनाव भी हो जाता था। मास्टर दा की भावनाओं के बारे में यकीन के साथ लिखना मुमकिन नहीं है। सूर्य सेन ने अपनी सारी जिन्दगी एक ही सपने में लगा दी थी। भूमिगत जीवन के आखिरी दिनों में वो अकेले थे – उनके दोस्त और साथी जा चुके थे और उनके जीवन का अन्त भी नजदीक था। यह मुमकिन है कि सूर्य सेन को थोड़ी ईर्ष्या हुयी हो। उनके पकड़े जाने पर एक दस्तावेज संगठन में औरतों के दाखिल होने पर उनके विचारों को लेकर था। उसमें एक कटु टिप्पणी है: 'भूलू (कल्पना) खुश नजर आती है क्योंकि फूटू आने वाला है।' उनके मुकद्दमे के दौरान कल्पना के वकील ने इसे बचाव के लिये इस्तेमाल किया। उसका कहना था कि मास्टर दा की टिप्पणी से जाहिर है कि कल्पना किन्हीं क्रान्तिकारी विचारों से प्रभावित नहीं थी। ट्रिब्यूनल के जज इससे सहमत नहीं थे:' इस दस्तावेज का असली मतलब क्या है, यह कहना मुश्किल है। लेकिन जहां तक हम अन्दाजा लगा सकते हैं, उससे लगता है कि यह, आदमी–औरत के प्रेम से संगठन के लिये पैदा होने वाले खतरे की तरफ इशारा करता है। हमारे हिसाब से इसमें यह बात कहीं नहीं कही गयी है कि कल्पना ने क्रान्तिकारी विचार छोड़ दिये थे या सूर्य सेन उसे पार्टी की सदस्यता के काबिल नहीं मानते थे।'[23]

सूर्य सेन की गिरफ्तारी के बाद कल्पना तीन महीने और भूमिगत रही। मई 1933 में वो तारकेश्वर के साथ पकड़ी गयी। एक पनाह से दूसरी पनाह में भागते हुये उन्होंने एक दूसरे के बारे में अपनी भावनाओं को कभी जाहिर नहीं किया। जब मुकद्दमा खत्म हो गया और फैसला सुना दिया गया, तो एक दिन अदालत में तारकेश्वर ने कल्पना से कहा: भूलू, अगर मैं कभी बाहर आया तो क्या तुम मेरे लिये इन्तजार करोगी?'[24] दस साल बाद बम्बई पार्टी के मुख्यालय में कम्युनिस्ट पार्टी के महासचिव पी सी जोशी ने कल्पना के सामने शादी का प्रस्ताव रखा। कल्पना ने उनको बताया कि उसने फूटू दा से वादा किया है कि वो उनका

इन्तजार करेगी। चूंकि उसकी लाश को कभी भी नहीं दिया गया था, इसलिये मुमकिन है कि वो जिन्दा हो। जोशी ने कल्पना को बताया कि तारकेश्वर को फांसी लग चुकी है और वो अब कभी वापिस नहीं आयेगा। कल्पना ने बहुत झिझकते हुये ये प्रस्ताव मंजूर कर लिया। और अपना सारा जीवन अपने भरे–पूरे परिवार की जरूरतों को पूरा करने के लिये तरह–तरह के कामों में लगाया। लेकिन अपने जीवन के बाद के दिनों में, उस पहले प्यार की यादें कभी–कभी उनको परेशान करती थीं।

34
मुसलमानों की बेशकीमती मदद

मुसलमान गांव वालों की मदद, सहानुभूति और प्यार के बिना, मास्टर दा और उनके साथी चिटगांव के छोटे से इलाके में इतने दिनों तक सुरक्षित नहीं रह सकते थे।

— गणेश घोष[1]

आई आर ए की अंग्रेजी शासन के खिलाफ लड़ाई बंगाल के सूदूर पूर्व जिले में चार साल से ज्यादा तक चली। इसमें ज्यादातर हिन्दू भद्रलोक के नौजवान थे। लेकिन अल्पसंख्यक मुस्लिम समुदाय के समर्थन के बिना यह लड़ाई, कुछ दिन में ही खत्म हो गयी होती। अंग्रेजी शासन ने लोगों को धर्म के नाम पर बांटने की बहुत कोशिश की। मुसलमान किसानों पर लालच और धमकियों का कोई असर नहीं पड़ा। उन्होंने पुलिस को किसी भी किस्म की जानकारी नहीं दी। और न सिर्फ यह बल्कि घेराबन्दी के आखिरी दिनों में अपने मामूली घरों के अन्दरूनी हिस्सों में फरार लोगों को पनाह दी। चिटगांव के अनुभव का महत्व इसलिये भी ज्यादा है क्योंकि इसी समय सारे देश में धर्म के नाम पर लोग बंट रहे थे। मुसलमान, कांग्रेस के नेतृत्व वाले राष्ट्रीय आंदोलन से दूर हट रहे थे। हिन्दू सांप्रदायिकता जोर पकड़ रही थी और मुसलमानों में अलगाववादी विचार पनप रहे थे।

चिटगांव की कहानी में ऐसी बहुत सी मिसालें हैं जहां मुसलमानों ने बहुत ही मददगार भूमिका निभाई। आई आर ए के सदस्यों और मुसलमानों में यह रिश्ता बहुत ही सहज था। ये रिश्ता कोई बहुत सोच–समझ कर नहीं बनाया गया था बल्कि एका इस बात पर था कि दोनों ही विदेशी शासकों की लूट से परेशान थे। वे एक दूसरे को पराया नहीं समझते थे। जिले के मुसलमान किसान, विद्रोहियों को अपनी साझी जमीन की सन्तान मानते थे। उच्च जाति के हिन्दू नवयुवकों ने भी, जाति और धर्म को लेकर हिन्दुओं में जो पूर्वाग्रह थे उनको

छोड़ा। पूर्वी बंगाल के ऊंची जाति के हिन्दू घरों में मुर्गा नहीं बनता है (अंडे भी) क्योंकि मुर्गी पालने का काम आम तौर पर गरीब मुसलमान किसान करते हैं। मुसलमानों और नीची जातियों के साथ खाने का सवाल ही नहीं है। इस माहौल में पलने–बढ़ने के बावजूद, जो भद्रलोक के नौजवान क्रान्तिकारी आंदोलन में शामिल हुये, उनमें इस तरह का सोच जरा भी नहीं था। चिटगांव के बारे में तो यह बात बिल्कुल सही थी। यहां के लोग अपने इतिहास और भूगोल की वजह से ज्यादा खुले दिमाग के थे। हमलों से पहले आई आर ए का मुख्य अड्डा मकलेश्वर रहमान का रैस्टोरैन्ट था। शायद आई आर ए के खास नेतृत्व के अलावा सिर्फ मकलेश्वर रहमान को ही 18 अप्रैल की योजना के बारे में पहले से मालूम था। उसे चौंसठ भूखे लोगों के लिये मटन करी बनाने को कहा गया था। उसने उनके बारे में कभी किसी को नहीं बताया।

हमले के बाद के दिनों में आई आर ए के लोग गांवों में बिखर गये थे। उस समय मुसलमान दोस्तों और अजनबियों ने भी ऐसी–ऐसी मदद की, जिसकी उम्मीद भी नहीं थी। पास ही कोमिला जिले में अनन्त सिंह को मुसलमानों के रूप में मौलवी इरादुल्ला अपने साथ ले गये थे। अम्बिका चक्रवर्ती को जब उसकी चाची ने पनाह देने से मना कर दिया तो अमजद चाचा के घर पनाह मिली। जलालाबाद की लड़ाई के बाद जब कुछ लड़को को जंगल में रास्ता नहीं मिला था तो एक अजनबी मुसलमान किसान ने, उनके सुरक्षित इलाके में पहुंचने तक, उनका ध्यान रखा था। जब पुलिस कलारपोल–जुल्दा में क्रान्तिकारियों का पीछा कर रही थी तो उसने मुसलमानों को भड़काया था कि ये लोग डाकू थे। आई आर ए के लड़कों ने बेतरतीब गोलियां चलाई थीं, जिसमें कुछ बेकसूर गांव वाले मारे गये थे। लेकिन जब रजत के माता–पिता और बहन, जुल्दा गांव में वो जगह देखने गये जहां रजत और उसके तीन साथियों की शहादत हुयी थी, तो उनका कोई विरोध नहीं हुआ। उसकी बहन ने बाद में लिखाः 'गांव के ज्यादातर मुसलमानों ने मेरे माता–पिता का बहुत गर्मजोशी से स्वागत किया और उन्हें अपने घरों में ले गये। उन्हें एक शहीद के माता–पिता के तौर पर बहुत इज्जत मिली।'[2] एक मुसलमान किसान की पत्नी ने आखिरी घंटे में चार लड़कों को पानी और खाना दिया था। किसान ने उन्हें आंखों देखा हाल सुनाया। 'मैं बहुत परेशान था और चिल्ला कर उनसे कहना चाहता था कि – अपनी जिन्दगियां इस तरह बर्बाद मत करो। इस गैर–बराबरी की लड़ाई में तुम्हें कुछ नहीं मिलेगा। तुम अपने आप को पुलिस के हवाले कर दो। तुम बेमौसम के फूलों की तरह मत झड़ो। लेकिन ये तो सिर्फ मेरे ख्याल थे। मैं कुछ नहीं कर सका। लड़के तो मरने को तैयार थे, उन्होंने मेरी आंखों के सामने शहादत पायी।'[3]

1931 में अंग्रेज प्रशासन और स्थानीय यूरोपियन समुदाय ने सांप्रदायिक दंगे कराने की भी कोशिश की। यह काशिश बिलकुल नाकामयाब रही। पुलिस ने भीड़ को उकसाया कि वो हिन्दू दूकानें लूटे, लेकिन इससे दोनों समुदायों के बीच कोई कटुता नहीं आयी। दोनों को ही मालूम था कि असली जिम्मेवार कौन है। गैर–सरकारी जांच कमेटी में दो प्रमुख मुस्लिम नागरिक शामिल थे। उसने भी एकमत से सरकार की ही आलोचना की। 1931 के आखिर से फौज चिटगांव के गांवों में फैल गयी थी। आई आर ए के फरार लोगों को छिपने के लिये दूर की जगहों पर जाना पड़ा। पहारतली के हमले के बाद से जिले की घेराबन्दी पूरे जोर पर थी। इस दौरान अंग्रेजी प्रशासन और फौज ने हिन्दू गांवों और घरों को निशाना बनाया। इस समय मुस्लिम समुदाय ने विद्रोहियों की पूरी मदद की।

सरकारी तौर पर कहा जाता है कि यह विद्रोह 'हिन्दू भद्रलोक' द्वारा किया गया था। लेकिन ये लोग भूल जाते हैं कि मुसलमान इस जिले में बहुत बड़ी तादाद में रहते थे। '1931 की जनगणना के अनुसार जिले में मुसलमानों की संख्या 73 80 प्रतिशत और हिन्दुओं की 21 .84 प्रतिशत थी।[4] जिले के 14 पुलिस स्टेशनों में से सिर्फ एक में ही हिन्दू मुसलमानों से ज्यादा थे–चिटगांव शहर या कोतवाली पुलिस स्टेशन में, 52 .48 प्रतिशत। पटिया और बोलखली पुलिस स्टेशन के इलाके आई आर ए के गढ़ माने जाते थे। इन इलाकों में मुसलमानों की जनसंख्या 66 .61 प्रतिशत और 59 .46 प्रतिशत थी। हटहजारी और फटिकचारी में मुसलमानों की जनसंख्या 79 .22 प्रतिशत और 73 .40 प्रतिशत थी। याद रहे कि हमलावर जलालाबाद की लड़ाई के बाद यहां ही आये थे। कल्पना दत्त और तारकेश्वर दस्तीदार अनवारा में पकड़े गये थे। वहां की मुस्लिम जनसंख्या 70 प्रतिशत थी। एक भूमिगत आंदोलन, आबादी की बहुसंख्या की मदद और सहानुभूति के बिना ज्यादा दिन नहीं चल सकता था।

भूमिगत आंदोलन के शुरू के दिनों में फरार आई आर ए के सदस्य जिन दोस्तों और जानने वालों के घरों में रहते थे, वक हिन्दू थे। हिन्दुओं के घर कोई अकेले में तो होते नहीं थे। आसपास की मुस्लिम आबादी को इन छिपने की जगहों की जानकारी होती थी, लेकिन उन्होंने कभी भी पुलिस को खबर नहीं की। असल में तो जितने भी पुलिस भेदियों के बारे में जानकारी है, उनमें से ज्यादातर हिन्दू थे। अम्बिका चक्रवर्ती को अमजद अली ने पनाह दी थी। और एक हिन्दू जानकार ने, जिसके यहां भी वो ठहरा था, उसका भेद पुलिस को दिया।[5] सूर्य सेन के साथ भी विश्वासघात उनके हिन्दू धर–मालिक ने ही किया था। पुलिस की फाइलों में गुप्त रिपोर्टों से भी पता चलता है कि अनुशीलन ग्रुप के नेता चारू बिकास दत्ता और उसके साथी भी आई आर ए के नेताओं के बारे में पुलिस को जानकारी देते

थे।[6] जिले की गुप्तचर शाखा में भी ज्यादातर कर्मचारी हिन्दू थे और उनमें सबसे ज्यादा घृणा का पात्र था जोगेन्द्र गुप्ता, 'जो राजनीतिक कैदियों पर अत्याचार करने के लिये बदनाम था।'[7]

अंग्रेज अधिकारियों को यकीन था कि आई आर ए को सिर्फ हिन्दू समुदाय से मदद मिलती थी। और इतिहासकारों ने भी मुसलमानों की भूमिका पर ध्यान नहीं दिया है। लेकिन चिटगांव के विद्रोह में हर हिस्सा लेने वाले ने मुस्लिम समुदाय के समर्थन की बात की है। गणेश घोष ने बताया है कि चिटगांव के मुसलमानों को अच्छी तरह पता था कि विद्रोहियों को पनाह देने से उनका अपना जीवन खतरे में पड़ सकता है, फिर भी उन्होंने 'अपने घरों के दरवाजे खुले रखे थे।' सुबोध राय ने भी कहा है कि 'सूर्य सेन तो बिना मुस्लिम आबादी की मदद के चिटगांव में एक हफ्ते भी नहीं रह सकते थे।'[8] कालीकिंकर डे ने भी याद करके बताया है कि कुछ मुसलमान तो आई आर ए में शामिल भी हुये थे, जबकि बहुत से दूसरों ने 'छिपकर हमारी मदद की।'[9]

आंदोलन के बचे हुये लोगों में कल्पना दत्त को मुसलमानों की मदद का सबसे ज्यादा अनुभव है। वो फौज की खोजबीन के दौरान छः महीने तक भूमिगत रहीं थीं। गैराला में मास्टर दा की गिरफ्तारी के बाद, फौज ने सारे इलाके को घेर लिया था। वो उन विद्रोहियों को तलाश कर रही थी जो घेराबन्दी से निकल भागे थे। 'एक दिन दिन–दहाड़े हमें अपनी पनाह की जगह बदलनी पड़ी थी। लेकिन गांव में किसी ने भी इसकी खबर पुलिस या फौज को नहीं दी। भीड़ में हिन्दू और मुस्लिम दोनों ही शामिल होते थे।'[10] उस समय के बाद से वो मुसलमानों के घरों और मुस्लिम बहुसंख्यक गांवों पर ज्यादा निर्भर रहने लगे। 'बहुत मुश्किल दिनों में जब किसी जानी–पहचानी जगह रहना मुश्किल हो जाता था, तो मुसलमान खुद ही हमें पनाह देते थे। सारा मुसलमान इलाका हमारे लिये किले की तरह था।'[11] उनको अपने मेजबानों के नाम भी पता नहीं होते थे। कालीकिंकर डे को कुछ मुसलमानों के नाम याद थे, 'मीर अहमद, अब्दुल सत्तार और कुछ और लोग तो हमारे साथ शामिल भी हो गये थे।'[12] कल्पना ने भी लिखा है कि 'मास्टर दा और उनके अनुयाइयों को धालघाट पर ले जाने वाले नाव वाले भी आजादी की लड़ाई में उतने ही हिस्सेदार थे, जितने कि हम। इनमें सत्तार, मीर अहमद, फकीर अहमद, टून मियां और (बौद्ध) तरनी माझी भी शामिल हैं।'[13]

चिटगांव के अनुभव से राष्ट्रीय क्रान्तिकारी आंदोलन की खूबियां और कमियां, दोनों ही पता चलती हैं। आई आर ए की एक हफ्ते के विद्रोह की योजना नाकामयाब हो गयी। तब उन्हें लम्बे समय तक भूमिगत रहकर प्रतिरोध करना पड़ा। तब उन्हें महसूस हुआ कि आजादी की लड़ाई में आम आदमी के समर्थन

की कितनी कीमत थी। अगर विद्रोह से पहले वे आम आदमी के समर्थन के लिये पहुंचे होते, तो वे अंग्रेजी शासन के खिलाफ बहुत बड़ी चुनौती हो सकते थे। वे बिना किसी योजनाबद्ध प्रयास के मुस्लिम समुदाय से रिश्ते बनाने में कामयाब रहे थे। इससे जाहिर होता है कि बंगाल के क्रान्तिकारी आंदोलन का साम्राज्यवाद-विरोध, बराबरी और मानवीय मूल्यों से भरा हुआ था। बदकिस्मती से शुरू के कुछ लड़ाकू राष्ट्रवादियों के लेखों पर ज्यादा ध्यान दिया गया है।

बंकिमचन्द्र के *आनन्द मठ* के हिन्दू प्रतिगामी रुझान, अरविंदो घोष के कुछ लेखों और शुरू के दिनों में अनुशीलन के काली को प्रतीक के तौर पर इस्तेमाल करने पर ही ज्यादा ध्यान दिया गया है। लेकिन, बंगाल के क्रान्तिकारी आंदोलन के बाद के घटनाक्रम पर कम ध्यान दिया गया है। बंगाल के क्रान्तिकारी ग्रुपों ने धार्मिक रुझान को छोड़ा था। और नये सांप्रदायिकतारहित साम्राज्यवाद-विरोधी तरीकों की तलाश शुरू की थी। यह ध्यान देने की बात है कि अखाड़ों की संस्कृति और अखंड देशभक्ति के बावजूद, बंगाल के क्रांतिकारियों ने अपने साम्राज्यवाद के विरोध को सावरकर और राष्ट्रीय स्वयं सेवक संघ के हिन्दू राष्ट्रवाद में नहीं तब्दील होने दिया। महाराष्ट्र और बंगाल में, लड़ाकू राष्ट्रवाद ने अलग-अलग रास्ते तय किये है। यह विद्वानों के गंभीर अध्ययन के लिये एक विषय है।

35
साम्यवाद की ओर

(बगाल में) ...जब आतंकवादियों ने बड़े पैमाने पर मार्क्सवाद की विचारधारा को अपनाया तो जिलों में वास्तव में साम्यवाद का फैलाव हुआ। यह बदलाव 1930 के दशक के मध्य में विचारधारा पर बहस और अपने आप की गयी तलाश के द्वारा नजरबन्दी के कैम्पों और अण्डमान से आया। भवानी सेन और हरे कृष्ण कोनार जैसे साम्यवादी नेता आतंकवाद से ही आये थे। और आखिरकार पार्टी आतंकवादियों के सबसे प्रतिष्ठित ग्रुप चिटगांव शस्त्र भंडार के हमलों के नायकों एक बड़े हिस्से को अपने साथ लाने में कामयाब हुई।

– सुमित सरकार[1]

1934 के आखिर तक बंगाल के अंग्रेज अधिकारियों के चेहरे पर फिर से मुस्कान लौट आयी थी। कार्यकारी गवर्नर जॉन वुडहैड ने डींग हांकी कि 'पिछले चार सालों में हमने जो ठोस और लगातार दवाब बनाया है, उससे हमें कामयाबी मिली है।'[2] इस दबाव की वजह से 1930 और 1934 के बीच 'कम से कम 3110 लोग गिरफ्तार हुए थे'।[3] ये गिरफ्तारियां बंगाल क्रिमिनल लॉ अमेंन्डमेंन्ट एक्ट और उससे जुड़े कानूनों के तहत हुयी थीं। और साम्राज्य के खिलाफ बगावत करने के लिये हुयी गिरफ्तारियां, इसके अलावा थीं। ज्यादातर कैदी बक्सा, हिजली और देवली (राजस्थान) के कैम्पों में रखे गये थे। राष्ट्रीय क्रान्तिकारी आंदोलन के बड़े नेताओं को सजा सुना कर अण्डमान भेज दिया गया था। सरकार ने स्थानीय अधिकारियों के विरोध के बावजूद, अण्डमान में राजनीतिक कैदियों को सजा के तौर पर फिर से बसाना शुरू कर दिया था। इस बार सबसे पहले चिटगांव के नेता अण्डमान की डरावनी सैलुलर जेल में भेजे गये। सरकार के गृह सदस्य का मानना था कि 'चिटगांव ट्रिब्यूनल के किसी भी आरोपी को मौत की सजा न देने से काफी नुकसान हुआ। इसकी कुछ भरपाई इन कैदियों को जल्द से जल्द अण्डमान भेजकर की जा सकती है।'[4] चिटगांव ग्रुप के बाद हिन्दुस्तान के बाकी

हिस्सों से भी लोग वहां आये। अण्डेमान की जेल के सारे कैदियों में ज्यादा संख्या (338 कैदी) बंगाल के क्रान्तिकारी ग्रुपों की ही थी। सरकार जाहिरा तौर पर आन्दोलन को कुचलने में कामयाब हो गयी थी, लेकिन क्रान्तिकारियों ने हिम्मत नहीं हारी थी। इसी जिन्दादिली ने उन्हें नये रास्तों की खोज में लगाया। चीजों को नये ढंग से देखने और लड़ाई के नये तरीके ढूंढने के कम में वे साम्यवाद तक पहुंचे।

1920 के दशक के शुरू से ही अनुशीलन और जुगान्तर के लोग साम्यवादी बनने शुरू हो गये थे। 1925–26 में मुजपफ्फर अहमद ने किसान मजदूर पार्टी बनायी थी, जो बाद में बंगाल प्रान्त में मजबूत साम्यवादी पार्टी के तौर पर उभरी। गुप्तचर विभाग ने उनकी गतिविधियों पर कड़ी नजर रखी, हालांकि उनका ज्यादा ध्यान आतंकवादियों की तरफ था। गुप्तचर विभाग का मानना था कि अनुशीलन के भूतपूर्व सदस्य धरनी गोस्वामी और गोपेन मुकर्जी 'हिन्दू और मुस्लिम आवाम को प्रचार द्वारा पूंजीपतियों के खिलाफ एकजुट करना चाहते थे। उनमें क्रान्तिकारी विचार डालकर उनसे विद्रोह करा कर वो अंग्रेज सरकार का तख्ता पलटना चाहते थे'।[6] कुछ छोटे ग्रुप अपने आपको मार्क्सवादी कहते थे। एक और रुझान 1920 के दशक में पैदा हुआ, जिसको 'आतंकी समाजवाद' कहते थे। इनका उद्देश्य 'हिंसात्मक गतिविधियों के साथ–साथ मजदूरों, किसानों और नौजवानों को संगठित करना और उनमें समाजवाद के विचार फैलाना ही था'।[7] एक पर्चा जिसका शीर्षक था 'रैवोल्यूशनरी' पकड़ा गया। कहा जाता है कि इसे हिन्दुस्तान रिपब्लिकन ऐसोसिएशन के शचीन्द्र नाथ सान्याल ने लिखा था। इसमें यह रुझान झलकता था। लड़ाकू रुझान के नेता व्यक्तिगत तौर पर वैज्ञानिक समाजवाद के सिद्धांतों की तरफ झुक रहे थे। लेकिन इस रुझान के नौजवान अब भी अंग्रेजी राज के खिलाफ हथियारबन्द क्रान्ति के रोमांस में मुब्तला थे। चिटगांव ग्रुप इस नजरिये की सबसे अच्छी मिसाल है। उन्होंने इस काम के लिये सबसे बड़ी घटना को अंजाम दिया। चिटगांव के कारनामे से मन्त्रमुग्ध होकर बंगाल के नौजवान इस दिशा में कोशिश करते रहे। साम्यवाद के बारे में वे ज्यादा कुछ नहीं जानते थे। जो लोग अभी तक साम्यवादी विचारधारा को अपना चुके थे, उनका व्यवहार बहुत ठीक नहीं था। इससे और लोगों को साम्यवादी विचारधारा को समझने में और भी मुश्किल हुयी।[8] इस समय हिन्दुस्तानी साम्यवादी भी उग्रवादी वामपंथी नीति के असर में थे और 'राष्ट्रीय आन्दोलन की मुख्य धारा से अलग–थलग होकर संकीर्ण रास्ता अपनाये हुये थे'।[9] इसकी वजह से बंगाल में हिंसात्मक आन्दोलन को मानने वालों का असर ज्यादा हुआ, बनिस्बत साम्यवादी विचारों के। साम्यवादी विचार बाद में ज्यादा असरदार हुये।

चिटगांव के नेता जब अण्डेमान पहुंचे तो उन्हें मार्क्सवाद के बारे में ज्यादा जानकारी नहीं थी। उन्हें रूस की बोल्शेविक क्रान्ति के बारे में कुछ धुंधली सी जानकारी थी। अनन्त सिंह ने खुले तौर पर माना कि '1928–29 में हमें साम्यवाद के बारे में कुछ अन्दाजा नहीं था। मैंने कार्ल मार्क्स और एंगेल्स का नाम भी नहीं सुना था। मैंने लेनिन और ट्राट्स्की की दो छोटी जीवनियां बंगाली में देखी थीं लेकिन उन्हें पढ़ा नहीं था। दो–तीन साल बाद जब हम अण्डमान पहुंचे तो मुझे एक किताब के मुखपृष्ठ से स्टालिन के नाम का पता लगा। तब मैंने अपने आप से पूछा कि यह स्टालिन कौन है? मैंने लेनिन के बारे में तो सुना है। शायद लेनिन ही स्टालिन है– उनका दूसरा नाम। 1933 में साम्यवाद के बारे में मुझे सिर्फ इतनी जानकारी थी।'[10] जेलों और नजरबन्दी के कैम्पों के बाकी लोगों के बारे में भी यही बात लागू होती है। लेकिन शायद वे इतने खुले तौर पर इसको मानेंगे नहीं। शुरू में अण्डमान की सैल्युलर जेल में हालात पढने–लिखने के काबिल नहीं थे। सुबोध राय को याद है कि 'काली कोठरी में जहरीले बिच्छू हमारे पड़ौसी थे, लकड़ी का एक तख्ता हमारा बिस्तर था और एक घिसा–पिटा खटमलों से भरा कम्बल हमारा साथी था।'[11] उनके हाथों पर जेल में रस्सी बनाने के काम के निशान आखिर तक रहे। जेल में उन्हें खाने के लिये 'घुन लगा हुआ बर्मा का चावल, कीड़ों से भरा सड़ा हुआ आटा, कीड़ों से खाई हुयी अरहर की दाल और बांस की तरह सख्त दांता (सब्जी) दिया जाता था'।[12] दिसम्बर 1932 तक 99 और कैदी बाकी हिन्दुस्तान से आये और अगले साल उनकी तादाद और भी बढ़ गयी। जैसे–जैसे तादाद बढ़ती गयी, कैदियों ने हालात में सुधार के लिये लड़ना शुरू कर दिया – हल्की मेहनत, उनकी पसन्द की किताबों वाली लायब्रेरी, अन्दर और बाहर खेलों की सुविधा, बाहर से मनीआर्डर मंगाने की आजादी, जिससे वे अपनी पसन्द की किताबें खरीद सकें। मई 1933 में कुछ कैदियों ने इन मांगों को मनवाने के लिये भूख हड़ताल की। जबरदस्ती खाना खिलाने की वजह से इनमें से तीन मर गये। सरकार ने आखिर में उनकी मांगें मान ली।

इस कामयाब हड़ताल के बाद 'मार्क्सवादी' यूनिवर्सिटी बनाने का काम शुरू हुआ, जिससे अण्डेमान में कम्युनिस्ट कॉन्सोलिडेशन बना। डलहौजी स्क्वायर बम केस के डा0 नारायन राय, मछुआ बाजार बम केस के निरंजन सेन और सतीश पकराशी, लाहौर षड़यन्त्र केस के विजय सिंह और शिव वर्मा और कुछ अन्य लोग, जेल में समाजवादी विचारों को फैलाने में अगुआ थे। डा0 नारायन राय और निरंजन सेनगुप्ता 'एक ट्रक भरकर साम्यवादी साहित्य अपने साथ लाये थे। ये इन्हें यरवदा की सैन्ट्रल जेल में कांग्रेस सोशलिस्ट नेताओं ने दिया' था।[13] उन्होंने वहां क्लासें लगानी शुरू कर दीं। 1935 तक वहां एक पूरी 'यूनीवर्सिटी' पूरे

पाठ्यक्रम और क्लासों के साथ शुरू हो गयी थी। वहां एक खुली लायब्रेरी थी जिसमें हर किस्म की किताबें थीं। ये किताबें राष्ट्रीय नेताओं जैसे खान अब्दुल गफ्फार खान, रफी अहमद किदवई, विजय लक्ष्मी पंडित, अनुग्रह नारायण सिन्हा, राजेन्द्र प्रसाद आदि ने भेजी थीं। इसके अलावा मार्क्सवादी साहित्य की एक गुप्त लायब्रेरी भी बनाई गई थी। 'इनको जेल में तरह–तरह से लाया जाता था। किताबों की बहुत समय और मेहनत लगाकर हाथ से लिख कर कापियां बनाई जाती थीं।'[14] इसी तरह की चीजें दूसरे कैम्पों और जेलों में भी हो रही थीं। खासतौर पर कलकत्ता की अलीपुर जेल में, जो कम्युनिस्ट पार्टी में भर्ती के लिये बड़ा केन्द्र थी। कालीकिंकर डे, जिनको 1935 में सजा हुयी थी, दोनों जेलों के गम्भीर माहौल को याद करते थे। अण्डमान में 'छात्र सुबह से ही क्लासों की तैयारी करते थे और देर रात तक वहां रहते थे। हम मार्क्सवाद पर किताबें पढ़ते थे। हमने मार्क्स की *पूंजी* एक–एक अध्याय कर के पढ़ी। हमारे बीच कुछ पढ़े–लिखे लोग थे। हम अंग्रेजी में पढ़ते थे, फिर हमारे अध्यापक उनका बंगाली में तर्जुमा करते थे। हमारे लिये तो यह एक यूनिवर्सिटी जैसा ही था'।[15]

एक मई 1935 को कम्युनिस्ट कॉन्सोलिडेशन की विधिवत स्थापना हुई। जिन लोगों ने मार्क्सवाद की विचारधारा को अपनाया था उन्होंने इस दिन लाल झण्डा फहराया और इन्टरनेशनल गाया। इन में से कोई भी जेल आने से पहले कम्युनिस्ट पार्टी का सदस्य नहीं था। लेकिन समय बीतने के साथ पार्टी से सम्पर्क बनना शुरू हो गया। बंगाल के दो बड़े साम्यवादी नेता, अब्दुल हलीम और सरोज मुखर्जी 1934–35 में अलीपुर जेल में थे। उस जेल में मार्क्सवादी लीग की स्थापना करने में उनकी बड़ी भूमिका थी। लम्बे समय के कैदियों को अण्डमान भेजे जाने से पहले अलीपुर जेल में रखा जाता था। संदेशों का आना–जाना उनके द्वारा ही होता था। अप्रैल 1935 में सरोज मुखर्जी और अब्दुल हलीम ने सी पी आई की बंगाल कमेटी की तरफ से एक संदेश भेजा। इसमें 'अण्डमान की जेल में कम्युनिस्ट विचारधारा से प्रभावित सभी कैदियों से अपील की गयी थी कि वे मिल कर कम्युनिस्ट कॉन्सोलिडेशन बनायें, जिससे वे साथ मिल कर पढ़ सकें और दूसरे राजनीतिक कैदियों पर असर डाल सकें'।[16]

कम्युनिस्ट कॉन्सोलिडेशन बनाना भी इतना आसान नहीं था। जेल में विभिन्न ग्रुपों में विचारधारा के और जाती मतभेद थे। उनमें से काफी लोगों ने कॉन्सोलिडेशन में आने में काफी वक्त लगाया। चिटगांव के लोग भी उनमें से थे। उनके लिये हथियारबन्द घटनाओं को छोड़ना मुश्किल था। वे इसे लोगों को आजादी के लिये जगाने का सबसे अच्छा तरीका मानते थे। कम्युनिस्टों के हिसाब से जनता को संगठित कर, क्रान्ति करने के विचार को वे बहुत दूर की बात मानते

थे। दूसरी वजह यह भी थी जेल में सबसे बड़ा ग्रुप होने की वजह से, इसके कुछ नेताओं का व्यवहार कुछ रौब जमाने वाला था।[17] उनके अपने को बेहतर मानने और राष्ट्रवादी क्रान्तिकारियों को कमतर समझने की वजह से भी दूसरों को चिढ़ होती थी। वे सब एक ही तरह के परिवारों से आते थे 'लेकिन वे तो ऐसे बर्ताव करते थे जैसे वे रातों–रात सर्वहारा वर्ग के प्रतिनिधि बन गये हैं और हमें ऐसे उपदेश देते थे जैसे हम तो 'मध्य वर्ग की तरह उलझे हुये और ढुलमुल नीति के प्रतिनिधि' हैं।'[18]

इन सारे जाती मतभेदों के बावजूद, सभी कैदियों ने मार्क्सवाद का गहरा अध्ययन किया। जो शुरू में कम्युनिस्ट कॉन्सोलिडेशन के विरोध में भी थे उन्होंने भी बहुत पढ़ना शुरू किया और नयी क्रान्तिकारी विचारधारा को अपनाया। सरदार गुरुमुख सिंह, गदर पार्टी के पुराने नेता थे और उन्होंने पजांब के किसानों के बीच भी काम किया था। वो मास्को में भी पढ़े थे। जब वो अण्डेमान आये तो उनकी वजह से काफी कैदियों ने मार्क्सवाद को अपनाया। वो 'सीधी–सादी' बात करते थे। और जो लोग कॉन्सोलिडेशन के बाहर थे उनके संशयों को भी बिना शब्दजाल बुने दूर करते थे। चिटगांव ग्रुप के सहायाराम दास ने कहा है कि 'अलग–अलग क्रान्तिकारी ग्रुपों को अण्डमान जेल में एक साथ लाने का श्रेय बाबा गुरुमुख सिंह को ही जाता है।'[20] 1937 में राजनीतिक कैदियों की भूख हड़ताल के पीछे भी बाबा गुरुमुख सिंह की प्रेरणा थी। यह हड़ताल 25 जुलाई 1937 को शुरू हुयी। इसकी मांगें थीं: सभी राजनीतिक कैदियों और नजरबन्द लोगों की रिहाई, सभी दमनकारी कानूनों की वापसी, अण्डेमान से सभी राजनीतिक कैदियों को वापिस भेजना, और सभी राजनीतिक कैदियों को कम से कम दूसरी श्रेणी में रखना। भूख हड़ताल की खबर हिन्दुस्तान पहुंची और राष्ट्रीय आन्दोलन के सभी विचार के लोगों ने इसका जबरदस्त समर्थन किया। 27 अगस्त को महात्मा गांधी ने उन्हें एक तार भेजा। इसमें उनसे कहा गया कि वे भूख हड़ताल वापिस ले लें क्योंकि 'हम सब आपको छूट दिलवाने के लिये काम कर रहे हैं।'[21] उन्होंने आगे कहा कि 'अगर वे लोग जो आतंकवाद में यकीन रखते थे, मुझे आश्वासन दें कि वे भी अहिंसा को सबसे अच्छा रास्ता मानने लगे हैं, तो मुझे जाती तौर पर बहुत संतोष होगा।' भूख हड़ताल वापिस ले ली गयी। कैदियों ने एक तार महात्मा गांधी को भेजा। इसमें कैदियों ने कहा 'हम में से जो लोग आतंकवाद मे यकीन करते थे, अब उन्होंने उसे छोड़ दिया है। अब हम मानते हैं कि राजनीतिक हथियार और सिद्धांत के तौर पर इसका ज्यादा फायदा नहीं है।'[22] हालांकि उन्होंने अपने आप को अहिंसा के सिद्धांत से नहीं जोड़ा। गांधी ने जब यह तार अंग्रेज अधिकारियों को दिखाया तो उन्होंने भी इस बात पर ध्यान दिया।[23]

इस ऐतिहासिक भूख हड़ताल से सभी कैदियों में एका पैदा हुआ। कैदियों की वापसी शुरू हुयी। 31 जनवरी 1938 को कैदियों का आखिरी दस्ता वहां से बंगाल के लिये चला। इसमें चिटगांव के कैदी भी थे। राष्ट्रीय नेताओं के दबाव में नजरबन्द और सजायाफ्ता कैदियों की रिहाई शुरू हुई। लेकिन चिटगांव के नेताओं को 1946 तक अलीपुर की जेल में रखा गया। कुछ छोटे कैदियों को जल्दी छोड़ दिया गया था। सुबोध राय उनमें से एक थे। जब वो जेल से बाहर आ रहे थे तो गणेश घोष ने उनसे कहा कि बाहर 'सारे दोस्तों को जिनके साथ हमने काम किया है, बता देना कि हमने कम्युनिस्ट पार्टी के साथ काम करने का फैसला किया है।'[24] बंगाल वापिस आने पर चिटगांव के ग्रुप ने फैसला कर लिया था। उन्होंने फैसला करने में काफी वक्त लगाया। कल्पना दत्त के मुताबिक वो आखिर में शामिल हुये क्योंकि 'उन्होंन तो कोई निराशा देखी ही नहीं थी। उन्होंने ने सिर्फ अपनी योजनाओं की कामयाबी देखी थी। और देखा था आम आदमी का प्यार और सघंर्ष के लिये बढ़ता हुआ समर्थन।'[25] लेकिन 1938 तक हालात बिल्कुल बदल गये थे। गुप्तचर विभाग ने कहा : 'क्रान्तिकारियों में से ज्यादा दूर की दृष्टि रखने वाले नेताओं ने समझ लिया है कि 1937 के कानून के बाद हालात बदल गये हैं। अब कानून प्रतिनिधि विधान सभा और उसके मातहत कार्यकारिणी द्वारा बनाये जाते हैं। उनका हिंसा से विरोध करना अब उतना आसान नहीं है।'[26] क्रान्तिकारी आन्दोलन ने अपने पहले चरण की ऐतिहासिक भूमिका निभा ली थी।[27] समय आ गया था कि अब दूसरे चरण की ओर बढ़ें। चिटगांव के क्रान्तिकारियों की लोग बहुत इज्जत करते थे। इसलिये, सैकड़ों लोगों ने उनका अनुसरण किया। इन लोगों ने अपनी जवानी का अच्छा खासा हिस्सा आजादी की लड़ाई में लगा दिया था। और अब वे खेतों और कारखानों में फैल गये थे ताकि यह आजादी आम जनता के लिये ज्यादा मानीखेज़ हो जाये। वे क्रान्तिकारी जो कम्युनिस्ट आन्दोलन में शामिल हुये, अपने पिछले कारनामों से ही सन्तुष्ट नहीं रहे। और न ही उन्होंने अपने त्याग का कुछ मुआवजा मांगा। वे इस आन्दोलन में भी उसी किस्म के समर्पण के साथ आये जो उनके पहले कामों में था। वास्तव में उस समय तो उनके पिछले कामों की आलोचना हुयी थी कि वे मध्य वर्ग की विचारधारा में असर में थे। और उनका आन्दोलन भद्रलोक का था जिसका आम आदमियों से कोई रिश्ता नहीं था। अब देखने पर लगता है कि हिन्दुस्तान के इतिहास में मध्य वर्ग के उच्च तबके ने कभी भी अपने जान–माल के लिये इतना खतरा नहीं उठाया जितना कि राष्ट्रीय क्रान्तिकारियों ने। उच्च तबके के लोगों ने और आन्दोलनों को भी नेतृत्व दिया है। लेकिन कभी अपने आप को खतरे में नहीं डाला। राज के खिलाफ विद्रोहियों ने कुछ भी गलतियां

की हों या कितना भी गलत–सही रास्ता लिया हो, उन्होंने बाद में आने वाले बंगाल के वामपंथी आन्दोलन की नींव रखी। वे ऐसे राष्ट्रवादी थे जिन्होंने अन्तर्राष्ट्रवाद को अपनाया। वे देश भक्त थे जो समाजवादी बने। यह वो धरोहर है जिसको याद रखना और जिन्दा रखना जरूरी है, खास तौर पर तब जब 'सास्कृतिक राष्ट्रवाद' के नाम पर इसके साथ खिलवाड़ किया जा रहा है।

परिशिष्ट

परिशिष्ट 1

(18 अप्रैल 1930 को शस्त्र भण्डार पर हुये हमलों के बाद इंडियन रिपब्लिकन आर्मी द्वारा जारी किया गया पर्चा)

इंडियन रिपब्लिकन आर्मी

अंग्रेजों और उनकी सरकार ने हिन्दुस्तान के तीस करोड़ लोगों को एक क्रूर नीति के तहत लम्बे समय से गुलाम बनाकर रखा हुआ है और वे इनमें राष्ट्रवाद की भावना और पहचान को बिल्कुल मिटा देना चाहते हैं। इंडियन रिपब्लिकन आर्मी की चिटगांव शाखा पूरी संजीदगी के साथ घोषणा करती है कि वह इस दमन की नीति का विरोध करती है।

हिन्दुस्तान की मिल्कियत और उसके लोगों की तकदीर बनाना सिर्फ हिन्दुस्तान के लोगों का हक है। और विदेशी लोगों और उनकी सरकार द्वारा इस हक पर कब्जा जमाने से वो हक खत्म नहीं हो जाता है और न ही हो सकता है। इंडियन रिपब्लिकन आर्मी सारी दुनिया के सामने इस हक की हिफाजत हथियारों से करने का इरादा रखती है और इस तरह इंडियन नेशनल कांग्रेस द्वारा हिन्दुस्तान की आजादी के ध्येय की घोषणा को असली जामा पहनाना चाहती है। इंडियन रिपब्लिकन आर्मी यह वायदा करती है कि आजादी, देश की भलाई और गरिमा के लिये, इसका हरेक सदस्य जान की बाजी लगा देगा।

इंडियन रिपब्लिकन आर्मी हिन्दुस्तान की धरती पर, उसके ही लोगों पर, अंग्रेजों और उनकी सरकार द्वारा किये गये अमानवीय कत्लेआम को आज बहुत दुःखभरे गुस्से के साथ याद करती है। और याद करती है, उसकी औरतों का तोप से उड़ाया जाना, उसके आदमियों को फांसी चढ़ाया और उनका बेहिसाब खून, उसके बच्चों का कुचला जाना, उसके व्यापार और कारखानों का विनाश।

इण्डियन रिपब्लिकन आर्मी कसम खाती है कि देश के सताये हुये लोगों के खून का बदला लेगी।

इंडियन रिपब्लिकन आर्मी को हर हिन्दुस्तानी की वफादारी का हक है और वो देश के लिये इसका दावा करती है। और आई आर ए प्रार्थना करती है कि हर वो आदमी जो इस ध्येय को मानता है कठोरता, कायरता या अमानवीयता से, इसका अनादर नहीं करेगा। इस महान घड़ी में चिटगांव के लोगों को अपनी हिम्मत, देशभक्ति और सब के भले के लिये जीवन की बाजी लगा कर, भाग्य की इस पवित्र परीक्षा में खरा उतरना है–

आदेश
इंडियन रिपब्लिकन आर्मी,
चिटगांव शाखा

परिशिष्ट 2

(1916 में डबलिन में ईस्टर विद्रोह के समय पैट्रिक पीयर्स द्वारा पढ़ा गया आजादी का घोषणा पत्र। चिटगांव के क्रान्तिकारियों ने इससे प्रेरणा ली थी।)

आयरलैण्ड के लोगों के लिये आइरिश रिपब्लिक की अस्थायी सरकार द्वारा जारी

आयरलैण्ड के पुरुषो और महिलाओ

भगवान के नाम पर और अपनी पुरानी पीढ़ियों की राष्ट्रवादी परम्परा के नाम पर आयरलैण्ड हमारे द्वारा, अपने बच्चों को, अपने झण्डे के लिये और आजादी हासिल करने के लिये पुकार रहा है।

अपने गुप्त क्रान्तिकारी संगठन से ताकत हासिल करके, अपने खुले हथियारबन्द संगठनों – आइरिश वालेंन्टियर्स और आइरिश सिटीजन्स आर्मी – के द्वारा, और धैर्य के साथ अनुशासन में रह कर, दृढ़ता से सही समय का इन्तजार करने के बाद, अब सही पल को समझकर, अमरीका में निर्वासित अपने नागरिकों और यूरोप के हिम्मती साथियों के समर्थन से, लेकिन सबसे ज्यादा अपनी ताकत पर भरोसा कर, आइरिश रिपब्लिकन ब्रदरहुड जीत के पूरे विश्वास के साथ हमला बोल रही है।

हम घोषणा करते हैं कि आयरलैण्ड के लोग ही आयरलैण्ड के मालिक हैं। उन्हें आयरलैण्ड के सार्वभौमिक भाग्य का फैसला करने का हक है। वो अधिकार

इसलिये खत्म नहीं हो जाता कि लम्बे समय तक उस पर विदेशी लोगों और उनकी सरकार ने कब्जा किया हुआ है। और यह अधिकार तब तक खत्म नहीं हो सकता है जब तक आइरिश लोग जिन्दा हैं। हर पीढ़ी के आइरिश लोगों ने अपनी आजादी और सार्वभौमिकता का हक जताया है; पिछले 300 सालों में छः बार उन्होंने इसे हथियारों द्वारा जताया है। इस मूलभूत अधिकार की बिना पर, सारी दुनिया के सामने हथियारों के दम पर, हम आइरिश रिपब्लिक के एक आजाद सार्वभौम राज्य होने की घोषणा करते हैं। और हम शपथ लेते हैं कि इसकी आजादी, भलाई और गरिमा के लिये, अपनी और अपने साथियों की जान की बाजी लगा देंगे।

हमें इसका हक है और हम यह घोषणा करते हैं कि हर आइरिश आदमी और औरत, आइरिश रिपब्लिक के लिये वफादार रहेगा। रिपब्लिक, धार्मिक और नागरिक आजादी प्रदान करेगा, सभी नागरिकों को बराबर के अधिकार और अवसर देगा और यह भी वायदा करता है कि सारे देश और इसके सभी हिस्सों की खुशी और सम्पन्नता के लिये, काम करेगा। विदेशी सरकार ने देश में मतभेद पैदा कर, उसे बहुसंख्यकों और अल्पसंख्यकों में बांट दिया था। इसको नजरन्दाज कर यह सारे देश के नागरिकों के साथ बराबरी का व्यवहार करेगा।

यह अस्थायी सरकार जनता के विश्वास के साथ, देश के नागरिक और फौजी मामलों का प्रशासन करेगी। और यह तब तक चलेगी जब तक हम अपने हथियारों के दम पर एक चुनी हुयी स्थायी सरकार कायम करने का अवसर नहीं ढूंढ़ लेते हैं।

हम आइरिश रिपब्लिक की रक्षा के लिये भगवान से प्रार्थना करते हैं। और प्रार्थना करते हैं कि जो भी लोग इसके लिये काम करेंगे वे कायरता, अमानवीयता और लालच की वजह से इसे बदनाम नहीं करेंगे। इस सु:खद घड़ी में आइरिश देश को अपनी हिम्मत, अनुशासन और इसके नागरिकों की भलाई के लिये जान की बाजी लगाने की भावना के साथ, अपने भाग्य को बनाना है।

अस्थायी सरकार की तरफ से

थामस जे क्लार्क,
सी मैक डियारमिडा, पी एच पीयर्स,
जेम्स कोनोली, थामस मैकडोंग,
इ मौन सियन्ट, जोसफ प्लनकैट

परिशिष्ट 3

(24 सितम्बर 1932 को पहारतली के हमले के बाद प्रीतिलता वद्दार के शरीर पर मिले खत के कुछ अंश। खत हाथ से लिखा गया था, ये अंश सरकारी तौर पर टाइप की गई पांडुलिपि से लिये गये हैं।)

इंकलाब जिन्दाबाद

मैं गम्भीरता से घोषणा करती हूं कि मेरा संबंध इंडियन रिपब्लिकन आर्मी की चिटगांव शाखा से है। उसका उद्देश्य क्रूर, शोषणकारी, साम्राज्यवादी अंग्रेज सरकार से अपनी मातृभूमि को आजाद कराना है। और उसकी जगह फैडरल इण्डियन रिपब्लिक की स्थापना करना है। चिटगांव की इस शानदार पार्टी ने सारे बंगाल के ही नहीं बल्कि सारे देश के क्रान्तिकारियों का दिल जीत लिया है। 18 अप्रैल 1930 की घटनाएं और इसके बाद पुण्य जलालाबाद पहाड़ी, फेनी, समीरपुर, चन्दरनगर, चानपुर, ढ़ाका, कोमिला और धालघाट के कारनामों से नौजवानों को ताकत मिली है। मुझे गर्व है कि मुझे ऐसी शानदार पार्टी का सदस्य होने के काबिल समझा गया।

हम आजादी की लड़ाई लड़ रहे हैं। आज की घटना भी उसी लड़ाई का हिस्सा है। अंग्रेजों ने हमारी आजादी छीन ली है, हमारा खून चूस लिया है और करोड़ों लोगों – आदमियों और औरतों – की जिन्दगी के साथ खिलवाड़ किया है। हमारे नैतिक, शारीरिक, राजनीतिक और आर्थिक विनाश का कारण वे ही हैं। इस तरह वे हमारे देश के सबसे बड़े दुश्मन हैं और उसकी आजादी के रास्ते में सबसे बड़ी बाधा। इसलिये हमें अंग्रेजों के खिलाफ–सरकारी हों या गैर–सरकारी – हथियार उठाने के लिये मजबूर होना पड़ा है। हालांकि किसी भी इन्सान की जिन्दगी लेना कोई सुःखद काम नहीं है, आजादी की लड़ाई के रास्ते में आये हर रोड़े को किसी भी प्रकार से हटाने के लिये तैयार रहना चाहिये।

जब हमारे पूजनीय महान नेता मास्टर दा ने मुझे आज के हथियारबन्द हमले में शामिल होने के लिये बुलाया तो मैंने अपने आप को भाग्यशाली माना। आज मेरी बहुत दिनों की इच्छा पूरी हो रही थी। मैंने इस काम को पूरी जिम्मेवारी से मंजूर किया। उस गरिमाशाली व्यक्तित्व ने मुझे इस हमले का नेतृत्व करने को कहा। मुझे झिझक हुयी और मैंने विरोध करते हुये कहा कि जब इतने अनुभवी भाई लोग मौजूद हैं तो एक बहन को नेतृत्व लेने की क्या जरूरत है? मास्टर दा ने अपने तर्क से मुझे सन्तुष्ट कर दिया। मैंने अपने नेता का आदेश सिर माथे पर

लिया। मैंने प्रार्थना की कि परमपिता परमात्मा, जिस पर मुझे बचपन से विश्वास है, मेरी सहायता करें।

मुझे लगता है कि मैं अपने देश के लोगों के प्रति जवाबदेह हूं। बदकिस्मती से अभी देश में बहुत से ऐसे लोग हैं जो मानते हैं कि हिन्दुस्तान की परम्परा में पली–बढ़ी एक लड़की, लोगों को मारने का काम कैसे कर सकती है? मुझे ताज्जुब है कि मातृभूमि के ध्येय के लिये औरतों और मर्दों में फर्क करने की क्या जरूरत है? राजपूत महिलाओं की बहुत सी मिसालें हैं, जब उन्होंने दुश्मनों की जान ली। इन महिलाओं के कारनामे इतिहास में भरे पड़े हैं। तो फिर आज के हिन्दुस्तान की आधुनिक नारी, देश को विदेशी शासन से मुक्ति दिलाने के काम में क्यों नहीं शामिल हो सकती?

अगर बहनें सत्याग्रह आंदोलन में भाईयों के साथ कंधे से कंधा मिलाकर खड़ी हो सकती हैं, तो उन्हें क्रान्तिकारी आंदोलन में यह करने का हक क्यों नहीं है? क्या यह इसलिये है कि ये तरीके अलग–अलग हैं या इसलिये कि वे इस काबिल नहीं हैं? जहां तक तरीके का सवाल है यानि हथियारबन्द क्रान्ति, तो यह कोई नई बात नहीं है। इसे कई देशों में अपनाया गया है और औरतों ने सैंकड़ों की तादाद में इसमें हिस्सा लिया है। तो फिर हिन्दुस्तान ही क्यों इस तरीके को नापसन्द करता है? जहां तक ताकत का ताल्लुक है तो क्या यह नाइंसाफी नहीं है कि आजादी की लड़ाई में औरतों को हमेशा कमजोर समझा जाये? अब समय आ गया है कि इस बात को नकारा जाये। अगर वो कमजोर हैं तो इसलिये कि उन्हें पीछे छोड़ दिया गया है।

महिलाओं ने तय कर लिया है कि अब वे पीछे नहीं रहेंगी। और अपने भाइयों से कंधे से कंधा मिला कर चलेंगी, चाहे उसमें कितनी ही मुश्किल और खतरा क्यों न हो। मुझे उम्मीद है कि बहनें अब अपने आप को कमजोर नहीं समझेंगी। और तकलीफ और खतरा उठाकर हजारों की तादाद में क्रान्तिकारी आन्दोलन में शामिल होंगी।

परिशिष्ट 4
(आई आर ए के शहीदों की सूची)

1	हरिगोपाल बाल (टेगरा)	जलालाबाद की लड़ाई में शहीद	22 अप्रैल 1930
2	नरेश रे	"	"
3	बिधु भट्टाचार्य	"	"
4	त्रिपुरा सेन	"	"
5	निर्मल लाला	"	"
6	प्रोवेश बाल	"	"
7	शशांक मोहन दत्ता	"	"
8	जितेन्द्र दास गुप्ता	"	"
9	मधुसूदन दत्ता	"	"
10	पुलिन बिकास घोष	"	"
11	मतिलाल कानूनगो	जलालाबाद की लड़ाई में चोटों से मौत	23 अप्रैल 1930
12	अर्द्धेन्दु शेखर दस्तीदार	"	"
13	अमरेन्द्र नन्दी	चिटगांव में पुलिस मुठभेड़ में मौत	24 अप्रैल 1930
14	हिमांशु बिमल सेन	शस्त्र भंडार पर हमलों में जलने से	29 अप्रैल 1930
15	रजत सेन	कलारपोल–जुल्दा की मुठभेड़ में मौत	7 मई 1930
16	देबा प्रसाद गुप्ता	"	"
17	मनोरंजन सेन	"	"
18	स्वदेश राय	"	"
19	जीवन घोषाल (मक्खन)	चन्दरनगर की मुठभेड़ में मौत	2 सितम्बर 1930
20	रामकृष्ण बिश्वास	अलीपुर जेल में फांसी	4 अगस्त 1931
21	निमर्ल सेन	धालघाट की मुठभेड़ में मौत	13 जून 1932
22	अपूर्बा सेन (भोला)	"	"
23	प्रीतिलता वद्दार	पहारतली हमले में मौत	24 सितम्बर 1932
24	मनोरंजन दास	गोहिरा मुठभेड़ में मौत	18 मई 1933
25	नित्या सेन	क्रिकेट के मैदान के हमले में मौत	7 जनवरी 1934
26	हिमांशु बिमल चक्रवर्ती	"	"
27	तारकेश्वर दस्तीदार	चिटगांव जेल में फांसी	12 जनवरी 1934
28	सूर्य सेन	"	"

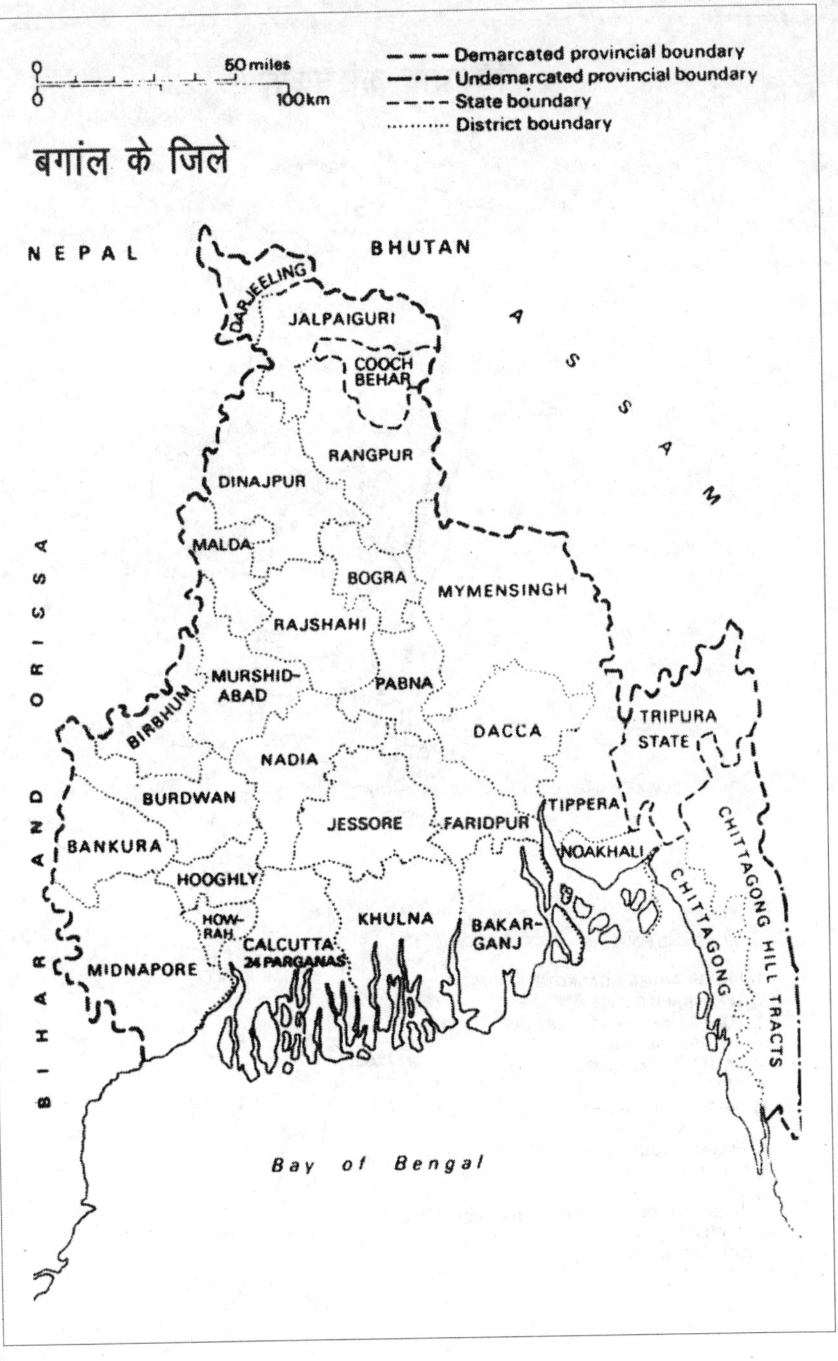

0 50 miles
0 100km
Demarcated provincial boundary
Undemarcated provincial boundary
State boundary
District boundary
बगांल के जिले
NEPAL
BHUTAN
ASSAM
BIHAR AND ORISSA
DARJEELING
JALPAIGURI
COOCH BEHAR
RANGPUR
DINAJPUR
MALDA
BOGRA
MYMENSINGH
RAJSHAHI
MURSHID-ABAD
PABNA
BIRBHUM
TRIPURA STATE
DACCA
NADIA
BURDWAN
TIPPERA
JESSORE
FARIDPUR
BANKURA
NOAKHALI
HOOGHLY
CHITTAGONG
CHITTAGONG HILL TRACTS
KHULNA
HOW-RAH
BAKAR-GANJ
CALCUTTA
24 PARGANAS
MIDNAPORE
Bay of Bengal

चिटगांव का नक्शा

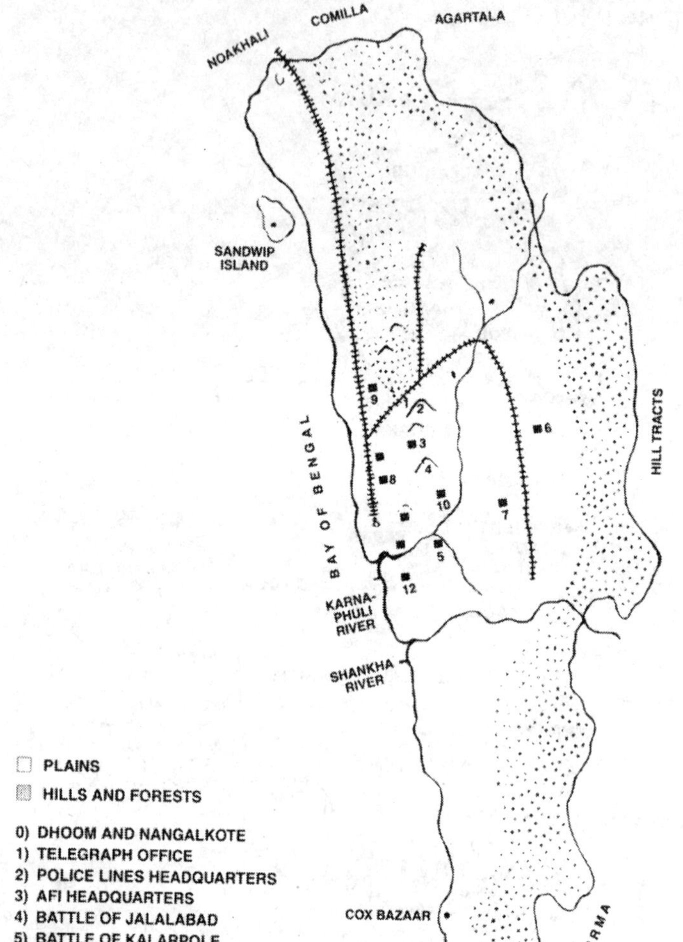
NOAKHALI
COMILLA
AGARTALA
SANDWIP ISLAND
BAY OF BENGAL
HILL TRACTS
KARNA-PHULI RIVER
SHANKHA RIVER
COX BAZAAR
BURMA
NOT TO SCALE
PLAINS
HILLS AND FORESTS
0) DHOOM AND NANGALKOTE
1) TELEGRAPH OFFICE
2) POLICE LINES HEADQUARTERS
3) AFI HEADQUARTERS
4) BATTLE OF JALALABAD
5) BATTLE OF KALARPOLE
6) BATTLE OF DHALGHAT
7) GAIRALA BATTLE
8) PALTAN GROUND (KILLING OF ASANULLA)
9) PAHARTALI CLUB
10) JAIL
11) FAIRY HILL (DISTRICT COURT PREMISES)
12) BATTLE OF GOHIRA
13) CRICKET GROUND

जलालाबाद की लड़ाई

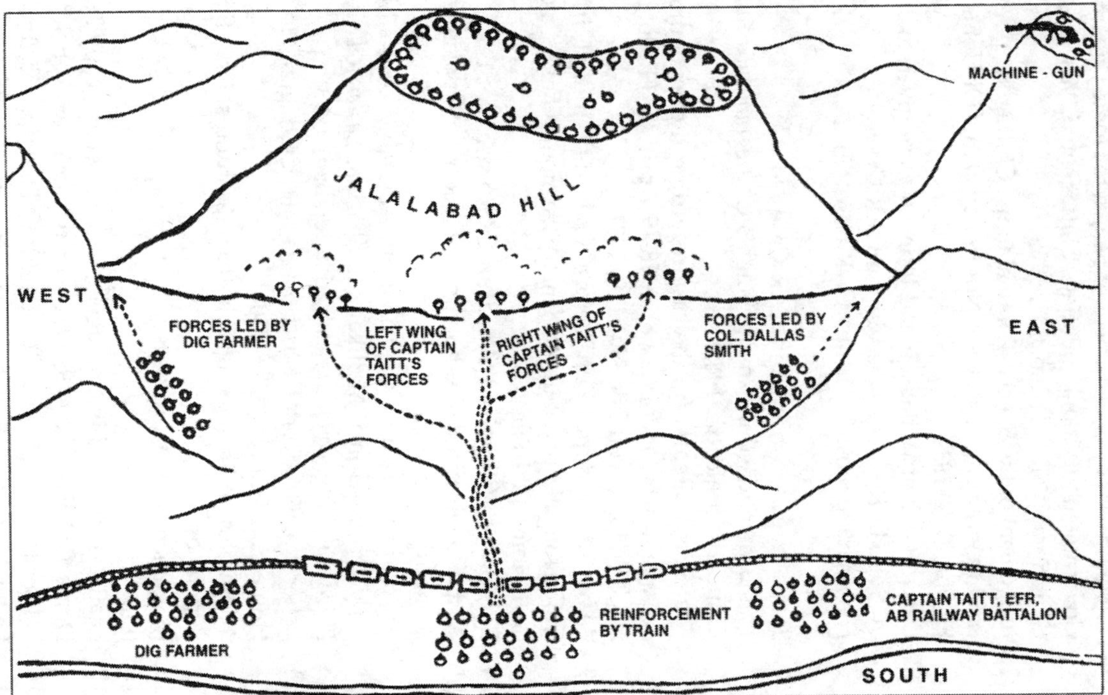

NOT TO SCALE

नोट्स

पूर्व कथा

1. Telegram sent by Government of Bengal to Home Department, Government of India, quoting Chittagong DM's message, GOI Home Poll, File No. 335/1930
2. Judgement of the Special Tribunal in the Chittagong Armoury Raid (henceforth CAR) Case No. 1 of 1930 in GOI Home Poll, File No. 7/4 1932
3. Descriptions of Wilkinson and Johnson were given to author by Subodh Roy, convicted in the CAR Case No. 1
4. Havildar's deposition in the CAR Case No. 1
5. Ibid.
6. Sanjib Nag's deposition in CAR Case No. 1
7. This is mentioned in Ananta Singh's *Chattogram Jubo Bidroho*, Volume I, (Calcutta, 1968)
8. First Special Report 'in the case regarding the revolutionary outrage in Chittagong town on 18-19 April' by J.R. Johnson, in GOI Home Poll File No. 4/9/1931
9. Akbar Ali's deposition before Special Tribunal in the Chittagong Second Supplementary Armoury Raid Case, in GOI Home Poll File No. 42/7/1933
10. Judgement of Special Tribunal in CAR Case No. 1
11. Abdul Sobhan's deposition in the Second Supplementary Armoury Raid Case
12. Report of the raid by Captain Taitt, Adjutant, A-B Railways, copy reprinted in I. Mallikarjuna Sharma, *Easter Rebellion in India: The Chittagong Uprising*, (Hyderabad, 1993)
13. Letter No. 99-C from District Magistrate, Chittagong, in GOI, Home Poll File No. 335/1930
14. All quotes in this paragraph from Johnson's First Special Report, op. cit.
15. Judgement in CAR Case No. 1
16. Ibid.
17. Leaflet distributed in Chittagong and elsewhere, copy in GOI Home Poll File No. 4/9/1931. For full text see Appendix I.
18. Telegram No. 175, in GOI Home Poll File No. 335/1930
19. Letter to Political Secretary, Government of Bengal, dated 1 May 1930, in GOI Home Poll File No. 336/1930
20. Ibid.

21. *Report on the Activities of Terrorists in Bengal, during the period April to December 1930*, by R.E.A. Ray, Special Superintendent, IB, CID, Bengal, in A.K. Samanta (ed.) *Terrorism in Bengal*, Vol. I, (Calcutta, 1995)

1. एक फौज की तलाश में छः आदमी

1 W.W. Hunter, *A Statistical Account of Bengal*, Volume VI, 1876, first reprinted in India 1973
2 Article in *Navjivan* on 9 Sept. 1921, in *Collected Works of Mahatma Gandhi* (CWMG), Volume 21
3 W.W. Hunter, op. cit.
4 Stewart, *History of Bengal*, cited in W.W. Hunter, op. cit.
5 Allen, Gait, Allen, Howard, *Gazetteer of Bengal and North-East India*
6 W.W. Hunter, op. cit.
7 Ibid.
8 Allen, Gait, Allen, Howard, op. cit.
9 Interview with Kalikinker Dey in I. Mallikarjuna Sharma, *Easter Rebellion in India: The Chittagong Uprising*, (Hyderabad, 1993)
10 Kalpana Dutt (Joshi), *Chittagong Armoury Raiders. Reminiscences*, New Delhi, 1979, p. 17
11 Statement of Ananta Lal Singh (Appendix IX) in *Activities of Revolutionaries in Bengal (1 Sept. 1924 to 31 March 1925)*, in GOI Home Poll File No. 253/1925
12 Judgement of the Special Tribunal in the CAR Case No. 1 of 1930 in GOI Home Poll, File No. 7/4 1932
13 Statement of Ananta Lal Singh, op. cit.
14 Kalpana Dutt (Joshi), op. cit., p. 25
15 *Terrorist Conspiracy in Bengal from 1st April to 31st December 1925*, cited in A.K. Samanta (ed.) *Terrorism in Bengal*, Volume 1 (Calcutta, 1995)
16 Kalikinker Dey interview, Oral History Transcript No. 595, NMML
17 Surjya Sen on Ambika Chakrabarti, cited in Kalpana Dutt (Joshi), op. cit., p. 31
18 Interview with Sahayaram Das in I. Mallikarjuna Sharma, op. cit.
19 *The Immortal Surya Sen* by Ananda Gupta in *Challenge: A Saga of India's Struggle for Freedom*, (New Delhi, 1984)
20 *Surya Sen* by Ganesh Ghosh in *The Martyrs*, written, compiled and edited by Ratanlal Joshi, (Calcutta/Jaipur/Delhi, 1994)

21 *Bengal Revolutionary Movement: Role of Surya Sen,* adapted version of Surjya Sen lecture, 1978, delivered by R.C. Majumdar in I. Mallikarjuna Sharma, op. cit.
22 Deposition of Umesh Chandra De in the Chittagong Second Supplementary Case in GOI Home Poll File No. 42/7/1933
23 Macaulay's *Minute on Indian Education,* available on the Internet at the following site:- http://csis.pace.edu/~cs552/wagenberg/macaulay_edited.html
24 *Bankimchandra Chatterji* by Subodh Chandra Sengupta in Atulchandra Gupta (ed.) *Studies in the Bengal Renaissance,* (Calcutta, 1958), p. 76
25 Peter Heehs, *The Bomb In Bengal—The Rise of Revolutionary Terrorism in India 1900-1910,* (Delhi, 1993), p. 14
26 *Pre-Congress Nationalism (1857-1885)* by Sashi Bhushan Chowdhury in Atulchandra Gupta (ed.) *Studies in the Bengal Renaissance,* p. 158
27 Macaulay, *Warren Hastings,* cited in Peter Heehs, op. cit., p. 20
28 Peter Heehs, ibid., p. 31
29 Sumit Sarkar, *The Swadeshi Movement in Bengal 1903-1908,* (Delhi, 1994), p. 472
30 *Revolutionary Terrorism* by Gopal Haldar in Atulchandra Gupta (ed.) *Studies in the Bengal Renaissance,* op. cit., p. 238
31 Peter Heehs, op. cit., p. 253
32 James Campbell Ker, *Political Trouble in India* (1907-17), (Editions Indian, Calcutta, 1973), p. 338
33 Ibid., p. 255
34 *Terrorism in India* 1917-1936, (Delhi, 1974), p. 11
35 Statement of Ananta Lal Singh, op. cit.
36 Gopal Haldar, *Revolutionary Terrorism* in Atulchandra Gupta (ed.), op. cit., p. 249
37 Mahatma Gandhi's speech to railway workers, Chittagong, in CWMG Volume 21
38 *Surya Sen* by Ganesh Ghosh in *The Martyrs,* op. cit.
39 *Terrorism in India 1917-36,* op. cit., p. 15
40 History-sheet of Premananda Datta in GOI Home Poll File No. 135/125
41 Letter dated 17 May 1924 from F.A. Sachse to H.C. Liddell re: *Trial of Chittagong political cases and the jury system in* GOI Home Poll File No. 381/1924
42 Calcutta Police Commissioner Charles Tegart's report dated 17 March 1924 on discovery of bomb factory in Calcutta, in GOI Home Poll File No. 127/1924
43 *Terrorist Conspiracy in Bengal from 1st January to 30th June 1926,* in A.K. Samanta (ed.), op. cit.

44 *Surya Sen* by Ganesh Ghosh, op. cit.
45 *Terrorist Conspiracy in Bengal from 1st July to 31st December 1927*, in A.K. Samanta (ed.), op. cit.

2. खादी और खाकी

1 Interview with Kalikinker Dey in I. Mallikarjuna Sharma, *Easter Rebellion in India: The Chittagong Uprising*
2 Sumit Sarkar, *Modern India 1885-1947*, (Delhi, 1998), pp. 227-228
3 Subhas Chandra Bose, *The Indian Struggle* in *Netaji Collected Works*, Volume 2
4 Tanika Sarkar, *Bengal 1928-1934. The Politics of Protest*, (New Delhi, 1987), p. 13
5 *Terrorist Conspiracy in Bengal from 1st April to 31st December 1925*, in A.K. Samanta (ed.) *Terrorism in Bengal, A Collection of Documents on Terrorist Activities*, Volume I
6 Tarapada Lahiri, *The Eventful Decade: 1920-29* in Buddhadeb Bhattacharya (ed.) *Freedom Struggle and Anushilan Samiti*, (Calcutta, 1979), p. 232
7 Subhas Chandra Bose, op. cit.
8 Ibid.
9 Tanika Sarkar, op. cit., p. 14
10 Full details of the DCC are available in the bulky file of correspondence relating to Bengal Election Disputes, *AICC Papers*, G 120/1929, NMML
11 Judgement of the Special Tribunal in the CAR Case No. 1 of 1930 in GOI Home Poll, File No. 7/4 1932
12 Ibid.
13 Ibid.
14 Ibid.
15 Deposition of Sarada Kumar Bhattacharjee, DIB inspector, in the Chittagong Second Supplementary Case, GOI Home Poll File No. 42/7/1933
16 *AICC Papers*, G 120/1929
17 Ibid.

3. लड़कों की भर्तियां

1 Unpublished memoir of Subodh Roy, and interview with author in April 1998
2 Fakir Sen's confession, Judgement in CAR Case No. 1 of 1930, GOI Home Poll File No. 7/4/1932

3 Subodh Chaudhury's confession, ibid.
4 Lalmohan Sen's confession, ibid.
5 Interview with Kalikinker Dey, Oral History Transcript No. 595, NMML
6 Subodh Roy, unpublished memoir
7 Peter Heehs, *The Bomb in Bengal. The Rise of Revolutionary Terrorism in India* 1900-1910, p. 49
8 James Campbell Ker, *Political Trouble in India 1907-1917*
9 Interview with Kamala Dasgupta by Aparna Basu, Oral History Transcript No. 95, NMML
10 Confidential printed note on 'Recruitment of terrorists in schools and colleges' prepared by IB, GOI Home Poll File No. 4/40/1932
11 Ananta Singh, *Chattogram Jubo Bidroho*, Volume 1
12 Ibid.
13 Ibid.
14 Kalpana Dutt (Joshi), *Chittagong Armoury Raiders. Reminiscences*, p. 18
15 Judgement in CAR Case No. 1, ibid.
16 Subodh Roy, unpublished memoir
17 Ibid.
18 Madhab Sen's complaint to the police, cited in Judgement in CAR Case No. 1, op. cit.
19 Kalpana Dutt (Joshi), op. cit., p. 13
20 Deposition of Sarada Bhattacharjee, DIB inspector, in CAR Case No. 1, op. cit.
21 Dinesh Dasgupta, interview with author, April 1998
22 Judgement in CAR Case No. 1, ibid.
23 Ibid.
24 Ananta Singh, *The Chittagong Revolutionary Organisation*, in *Shaheed Surjya Sen Bhavan Udbodhan Anushthan Smaranika*, (Calcutta, 1987)
25 Kalpana Dutt (Joshi), op. cit., preface to the Second Edition, p. x

4. आयरलैंड से प्रेरणा

1 *India and Ireland*, speech by Eamon de Valera in New York, 1920, in Miscellaneous Items No. 862 in NMML collection
2 There is a huge body of literature on the Easter Rising. The account here is based on chapters dealing with the Rising in J.J. Lee, *Ireland 1912-1985, Politics and Society*, Cambridge

University Press, 1989, and F.S. Lyons, *Ireland Since the Famine,* (London, 1971)
3 Kalpana Dutt (Joshi), *Chittagong Armoury Raiders. Reminiscences,* (New Delhi, 1979), p. 13
4 T.A. Jackson, *Ireland Her Own, An Outline History of the Irish Struggle,* (Berlin, 1973), p. 85
5 Ibid., p. 205
6 Subhas Chandra Bose, *The Indian Struggle* in *Netaji Collected Works*—Volume 2, (Calcutta, 1981), p. 170
7 Ganesh Ghosh made this point in several of his accounts on the Chittagong Rising—see his introduction to Ananta Singh's *Chattogram Jubo Bidroho* and other writings
8 Kalpana Dutt (Joshi), op. cit., p. 1
9 See Appendix 2 along with Appendix 1 for a comparison of the two proclamations

5. अक्ल के अन्धों ने निगरानी की

1 Judgement of the Special Tribunal in the CAR case No. 1 of 1930
2 I. Mallikarjuna Sharma, *Easter Rebellion in India: The Chittagong Uprising*
3 Judgement in CAR case No. 1
4 Ibid.
5 Ibid.
6 ASI Umesh De's deposition, ibid.
7 Kali Bhattacharji's deposition, ibid.
8 Interview with Sahayaram Das in I. Mallikarjuna Sharma, op. cit.
9 Deposition of Kali Prasanna Chaudhuri in Chittagong Second Supplementary Case, in GOI Home Poll File No. 42 /7 /1933
10 Fakir Sen's confession in Judgement of CAR case No. 1
11 Judgement of Special Tribunal in CAR case No. 1
12 Interview with Sahayaram Das in I. Mallikarjuna Sharma, op. cit.
13 Ibid.
14 Statement of Ananta Lal Singh, Appendix IX, in secret printed note on *Activities of Revolutionaries in Bengal (1 Sept. 1924 to 31 March, 1925),* GOI Home Poll File No. 253/1925
15 Interview with Sahayaram Das in I. Mallikarjuna Sharma, op. cit.
16 Subodh Roy, unpublished memoir

17 Full text in Kalpana Dutt (Joshi), *Chittagong Armoury Raiders. Reminiscences*, (New Delhi, May 1979), p. xi

6. कार्रवाई के लिये तैयार

1 Ananta Singh, *Chattogram Jubo Bidroho*, Volume I, (Calcutta, 1968)
2 Judgement of Special Tribunal in CAR Case No. 1 of 1930
3 Ananta Singh, op. cit.
4 Ibid.
5 Watcher's Evidence in Judgement of Special Tribunal in CAR Case No. 1
6 Copies contained in GOI Home Poll File No. 335/1930
7 Serajul Haq's deposition before Special Tribunal in CAR Case No. 1 of 1930
8 Mohammad Hashem's deposition, ibid.
9 Durga Charan Das's deposition, ibid.
10 Abdul Azim Khan, Officer-in-Charge, P.S. Chittagong's deposition, ibid.
11 Interview with Sahayaram Das in I. Mallikarjuna Sharma, *The Easter Rebellion in India: The Chittagong Uprising*, Hyderabad, 1993
12 Judgement in the Chittagong Armoury Raid Supplementary Case in GOI Home Poll File No. 42/3/1933
13 Ananta Singh, *Chattogram Jubo Bidroho*, Volume I
14 Judgement in the Chittagong Armoury Raid Supplementary Case, op. cit.
15 Ananta Singh, *Chattogram Jubo Bidroho*, Volume I
16 Ibid.
17 Sasanka's deposition, CAR Case No. 1 of 1930
18 Fakir Sen's confession, ibid.
19 Subodh Roy, unpublished memoir

7. ऐन वक्त पर अड़चन

1 Ananta Singh, *Chattogram Jubo Bidroho*, Volume I, (Calcutta, 1968)
2 Lalmohan Sen's confession, Judgement of Special Tribunal in CAR Case No. 1 of 1930
3 Judgement in CAR Case No. 1
4 Bejoy Krishna Aich, *Disruption of Railway and Telegraphic Communications in Smaranika—Shaheed Surjya Sen Bhavan Udbodhan Anushthan*, (Calcutta, 1987)

5 Ananta Singh, op. cit.
6 Report quoting 'eyewitnesses' in *The Statesman*, 22 April 1930
7 Judgement in CAR Case No. 1
8 Details of wristwatches in mobilization list, GOI Home Poll File No. 335/1930
9 Ahamader Rahman's deposition in CAR Case No. 1
10 Abdul's deposition, ibid.

8. कामयाबी दर कामयाबी

1 Judgement of Special Tribunal in CAR Case No. 1 based on Rahamali's deposition
2 Judgement of Special Tribunal in CAR Case No. 1
3 Ananta Singh, *Chattogram Jubo Bidroho*, Volume 1, (Calcutta, 1968)
4 Scott's deposition in CAR Case No. 1
5 Ananta Singh, op. cit.
6 Ibid.
7 Ibid.
8 Subodh Roy, unpublished memoir
9 Ibid.
10 Interview with Kalikinker Dey in I. Mallikarjuna Sharma, *Easter Rebellion in India: The Chittagong Uprising*, (Hyderabad, 1993)
11 Ananta Singh, op. cit.
12 Ibid.
13 Subodh Chaudhury's confession, CAR Case No. 1

9. एक भयानक धक्का

1 Interview with Sahayaram Das in I. Mallikarjuna Sharma, *Easter Rebellion in India: The Chittagong Uprising*
2 Ibid.
3 Blackburn's deposition, CAR Case No. 1
4 Morshead's deposition, CAR Case No. 1
5 Ananta Singh, quoting Lokenath Bal, in *Chattogram Jubo Bidroho*, Volume 1
6 Report of the adjutant, A-B Railways, on the raid on 18/19 April 1930 in I. Mallikarjuna Sharma, op. cit.
7 Ananta Singh, op. cit.
8 Ibid.

9 Report of the adjutant, A-B Railways, of the raid on the night of 18/19th April 1930, op. cit.
10 Ibid.
11 Judgement of Special Tribunal in CAR Case No. 1
12 Proclamation of the Provisional Revolutionary Government, in Suniti Bhushan Qanungo, *The Chittagong Revolt 1930-34*, (Chittagong, 1994)
13 Ananta Singh, op. cit.

10. गलतियों की कहानी

1 Ananta Singh, *Chattogram Jubo Bidroho*, Volume 1, (Calcutta, 1968)
2 Subodh Chaudhury's confession, CAR Case No. 1
3 Fakir Sen's confession, CAR Case No.1
4 Subodh Roy, unpublished memoir
5 Interview with Binode Behari Datta in I. Mallikarjuna Sharma, *Easter Rebellion in India: The Chittagong Uprising*, (Calcutta, 1968)
6 Confession of Himangshu Bimal Sen in the jail hospital on 20 April 1930 in GOI Home Poll, File No. 4/9/1931
7 *Terrorism In India 1817-1936*, compiled in the Intelligence Bureau, Home Department, Government of India, (Delhi, 1974), p. 29
8 Interview with Binode Behari Datta, op. cit.
9 Subodh Roy, unpublished memoir
10 Ananta Singh, op. cit.
11 Ibid.
12 Abdul Majid's deposition, CAR Case No. 1
13 I. Mallikarjuna Sharma, *Easter Rebellion in India: The Chittagong Uprising*, p. 18
14 Ananta Singh, op. cit.

11. अगली सुबह

1 Sashi Bhushan Chowdhury, *Pre-Congress Nationalism*, in Atulchandra Gupta (ed.) *Studies in the Bengal Renaissance*, (Calcutta, 1958), p. 154
2 Cited in W.W. Hunter, *A Statistical Account of Bengal*, Volume VI, 1876, first reprinted in India 1973
3 Ibid.
4 Ibid.

5 Allen, Gait, Allen, Howard, *Gazetteer of Bengal and North-East India*, reprinted in India, 1979
6 Judgement of the Special Tribunal in CAR Case No. 1 of 1930
7 Deposition of W.R. Jones, Chittagong Second Supplementary Armoury Raid Case No. 1(6) of 1930/33
8 Letter from A.R. Leishman to Chief Secretary, GOB, and J.A. Woodhead, Dept. of Commerce, Simla, dated 24 April 1930, in GOI Home Poll File No. 336/1930
9 Statement of Object and Reasons, Bengal Criminal Law Amendment Act, 1930
10 *The Statesman*, 20 April 1930
11 Interview to Associated Press of India at Navasari, 21 April 1930 in CWMG, Volume 43. All quotes in the paragraph from this interview.
12 Letter No. d.-4860/30 dated 19 July 1930 in GOI Home Poll File No. 517/1930
13 Note appended to the above letter

12. तरबूज और बिस्कुट

1 Fakir Sen's confessional statement, Chittagong Armoury Raid (CAR) Case No. 1 of 1930
2 Hachi Mia's deposition, Chittagong Second Supplementary Case 1930/33
3 Subodh Roy, unpublished memoir
4 Ananta Singh, *Chattogram Jubo Bidroho*, Volume I, (Calcutta, 1968). The account in this chapter is based largely on his book, Subodh Roy's memoirs, and confessional statements by survivors.
5 Ibid.
6 Ibid.
7 Fakir Sen's confessional statement, op. cit.
8 Deposition of Mohammad Nachim, Chittagong Second Supplementary Case, 1930/33
9 Fakir Sen's confessional statement, op. cit.
10 Ananta Singh, *Chattogram Jubo Bidroho*, Volume I
11 Ibid.

13. जलालाबाद की लड़ाई

1 Letter from Superintendent of Police J.R. Johnson (D.O. No. 800) dated 22 April 1930 to F.J. Lowman, inspector-general of police, Bengal, in GOI Home Poll File No. 335/1930
2 Report No. 2 from Lt. Col. Dallas Smith, commandant, Eastern

Frontier Rifles, Special Detachment, dated 22 April 1930, ibid.

3 Ibid.
4 Subodh Roy, unpublished memoir
5 Ibid.
6 Ibid.
7 Ananta Singh, *Chattogram Jubo Bidroho,* Volume I, Calcutta, 1968
8 Ibid.
9 Subodh Roy, unpublished memoir
10 Ibid.
11 Report No. 3 by Lt. Col. Dallas Smith dated 23 April 1930 in GOI Home Poll File No. 335/1930
12 Interview with Sahayaram Das in I. Mallikarjuna Sharma, *Easter Rebellion in India: The Chittagong Uprising* (Hyderabad, 1993)
13 Tegra's death is mentioned in several accounts. For e.g. Kalipada Chakravarty on the Jalalabad battle in *Smaranika—Shaheed Surya Sen Bhavan Udbodhan Anushthan,* (Calcutta, 1987). Also accounts by Ananta Singh, Ganesh Ghosh, Kalpana Dutt (Joshi), Subodh Roy and others.
14 Line in Ganesh Ghosh's poem *The Chittagong Brigade*
15 Report No. 3 by Lt. Col. Dallas Smith dated 23 April 1930 in GOI Home Poll File No. 335/1930
16 Subodh Roy, unpublished memoir
17 Ibid.
18 Ananta Singh, *Chattogram Jubo Bidroho,* Volume I
19 Letter from Johnson (D.O.No. 803) to Lowman, dated 24 April 1930, in GOI Home Poll File No. 335/1930. All quotes in the paragraph from this letter.
20 Ibid.
21 Mahatma Gandhi's speech at Ambhati on 26 April 1930, in CWMG, Volume 43

14. फेनी से फरार

1 Letter to Lowman from J.C. Farmer, DIG, Bakarganj Range, dated 6 May 1930, in GOI Home Poll File No. 335/1930
2 Ananta Singh, *Chattogram Jubo Bidroho,* Volume I, (Calcutta, 1968)
3 Deposition of Aswini Kumar Ghosh, CAR Case No. 1
4 Judgement of Special Tribunal in CAR Case No. 1
5 Deposition of J.B. Pereira in Chittagong Second Supplementary Case 1930/33

6 Ananta Singh, *Chattogram Jubo Bidroho,* Volume I
7 Judgement of Special Tribunal in CAR Case No. 1
8 Ananta Singh, *Chattogram Jubo Bidroho,* Volume I
9 Judgement of the Special Tribunal in CAR Case No. 1
10 Special Report, Laksam G.R.P.S. Case No. 11 dated 23.4.30 on Feni occurrence, in GOI Home Poll File No. 335/1930
11 Judgement of the Special Tribunal in CAR Case No. 1 of 1930
12 Ibid.
13 Ibid.
14 Special Report, Laksam G.R.P.S. Case No. 11 on Feni occurrence, op. cit.
15 Ananta Singh, *Chattogram Jubo Bidroho,* Volume I
16 Ibid.
17 Judgement of Special Tribunal in CAR Case No. 1 of 1930
18 Ibid.

15. पखेरू उड़ गया

1 Fortnightly reports on the internal political situation in India for the year 1930, GOI Home Poll File No. 18/1930
2 Subodh Roy, unpublished memoir
3 Ananta Singh, *Chattogram Jubo Bidroho,* Volume I, (Calcutta 1968)
4 The figure is mentioned by Subodh Roy in I. Mallikarjuna Sharma, *Easter Rebellion in India: The Chittagong Uprising,* (Hyderabad, 1993)
5 Letter to Lowman from J.C. Farmer, DIG, Bakarganj Range, dated 6 May 1930, in GOI Home Poll File No. 335/1930
6 Dying declaration of Ardhendu Dastidar recorded on 23 April 1930 in GOI Home Poll F. No 335/1930
7 Report from Superintendent of Police Johnson (D.O. No. 803) to Lowman, dated 24 April 1930, F. No. 335/1930
8 All direct quotes in this paragraph from Johnson's letter, ibid.
9 *Amarendra Nandi* by Bidhu Sen, in *The Martyrs,* written, compiled and edited by Ratanlal Joshi, (Calcutta/Jaipur/Delhi 1994)
10 Report by J.C. Farmer, dated 25 April 1930, GOI Home Poll File No. 335/1930
11 Report of Dallas Smith (No. 3) dated 25 April 1930, ibid.
12 Report of Johnson (No. 860/44-30) dated 30 April 1930, ibid.
13 Report of Dallas Smith (No. 6) dated 2 May 1930, ibid.

14 Report of Johnson (D.O. No. 821/43-30) dated 26 April 1930, ibid.
15 Report of Dallas Smith dated 22 April 1930, ibid.
16 Report of Dallas Smith dated 23 April 1930, ibid.
17 Letter to Lowman from J.C. Farmer dated 6 May 1930, ibid.
18 Report by Farmer on behalf of superintendent of police (No. 885/44-30) dated 3 May 1930, ibid.
19 Report on behalf of SP (No. 880/44-30) dated 2 May 1930, ibid.
20 Letter to Lowman from Johnson (No. 1025—44/30) dated 12 May 1930, ibid.
21 Report of Dallas Smith dated 4 May 1930, ibid.
22 Letter to Lowman from Farmer, quoting the new Police Inspector Khan Bahadur Asanulla dated 6 May 1930, ibid.
23 Report by Johnson dated 27 April 1930, ibid.

16. भूमिगत दौर में

1 *Surya Sen* by Ganesh Ghosh in *The Martyrs*, written, compiled and edited by Ratanlal Joshi
2 Subodh Roy, unpublished memoir
3 Interview with Binode Behari Datta in I. Mallikarjuna Sharma, *Easter Rebellion in India: The Chittagong Uprising*. Also Ganesh Ghosh, op. cit.
4 Interview with Sahayaram Das in I. Mallikarjuna Sharma, ibid.
5 Ibid.
6 Ananta Singh, *Chattogram Jubo Bidroho*, Volume II
7 Ambika Chakrabarti, *After the Battle on the Jalalabad Hills*, in Chittagong Uprising Golden Jubilee Souvenir 1980-81. Also Ananta Singh, ibid.
8 Ananta Singh, ibid.
9 Report (No. 100/44-30) by Johnson dated 8 May 1930 in GOI Home Poll File No. 335/1930
10 Subodh Chaudhury's confession in CAR Case No. 1
11 Judgement of Special Tribunal in CAR Case No. 1
12 J.C. Farmer's report on Kalarpole-Julda encounter dated 10 May 1930 in File No. 335/1930
13 Hemchandra Gupta's deposition in CAR Case No.1
14 Report by Johnson to Lowman dated 8 May 1930 in GOI Home Poll F. No. 335/1930
15 Judgement of Special Tribunal in CAR Case No. 1

17. जांच को टालना

1 *Resume of events in Chittagong since the armoury raid*, attached to letter (D.O. No. DA/94) from R.L. Bliss to Lt. Col. G. Huddleston, managing director of Assam-Bengal Rly. Co., London, in GOI Home Poll File No. 45/XII/34

2 S.N. Roy's note in GOI Home Poll File No. 4/9/31

3 This is quoted in Letter No. 54321/ M.O. 31 dated 24 April 1930 from Army Headquarters, Simla, India (General Staff Branch), to Headquarters, Eastern Command, in GOI Home Poll F. No. 4/9/31

4 S.N. Roy's note, op. cit.

5 Letter (No. 2131) from Home Secretary to the Chief Secretary, Bengal, in GOI Home Poll F. No. 4/9/31

6 Letter (No. 140 P.S.D) from H.S.E. Stevens, Deputy Secretary, GOB, to Home Secretary, GOI, in GOI Home Poll F. No. 4/9/31

7 Letter No. 54321/M.O. 31, ibid.

8 Note attached to copy of Letter No. 57869/163/G dated 13 June 1930 from General Officer Commanding-in-Chief, Eastern Command, to the Chief of the General Staff, Army HQ, Simla, in GOI Home Poll File No. 4/9/31

9 S.N. Roy's note in A.D. 4/0 7997-I dated 25 June 1930, ibid.

10 Letter from A.R. Leishman to Chief Secretary, GOB, in GOI Home Poll File No. 336/1930

11 Letter from Chairman, Chittagong Branch, European Association to the Political Secy. GOB, dated 1 May 1930 in GOI Home Poll File No. 336/1930

12 Letter from Chief Secretary, GOB, (D.O. No. 850 P.S.D.) to Home Secretary, GOI, dated 8 June 1931 in GOI Home Poll File No. 4/9/31

13 Ibid.

14 Letter (D.O. No. 322 P.D.) from R.N. Reid to Home Secretary, GOI, dated 4 May 1932 in GOI Home Poll File No. 4/9/31

15 *Resume of events in Chittagong since the armoury raid*, attached to letter (D.O. No. DA/94) from A-B Rly. Agent in Chittagong to Managing Director, A-B Railway, dated 28 Nov. 1933 in GOI Home Poll File No. 45/XII/,34

16 Question No. 1 dated 21 March 1932 in House of Commons, London. Copy in GOI Home Poll File No. 4/9/31.

18. एक रहस्यमय समर्पण

1 Judgement of Special Tribunal in CAR Case No. 1
2 Ananta Singh, *Chattogram Jubo Bidroho*, Volume II, (Calcutta, 1968)
3 Judgement of the Special Tribunal in CAR Case. No. 1
4 The matter of family property is mentioned by Ananta Singh as one of the allegations he faced
5 Interview with Sahayaram Das in I. Mallikarjuna Sharma *Easter Rebellion in India: The Chittagong Uprising*, (Hyderabad, 1993)
6 Kalpana Dutt (Joshi) *Chittagong Armoury Raiders. Reminiscences*, (New Delhi, 1978), p. 20
7 Ibid.
8 *Terrorism in India 1917-1936*, (Delhi, 1974), p. 31
9 Fortnightly reports for the second half of June 1930 in GOI Home Poll File No. 18/VII/1930
10 Ananta Singh, *Chattogram Jubo Bidroho*, Volume II
11 Ibid.
12 Ibid.
13 Ibid.
14 This is how they were introduced by Ambika Chakrabarti at a meeting to greet the Chittagong revolutionaries in the CPI office in Calcutta, 1946, on their return from the Andaman prison. Told to the author by Sumanta Banerjee who attended the meeting.
15 Kalpana Dutt (Joshi) has written that in her mental make-up 'the two were inseparable—I could not think of one without the other'. *Chittagong Armoury Raiders. Reminiscences*, p. 25
16 Kalpana Dutt (Joshi), ibid., p. 20
17 Dinesh Dasgupta *Atit Diner Smriti* (Memories of Days Gone By) in *Banabasi Samachar*, Sharadiya 1403 (1996)

19. चन्दरनगर में गिरफ्तारियां

1 In A.K. Samanta (ed.) *Terrorism in Bengal*, Volume I, (Calcutta, 1995)
2 *Terrorism in India 1917-1936*, (Delhi, 1974), p. 34
3 Ibid., p. 35
4 Ananta Singh, *Chattogram Jubo Bidròho*, Volume II, (Calcutta, 1968)
5 *Report on the Activities of Terrorists in Bengal during the period*

April to December 1930 in A.K. Samanta (ed.) *Terrorism in Bengal,* Volume I
6 Police report on attempt on life of Sir Charles Tegart in GOI Home Poll File No. 497/30
7 Report filed by Sir Charles Tegart, dated 2 September 1930, to Chief Secretary, GOB, on the Chandernagore raid in GOI Home Poll File No. 4/9/31
8 Subodh Roy stated this in interview with author in April 1998
9 *Terrorism in India 1917-1936*, p. 37
10 Report filed by Sir Charles Tegart, GOI Home Poll File No. 4/9/1930
11 Ibid.
12 Ananda Gupta, *The Story of Chittagong Rebellion* (published in Bengali, Calcutta, 1948), cited in Ananta Singh, op.cit.
13 Draft of letter in GOI Home Poll File No. 4/9/1930
14 Letter No. N.S.671/M28/A/37 dated 6 September 1930 from H.G. Tranchell, His Britanic Majesty's Consul, Pondicherry, to W.D.R. Prentice, in GOI Home Poll File No. 4/9/1930
15 Ibid.

20. कल्पना और प्रीतिलता

1 Subodh Roy, unpublished memoir
2 Ananta Singh, *Chattogram Jubo Bidroho*, Volume II, (Calcutta, 1968)
3 Kalpana Dutt, *Chittagong Armoury Raiders. Reminiscences*, (Delhi, 1979), p. 46
4 Interview with Kalpana Dutt (Joshi), in Lasse and Lisa Berg, *Face to Face, Fascism and Revolution in India*, California, 1970, p. 126
5 Anecdotes told to author by Kalpana Dutt (Joshi). See also her interview in *Desh*, dated 29 December 1991
6 Kalpana Dutt (Joshi), *Chittagong Armoury Raiders. Reminiscences,* p. 47
7 Deposition of Kshemesh Chandra De, Professor of Economics, Bethune College, in Judgement of Special Tribunal in Second Supplementary Chittagong Armoury Raid Case
8 Kalpana Dutt (Joshi), *Chittagong Armoury Raiders. Reminiscences,* p. 49
9 Ibid., p. 21
10 *Pritilata Waddadar* by Kalikinker Dey in Ratanlal Joshi (ed.) *The Martyrs,* (Calcutta, Jaipur, Delhi, 1994)

11 Judgement of the Special Tribunal in Second Supplementary Chittagong Armoury Raid Case

21 दूसरे विद्रोह की ओर

1 Ardhendu Guha, *The Dynamite Conspiracy Case*, in *Smaranika—Shaheed Surya Sen Bhavan Udbodhan Anushtan* (Calcutta, 1987)
2 Ibid.
3 Ananta Singh, *Chattogram Jubo Bidroho*, Volume II, (Calcutta, 1968)
4 Ananta Singh, ibid. Also Subodh Roy, unpublished memoir
5 Ardhendu Guha, *The Dynamite Conspiracy Case*
6 Ananta Singh, *Chattogram Jubo Bidroho*, Volume II
7 Ibid.
8 Kalpana Dutt (Joshi) related this anecdote to author in the 1980s
9 Mrinalini Sen, *Binodini Sen—The Revolutionary Mother* in *Smaranika*
10 Ibid.
11 Ananta Singh, op. cit.
12 *Terrorism in India* 1917-1936, p. 32
13 Subodh Roy, unpublished memoir
14 *Terrorism in India* 1917-1936, p. 32
15 This is mentioned by Kalikinker Dey, Oral History Transcript No. 595, NMML
16 *Terrorism in India* 1917-1936, p. 32
17 Ibid.

22. दंगे कराने का इन्तजाम

1 Letter from J.C. Farmer to Lowman, dated 6 May 1930, in GOI Home Poll File No. 335/1930
2 Kalpana Dutt (Joshi), *Chittagong Armoury Raiders. Reminiscences.* (Delhi, 1979), p. 6
3 Ananta Singh, *Chattogram Jubo Bidroho*, Volume II, (Calcutta, 1968)
4 Report of the Non-Official Inquiry Committee: On Recent Disturbances in Chittagong (Sept. 1931) in GOI Home Poll File No. 4/48/32
5 Ibid.

6 Emerson's comment on Non-Official Inquiry Committee Report in GOI Home Poll File No. 4/48/32
7 Official Report on the Disturbances in Chittagong on 30 August 1931 and following days by W.H. Nelson in GOI Home Poll File No. 4/49/32
8 Ibid.
9 Bengal Govt. Letter No. 938-P.S., dated 23 January 1932, in GOI Home Poll File No. 4/49/32
10 Comment on Bengal letter by S.N. Roy, dated 29 January 1932, ibid.
11 Note by Emerson, dated 9 March 1932, on the Chittagong disturbances, GOI Home Poll File No. 4/49/32
12 Note by H. Williamson, dated 5 March 1932, on Chittagong disturbances, ibid.
13 Letter dated 15 March 1932 from Sir James Crerar, Home Member, GOI, to W.D.R. Prentice, Member, Governor's Executive Council, in GOI Home Poll File No. 4/49/32
14 Letter No. 3234 P.S., dated 9 April 1932, from chief secretary, Bengal, to Home Secretary, GOI, ibid.
15 Ibid.

23. समझौते के फैसले

1 Ananta Singh, *Chattogram Jubo Bidroho*, Volume II, (Calcutta, 1968), p. 419.
2 Ibid.
3 Judgement of the Special Tribunal in the Dynamite Conspiracy Case, copy of text in I. Mallikarjuna Sharma, *Easter Rebellion in India: The Chittagong Uprising* (Hyderabad, 1993)
4 Subodh Roy, unpublished memoir
5 Ibid.
6 Kalpana Dutt (Joshi), *The Chittagong Armoury Raiders. Reminiscences* (Delhi, 1979), p. 23
7 Williamson's note dated 11 March 1932 in GOI notes (Serial Nos 1-8) in GOI Home Poll File No. 7/4/32
8 Note by H.G. Haig (Home Member) dated 17 April 1932 in above serial
9 Letter from the under-secretary of state for India (P & J 2490/32), dated 15 October 1932, to Secretary to the GOI, Home Dept. in GOI Home Poll File No. 7/8/32

24. धालघाट की लड़ाई

1 *Review of Operations in Chittagong from the commencement of Chitforce to the conclusion of the trial of Surjya Sen* by DIG, Gordon, dated 26 August 1933, in GOI Home Poll File No. 45/7/33
2 Ibid.
3 *Report on the operations against Absconders and Terrorists in the Chittagong District from the 9th March 1932 to 31st March 1933* by District Magistrate A.S. Hands in GOI Home Poll File No. 45/7/33
4 Ibid.
5 *Nirmal Sen* by Manilal Dutt & Pritilata Waddadar in Ratanlal Joshi (ed.) *The Martyrs*, (Calcutta, Jaipur, Delhi, 1994)
6 Ibid.
7 Surjya Sen's account as told to and reported by Manilal Dutt, ibid.
8 Deposition of Manoranjan Bose in Chittagong Second Supplementary Case
9 Deposition of Snehlata in Chittagong Second Supplementary Case; also Pritilata's own account printed in *The Martyrs*
10 Manilal Dutt's account in *The Martyrs*
11 *Pritilata Waddadar* by Kalikinker Dey in *The Martyrs*
12 Deposition of Sailendra Sengupta in Chittagong Second Supplementary Case
13 Details of findings in the Judgement of the Special Tribunal in the Chittagong Second Supplementary Case

25. पहारतली में बदला

1 Judgement of the Special Tribunal in Chittagong Second Supplementary Case
2 Dinesh Dasgupta, *Atit Diner Katha*, (Memories of Days Gone By) in *Banabasi Samachar*, Sharadiya 1403 (1996)
3 Ibid.
4 Interview with Kalikinker Dey, Oral History Transcript No. 595, NMML
5 Judgement in Chittagong Special Supplementary Case
6 Kalpana Dutt (Joshi), *Chittagong Armoury Raiders. Reminiscences* (Delhi, 1979), pp. 45-46
7 Report No. 1 by A.S. Hands to Chief Secretary, GOB, in GOI Home Poll File No. 4/54/32

8 Ibid.
9 Ibid.
10 Ibid.
11 Interview with Kalikinker Dey, Oral History Transcript, NMML
12 Copies of leaflets in GOI Home Poll File No. 4/54/32
13 Interview with Kalikinker Dey, op. cit.
14 Ibid.
15 Kalpana Dutt (Joshi), op. cit. p. 46

26. चिटगांव का घेराव

1 Letter from G.P. Hogg, dated 20 Jan. 1934, to M.G. Hallett, Home Secy., GOI, in GOI Home Poll File No. 45/XII/34
2 Tanika Sarkar, *Bengal, 1928-1934. The Politics of Protest* (Delhi etc. 1987), p. 135
3 *Report on the operations against Absconders and Terrorists in the Chittagong District from 9th March 1932 to 31st March 1933*, dated 13 April 1933, by A.S. Hands in GOI Home Poll File No. 45/7/33 (henceforth *Report on Operations*)
4 Ibid.
5 *Review of Operations in Chittagong*, dated 26 August 1933, by DIG Gordon, GOI Home Poll File No. 45/7/33
6 *Report on operations*, A.S. Hands
7 Orders issued by district magistrate on 4 October 1932, in GOI Home Poll File No. 4/54/32
8 *Report on operations*, A.S. Hands
9 Letter (No. 409—P.S.D.) dated 3 June 1932 from Chief Secretary, GOB, to Home Department, GOI, in GOI Home Poll File No. 4/44/32
10 *Report on operations*, A.S. Hands
11 Ibid.
12 Ibid.
13 Ibid.
14 *Review of operations in Chittagong*, DIG Gordon
15 *Report on operations*, A.S. Hands
16 Confidential report by DM, Chittagong, to Commissioner A.J. Dash in GOI Home Poll File No. 45/7/33
17 *Report on operations*, A.S. Hands
18 Judgement of the Special Tribunal in the Chittagong Second Supplementary Case
19 Judgement of the Special Tribunal in Supplementary Armoury Raid Case No. 1(a) of 1930

27. एक मुट्ठी चाय–पत्ती

1 Kalpana Dutt (Joshi), *Chittagong Uprising and Role of Muslims*, in *Challenge: The Saga Of India's Struggle for Freedom* (New Delhi, 1983)
2 Anecdote related by Kalpana Dutt (Joshi) to author in the 1980s
3 *Tarakeshwar Dastidar* by Satish Chandra Dastidar in Ratanlal Joshi (ed.) *The Martyrs* (Calcutta, Jaipur, Delhi, 1994)
4 Interview with Binode Behari Datta in I. Mallikarjuna Sharma, *Easter Rebellion in India: The Chittagong Uprising* (Hyderabad, 1993)
5 Ananta Singh, *Chattogram Jubo Bidroho*, Volume I (Calcutta, 1968)
6 Ardhendu Guha, *The Dynamite Conspiracy Case*, in *Smaranika—Shaheed Surjya Sen Bhavan Udbodhan Anushtan* (Calcutta, 1987)
7 *Report on the operations against Absconders and Terrorists in the Chittagong District from the 9th March to 31st March*, dated 13 April 1933, by A.S. Hands in GOI Home Poll File No. 45/7/33
8 Ibid.

28. मास्टर दा की गिरफ्तारी

1 Fortnightly report for year 1933 in GOI Home Poll File No. F/18/1933
2 These special markings on the bombs found after the Pahartali Raid is mentioned in the Judgement of the Special Tribunal in the Chittagong Second Supplementary Case
3 Kalpana Dutt (Joshi), *Chittagong Armoury Raiders. Reminiscences*, (Delhi, 1979), p. 14
4 Ibid., p. 15
5 Judgement of the Special Tribunal in the Chittagong Second Supplementary Case
6 Ibid.
7 Deposition of Captain Waumsley in Chittagong Second Supplementary Case
8 Deposition of Havildar Matilal in Chittagong Second Supplementary Case
9 Captain Waumsley's report dated 17 Feb. 1933 on the arrest of Surjya Sen in GOI Home Poll File No. 45/7/33
10 Ibid.

11 Kalpana Dutt (Joshi), *Reminiscences*, p. 54
12 Ibid., p. 55
13 Captain Waumsley's report, op. cit.
14 Ibid.
15 Judgement of the Special Tribunal in Chittagong Second Supplementary Case
16 Ibid.
17 Letter from DM, A.S. Hands (Confidential No. 129-C) to Chief Secretary, GOB, in Home Poll File No. 45/7/33
18 Letter from Commissioner to Chief Secretary, GOB, in GOI Home Poll F. No. 45/7/33
19 Note from Chief of General Staff, dated 13 March 1933, in GOI Home Poll F. No. 45/7/33
20 R.N. Reid's letter (D.O.No./585 P.S.), dated 20 March 1933, to Home Secretary, GOI, in GOI Home Poll F. No. 45/7/33
21 Chief of General Staff's handwritten note, dated 22 March 1933, in GOI Home Poll File No. 45/7/33
22 Comment on report on arrest of Surjya Sen in GOI Home Poll File No. 45/7/33
23 Ibid.
24 Ibid.
25 Ibid.

29. सुबह सबेरे गोलीबारी

1 *Report on the operations against Absconders and Terrorists in the Chittagong District from the 9th March 1932 to 31st March 1933* by A.S. Hands in GOI Home Poll File No. 45/7/33
2 *Review of Operations in Chittagong* by DIG Gordon, in GOI Home Poll File No. 45/7/33
3 Ibid.
4 Letter from A.S. Hands to Chief Secretary, GOB, dated 9 March 1933, in GOI Home Poll File No. 45/8/33
5 Question & Answer in Legislative Assembly on firing by military patrol resulting in the death of two Muslims on 13 March 1933. GOI Home Poll File No. 45/8/33
6 *Report on operations*, by A.S. Hands
7 Ibid.
8 Ibid.
9 Deposition of Umesh Chandra De in Chittagong Second Supplementary Case
10 *Review of Operations* by DIG Gordon

11 Ibid.
12 Deposition of Md. Abdul Rezzak, deputy jailor, Chittagong Jail in Chittagong Second Supplementary Case
13 Kalpana Dutt (Joshi), *The Chittagong Uprising and the Role of Muslims* in *Challenge: A Saga of India's Struggle for Freedom* (New Delhi, 1984)
14 Captain Stevenson's report cited in *Review of Operations* by DIG Gordon
15 Report by Major M.R. Keene to Commandant, 2/9th Gurkha Rifles, Chittagong, in GOI Home Poll File No.45/16/33
16 Kalpana Dutt (Joshi), *Chittagong Armoury Raiders. Reminiscences*, (Delhi, 1979), p. 7
17 Letter (No. 606 P.S.D) dated 31 May 1933 from A.S. Hands to Chief Secretary, GOB, in GOI Home Poll File No. 45/16/33
18 Ibid.
19 Report by Major Keene
20 Kalpana Dutt (Joshi), *Chittagong Uprising and the Role of Muslims* in *Challenge: The Saga of India's Struggle for Freedom* (Delhi, 1984), op. cit.
21 Letter (No. 606 P.S.D) from A.S. Hands in GOI Home Poll File No. 45/16/33
22 Comments on the above letter, ibid.

30. आधी रात को फांसी

1 *Review of Operations in Chittagong* by DIG Gordon, dated 26 August 1933, in GOI Home Poll File No. 45/7/33
2 Judgement of the Special Tribunal in Chittagong Second Supplementary Armoury Raid Case (henceforth CAR-III)
3 Ibid.
4 Deposition of H.F. Bennet in CAR-III trial
5 *Review of Operations* by DIG Gordon
6 Deposition by H.F. Bennet
7 Judgement of Special Tribunal in CAR-III
8 Judgement of the High Court of Judicature at Fort William in Bengal on the Death Reference No. 8 and Appeal No. 135 of 1933 in *The Emperor vs. Ambika Charan Chakravarty* in GOI Home Poll File No. 42/3/1933
9 Judgement of Special Tribunal in CAR-III
10 Ibid.
11 *Review of Operations* . . . by DIG Gordon
12 Report from A.S. Hands to Chief Secretary, GOB, dated

8 January 1934, in GOI Home Poll File No. 45/XI/34

13 Telegram R. No. 46 dated 13 February 1934 from Bengal to Secretary of State for India, London, in GOI Home Poll File No. 45/XI/34

14 S.M.A.K. Jahangir, *Patiyar Itihas o Aititto* (Patiya's History and Heritage), (Chittagong, 1998). Several accounts and memoirs (e.g. by Ganesh Ghosh) also mention Netra Sen's treacherous role

15 Description of the killing in S.M.A. K. Jahangir

16 Interview with Binode Behari Datta in I. Mallikarjuna Sharma (ed.), *Easter Rebellion' in India: The Chittagong Uprising*, (Hyderabad, 1993)

17 English translation of message in I. Mallikarjuna Sharma, ibid.

18 Kalpana Dutt (Joshi), *Chittagong Armoury Raiders. Reminiscences* (Delhi, 1979), p. 16

19 *The Chittagong Uprising and its Impact* by Ganesh Ghosh in *Homage to Martyrs* (Delhi, 1981)

20 Kalpana Dutt (Joshi), op. cit., p. 16

31 योद्धा, न कि आतंकवादी

1 Subhas Chandra Bose, *The Indian Struggle*, Netaji Collected Works—Volume 2 (Calcutta, 1981), p. 335

2 Tanika Sarkar, *Bengal 1928-1934, The Politics of Protest*, (Delhi, 1987), p. 154

3 Walter Laquer (ed.), *The Terrorism Reader, A Historical Anthology*, (London, 1979)

4 Peter Heehs, *Nationalism, Terrorism, Communalism* (Delhi, 1998), p. 12, fn. 2

5 Ibid., p. 85

6 Subhas Bose, *The Indian Struggle*, p. 335

7 Ibid., p. 336

8 Peter Heehs, *Nationalism, Terrorism, Communalism* (Delhi, 1998), p. 3

9 Gopal Haldar, *Revolutionary Terrorism*, in Atulchandra Gupta (ed.) *Studies in the Bengal Renaissance* (Calcutta, 1958), p. 243

10 Interview with Bhupendra Kumar Datta, Oral History Transcript (No. 390), NMML

11 See Statement of Ananta Lal Singh, Appendix IX, Secret Note on Activities of Revolutionaries in Bengal (1 Sept. 1924 to 31 March), in GOI Home Poll File No. 253/1925 for differences between the two schools from April 1922 onwards

12 Copy of pamphlet appears as Appendix 3 in *Terrorism in India 1917-1936* (Delhi, 1974)
13 See GOI Home Poll File No. 387/1925
14 *The Revolutionary*, op. cit., p. 194
15 Ananda Gupta, *The Immortal Surya Sen*, in *Challenge: The Saga Of India's Freedom Struggle* (Delhi, 1984), p. 89
16 Ganesh Ghosh, *Chittagong Uprising and its Impact*, in *Challenge*, p. 37
17 *Review of Operations in Chittagong* by DIG Gordon in GOI Home Poll File No. 45/7/33
18 Ibid.
19 Letter (D.O. No. 3023 PS) dated 11 April 1934 from G.P. Hogg, chief secretary, GOB, to Home Secretary, GOI, in File No. 45/XII/34
20 Ibid.
21 Peter Heehs, *The Bomb in Bengal* (Delhi, 1993), p. 202
22 Walter Laquer, *Terrorism* (London, 1977), p. 45
23 Letter (No. D. 9080/31—Poll) dated 6 January 1931 from H.W. Emerson, Home Secretary, GOI, to Chief Secretary, GOB, in GOI Home Poll File No. 4/1/32
24 Williamson's note in above file

32. चरखा और बन्दूक

1 Speech at Friend's House, London, on 12 September 1931 in CWMG, Volume 48
2 Peter Heehs, *The Bomb in Bengal* (Delhi, 1993), p. 95
3 Morley's letter to Lord Minto, dated 21 May 1908, Morley Papers, cited in Peter Heehs, ibid., p. 254
4 Peter Heehs, *Nationalism, Terrorism, Communalism* (Delhi, 1998), p. 6
5 Speech on non-cooperation in Calcutta on 13 December 1921 in CWMG, Volume 19
6 Charles Tegart, *Terrorism in India*, (London, 1932)
7 See Bhupen Datta's interview, Oral History Transcript, NMML, where he talks about experiences during flood relief work after the Damodar flood in 1913 and other social activities. Ananta Singh mentions his involvement in relief operations during the North Bengal floods in 1923. Surjya Sen's Samya Ashram in Chittagong was also a centre of social work.
8 Interview with Bhupen Datta, Oral History Transcript (No. 390), NMML

9 R.C. Majumdar, *Bengal Revolutionary Movement: Role of Surya Sen*, adapted version of Surjya Sen lecture, 1978 in I. Mallikarjuna Sharma, *Easter Rebellion in India: The Chittagong Uprising* (Hyderabad, 1993)
10 Ananta Singh, *Chattogram Jubo Bidroho*, Volume I (Calcutta, 1968)
11 Interview with Kalikinker Dey in I. Mallikarjuna Sharma, *Easter Rebellion in India: The Chittagong Uprising*
12 *The Philosophy of the Bomb* in *Terrorism in India 1917-1936*, Appendix 3, (Delhi, 1974)
13 Article in *Young India* dated 23 January 1930 in CWMG, Volume 43
14 Speech at Karadi on 21 April 1930 which appeared in *Young India* dated 24 April in *CWMG* Volume 43
15 Extracts of letter in *Notes on the Policy of Terrorist Parties in Bengal* in A.K. Samanta (ed.) *Terrorism in Bengal*. The letter is quoted in the note prepared by GOB 'on the alliance of Congress with terrorism in Bengal' in GOI Home Poll File No. 4/21/1932. Also cited by Charles Tegart in *Terrorism in India*.
16 Ananta Singh, *Chattogram Jubo Bidroho*, Volume II
17 Copy of speech in CWMG, Volume 48, p. 365
18 Article in *Young India*, 4 August 1921, in CWMG, Volume 20
19 Interview to the Press on 26 March 1931 in CWMG, Volume 45
20 R.C. Majumdar, *History of the Freedom Movement in India*—Volume III, (Calcutta, 1977), p. 438

33. औरतें लाम पर

1 Pritilata Waddadar's last statement, entitled *Long Live Revolution*, contained in Judgement of the Special Tribunal in Chittagong Second Supplementary Case
2 Subhas Chandra Bose, *The Indian Struggle*, Netaji Collected Works—Volume 2
3 *A Short Note on the Youth Association in Bengal* by F.J. Lowman in GOI Home Poll File No. 212/30
4 Interview with Shanti Das (nee Ghose), Oral History Transcript (No. 648), NMML
5 Charles Tegart, *Terrorism in India* (London, 1932)
6 Gandhi, *To the Women of India* in *Young India*, dated 10 April 1930, CWMG Volume 43, pp. 219-220

7 Ananta Singh, *Chattogram Jubo Bidroho,* Volume I (Calcutta, 1968)
8 Kalpana Dutt (Joshi), *Chittagong Armoury Raiders. Reminiscences* (Delhi, 1979) p. 21
9 Ibid., p. 12
10 Ibid., p. 47
11 Ibid., p. 40
12 Ibid., p.41
13 Premlata's story here is based on the account given by Ananta Singh in *Chattogram Jubo Bidroho,* Volume II, pp. 378 to 388, and interview with Kalikinker Dey, specially Appendix I, Oral History Transcript (No. 595), NMML
14 Ibid. Kalikinker Dey said: 'She asked for my permission and I understood her position and so I gave her permission.'
15 Kalpana Dutt (Joshi), *Reminiscences.* p. 50
16 Ibid.
17 Ibid., p. 49
18 Ibid.
19 Letter (No. 1628/6/G—3) dated 28 September 1932 in GOI Home Poll File No. 4/54/32
20 *Fortnightly Reports on Bengal,* for the second half of September 1932, GOI Home Poll F. No. 18/1932
21 Pritilata's last statement, *Long Live Revolution*
22 Interview given by Kalpana Dutt (Joshi) to Ashok Kumar Mukhopadhyaya in *Desh,* dated 29 December 1991. Kalpana's story here is based on this interview as well as informal conversations with the author on the same subject.
23 Judgement of the Special Tribunal in Chittagong Second Supplementary Case
24 See interview in *Desh,* op. cit.

34. मुसलमानों की बेशकीमती मदद

1 Ganesh Ghosh's introduction to Ananta Singh's *Chattogram Jubo Bidroho,* Volume II (Calcutta, 1968), p. vii
2 Mrinalini Sen, *Binodini Sen—The Revolutionary Mother* in *Smaranika—Shaheed Surjya Sen Bhavan Udbodhan Anushtan* (Calcutta, 1987)
3 Ibid.
4 *Census of India,* 1931, Volume 5, Bengal & Sikkim
5 Kalpana Dutt (Joshi), *Chittagong Uprising and the Role of Muslims* in *Challenge: The Saga of India's Struggle for Freedom* (Delhi, 1984)

6 See Charu Bikash Datta's statement dated 15 May 1930 before the S.D.O. giving information on Surjya Sen and Nirmal Sen's activities, GOI Home Poll File No. 335/1930
7 Kalpana Dutt (Joshi), *Chittagong Armoury Raiders. Reminiscences* (Delhi, 1979), p. 37
8 Subodh Roy, unpublished memoir
9 Interview with Kalikinker Dey in I. Mallikarjuna Sharma, *Easter Rebellion in India: The Chittagong Uprising* (Hyderabad, 1993)
10 Kalpana Dutt (Joshi), *Chittagong Uprising and the Role of Muslims*, in *Challenge* . . .
11 Ibid.
12 Interview with Kalikinker Dey in I. Mallikarjuna Sharma, op. cit.
13 Kalpana Dutt (Joshi), op. cit.

35. साम्यवाद की ओर

1 Sumit Sarkar, *Modern India 1885-1947* (Delhi, 1998 edition), p. 336
2 Speech at St. Andrew's Day dinner, quoted in *Terrorism in India 1917-1936*, (Delhi, 1974 edition), p. 61
3 Ibid., p. 62
4 Letter from James Crerar, dated 12 March 1932, to W.D.R. Prentice in GOI Home Poll File No. 32/14/32
5 Cellular Jail National Memorial: List of Persons Incarcerated in Connection With the Freedom Movement (published by Andaman & Nicobar administration)
6 *Terrorist Conspiracy in Bengal from 1st January to 30th June 1926* in A.K. Samanta (ed.) *Terrorism in Bengal*, Volume I (Calcutta, 1995)
7 Satyendra Narayan (S.N.) Mazumdar, *In Search of a Revolutionary Ideology and a Revolutionary Programme* (New Delhi, 1979), pp. 168-169
8 Sunil Chatterjee who became one of the most important teachers and intellectuals in the Communist Consolidation has written that 'during the transitional period (1920-1934) many of my co-workers were attracted towards socialism but at the same time many of us were repelled by the attitude of some of the leading communists.They rather looked down upon us as confounded and confused agents of capitalists'. This was a common experience. See Sunil Chatterjee's note,

Appendix II, in S.N. Majumdar, ibid., pp. 297-298
9 Sumit Sarkar, *Modern India 1885-1947*, p. 274
10 Ananta Singh, *Agnigarbha Chattogram* quoted in Satyendra Narayan Majumdar, op. cit., p. 221
11 Subodh Roy, unpublished memoir
12 Note by Amalendu Bagchi of the Anushilan who joined the Communist Consolidation, Appendix I, in S.N. Majumdar, op. cit., pp. 289-290
13 Subodh Roy, unpublished memoir
14 S.N. Majumdar, op. cit., p. 257
15 Interview with Kalikinker Dey, Oral History Transcript (No. 595), NMML
16 S.N. Majumdar, op. cit., pp. 258-259
17 Ibid., p. 279
18 Ibid., pp. 273-74
19 Ibid., p. 281
20 Interview with Sahayaram Das in I. Mallikarjuna Sharma, *Easter Rebellion in India: The Chittagong Uprising* (Hyderabad, 1993)
21 See *Collected Works of Mahatma Gandhi*, Volume 66, p. 75
22 Copy of telegram received by Gandhi on 30 August 1937, ibid., p. 90
23 Subodh Roy has written that when Gandhi contacted the then Home Secretary, GOI, Sir Henry Craig, 'about our release, he laughingly told Gandhiji that they have only abjured terrorism but not violence and the prisoners have played a witty game (with Gandhiji).'
24 Subodh Roy, unpublished memoir
25 Kalpana Dutt (Joshi), *Chittagong Armoury Raiders. Reminiscences*, (Delhi, 1979), p. 24
26 *Note on the Policy and Activities of the Terrorist Parties in Bengal from 1937 to August 1939* in A.K. Samanta (ed.) *Terrorism in Bengal*, Volume I (Calcutta, 1995)
27 This was stated by Jugantar leader Manoranjan Gupta after the 1937 Act, quoted in above note